U0964194

国际贸易专业应用型本科精选系列教材

国际贸易理论与实务

（第六版）

主　　编　傅龙海　陈剑霞　詹小琦
执行主编　傅安妮　尤超云　刘宝华　周金铁

对外经济贸易大学出版社
中国·北京

图书在版编目（CIP）数据

国际贸易理论与实务 / 傅龙海，陈剑霞，詹小琦主编. —6 版. —北京：对外经济贸易大学出版社，2022. 2(2025. 6 重印)

国际贸易专业应用型本科精选系列教材

ISBN 978-7-5663-2355-2

Ⅰ. ①国… Ⅱ. ①傅…②陈…③詹… Ⅲ. ①国际贸易理论-高等学校-教材②国际贸易-贸易实务-高等学校-教材 Ⅳ. ①F740

中国版本图书馆 CIP 数据核字（2022）第 007287 号

国际贸易理论与实务（第六版）

傅龙海　陈剑霞　詹小琦　**主编**

责任编辑：张俊娟

出版发行：对外经济贸易大学出版社

社　　址：北京市朝阳区惠新东街 10 号

网　　址：www. uibep. com

资源网址：www. uibepresources. com

邮政编码：100029

邮购电话：010-64492338

发行部电话：010-64492342

E-mail：uibep@ 126. com

成品尺寸：185mm×260mm

印　　张：23. 25

字　　数：537 千字

ISBN 978-7-5663-2355-2

印　　刷：北京时代华都印刷有限公司

版　　次：2022 年 2 月北京第 6 版

印　　次：2025 年 6 月第 3 次印刷

定　　价：45. 00 元

序　一

中国加入世界贸易组织后，普及国际经贸知识和加速培养国际商务人才，成为当务之急。

本书作者傅龙海早在20世纪80年代初，即在对外经济贸易大学国际贸易系研究生班学习，他毕业后，根据国家人才战略的需求，毅然回到沿海开放口岸从事外贸实际工作，积累了近20年的实践经验后，他又转到高校从事国际经贸人才的培养工作20多年。为了更有效地将其参加实际工作和教学实践的积淀和感悟分享给大家，经过经年累月的努力，由他主编的《国际贸易理论与实务》教材问世，可以说，这部教材具体体现了作者的从业经历，即从理论到实践，再从实践上升到理论，因此，这部专业教材的内容比较充实，它是一部理论与实际相结合的、学以致用的教材，其中，既有国际贸易理论的概括阐述和国际贸易基础知识的简要介绍，又穿插着许多鲜活的国际经贸案例与实例。这就有利于推行案例教学，使基本理论与基础知识的内容变得通俗易懂，深入浅出，从而有利于提高教学效果，故本教材受到许多读者和学员的称赞。

鉴于高校教材建设是一项高难度的文化建设工程，需要集思广益，海纳百川，因此，我希望在我国教育领域涌现出越来越多的理论与实践相结合和学以致用的好教材，为我国国际经贸教育领域添砖加瓦，使我国由现在的世界贸易大国早日变成世界贸易强国，特此作序，以资共勉。

黎孝先

序　二

傅龙海先生领衔主编的《国际贸易理论与实务》，定位于经贸类、经济管理类教科书，亦可以用于相关专业的社会培训。傅龙海先生于20世纪80年代在对外经济贸易大学硕士研究生毕业，毕业后下到基层从事外贸一线工作，一干就是近20年，积累了丰富的实践经验，而后又返回课堂，用自己的实践知识结合课堂教学，取得很好的效果。基于这样深厚的积淀，他编写的教材能理论联系实际，深入浅出，案例丰富，使学生易学易懂，受到老师和学生的好评。丰富的内涵和应用型的知识，在当前对于培养和提高学生动手能力和实际技能，是很有效果的。

这部教材发端于傅龙海先生2008年主编的《国际贸易实务》。为适应一般经管类各专业的教学需求，2010年将内容扩展为《国际贸易理论与实务》。该书紧跟国际贸易的新趋势，准确把握我国外贸的新特点，贴近我国外贸业务的实践，深入浅出地阐述国际贸易理论和业务规则，从而使学生能尽快适应外贸的工作岗位。该书于2018年出了第五版，当下又推出第六版，足见其市场受欢迎程度，亦衬出其策划定位之准确。教材类图书，也和其他许多商品一样，得实施产品差异化，在策划上要有较为明确的区隔定位，致力于特色写作。这也正是这部教材的最大特色。

此书按上下两篇安排，上篇是“国际贸易理论”，下篇是“国际贸易实务”。上篇共10章，从国际贸易基础知识引入，重点讲述自由贸易和保护贸易的理论与政策，以及为推行这些政策所采取的关税措施和非关税措施、鼓励和限制出口的措施。在贸易自由化方面，讲述世界贸易组织和区域经济一体化等多边贸易组织。由于国际直接投资和跨国公司对贸易流向、流量和贸易方式的重大影响，因而写有专门一章。对于后来发展迅猛，与货物贸易并列的服务贸易，亦做专章讲述。下篇共12章，按国际贸易术语和惯例、国际贸易合同的各组交付条件、合同的订立、合同的履行顺序逐一展开，以贸易方式结尾。本版压缩了一些不甚重要的内容，显得更紧凑；更新了一些案例票样，使之更紧跟业务现实。

综观全书，其结构可谓脉络清晰、层次分明。所写各章内容，皆为国际贸易业务工作者所需具备的基本理论和业务知识、技能，且环环相扣。既求知识涵盖面相对完整，又做到重点突出；既高度概括经典理论和传统业务流程，又吸纳国际贸易理论发展新趋势和国际贸易实务新规则。我为龙海先生这部新著点赞，也期盼其他作者同行写出更多的好教材、好作品，为中国的商务教育事业添砖加瓦。

前　　言

这本《国际贸易理论与实务》，自初版面市以来现在已出到第六版，在众多的版本中，这本书确实有些与众不同。究其畅销的原因，就在于本书能贴切地反映外贸工作的实际。笔者有深厚的理论基础和一线工作的丰富经验，“从实践中来，到实践中去”，理论联系实践，用这样的教材教出来的学生才具有适应外贸工作的真才实学。

早在2014年2月，由李克强总理主持的国务院常务会议决定将一批普通本科院校向应用型职业高校转型，并提出“崇尚一技之长，不唯学历凭能力”的口号。这是我国高等教育领域一项具有划时代意义的新举措。高等教育究竟要培养什么样的人才？现在一个崭新的理念是：不仅普通高校要向应用型转型，而且“985”高校和“211”类高校及一些研究型大学，也要有应用型的要素，科学研究也不能建立在空中楼阁之上，科研的最终目的也是要解决社会的实际问题。这本书的问世，可以为高校向应用型转型提供有益的教材参考。

本书具体编写人员及分工如下：詹小琦，导论、第一章到第十章；傅安妮、尤超云，第十一、十二章；吴启新、周金铁，第十三章；林晓怡，第十四章；张永光、张秋蓉，第十五章；傅丹妮、倪昌源，第十六章；尤超云、倪玮佳，第十七章；周宝玉、袁碧芳，第十八章；刘宝华、刘小华，第十九章；尤超云、刘建华，第二十章；陈剑霞、尤超云，第二十一章；陈剑霞、傅安妮、张壁芬，第二十二章。全书由傅龙海统稿。

本书在较短时间内成功地推出了第六版，要感谢对外经济贸易大学出版社广大同仁的努力和辛勤耕耘；同时还要感谢为本书的创作提供了许多帮助的外贸公司员工和学校老师；特别要感谢对外经济贸易大学国际贸易界老前辈黎孝先教授、贾怀勤教授。

傅龙海

2021年5月

目　录

下篇　国际贸易实务

导　论

一、本教材的特点

第一，本教材涉及多方面的学科知识，包括国际贸易理论、国际贸易法律、国际贸易惯例、金融学、银行学、票据法、保险学、国际贸易运输及国际商法中的买卖法、合同法和贸易方式。

第二，本教材实践性很强，它要求学生不仅掌握国际贸易的理论，还要掌握实际操作的技能。本教材的宗旨就是使学生能熟练进行国际贸易业务的相关操作。

第三，本教材主要从卖方的立场讲述如何进行国际贸易操作，如签订合同。

二、本教材内容的性质

国际贸易理论与实务主要研究国际贸易的基本原理及在人类经济活动中的作用以及国际商品及服务交换的具体过程，它实践性很强，涉及国际贸易进出口业务操作的各项技能。大多国际经贸类专业都把国际贸易理论与实务作为一门必修的专业基础课程。

三、本教材的主要内容

（一）国际贸易理论

本教材上篇主要介绍了国际贸易基础知识、贸易理论与政策、国际服务贸易和跨国公司以及世界贸易组织和区域经济一体化等内容。

（二）国际贸易实务

本教材的下篇主要介绍了国际贸易实务知识，这部分首先介绍了国际贸易术语以及有关国际贸易术语的国际贸易惯例，其余大部分篇幅介绍了国际贸易买卖合同的条款以及合同的订立及履行。

国际贸易的买卖双方分处两国，相距遥远，买卖双方在商品买卖、交换过程中牵涉的环节很多，如何时交货，谁负责运输，在什么地方交接，谁负责保险，谁负责进出口报关，谁负责装运港、目的港的装卸货，风险在哪里划分，费用是否包含在货价内等。如果每宗交易都详细列明这些交易的条件，则费时费工，影响效率。在长期的国际贸易实践中，世界各国的商人逐渐形成了一套专门用于国际贸易货物买卖的术语，用简单的英语字母缩写把主要的交易条件一目了然地表示出来，一旦对方同意即可成交，大大简化了交易程序，提高了效率，降低了交易的成本。

本教材用最大篇幅介绍了国际货物买卖合同的条款。贯穿实务部分的核心内容也是围绕着这样的一条主线，即如何签订和如何履行国际贸易的买卖合同。也就是说，贯彻始终的两个字是“合同”，国际贸易是以国际货物买卖合同为中心进行的。所谓国际贸易的商务活动，核心就是如何签订国际贸易买卖合同，如何履行国际贸易合同。对外签订国际贸易买卖合同，从表面上看，是一种经济行为，实质上是一种与国外当事人双方的法律行为。

本教材从第十二章到第十九章详细探讨了有关国际贸易买卖合同的主要条款，教授学生如何拟订和理解这些合同的条款，依据的就是有关的国际贸易惯例，以及世界上对国际贸易有影响的法律制度及原则，如“英美法系”和“大陆法系”中有关货物买卖法的原则。因为两大法系在某些重要的问题上有较大的分歧，所以近年来我们应用更多的是国际公约，如《联合国国际货物销售合同公约》（以下简称《公约》）。如何签订国际贸易的买卖合同，实际上我们所依据的就是这些有关的国际贸易惯例以及相关的法律原则及国际公约，了解和熟悉有关的惯例和公约以及相关的法律原则，这是我们进行国际贸易进出口业务操作最根本的理论基础和实践依据。

本教材第二十章讲述订立合同的法律步骤和合同的签订。在这一章中我们详细地介绍了世界上有关的法律体系以及国际公约关于合同成立的有关法律原则及规定。

在本教材第二十一章关于合同的履行内容中，我们论述了合同履行所涉及进出口业务的各环节以及实际操作的业务内容，如审证、改证、报关、报检以及单据的制作等。

四、国际贸易买卖合同与有关国际贸易惯例

贯穿本书实务部分的一条主线是如何签订国际贸易的买卖合同和如何履行合同，这其中的核心就是“合同”。

（一）合同的概念

合同，也称为契约，但对其内涵或定义，中外学者有许多不同的表述，国内外法律也有种种不同的规定。合同最早的定义来源于《罗马法》。按照《罗马法》的规定，合同为双方当事人间发生债权债务的合意。法国《民法典》第 1101 条规定，合同为一种合意（Consensus），彼此合意，一人或数人对于其他一人或数人负担给付、作为或不作为的债务。采用英美法的国家则认为合同的实质在于双方当事人之间所做出的诺言、允诺（Promise）。违反该允诺，将由法律给予惩戒，履行该允诺是法律所确认的义务。西方国家对于契约的基本原则是“契约自由，契约至上”。

1981—1987 年，全国人大常委会先后通过三大有关合同的法律：《中华人民共和国经济合同法》、《中华人民共和国涉外经济合同法》和《中华人民共和国技术合同法》。

1999 年 3 月，我国第九届全国人大二次会议通过《中华人民共和国合同法》（以下简称《合同法》），并于同年 10 月 1 日起施行，《经济合同法》、《涉外经济合同法》

和《技术合同法》同时废止。《合同法》第 2 条对合同定义的表述为“平等主体的自然人、法人、其他组织之间设立、变更、终止民事权利义务关系的协议”。

2020 年 5 月 28 日，第十三届全国人大三次会议通过《中华人民共和国民法典》（以下简称《民法典》），并于 2021 年 1 月 1 日起施行。《民法典》将既有《合同法》的内容纳入其中，成为重要的一部分。该法典第 464 条指出：“合同是民事主体之间设立、变更、终止民事法律关系的协议。”

我国《民法典》关于合同的基本表述如下：

第 465 条：“依法成立的合同，受法律保护。依法成立的合同，仅对当事人具有法律约束力，但是法律另有规定的除外。”

第 466 条：“当事人对合同条款的理解有争议的，应当依据本法第一百四十二条第一款的规定，确定争议条款的含义。合同文本采用两种以上文字订立并约定具有同等效力的，对各文本使用的词句推定具有相同含义。各文本使用的词句不一致的，应当根据合同的相关条款、性质、目的以及诚信原则等予以解释。”

第 469 条：“当事人订立合同，可以采用书面形式、口头形式或者其他形式。书面形式是合同书、信件、电报、电传、传真等可以有形地表现所载内容的形式。以电子数据交换、电子邮件等方式能够有形地表现所载内容，并可以随时调取查用的数据电文，视为书面形式。”

第 500 条：“当事人在订立合同过程中有下列情形之一，造成对方损失的，应当承担赔偿责任：（一）假借订立合同，恶意进行磋商；（二）故意隐瞒与订立合同有关的重要事实或者提供虚假情况；（三）有其他违背诚信原则的行为。”

第 501 条：“当事人在订立合同过程中知悉的商业秘密或者其他应当保密的信息，无论合同是否成立，不得泄露或者不正当地使用；泄露、不正当地使用该商业秘密或者信息，造成对方损失的，应当承担赔偿责任。”

（二）西方国家赋予合同的法律地位及重要意义

法国《民法典》又称《拿破仑法典》（1804 年），共 3 编 2 283 条，其中有 1 572 条涉及契约。其将合同本身的重要性质界定为：“依法订立的合同，在缔结合同的当事人之间具有相当于法律的效力”。这一原则在法国《民法典》里第一次提出，以后也作为主要西方国家民法典的金科玉律。我国相关法律法规也采纳了这一原则。

（三）合同应遵循的原则

1980 年国际统一私法协会成立了包括世界所有主要法系在合同法和国际贸易法领域的专家组成的工作组，起草统一的国际商事合同法，1994 年 5 月通过了《国际商事合同通则》（Principles of International Commercial Contract）（以下简称《通则》），该《通则》的总则中规定了国际商事合同的基本原则：

1. 缔约自由原则

《通则》第 1.3 条规定：双方当事人自由订立合同及确定合同内容。这是合同法的基本原则，也是国际经济活动的基石。

2. 合同具有法律约束力原则

《通则》第 1.4 条规定：有效订立的合同对双方当事人有约束力。当事人仅能根据合同条款或通过协议或本通则另有规定修改或终止合同。

3. 合同必须遵守强制法原则

《通则》第 1.5 条规定：本通则的任何规定不得限制依据国际私法的有关规则适用的强制性规则的适用，不论这种强制性规则是国内的、国际的或是超国家的。

4. 诚信和公平交易原则

《通则》第 1.8 条规定：(1) 任何一方当事人应当根据国际贸易中的善意和公平交易原则行事。(2) 双方当事人不得排除或限制该义务。

五、国际贸易买卖合同适用的法律与惯例

如何签订买卖合同，我们所依据的就是有关的国际贸易惯例、国际条约和有关的法律。我们从事国际贸易的业务实际上就是要了解和熟悉有关的惯例、条约和法律。

（一）法律的适用

我国《民法典》第 467 条规定：“在中华人民共和国境内履行的中外合资经营企业合同、中外合作经营企业合同、中外合作勘探开发自然资源合同，适用中华人民共和国法律。”

如《联合国国际货物销售合同公约》（以下简称《公约》），本教材讲述的每一个章节有关合同的条款都要涉及该《公约》。

有关的国际贸易惯例是在国际贸易长期实践的基础上逐步形成和发展起来的，是人们从事国际货物买卖经济活动的行为规范和应当遵守的准则，有关的国际贸易惯例也是国际贸易法律的渊源之一。

（二）国际贸易惯例的适用

国际贸易惯例不是法律，没有法律强制性、约束力，但当它被援引入合同时就具有法律的约束力。

(1) 当合同与惯例相冲突时，合同优先于惯例。

(2) 根据我国的有关法律法规，如果法律未做规定，可以适用国际惯例。我国缔结或者参加的与合同有关的国际条约同中华人民共和国法律有不同规定的，适用该国际条约的规定。但是，中华人民共和国声明保留的条款除外。

国际贸易惯例在国际贸易的业务实践中，往往比国际立法具有更大的影响力和作用，这是因为，随着现代国际贸易的发展、科技的进步、客观情况的不断变化和需要，

有关的国际组织或团体可以根据变化的形势不断地修订有关的惯例和规则，使它们能够适应形势的发展，而国际立法则没有这样的优势。所以，在国际贸易中往往是利用国际惯例来解决问题，正是由于这个原因，国际贸易惯例一直受到世界各国政府和国际组织的高度重视，并将其效力以法律规范的形式明确地规定于国内法之中或国际公约的条文中。

上　　篇

国际贸易理论

第一章

国际贸易的基础知识

第一节　国际贸易的产生、发展与作用

一、国际贸易的产生和发展

国际贸易是在一定的历史条件下产生和发展起来的。国际贸易的产生必须具备以下两个条件：一是有剩余的产品可以作为商品进行交换；二是商品交换要在独立的社会实体之间进行。因此，社会生产力的发展和社会分工的扩大，是国际贸易产生和发展的基础。

（一）原始社会的贸易

在原始社会初期，生产力水平极度低下，劳动成果仅能维持群体最基本的生存需要，没有剩余产品用以交换，因此谈不上有国际贸易。

随着生产力的发展，先后产生了人类社会的三次社会大分工。人类历史的第一次社会大分工，即畜牧业和农业的分工，促进了原始社会生产力的发展，产品有了少量的剩余。人们为了获得本群体不生产的产品，便出现了氏族或部落之间偶尔用剩余产品进行原始的物物交换。后来，手工业从农业中分离出来成为独立的部门，形成了人类社会第二次社会大分工。由于手工业的出现，便产生了直接以交换为目的的生产——商品生产。第三次社会大分工出现了专门从事贸易的商人阶层，使商品生产和商品流通进一步扩大。商品生产和流通更加频繁和广泛，从而阶级和国家相继形成。于是，到原始社会末期，商品流通开始超越国界，这就产生了国际贸易。

（二）奴隶社会的国际贸易

奴隶社会是奴隶主占有生产资料和奴隶的社会，自然经济占主导地位，生产主要是为了消费，而不是为了交换。手工业和商品生产在一国的整个社会生产中微不足道，进入流通的商品数量很少。同时，由于社会生产力水平低下和生产技术落后，交通工具简陋，使国际贸易的规模和内容都受到很大的限制。

奴隶社会时期，国际贸易中的货物主要是奴隶主阶级所追求的奢侈品，如珠宝饰品、珍贵的织物、香料及奇珍异物。在欧洲，贸易集中在地中海沿岸的腓尼基、希腊、

罗马等城市；在中国，贸易集中在黄河流域。

（三）封建社会的国际贸易

封建社会时期的国际贸易有了较大的发展。在封建社会，国际贸易是为封建地主阶级服务的。奴隶贸易在国际贸易中基本消失。封建社会时期，欧洲的国际贸易扩大到北海、波罗的海、黑海，并开辟了与东方相连的陆路贸易。我国国际贸易开始于公元前2世纪的西汉。在中国，开辟丝绸之路，茶叶、丝绸经“丝绸之路”，运往中东和欧洲。明朝郑和七下西洋，扩大了中国的海上贸易，促进了我国与欧洲及世界各国的贸易往来。

随着社会生产力的提高以及社会分工和商品生产的发展，国际贸易不断扩大。但是，由于受到生产方式和交通条件的限制，商品生产和流通的主要目的是满足剥削阶级奢侈生活的需要，贸易主要局限于各洲之内和欧亚大陆之间，国际贸易在奴隶社会和封建社会经济中都不占有重要的地位，贸易的范围和商品品种都有很大的局限性，贸易活动也不经常发生。

（四）资本主义社会的国际贸易

14、15世纪产生了资本主义萌芽，产生的地点是在地中海沿岸的威尼斯、佛罗伦萨，西北欧的尼德兰等地。15世纪末16世纪初，地理大发现对西欧经济发展和全球国际贸易产生了十分深远的影响。大批欧洲冒险家前往非洲和美洲进行掠夺性贸易，运回大量金银财富，贩卖黑奴，同时还将这些地区沦为本国的殖民地，既成为资本主义国家的商品销售市场，又成为它们的商品原料产地。这样，既加速了资本原始积累，又在客观上大大推动了国际贸易的发展。

18世纪60年代到19世纪中叶，英国及其他欧洲先进国家和美国相继完成了工业革命。资本主义生产从工场手工业过渡到机器大工业，机器大工业为国际分工体系的建立和发展奠定了物质基础，并提供了现代化的交通通信工具，把世界联结成为一个整体，形成世界市场，大大促进了国际贸易的发展。据统计，在19世纪的前70年中，国际贸易额增长了6倍多。国际贸易的迅速发展是与资本主义生产方式建立和发展紧密相关的，即国际贸易既是资本主义生产方式的基础（历史前提），又是资本主义生产方式的产物（必然结果）。

1. 国际贸易是资本主义生产方式产生的基础

国际贸易是资本主义生产方式产生的基础，是指国际贸易促进了资本原始积累，缩短了从封建主义向资本主义过渡的时间（即加速这一历史进程或起催化作用），并为这一过渡提供了必要的条件（即提供劳动力、资本和商品市场）。

圈地运动不但使英国新兴资产阶级出口羊毛和毛纺制品赚取了大量利润，而且为他们提供了大量的劳动力。

新航路的发现、殖民地的掠夺使资本家手中集中了大量的货币资本。欧洲一些古老的殖民主义国家，如英国、荷兰、葡萄牙、西班牙、法国等国，凭借它们的强大经济、军事实力，把亚洲、非洲、美洲的广大地区都卷入世界市场中来，使这些地区既成为资本主义机器大工业的商品销售市场，又成为它们的原料产地。

国际贸易推动了封建主义向资本主义的过渡，为这种过渡提供了条件，加快了进程，但决定资本主义生产方式产生的只能是社会生产力的发展和生产关系的变革。

2. 国际贸易是资本主义生产方式本身的产物

在资本主义生产方式确立以后，这种生产方式的内在要求，决定其需要和必然发展国外市场和国际贸易，因为国际贸易能促进资本主义国家的经济发展。

资本主义生产离开国际贸易是根本不行的，正如列宁所指出的“没有国际贸易的资本主义国家是不能设想的，而且也的确没有这样的国家”。

20 世纪初期，时任美国商务部长雷德菲尔德把美国的国际贸易比作美国经济这座大座钟的钟摆。钟摆虽小，却起着关键作用，他说：“钟摆决不会像钟那么大，但是它控制着这架机器的全部运转……我们的国际贸易，我们的出口就是在很大程度上决定并控制美国在国际金融和世界贸易联合体中心地位的那种事物（钟摆）。”

美国已故前总统艾森豪威尔在其首次就职演说（1953 年 1 月 20 日）中说出了以下的话，他说：“尽管我国有雄厚的物质力量，我们仍需要国际市场以销售我国农场和工厂的过剩产品。同样，我们还需要为这些农场和工厂从遥远的国度取得重要的原料和产品。互相依存这个基本规律，在和平时期的贸易中是非常明显的，而在战争时期则更要加强一千倍。”

（1）国际贸易可以提高利润率

① 通过国际贸易降低生产成本。通过国际贸易从国外进口廉价的原料、燃料、辅助材料、机器设备等，降低了生产成本，提高了利润率。

② 通过国际贸易取得规模经济利益。通过国际贸易，扩大出口，可使生产规模扩大，提高劳动生产率，实现规模经济效益，降低生产成本。

③ 通过国际贸易，攫取超额利润。这种超额利润一部分来自高于他国的劳动生产率，一部分来自对市场的垄断。

④ 通过资本输出，就地设厂，提高利润率。

发达资本主义国家在发展中国家利用当地的廉价原料和劳动力进行生产，剥削程度较高，所以利润率较高。

（2）国际贸易促进劳动生产率的提高

① 国际贸易刺激着资本家提高劳动生产率，因为国际贸易中的竞争会迫使资本家千方百计地提高劳动生产率，降低成本以打败竞争对手。

② 国际贸易给资本家提高劳动生产率提供了重要途径：通过国际贸易，普及了科学技术，带动了发达国家和世界经济的发展；利用国际分工，节约社会劳动。国际分工可使贸易参加国发挥优势，克服劣势，实现资源的合理配置，取得经济效益。

3. 国际贸易促进了资本主义世界经济体系的确立

国际贸易在资本主义世界经济体系的确立中起了重要作用。

（1）国际贸易使资本主义商品形式的生产具有普遍的、世界的性质

国际贸易的不断发展使货币变成了世界货币。黄金、白银不仅可作为一般购买手段，还可作为国际支付、国际清算和国际信用的手段。黄金、白银变成世界货币，又推动了国际交换领域的进一步扩大与发展，促进了国际贸易的发展。世界价格的形成，表

示价值规律的作用扩展到世界市场，为比较各国商品的生产和交换条件建立了基础，促进了世界生产和贸易的进一步发展。

国际贸易促进了资本主义经济范畴（商品、货币、信用）的全面发展，使资本主义进一步发展，并且为资本主义在全世界的扩张奠定了基础。

(2) 国际贸易的发展促进了资本主义生产关系在世界范围内的扩展

国际贸易的发展促进了资本主义世界体系的形成。通过国际贸易，资产阶级“把一切民族甚至最野蛮的民族都卷到文明中来了。它的商品的低廉价格，是它用来摧毁一切万里长城、征服野蛮人最顽强的仇外心理的重炮”（马克思、恩格斯《共产党宣言》）。原来还处于原始的或自然经济的国家和民族，被卷入国际商品交换的领域中，并且日益成为发达国家的原料产地和商品销售地，形成了资本主义世界经济体系。

（五）当代国际贸易的发展

第二次世界大战后，兴起了第三次科技革命和产业革命，在贸易自由化的推动下，国际贸易处于一个新的增长期，其平均发展速度超过5%，超过世界经济增长速度。世界货物贸易额从1950年的607亿美元增加到2016年的181 000亿美元，增加了297倍，国际商品市场对机电产品、运输设备、计算机、有色金属、石油、石化产品等的需求大幅度增长，价格上扬，其中制成品贸易进一步扩大。

国际服务贸易额从1985年的3 775亿美元增加到2016年的94 150亿美元。其中，运输、旅游、通信、信息、金融、保险所占比重呈上升趋势。

1. 世界贸易组织的正式成立促进了国际贸易的发展

世界贸易组织于1995年1月1日正式成立并开始运转。世界贸易组织是独立于联合国的负责管理监督全球贸易秩序、协调贸易关系、制定贸易政策的一个正式性国际经济组织，为全球贸易提供最基本的规则，负责实施多边贸易协议，定期审议各成员的贸易政策，统一处理贸易争端，加强与其他国际机构的合作。世界贸易组织的成立，改变了关税与贸易总协定（简称关贸总协定）临时适用和非正式性的状况，强化了关贸总协定原有的规则，管理协调的范围更加广泛，还建立了透明度更大的贸易争端调解机制，可以说世界贸易组织的成立意味着世界贸易新格局的形成、全球贸易自由化的大发展以及国际经济合作新时代的开始。

2. 区域集团化趋势的加强促进了国际贸易的发展

在一个世界市场的范围内，存在许多跨国家的区域性市场。这些地区性经济集团，对内实行程度较高的自由贸易，对外则实行一定程度的歧视或排斥，如欧盟、北美自由贸易区等就是这样的区域经济一体化组织。

欧盟的成立和扩大，使西欧的竞争实力大为增强，从而有力地促进了区域内投资和贸易的发展。美国、加拿大、墨西哥形成的北美自由贸易区使美洲、太平洋国家和地区之间的经济联系日益加深。

亚太经济合作组织1994年发表了《茂物宣言》，规定了亚太地区贸易和投资自由化的原则和长远目标，发达成员在2010年以前，发展中成员在2020年以前实现这一目标。

3. 科学技术进步的加速

随着高新技术的推广应用，国际化分工不断深化，产品质量性能不断提高，产品种类、规格不断变化，产品的生产周期大为缩短。产品的不断升级换代，必将促使各国的产业结构和经济结构向更高层次发展，使国家间的相互依赖和渗透进一步加深，从而推动国际商品范围和贸易量的不断扩大。

4. 跨国公司的蓬勃发展

跨国公司发展尤为迅速，并不断改变着世界商品生产和流通的格局。目前，全球跨国公司控制着世界出口贸易总额的2/3，跨国公司内部贸易已占国际贸易的40%。随着生产国际化的新发展，跨国公司在很大程度上控制着国际贸易、国际投资和技术转让等经济活动。它们采用多种组织形式和策略，垄断着世界的销售市场和原料产地，从而垄断了世界市场上很大一部分贸易。

5. 国际服务贸易蓬勃兴起

第二次世界大战后，国际服务贸易迅速发展起来。目前，世界服务贸易总额已相当于世界商品贸易额的1/5左右。不但传统的服务贸易项目，如银行、保险、运输等随着国际贸易发展而发展，而且其他的服务项目，如国际租赁、国际咨询和管理服务、技术贸易、国际旅游等也在第二次世界大战后得到快速发展。服务贸易的增长速度快于同期商品贸易的增长速度。

二、国际贸易是经济增长的“发动机”和“催化剂”

20世纪50年代，纳克斯提出了一个著名的结论，即国际贸易不仅是简单地把一定数量的资源加以最适当配置的手段，而且是外围国家和地区经济增长的发动机。19世纪，欧洲中心国家的经济增长引起中心国家对外围国家原料和食品需求的急剧上升，给外围国家和地区造成增加生产的压力和动力，导致中心国家的资本和劳动力转移到贫困地区，促进了那里的投资与生产。这样不仅保证了对中心国家市场扩大的供应，而且提高了外围国家国民的收入。

国际贸易对经济增长的影响不仅体现在贸易规模的扩大对经济增长的影响上，更体现在贸易结构的优化对经济增长总量以及质量和效益的提高上。而且，从一个长期可持续发展的角度看，后者的意义和影响更为深远。因此，促进国际贸易结构进一步的优化和升级，并在此基础上实现贸易规模的进一步扩大，是使国际贸易真正成为中国经济增长的“发动机”和“催化剂”的主要方面。

（一）国际贸易可有效促进一国技术进步

推动经济增长的根本动力是技术进步和创新。国际贸易可以通过技术创新、技术贸易技术外溢等途径，有效促进一国技术进步，并普及科学技术，带动世界经济的发展。

引进先进的生产设备、购买新产品的生产专利，都可以提高国内相关部门的生产效率，实现技术进步与创新。国际贸易中的激烈竞争，迫使出口企业千方百计地加快技术进步，提高劳动生产率，降低成本，以打败竞争对手。当出口部门的技术进步和创新加快时，就有可能提高出口产品的国际竞争优势，扩大国际贸易规模，获取更多的国际贸易利益，进而促进经济得到发展，形成良性循环。第二次世界大战后，日本和德国经济迅速增长的重要原因之一就是结合本国情况，大量引进欧美国家的先进技术。

（二）国际贸易能促进生产要素的合理配置

资本、技术、劳动力等生产要素的数量、质量及其配置，对于一国经济发展具有决定性作用。而通过国际贸易可以增加生产要素数量，改善生产要素质量，并且能够合理配置生产要素，形成经济增长的主导部门。

进口消费品可以提高人们的生活水平，进口资本可以构成国民收入中投资中的一部分，增强供给能力。出口对国内资本形成的贡献，不仅在于换取进口资本品，还在于出口部门有较强的产业关联效应，可以创造出新的国内需求，进而带动国内投资。这样，出口本身就具有促进国内要素形成和带动经济发展的双重作用。

（三）国际贸易是国际经济“传递”的重要渠道

世界各国在经济上是相互联系、互相依赖的，一国经济的繁荣或衰退都会影响其他国家，而国际贸易则是各国经济活动相互传递的重要渠道。

传递过程如下：

世界市场价格变动→国内经营国际贸易部门的价格变动→与国际贸易相关部门的价格变动→国内价格变动→产量与就业变动→整个经济部门价格的变动（上升或下降）。

在历史上，英国经济的迅猛发展通过国际贸易的“传递”，带动了美国、加拿大等国的经济发展。

专栏1-1

贸易能使每个人状况更好

也许你在新闻中听到过，在世界经济中日本是美国人的竞争对手。在某些方面这是真的，因为美国和日本企业生产许多相同的产品。福特公司和丰田公司在汽车市场上争夺同样的顾客，康柏公司和东芝公司也在个人电脑市场上争夺同样的顾客。

但在思考国家之间的竞争时，这种想法很容易被误导。美国和日本之间的贸易并不像体育比赛一样，一方赢而另一方输。实际上，事实正好相反：两国之间的贸易可以使两个国家的状况都变得更好。

为了说明原因，我们考虑一下贸易如何影响你的家庭。当你的一个家庭成员找工作时，要与也在找工作的其他家庭成员竞争。当各个家庭购物时也会互相竞争，因为每个家庭都想以最低的价格购买最好的东西。因此，从某种意义上说，经济中每个家庭都与所有其他家庭竞争。

尽管有这种竞争，但把你的家庭与所有其他家庭隔绝开来并不会使大家过得更好。因为如果是这样的话，你的家庭就必须自己种粮食，自己做衣服，盖自己住的房子。显然，你的家庭在与其他家庭的交易中受益匪浅。无论是在耕种、做衣服或盖房子方面，贸易使每个人可以专门从事自己最擅长的活动。通过与其他人的交易，人们可以按较低的成本获得各种各样的物品与劳务。

国家和家庭一样也能从互相交易中获益。贸易使各国可以专门从事自己最擅长的活动。并享有各种各样的物品与劳务。日本人和法国人、埃及人与巴西人一样，在世界经济中既是我们的竞争对手，又是我们的合作伙伴。

资料来源：曼昆（Mankiw N. Gregory）. 经济学原理（Principles of Economics）[M]. 梁小民，译. 北京：机械工业出版社，2003.

第二节　国际贸易的基本概念

一、国际贸易、对外贸易和海外贸易

（一）国际贸易

国际贸易（International Trade）（又称世界贸易）是指世界各国（地区）之间货物和服务的交换活动。它既包含有形产品（实物产品）交换，也包含无形产品（服务、技术、咨询等）的交换。传统的国际贸易，仅指国家间各类货物的交换，不包括服务；现代的国际贸易是指世界各国（地区）之间货物和服务的交换。

（二）对外贸易

对外贸易（Foreign Trade）（又称进出口贸易）是指国际贸易活动中的一国（地区）同其他国家（地区）所进行的货物和服务的交换活动。

对外贸易是从一个国家的角度去看待它与其他国家（地区）的商品与服务的贸易活动。如中国与别国的贸易，则称为中国对外贸易。国际贸易是站在世界的角度，从国际范围来看这种商品和服务的交换活动。

（三）海外贸易

某些海岛国家，如日本、英国等国的对外贸易则称为海外贸易（Oversea Trade）。

二、出口贸易、进口贸易和过境贸易

依据货物的移动方向不同，国际贸易可分为出口贸易、进口贸易和过境贸易。

（一）出口贸易

将本国所生产或加工的商品输往国外市场进行销售的商品交换活动，称为出口贸易（Export Trade）或输出贸易。

（二）进口贸易

购买外国商品后，输入本国市场进行销售的贸易活动，称为进口贸易（Import Trade）或输入贸易。

出口贸易与进口贸易是每一笔贸易的两个方面，对卖方而言是出口贸易，对买方而言则是进口贸易。

（三）过境贸易

商品生产国与商品消费国之间进行的商品买卖活动，其货物运输过程必须要通过第三国的国境。第三国对此批货物收取一定的费用，这对第三国来说就构成了该国的过境贸易。比如内陆国与不相邻的国家之间的商品交易，就必须通过第三国国境，对第三国海关来说，就会把这类贸易归入过境贸易（Transit Trade）。

三、直接贸易、间接贸易和转口贸易

依据是否有第三者参与，国际贸易可分为直接贸易、间接贸易和转口贸易。

（一）直接贸易

商品生产国与商品消费国不通过第三国而直接买卖商品的贸易活动，称为直接贸易（Direct Trade）。直接贸易的双方直接谈判，直接签约，直接结算，货物直接运输。生产国商品出口到消费国，从生产国来说，是直接出口；从消费国来说，是直接进口。

（二）间接贸易

商品生产国与商品消费国通过第三国所进行的商品买卖行为，称为间接贸易（Indirect Trade），此类贸易因为各种原因，出口国与进口国之间不能直接进行洽谈、签约和结算，必须借助于第三国的参加。间接贸易有些是出于政治方面的原因，有些是由于交易双方的信息不通畅。

（三）转口贸易

转口贸易（Entrepot Trade）是指商品生产国与商品消费国通过第三国进行商品买卖，对第三国来说是转口贸易。转口贸易亦包括下述情况，即商品直接从生产国运往消费国，但两国并没有发生直接贸易关系，而是由第三国分别与两国发生贸易关系。

从事转口贸易的大多是地理位置优越、交通便利、结算方便、贸易限制较少的国家（地区），适合作为商品的集散、销售中心，例如中国香港、荷兰鹿特丹等。

转口贸易与间接贸易的区别在于看问题的角度不同：商品生产国与消费国通过第三国（地区）进行的贸易对生产国和消费国而言是间接贸易，对第三国（地区）而言，则是转口贸易。

转口贸易与过境贸易的区别在于：在转口贸易中，商品的所有权先从生产国出口者那里转到第三国（地区）商人手中，再转到最终消费该商品的进口国商人手中。而在过境贸易中，商品所有权无须向第三国（地区）商人转移。转口贸易以盈利为目的，通常有一个正常的商业加价，而过境贸易只收取少量的手续费。

四、总贸易、专门贸易

依据进出口标准的不同，国际贸易可分为总贸易和专门贸易。总贸易和专门贸易是国际货物贸易的统计方法。

（一）总贸易

总贸易（General Trade）是指以国境为标准划分进口与出口的一种统计方法。总贸易可分为总进口贸易和总出口贸易。凡是进入一国国境的商品一律列入总进口，包括进口后供国内消费的部分和进口后成为转口或过境的部分；凡是离开一国国境的商品一律列入总出口，包括本国产品的出口、外国商品复出口及转口或过境的部分。总进口额与总出口额之和即为总贸易额。目前，采用总贸易统计方法的有美国、英国、日本、加拿大、澳大利亚等90多个国家和地区。我国也采用总贸易体系。

（二）专门贸易

专门贸易（Special Trade）是指以关境作为划分进口和出口标准的统计方法。专门贸易又可分为专门进口贸易和专门出口贸易。外国商品进入关境并向海关缴纳关税又被海关放行后才能称为专门进口。根据这个标准，虽然进入了国境，但如果只是放在海关的保税仓库之内，或者只是进入到免税的出口加工区进行加工，则不被统计为进口。专门出口是指从国内运出关境的本国产品及进口后来经加工又运出关境的复出口商品。可见，从关境外国境内出口到其他国家的商品，则不被统计为出口。专门进口额加专门出口额构成一国的专门贸易总额。目前，采用专门贸易统计方法的有德国、意大利、瑞士、法国等80多个国家和地区。

一般情况下，一国关境与国境完全重合，但也有不一致的情况，设经济特区的国家，关境的范围要小于国境，因为经济特区虽然在国境内，但却在关境之外。当几个国家结成关税同盟，参加关税同盟的国家的领土合并成为一个统一的关境，这时，关境范围要大于其中某一国的国境。

五、有形贸易、无形贸易

依据商品的形式与内容的不同，国际贸易可分为有形贸易和无形贸易。

（一）有形贸易

有形贸易（Visible Trade）也称货物贸易，是指在进出口贸易中进行的实物商品的交易，因为这些实物商品看得见、摸得着，故称为有形贸易。有形商品的进口和出口都要办理海关手续，并在海关的进出口统计中反映出来，从而构成一个国家一定时期对外贸易总额。同时，联合国为便于统计，把有形商品分为10类。这10类商品分别为：食品及主要供食用的活动物（0）；饮料及烟类（1）；燃料以外的非食用原料（2）；矿物燃料、润滑油及有关原料（3）；动植物油、脂及蜡（4）；化学成品及有关产品（5）；主要按原料分类的制成品（6）；机械及运输设备（7）；杂项制品（8）；没有分类的其他商品（9）。在国际贸易统计中，一般把（0）～（4）类商品称为初级产品，把（5）～（9）类商品称为制成品。

（二）无形贸易

无形贸易（Invisible Trade）是指在国际贸易活动中所进行的所有非物质形态的商品贸易，包括服务贸易和技术贸易。无形贸易通常不办理海关手续，在海关的进出口统计中反映不出来，而在国际收支中反映出来，是国际收支的重要组成部分。

有形贸易与无形贸易的区别主要有：第一，有形贸易涉及的是有形商品，是可储存的，而无形贸易是无形商品，是不可储存的；第二，有形贸易额也就是货物贸易额，是各国国际收支的主要组成部分，并在各国海关统计中能查到，而无形贸易额在各国国际收支表中只得到部分反映，在海关统计中无法查询。

六、自由结汇贸易、易货贸易

依据清偿方式的不同，国际贸易可分为自由结汇贸易、易货贸易。

（一）自由结汇贸易

自由结汇贸易（Free-Liquidation Trade）又称为现汇贸易，是指以货币作为清偿工具所进行的贸易，其前提条件是作为支付的货币必须能够在国际金融市场自由兑换。其特色是银行逐步支付货物款项，以结清债权、债务。在当今国际贸易中，能作为国际支付工具的货币主要有美元、欧元、英镑、日元、瑞士法郎等。

（二）易货贸易

易货贸易（Barter Trade）是指商品交易的双方依据相互间签订的易货贸易协定或易货贸易合同，以经过计价的货物作为清偿工具所进行的贸易。

自由结汇贸易是目前国际贸易活动中最普通的一种。易货贸易比较适用于那些外汇不足或因其他各种原因无法以自由的结汇方式进行相互交易的国家。

七、对外贸易额（值）、国际贸易额（值）和对外贸易量

（一）对外贸易额（值）

对外贸易额（值）是由一国一定时期内从国外进口的商品总额加上该国同一时期

内向国外出口的商品总额构成。这是用货币金额表示的一国一定时期内进出口的规模，是衡量一国对外贸易状况的重要指标。在计算时，出口额要以 FOB 价格计算，进口额则以 CIF 价格计算。一定时期内一国出口总额与进口总额之间的差额，则称为对外贸易差额。当出口商品总额超过进口商品总额时，差额部分称为“贸易顺差”，也可称为“贸易出超”；反之，当进口商品总额超过出口商品总额时，差额部分称为“贸易逆差”，也可称为“贸易入超”，或称贸易赤字；如进出口商品总额相等，则叫作“贸易平衡”。

（二）国际贸易额（值）

国际贸易额（值）是指以货币表示的世界各国的对外贸易总额。这是计算和统计世界各国对外贸易总额的指标，是把世界上所有国家和地区的出口额相加得出的数额。但是，在计算国际贸易额时，不是简单地把世界各国的出口额与进口额加在一起。因为一国（地区）的出口，就是另一国（地区）的进口，若两者相加等于重复计算。

联合国统计中，通常采用各国出口额相加作为国际贸易额。因为世界上绝大多数国家（地区）都是用 CIF 价格计算进口额的，即成本加运费、保险费。显而易见，把进口值加起来作为国际贸易额，是不准确的。而出口额一般采用 FOB 价格，在装运港船上交货，相对于 CIF 而言，是比较准确的。CIF 价格比 FOB 价格多了运费和保险费，所以，世界进口额会大于世界出口额。

（三）对外贸易量

以货币表示的对外贸易额经常受到价格变动的影响，因而不能确切地反映一国对外贸易的实际规模，不同时期的对外贸易额是不能直接比较的。所以，在实际工作中，为剔除价格变动的影响，并能准确反映一国对外贸易的实际数量变化而制定的一个指标，也就是对外贸易量，它能确切地反映一国对外贸易的实际规模。

对外贸易量是指以一定时期不变价格为标准计算出的各个时期的对外贸易值。

具体计算方法是：以固定年份为基期计算的进口或出口价格指数除以报告期的进口或出口总额，得到的是相当于按不变价格计算的进口额或出口额。

例：

1. 出口额，一般以 FOB 统计，如 2020 年中国出口额为 17.93 万亿美元。

2. 进口额，一般以 CIF 统计，如 2020 年中国进口额为 14.23 万亿美元。

3. 对外贸易额：进出口总额。如 2020 年中国进出口总额为 32.16 万亿美元。

4. 贸易差额：出口额-进口额。

（1）贸易顺差：出口额>进口额。如 2020 年中国贸易顺差为 3.7 万亿美元。

（2）贸易逆差：出口额<进口额。

（3）贸易平衡：出口额=进口额。

5. 对外贸易量：以一定时期的不变价格为标准来计算的对外贸易值。必须确定基期，基期不同，同一年的贸易量也不同。贸易量只有比较意义。

对外贸易量=对外贸易额/进出口价格指数；

价格指数=报告期价格/基期价格×100%。

八、贸易条件

贸易条件是指一定时期内一国出口1单位商品可以交换多少单位外国进口商品的比例，公式如下：

当年贸易条件系数=出口价格指数/进口价格指数×100

贸易条件指数的上升（大于100），表明出口价格较进口价格相对上涨，意味着每出口1单位商品能换回的进口商品数量比原来增加，即贸易条件改善；贸易条件指数下降（小于100），则表明出口价格比进口价格相对下跌，意味着每出口1单位商品能换回的进口商品数量比原来减少，即贸易条件恶化。

九、对外贸易依存度

对外贸易依存度，又称对外贸易系数，是指一个国家在一定时期内进出口贸易值同该国同期国内生产总值的对比关系。这是衡量一国国民经济对进出口贸易的依赖程度的一个指标。由于各国经济的发展水平不同，对外开放的程度不同，国内市场的大小不同，因此各国的对外贸易依存度有较大的差异。

例：2020年中国国内生产总值（GDP）101.59万亿元人民币，进出口总额32.16万亿元人民币，其中出口总额为17.93万亿元人民币，进口总额为14.23万亿元人民币。

（1）中国对外贸易依存度：对外贸易额/GDP=32.16/101.59×100%=31.67%；

（2）中国出口依存度：出口额/GDP=17.93/101.59×100%=17.65%；

（3）中国进口依存度：进口额/GDP=14.23/101.59×100%=14.00%。

十、对外贸易商品结构和国际贸易商品结构

（一）对外贸易商品结构

对外贸易商品结构，是指一个国家一定时期内各类商品占整个进出口贸易额的份额。一个国家对外贸易商品结构，主要是由该国的经济发展水平、贸易政策、产业结构状况、自然资源状况决定的。发达国家对外贸易商品结构是出口以工业制成品为主，进口以初级产品为主；发展中国家的对外贸易商品结构的特征则是出口以初级产品为主，进口以工业制成品为主。

（二）国际贸易商品结构

国际贸易商品结构，是指各类商品在整个国际贸易额中所占的比重，通常以它们在世界出口总额或进口总额中的比重来表示。研究国际贸易商品结构，通常是看初级产品和工业制成品两大类别占世界贸易额的比重。国际贸易商品结构可以反映出整个世界的经济发展水平、产业结构状况和服务发展水平。

十一、对外贸易地理方向和国际贸易地理方向

（一）对外贸易地理方向

对外贸易地理方向，又称对外贸易的地理分布，是指一定时期内世界上一些国家或地区的商品在一国对外贸易中所占有的地位，通常以这些国家或地区的商品在该国进出口贸易总额中的比重来表示。对外贸易地理方向既标明了一国出口商品的方向，也标明了该国进口商品的来源，从而反映出该国进出口贸易的国别分布与地区分布，表明了它同世界各国或地区经济贸易联系的程度。2020 年，中国对前五大贸易伙伴东盟、欧盟、美国、日本和韩国的进出口额分别为 4.7 万亿元、4.5 万亿元、4.1 万亿元、2.2 万亿元和 2.0 万亿元（见图 1-1），合计占进出口总额的 54.3%，其中东盟首次成为中国第一大贸易伙伴。对“一带一路”沿线国家进出口额 9.4 万亿元，占进出口总额的 29.1%。对东盟、欧盟、美国进出口额分别增长 7%、5.3% 和 8.8%，分别高于总体增速 5.1 个、3.4 个和 6.9 个百分点。

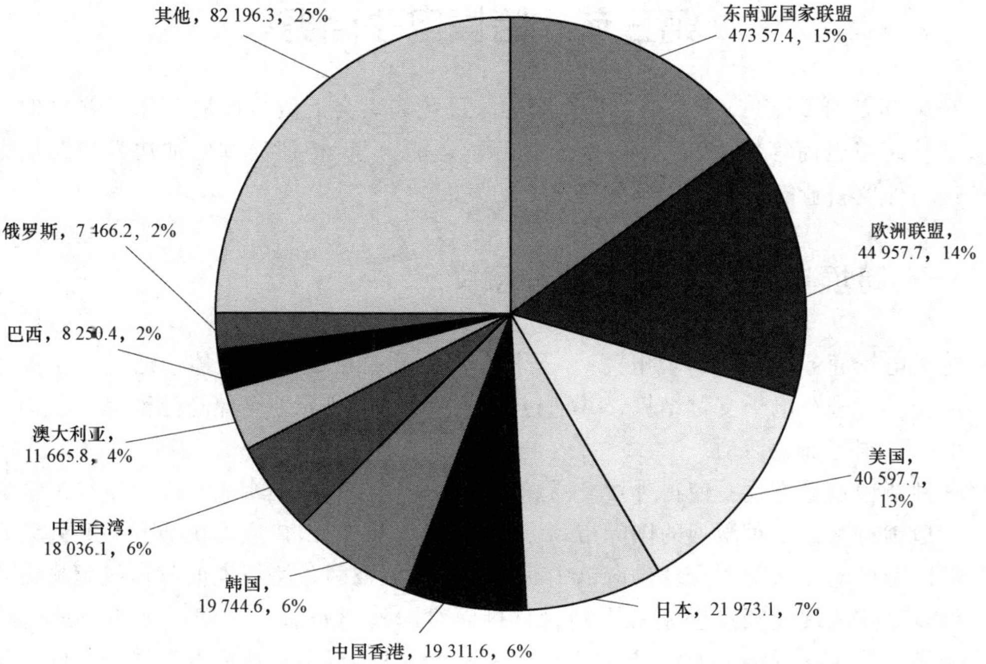

图 1-1　2020 年中国对主要贸易伙伴进出口金额及占比（金额单位：亿元）

（二）国际贸易地理方向

国际贸易地理方向，又称国际贸易地理分布，是指一定时期内世界各洲、各国或各个国家经济集团在整个国际贸易中所占的地位。通常用它们的出口额或进口额占世界出口总额或世界进口总额的比重表示。

专栏1-2

贸易的就业弹性

贸易的就业弹性，是指每单位出口增量可以增加多少个就业机会。该弹性大，意味着每单位出口可以吸纳更多的人就业，该弹性小，则情况相反。一般认为，劳动密集型产业的贸易就业弹性大，而资本密集型产业的贸易就业弹性较小。如美国出口每增加10亿美元，可直接提供3万个就业机会。而我国的加工贸易，大约提供了3 000万个就业机会。许多国家的贸易结构从以出口劳动密集型产品为主转变为以出口资本密集型产品为主时，不同程度地出现了贸易就业弹性的降低，出现了生产发展而一般非熟练劳动力就业增长跟不上的情况。因此，相当多的发展中国家结合本国实际，在优化贸易结构的同时，注重结合本国非熟练劳动力的就业实际，保持劳动密集型产业一定程度的增长。

资料来源：商务部编写组．国际贸易［M］．北京：中国商务出版社，2007。

第三节 跨境电子商务

2020年5月22日，李克强总理在全国人民代表大会上做《政府工作报告》时，提出“加快跨境电商等新业态发展，提升国际货运能力”。特别强调要加快发展跨境电子商务这一外贸新业态，加速我国外贸事业的发展。

一、跨境电子商务的定义和意义

跨境电子商务（简称跨境电商），是指分属不同关境的交易主体，通过电子商务平台达成交易、进行电子支付结算，并通过跨境电商物流及异地仓储送达商品，从而完成交易的一种国际商务活动。

这种新型贸易方式，使得外贸交易越来越趋向于“订单碎片化”，产品与市场紧密结合，适销对路。面对激烈的国际市场竞争和逐渐消失的出口成本优势，一些外贸企业适时借助跨境电商从新型全球供应链中获得新的发展空间。跨境电商与传统贸易模式相比，可以有效地绕过贸易壁垒的限制，直接面对国外消费者，中间环节少，渠道成本低，交易虚拟化，营销全天候，这有助于制造商和终端消费者达成双赢局面。国家统计局2020年1月17日发布的数据显示，2019年全年全国网上零售额10.6万亿元，比

2018 年增长 16.5%。2019 年跨境电商交易规模占中国进出口总值 31.54 万亿元的 33.29%。渗透率相比 2018 年稳步提升，跨境电商在助推传统外贸发展上起到的作用愈加凸显。

跨境电商（出口）是对传统贸易方式的全面革新，它绕过传统贸易中间商，以自主品牌的方式直接将产品销售给终端客户，改变了全球贸易链条的价值分配，是实现外贸高质量发展的有效途径。

一是“直面终端”。改变了传统贴牌加工模式，直接面向终端客户进行销售让中国制造品牌国际化成为可能。

二是“掌控渠道”。拥有自己的销售渠道从而能掌控产品的定价权。

三是“直接对话”。国外用户对产品的评价可以直接反馈到国内厂家，以便第一时间对产品主动进行优化从而提升市场竞争力。

这些都是传统外贸一直无法突破的瓶颈。也就是说，跨境电商是一种贸易方式的创新和流程再造，而不是简单的贸易过程便利化，从而对我国外贸高质量发展更能发挥重要作用。

二、跨境电商的分类

依据进出口方向，跨境电商分为出口跨境电商和进口跨境电商。在进出口结构上，2019 年，中国跨境电商出口占比达到 76.5%，进口占比达到 23.5%，进口比例正不断扩大。

依据交易模式，跨境电商分为 B2B 跨境电商和 B2C 跨境电商。B2B 模式下，企业运用电子商务以广告和信息发布为主，成交和通关流程基本在线下完成，本质上仍属传统贸易，已纳入海关一般贸易统计。B2C 模式下，我国企业直接面对国外消费者，以销售个人消费品为主，物流方面主要采用航空小包、邮寄、快递等方式，其报关主体是邮政或快递公司，目前大多未纳入海关登记。跨境电商开始向精细化、品牌化、本土化以及多元化发展。2019 年，中国跨境电商的交易模式中，B2B 交易占比达 80.5%，B2C 交易占比达 19.5%。

三、跨境电商与传统贸易的区别

（一）交易磋商方式不同

传统国际贸易当中，买卖双方都是通过电话、邮件等即时通信工具或软件来联系，一般会经历交易前的准备（市场调研）、询价、报价、还盘、接受、签订合同、备货、租船订舱、购买保险、报关报检、运输货物、买方收货付款等过程。而跨境电商相比传统的国际贸易模式其具有可移动、多边化、订单小、频率高、低成本等特点，并且能够做到：（1）先交货后交易，交易模式从线下转到线上，大大缩减了交易时间及成本，提高了交易效率。（2）省略了很多中间商的环节，可以让生产商与消费者直接挂钩，具备环节少、成本低、效率高、利润高、频率高等特点。（3）跨境电商从最开始的交易磋商到成交的整个过程都可以在跨境电商平台上进行操作，比如银行转账、货代、商检、报关等业务都采用线上申请，线下办理的方式，极大地节省了时间，加快了办理速度，简化了协商程序，提高了效率。

（二）运输方式不同

传统的国际贸易运输方式主要包括海洋运输、航空运输、铁路运输、集装箱运输等，其中集装箱海洋运输模式就占了将近 80% 的比例；而跨境电商中，最惯常的运输方式是邮政运输中的国际快递，据国家电子商务研究中心的数据显示，跨境电商的 70% 的出口业务走的都是国际快递。

（三）运输保险险别不同

在传统国际贸易中，针对海洋运输所设置的保险条款分别是英国伦敦保险协会所制订 ICC 条款和我国颁布的海洋运输保险 CIC 条款，这些条款包括水渍险、平安险、一切险以及战争险等；而在跨境电商中，由于运输方式主要是邮政运输，这些条款的内容显然就不再适用，对于邮政运输更多采用的是一些快递类的保险。

（四）支付方式不同

在传统国际贸易中，买卖双方在完成交货之后，会直接采用信用证、汇款和托收等支付方式收受货款，中间环节较多，并且手续办理麻烦，涉及的票据较繁杂。在跨境电商平台交易，大多数采用的是线上或电子支付方式，比如信用卡、网上银行、电子转账、手机支付、第三方支付方式（如 PayPal 和支付宝）等。新型的支付方式不仅成本低，速度快，还大大提高了交易效率，增进了双方的信任，有助于促成交易。

（五）订单完成效率不同

在传统国际贸易中，出口商一般需花费巨额成本去参加全球各地的展销会，或者在国际官网上搜索相关公司的信息或从商务参赞处获得国外公司的黄页，再进行业务联系，效率较低。而在跨境电商模式下，买卖双方不需长期交涉，只要在线上交流，而且线上的买方基本上都有需求，所以交易时间很短，成本很低，也大大提高了效率。

专栏1-3

2019 年中国跨境电商产业链图谱

一、进口跨境电商平台

B2B 类：行云全球汇、海豚供应链、海带、海米派、海拍客、上河网、好易商、海集供应链、鑫网易商、笨土豆等。

B2C 类：天猫国际、京东国际、淘宝全球购、考拉海购、洋码头、苏宁国际、唯品国际、丰趣海淘、蜜芽、宝贝格子、55 海淘、别样海外购、亚马逊海外购、保税国际、五洲会等。

二、出口跨境电商平台

B2B 类：阿里巴巴国际站、中国制造网、生意宝、环球市场、环球资源、敦煌网、大龙网等。

B2C 类：亚马逊全球开店、eBay、全球速卖通、Wish、兰亭集势、环球易购、棒谷科技、执御、DX. com、有棵树、傲基电商、安克创新、通拓科技、跨境翼、赛维电商、爱淘城、新华锦、百事泰、择尚科技、三态股份、蓝思网络等。

三、跨境电商服务商

物流类：中国邮政、顺丰速运、俄速通、百世国际、京东物流、菜鸟网络、UPS、DHL、联邦快递、圆通速递、运淘美国、斑马物联网、递四方、出口易等。

支付类：Paypal、易宝支付、中国银联、支付宝、财付通、PingPong、连连支付、Payoneer、汇付天下、环迅支付、万里汇等。

金融类：中国平安、中国银行、中信银行、浦发银行、花旗银行、中国工商银行、中国民生银行等；

其他类：阿里巴巴一达通、卓志、飞书互动、豆沙包、四海商舟、跨洋科技、瑞诺国际等。

资料来源：中国电子商务研究中心《2019 年度中国跨境电商市场数据监测报告》。

思考题

1. 什么是国际贸易？
2. 直接贸易和间接贸易、转口贸易和过境贸易的不同之处是什么？
3. 总贸易体系与专门贸易体系有何区别？
4. 对外贸易值和对外贸易量是如何计算的？
5. 贸易条件是如何计算的？
6. 对外贸易额与国际贸易额的计算有什么区别？
7. 什么是跨境电商？跨境电商在现代国际贸易中的作用。

计算题

已知以 1980 年为基准年，某国进出口价格指数均为 100，而 2019 年的出口价格上升了 18%，进口价格下跌了 6%，请计算该国的贸易条件指数，并说明其经济意义。

案例分析题

据统计，2020 年中国主要出口商品金额（单位：亿元）及占比见下图。

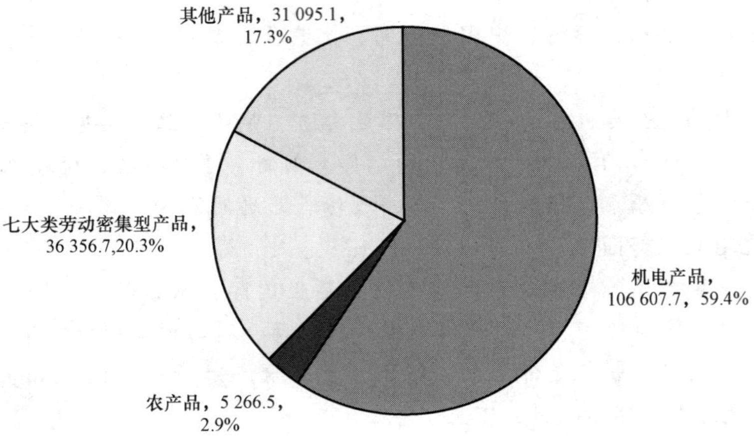

请运用国际贸易相关知识对此进行分析。

第二章

自由贸易理论与政策

随着西欧，尤其是英国资本主义的发展，为适应工业资产阶级的经济和外贸发展的需要，一些资产阶级思想家开始探寻对外贸易与经济发展的内在联系，试图从理论上说明自由贸易对经济发展的好处，由此产生了自由贸易理论。

古典自由贸易理论的最重要代表亚当·斯密的绝对优势理论、大卫·李嘉图的比较优势理论为国际分工和国际贸易提供了理论基础。

瑞典著名经济学家赫克歇尔和俄林的要素禀赋理论，把国际分工和国际贸易与生产要素联系了起来，对古典自由贸易理论做了重大发展，使这个理论至今仍在西方经济学界占据支配地位。

第一节　亚当·斯密的绝对优势理论

专栏2-1

英国古典政治经济学家亚当·斯密简介

亚当·斯密（Adam Smith，1723—1790 年），英国著名的经济学家，资产阶级古典经济学派的主要奠基人之一，国际分工及国际贸易理论的创始者。他先后受聘于爱丁堡大学和格拉斯哥大学，讲授修辞学、文学、逻辑学，后任道德哲学教授。1764 年，斯密结识了重农学派主要代表魁奈和杜尔哥等人，且深受其影响。1776 年，斯密发表代表作《国民财富的性质和原因的研究》（简称《国富论》），对如何进行贸易才能有效地积累财富和发展经济提出了系统完整的命题。其观点代表了英国新兴的工业资产阶级的利益和要求，主张国内和国家间实现贸易的自由。1778 年，斯密被任命为苏格兰海关税务司司长。他一生中的最后三年又被任命为格拉斯哥大学校长。

18 世纪中期，英国的产业革命逐渐展开，工场手工业已成为工业生产的主要形式，且出现了一些早期的机器发明，国内外迅速膨胀起来的市场需求要求资本主义迅速发展，新兴的工业资产阶级迫切要求扩大对外贸易，扩大海外市场和原料来源，也为政府采取自由贸易政策奠定了物质基础。重商主义的贸易理论和政策限制了新兴资产阶级的利益，亚当·斯密站在工业资产阶级的立场上，从理论上阐述如何进行贸易才能有效地积累财富和发展经济，说明了自由贸易对经济发展的好处。

一、亚当·斯密与《国富论》

英国古典经济学家亚当·斯密的代表作《国民财富的性质和原因的研究》（简称《国富论》）的首次出版标志着经济学作为一门独立学科的诞生，在资本主义社会的发展方面，《国富论》起了重大的促进作用。

亚当·斯密的基本思想是主张自由贸易。《国富论》中阐明了著名的“看不见的手”的机制，看起来似乎杂乱无章的自由市场实际上是个自行调整机制，自动倾向于生产社会最迫切需要的产品种类。例如，如果某种需要的产品供应短缺，其价格自然上升，价格上升会使生产商获得较高的利润，由于利润高，其他生产商也想要生产这种产品。生产增加的结果会缓和原来的供应短缺，而且随着各个生产商之间的竞争，供应增长会使商品的价格降到“自然价格”，即其生产成本。谁都不是有目的地通过消除短缺来帮助社会，但是问题却解决了。

用亚当·斯密的话来说，每个人“只想得到自己的利益”，但是又好像“被一只无形的手牵着去实现一种他根本无意要实现的目的，他们促进社会的利益，其效果往往比他们真正想要实现的还要好”（《国富论》第四卷第二章）。

亚当·斯密认为，在市场经济中，在利益驱动下，主观上为自己的微观经济主体可通过分工和交易而客观上为社会工作，从而实现自利与互利、个体利益与社会利益的相互促进。故经济主体之间的利益关系并不一定是非赢即输的，而是可能实现“双赢”的。经济主体的“利己”不应通过“损人”去实现，而应通过“利他”来实现。

亚当·斯密认为，国际贸易是一种分工，每一个人都是一个经济社会中的人，所以大家都在为自己的利益考虑，但是在这一个过程中，也就是如果我们大家都在考虑如何不断地提高个人的生产效率和资本利用率的话，这对于整个社会来说也是非常有进步意义的，即完全地达到了市场自动配置的作用。所以斯密非常反对政府的一切经济干扰。

二、绝对优势理论的主要论点

亚当·斯密提出了他的“绝对优势理论”——每一个国家先天所拥有的自然条件是不同的，后天所获得的生产条件也很不一样，如果各个国家都根据自己的有利条件，生产成本比别的国家绝对低的商品进行国际交换，这对各个国家是有利的，由于他强调要生产劳动成本绝对低的商品才能进行国际交换，所以这一理论又被称为“绝对成本论”。

这一理论要求一国实行自由贸易政策，这样各国才能充分享受自然分工导致的绝对成本差异所带来的利益，放弃政府对贸易的干预。

（一）分工导致劳动生产率提高

亚当·斯密主张自由贸易的思想是建立在他的国际分工学说基础上的。分工之所以能够提高劳动效率，亚当·斯密认为存在以下几个原因：其一，分工可以提高劳动者的熟练程度；其二，分工避免了不同劳动转移而造成的时间损失；其三，分工导致了许多简化劳动和缩减劳动投入的机械的出现，有利于发明创造和改进工具，使一个人能够完成多个人完成的任务，因此能够提高劳动生产率。斯密以手工制扣针的工厂为例，认为根据当时的条件，在没有分工的情况下，1 个工人每天最多制作 20 根针，而在分工的情况下，平均每人每天可制针 4 800 多根，每个人的工作效率提高了 200 多倍。因此，他认为在生产要素不变的条件下，依靠分工，劳动生产率可以得到提高。

（二）分工的原则是成本的绝对优势

绝对优势是指如果一国生产某种商品的成本绝对低于另一国，则该国在这一产品上有绝对优势。

分工可以极大地提高生产率，所以亚当·斯密认为，每个人都应该从事自己最具优势领域的产品的生产，然后再用这种产品和他人交换物品，这样对每个人都是最有利的。他写道："每一个精明的家长都会遵循以下准则：从不在家里生产那些比购买的还贵的产品。裁缝不会试图自己做鞋，而是从鞋匠那里买鞋……""在每一个私人家庭的行为中是精明的事情，在一个大国的行为中不大会是荒唐的。如果外国能以比我们自己制造还便宜的商品供应我们，那么，我们最好就用我们具有某些优势的行业中生产出来的部分产品来向他们购买。"他由个人分工推及社会分工进而到国际分工。

（三）国际分工建立在一个国家所拥有的自然优势或获得性优势的基础之上

优势的确定是通过生产成本的比较，优势的来源是自然禀赋（地理、环境、土壤、气候、矿产等自然条件）和后天获得某些有利条件（民众特殊的技巧和生产工艺）。

三、绝对优势理论的论证

交换形成分工，分工能导致专业化，提高劳动生产率。各国应生产成本绝对低的产品，通过自由贸易，取得更大的收益。为了说明这一理论，亚当·斯密举出下面的例子：

假定英国和葡萄牙两国都生产葡萄酒和毛呢。分工前，生产 1 单位产品所需的劳动量如表 2-1 所示。

表 2-1　　分工前，英国和葡萄牙的生产情况

国家	商品			
	毛呢		酒	
	劳动量（人/年）	产量（单位）	劳动量（人/年）	产量（单位）
英国	80	1	120	1
葡萄牙	120	1	60	1

根据表 2-1，英国在生产毛呢上有绝对优势，而葡萄牙在生产酒上具有绝对优势，所以两国进行分工。分工后，两国的生产情况如表 2-2 所示。

表 2-2　　分工后，英国和葡萄牙的生产情况

国家	商品	
	毛呢	酒
英国	（80+120）÷80＝2.5	
葡萄牙		（60+120）÷60＝3

两国按 1∶1 进行交换，英国用 1 单位的毛呢换取葡萄牙 1 单位的酒。交易后，拥有产品的情况如表 2-3 所示。

表 2-3　　交易后，英国和葡萄牙拥有产品的情况

国家	商品	
	毛呢	酒
英国	1.5（比分工前多 0.5 单位）	1（进口）
葡萄牙	1（进口）	2（比分工前多 1 单位）

四、绝对优势理论的评析

绝对优势理论解释了产生贸易的部分原因，也首次论证了贸易双方都可以从国际分工与交换中获得利益的思想。国际贸易可以是一个“双赢”的局面，而不是一个“零和游戏”。这种双赢理念仍然是当代各国扩大开放，积极参与国际分工贸易的指导思想。

不过绝对优势理论有一定的局限性，只能解释国际贸易中的一小部分贸易，即具有绝对优势的国家参与国际分工和国际贸易能获利。但在现实社会中，有些国家比较先进发达，有可能在各种产品的生产上都具有绝对优势，而另一些国家可能不具有任何生产技术上的绝对优势，但是贸易仍然在这两种国家之间发生，而亚当·斯密的理论无法解释这种绝对先进和绝对落后国家之间的贸易。

第二节　大卫·李嘉图的比较优势理论

专栏2-2

英国古典政治经济学家大卫·李嘉图简介

大卫·李嘉图（David Ricardo，1772—1823 年），英国资产阶级古典政治经济学的杰出代表和完成者，生于英国葡萄牙裔犹太人家庭。1793 年，他独立经营证券交易所业务，到 1797 年即成为大富翁。1799 年，他读了亚当·斯密的《国富论》，这部著作引起了他对经济学的兴趣，于 1817 年出版了《政治经济学及赋税原理》，被誉为继斯密《国富论》之后的经济学巨著。1819 年，他被选为英国下院议员。李嘉图所处的时代正是英国工业革命迅速发展、资本主义不断上升的时代。当时，英国社会的主要矛盾是工业资产阶级同地主贵族阶级的矛盾，李嘉图代表新兴工业资产阶级的利益和要求，提倡自由贸易，反对《谷物法》，主张修改选举法。

一、比较优势理论产生的历史背景

英国议会 1815 年通过了修订的限制外国粮食进口的保护贸易政策——《谷物法》，招致外国以高关税阻止英国工业品对它们的出口，削弱了英国工业品的竞争能力。为了维护英国工业资产阶级的利益，迫切需要从理论上论证谷物自由贸易的好处。

英国资产阶级古典政治经济学者大卫·李嘉图站在工业资产阶级一边，他主张，英国不仅要从外国进口玉米，而且要大量进口，因为英国在纺织品上所占的优势比在玉米生产上所占的优势还大。故英国应该专门进行纺织品生产，以其出口换取玉米进口，取得比较利益，提高商品生产数量。

李嘉图在《政治经济学及赋税原理》一书中，继承和发展了亚当·斯密的绝对成优势理论，运用两个国家（英国和葡萄牙）、两种产品（毛呢和葡萄酒）这种分析模型，提出决定国际贸易的基础是比较优势而不是绝对优势这一命题，建立了以自由贸易为前提的比较优势理论，解释了发展程度不同的国家，都能通过参与国际贸易获得利益。

二、比较优势理论的主要论点

比较优势理论认为，在两国间，劳动生产率的差距并不是在任何商品上都是相等的。处于绝对优势的国家，应集中力量生产优势较大的商品，处于绝对劣势的国家，应集中力量生产劣势较小的商品，然后通过国际贸易，互相交换，彼此都节省了劳动，都得到了益处。

（一）分工的原则是比较优势

比较优势的定义：如果一个国家在本国生产一种产品的机会成本（用其他产品来衡量）低于在其他国家生产该产品的机会成本，则这个国家在生产该种产品上就拥有比较优势。

（二）比较优势的核心内容是“两优取其重，两劣取其轻”

李嘉图举例说：如果两个人都能制造鞋和帽，其中一个人在制鞋时强 1/3，在制帽时强 1/5，那么这个较强的人专门制鞋，而那个较差的人专门制帽，然后进行交换，则对双方都有利。

他采用了由个人之间的经济关系推及国家之间的经济联系这种实证的方法。一国与另一国相比，其劳动生产率在任何商品的生产中均低于对方国，处于绝对劣势。但只要本国集中生产那些绝对优势最大的产品，即按照“两优取其重，两劣取其轻”的原则，进行国际分工与国际贸易，同样交易双方不仅都可从中获益和实现社会劳动的节约，而且会增加社会财富。

这样的两国进行贸易从而获得利益是由“比较成本低→比较优势→比较利益”这一结构链决定的。比较利益是发生国际分工和国际贸易的基础，而产生比较利益的原因则是各国间劳动生产率的差异及由此产生的劳动成本的差别。

三、比较优势理论的论证

分工前，生产 1 单位产品所需的劳动量如表 2-4 所示。

表 2-4　　分工前，英国和葡萄牙的生产情况

国家	商品			
	毛呢		酒	
	劳动量（人/年）	产量（单位）	劳动量（人/年）	产量（单位）
英国	100	1	120	1
葡萄牙	90	1	80	1

从英国方面看，两种商品生产都比葡萄牙效率低、成本高，但是高的程度不同。毛呢的成本是葡萄牙的 1.1 倍，而酒的成本是葡萄牙的 1.5 倍。可见英国生产毛呢的效率相对高一些。所以，英国把全部劳动力都用来生产毛呢。

从葡萄牙方面看，两种商品生产都比英国效率高、成本低，但是低的程度不同。毛呢的成本相当于英国的 0.9，而酒的成本相当于英国的 0.67。可见葡萄牙生产酒的效率相对更高些。所以，葡萄牙把全部劳动力都用来生产酒。

国际分工后，两国的生产情况如表 2-5 所示。

表 2-5　分工后，英国和葡萄牙的生产情况

国家	商品	
	毛呢	酒
英国	（100+120）÷100=2.2	
葡萄牙		（90+80）÷80=2.125

两国按 1：1 进行交换，英国用 1 单位的毛呢换取葡萄牙 1 单位的酒。贸易后，拥有产品的情况如表 2-6 所示。

表 2-6　贸易后，英国和葡萄牙拥有产品的情况

国家	商品	
	毛呢	酒
英国	1.2（比分工前多 0.2 单位）	1（进口）
葡萄牙	1（进口）	1.125（比分工前多 0.125 单位）

从表 2-6 中可看出，分工后，两国的劳动投入并没有增加，但是两种产品的总量却增加了，其中毛呢增加了 0.2 个单位，葡萄酒增加了 0.125 个单位。两国进行交换，双方都得到了比较利益。

四、对比较优势理论的评析

（一）贡献

（1）在理论上，比较优势理论是对绝对优势理论的重大发展，比绝对优势理论更具有普遍意义，比较优势理论的提出是传统国际贸易理论体系建立的标志，也是新贸易理论的基础。

（2）在实践上，比较优势理论为英国资产阶级的自由贸易、废除《谷物法》的斗争提供了有力的理论武器，为世界各国参与国际分工、发展对外贸易提供了理论依据。

（二）局限性

（1）在李嘉图的贸易理论中，劳动是唯一的生产要素，不存在技术进步、资本积累与经济发展。生产规模报酬不变，市场结构为完全竞争。这一系列的假定不可能同时成立，所以该理论缺乏坚实的现实基础，对当代国际贸易的许多现象不能做出解释。

（2）没有进一步解释造成劳动生产率差异的原因。

第三节　要素禀赋理论

要素禀赋理论（H-O 理论）是瑞典著名经济学家赫克歇尔和俄林创立的国际贸易

理论。赫克歇尔于1919年发表了题为《对外贸易对收入分配的影响》的著名论文，提出了要素禀赋理论的论点。俄林继承了他的导师赫克歇尔的论点，于1933年出版了《域际贸易和国际贸易》一书，创立了要素禀赋理论。

绝对优势理论和比较优势理论认为贸易产生的基础是劳动生产率的绝对或相对差异。但假若同种要素在不同国家的绝对、相对的劳动生产率完全相同，贸易是否还有产生的基础？要素禀赋理论回答了这一问题。

H-O理论认为，商品会从价格低的国家向价格高的国家流动而谋利，价格差导致了国际贸易的产生。而商品的价格差又是由生产的成本差决定的。一个国家如果劳动要素相对丰裕，则劳动供给丰裕，工资水平就会相对较低；资本相对丰裕，则利息率较低。这时，即使生产相同产品，使用同样的要素，因各国要素价格不同，也会形成产品的成本在各国之间的差异。各国生产要素的禀赋不同，从而导致要素价格不同，所以要素的禀赋差异是国际贸易发展的根本原因。

H-O理论的核心思想是一个国家应该出口那些密集使用本国丰裕资源的商品，进口那些密集使用本国稀缺资源的商品；也就是说各个国家应该在自己所拥有的丰裕要素方面发挥优势。例如，一个国家如果劳动力相对丰裕，则该国就应该集中生产和出口劳动密集型产品；反之，如果一个国家的资本要素存量相对丰裕，则该国就应该集中生产和出口资本密集型产品。如果两个贸易伙伴国家都按这一原则进行生产和交易，则每个国家都会得到更有效的资源配置，福利水平将会提高。

H-O理论最基本的政策含义是所谓的“靠山吃山，靠水吃水”的思想，这已经成为当今世界各国都在遵循的原则。如中东国家出口石油，是因为有丰富的石油资源；中国出口劳动密集型的服装、轻工产品，是因为中国的劳动力资源具有极大的优势。

第四节 国际贸易政策

一、国际贸易政策的概述

国际贸易政策是各国在一定时期内对进口贸易和出口贸易所实行的政策，是各国发展对外经济关系的基本政策，是为各国经济基础和对外政策服务的。

（一）对外贸易政策的目的

各国制定对外贸易政策的目的在于：

（1）保护本国的市场。通过关税和各种非关税壁垒措施来限制外国商品和服务的进口，使本国商品和服务免受外国的竞争。

（2）扩大本国产品的出口市场。通过各种鼓励出口措施来促进本国出口商增加出口，使本国的出口市场不断扩大。

（3）促进本国产业结构的改善和升级。

(4) 积累资本或资金，通过关税、国内税等，使国家财政收入增加。

(5) 维护本国对外的经济、政治关系，促使出口商获得良好的外贸环境。

(二) 对外贸易政策的类型

1. 自由贸易政策

自由贸易政策是指国家取消对进出口贸易的限制和障碍，取消对本国进出口商品和服务贸易等的各种特权和优待，使商品和服务自由地输出和输入，在世界市场上实行自由竞争与合作。

2. 保护贸易政策

保护贸易政策是指国家采取措施干预对外贸易，限制外国商品和服务的进口，保护本国市场免受国外商品和服务等的竞争，并对本国出口商品和服务贸易给予优待和补贴。

3. 管理贸易政策

管理贸易政策介于自由贸易政策和保护贸易政策之间，以协调为中心，以政府干预为主导，以磋商为手段，政府对外贸进行干预、协调和管理。

(三) 对外贸易政策的制定

各国在制定贸易政策的过程中，要考虑到以下因素：

1. 经济力量的强弱

一般而言，经济比较发达、国际竞争力较强的国家，总体上倾向于自由贸易政策，主张在世界范围内进行自由竞争与合作。反之则倾向于保护贸易政策，对对外贸易加以诸多限制。

2. 经济发展战略的影响

采取外向型经济的发展战略，会制定比较开放和自由的对外贸易政策。对外贸易对一个国家的经济发展越是重要，就越会主张在世界范围内进行竞争和合作。

3. 国际政治经济环境和一国的外交政策

对外贸易政策和外交政策关系密切，两者之间存在着相互服务、相互促进的关系。在某些场合，对外贸易要服从外交的需要。在更多的场合，外交是为外贸打通道路、提供保护的。国际政治经济环境也对对外贸易政策产生重要影响。

4. 利益集团的影响

对外贸易政策是不同的利益集团之间矛盾和斗争的产物。当某一集团在政治和经济方面占优势时，国家在制定对外贸易政策的过程中就会充分考虑该集团的需要，以促进或阻碍某些特定商品的进出口，从而谋求最大的利益。

二、自由贸易政策的演变

一国对外贸易政策的制定，往往以某种贸易理论为依据；反过来，贸易政策的实践，也将进一步推进贸易理论的发展。

自由贸易政策盛行的时期主要有两个阶段：第一个阶段是19世纪中叶至第一次世界大战前的资本主义自由竞争时期，英国首先实行自由贸易政策；第二个阶段是20世纪50年代到70年代初期，出现了全球范围的贸易自由化。

（一）资本主义自由竞争时期的自由贸易政策

最早完成工业革命的英国和航海业发达的荷兰是全面实行自由贸易政策的国家。

英国自18世纪中叶后开始进行产业革命，到19世纪初，“世界工厂”的地位已经确立并获得巩固，其产品物美价廉，具有强大的国际竞争能力。而且，英国的工业迫切需要国外市场，需要从国外进口大量廉价的原料和粮食（廉价粮食是低工资的前提条件）。

在这种状况下，重商主义的保护贸易政策便成为英国经济发展和阻碍英国工业资产阶级对外扩张的一大障碍。这时，英国工业资产阶级便要求在世界市场上实行无限制的自由竞争和自由贸易政策。他们要求其他国家供给英国粮食、原料和市场，而由英国向其他国家提供工业制造品。

在19世纪20年代，以伦敦和曼彻斯特为基地的英国工业资产阶级开展了一场大规模的自由贸易运动。运动的中心内容是废除《谷物法》。工业资产阶级经过近30年的斗争，最后终于战胜了地主、贵族阶级，使自由贸易政策逐步得以推行。

（二）20世纪50年代至70年代初期的贸易自由化

1. 这段时期贸易自由化的表现

（1）关税大幅度降低

《关税与贸易总协定》缔约方内部关税大幅度降低，欧共体（现为欧洲联盟，简称欧盟）对内取消关税，对外通过谈判达成关税减让协议，使关税大幅度降低；从1971年开始，20多个发达国家对170多个发展中国家实施制成品和半制成品的普惠制待遇。

（2）非关税壁垒逐渐减少

随着日本和西欧经济的恢复和发展，它们在不同程度上放宽了进口数量限制。到20世纪60年代初，西方主要国家间进口自由化率已达到90%以上。

2. 这段时期贸易自由化政策的特点

（1）自由贸易政策的实施具有普遍性

第二次世界大战后初期，美国作为世界上最强大的经济和贸易国家，积极倡导“贸易自由化”，极力迫使西欧等地区和国家为其开放市场，降低关税，放宽进口限制。1947年，由美国倡议，23个国家参加，签订了《关税与贸易总协定》，相互给予最惠国待遇，并逐步减免乃至取消关税和其他贸易壁垒，促进贸易自由化，以便实现美国商品打入西欧的外贸政策目标。

西欧各国随着经济的恢复和发展，为了对外扩张，争夺国外市场，特别是发达国家市场，它们也愿彼此减税，放宽进口限制，逐步实施自由贸易政策。欧共体实行关税同盟，对内取消关税，对外减让关税，使关税大幅度下降。

在发展中国家的努力下，发达国家给予来自发展中国家的制成品和半制成品的进口以普遍优惠制待遇。

（2）自由贸易政策的实施具有区域性

自由贸易政策的实施主要在《关税与贸易总协定》的范围之内，在区域关税同盟之内、在自由贸易之内和共同市场内更具有普遍性和显著性。

（三）两个时期的自由贸易政策的不同

1. 实施自由贸易政策的经济基础不同

现代自由贸易政策建立在生产的国际化、资本的国际化、国际分工的纵横发展和跨国公司大量出现的基础之上，它主要反映了垄断资本的利益，是世界经济和生产力发展的内在要求。

早期的自由贸易政策建立在资本主义自由发展的基础之上，代表了资本主义上升阶段工业资产阶级的利益和要求。

2. 现代自由贸易政策是一种选择性的政策，一定程度上和保护贸易政策相结合

区域经济集团内部贸易自由化超过对集团以外国家的贸易自由化，而早期的自由贸易政策则没有这种选择性和区域性。

发达国家之间的贸易自由化程度远高于它们对发展中国家和社会主义国家的贸易自由化程度。

工业制成品的贸易自由化程度远高于农产品的贸易自由化程度。

思考题

1. 亚当·斯密绝对优势理论的主要内容是什么？

2. 大卫·李嘉图比较优势理论的主要内容是什么？

3. 本国生产 1 单位小麦的劳动投入为 1/4，生产 1 单位布的劳动投入为 1；外国生产 1 单位小麦的劳动投入为 1，生产 1 单位布的劳动投入为 1/2。

（1）本国在哪一种商品的生产上拥有绝对优势？外国在哪一种商品的生产上拥有绝对优势？为什么？

（2）假如外国用 1 单位布换取本国 3 单位小麦，本国与外国的贸易得益分别是多少？为什么？

（3）假如外国用 1 单位布换取本国 1 单位小麦，本国与外国的贸易利益分别是多少？为什么？

4. 比尔·盖茨先生无论在编写软件还是打字速度上都强于他的秘书。比尔·盖茨先生编写软件的速度是秘书的 N 倍，打字的速度是秘书的 2 倍。由于盖茨在编程和打字上都强于其秘书，他是否应该自己来完成全部的工作，以节省下每天付给秘书的 20 美元的薪水（据说盖茨如果掉了 100 美元，他是不会弯腰去捡的，因为弯腰的 5 秒钟会使他丧失 1 万美元）。

试用贸易理论来解释盖茨先生是否要自己做编写软件和打字的全部工作。

案例分析题

2000 年，美国市场推出了一种可发声的仪器，在美国商场的零售价为 88 美元，由美国公司设计经销。美国公司将订单下给了一家中国香港的公司，每件 40 美元。香港公司将订单交给了相熟的一家广东外贸公司，每件 20 美元。外贸公司再以每件 15 美元的价格交给江苏的工厂，工厂的原料和生产成本为 12 美元。美国公司以每件 72 美元的价格卖给商场。粗算下来，工厂的毛利为每件 3 美元，外贸公司毛利为每件 5 美元，香港公司的毛利为每件 20 美元，美国公司的毛利为每件 32 美元，美国商场的毛利为每件 16 美元。我国内地工厂部分的利润微乎其微，而就在这工厂截留的 3 美元中，又有多少利润能流进一线生产工人的口袋呢？

试结合所学的国际贸易理论知识对这一事例加以评析。

第三章

保护贸易理论与政策

从历史上看，保护贸易政策盛行的时期主要有如下四个阶段：16—18 世纪的重商主义的保护贸易政策；19 世纪 70 年代至第一次世界大战前的保护贸易政策；两次世界大战之间的超保护贸易政策；20 世纪 70 年代中期以后出现的新贸易保护主义政策。

第一节　重商主义对外贸易学说

西欧国家资本原始积累的手段除了在国内对农民的掠夺之外，还有就是进行国际贸易和海外掠夺，当时积累财富的主要手段是获取黄金，而当时西欧本身黄金的开采和储备已很有限，迫切需要通过国际贸易和对外掠夺来满足当时在西欧国家中出现的“黄金渴望”。恩格斯在《论封建制度的解体及资产阶级的兴起》中提到：“葡萄牙人在非洲海岸、印度及整个远东地区搜寻着黄金；黄金这两个字变成了驱使西班牙人远渡大西洋的符咒；黄金也是白种人刚踏上新发现的海岸时所追求的头一项重要的东西。”

社会经济的这种变化，必然要反映到上层建筑中来，在经济思想和政策方面，就表现为重商主义的兴起。

一、重商主义的贸易观点

重商三义是 15—17 世纪欧洲资本原始积累时期，代表商业资本利益的经济思想和政策体系，该思想揭示了贸易保护的必要性，是最早的贸易保护理论。重商主义认为货币是财富的唯一形态。重商主义可分为早期和晚期。

早期的重商主义流行于 15—16 世纪中期，又称为货币差额论，这一时期的重商主义认为，财富的唯一表现形式是贵金属，人们在商品的交易中可以通过贱买贵卖来获得贵金属财富。国内市场上的贸易是由一部分人支付货币给另一部分人，其结果只是社会财富在国内不同集团之间的再分配，整个社会财富的总量并没有增加。因此，一国要想从商业中获得贵金属财富，必须开展对外贸易。出口贸易可以使一国从国外获得金银货币从而使国家致富，而进口外国产品则会造成货币输出从而使国家丧失财富。早期的重商主义者主张实行高关税以阻止进口。

晚期的重商主义流行于 16 世纪中期至 17 世纪中期，又称为贸易差额论。这一时期的重商主义主张取消禁止货币输出的禁令，因为对方国家会采取对等措施进行报复，使本国贸易减少甚至消失，认为只要该国能够保持贸易收支的顺差，一国的货币财富就会增加。

二、贸易差额论的政策主张

（一）对外贸易垄断政策

当时，西欧各国都实行对外贸易垄断，从殖民地获取廉价原料，运回本国加工成制成品，然后高价向殖民地国家出售。如西班牙政府垄断从美洲殖民地获得的廉价原料，葡萄牙政府直接控制本国与东方的贸易。

（二）奖出限入政策

各国都采取种种鼓励出口、限制进口的贸易保护政策。有的国家以各种措施阻止原料或半制成品的出口，鼓励制成品的出口，并用现金奖励在外国市场上出售本国商品的商人，各国对进口消费品则几乎无一例外地征收重税。比如英国，当本国货在国际或国内难以与外国货竞争时，可以退还对原料征收的各种税款，必要时国家还给予补贴。

（三）鼓励发展本国航运的政策

贸易差额论者认为，建立一支强大的商船队是一国经济力量的重要组成部分，因此应积极发展航运事业，为本国商品出口及转运创造有利条件。还禁止外国船只从事本国沿海航运及本土与殖民地之间的航运。

（四）发展本国工业的政策

贸易差额论者认为，为了实现贸易顺差，必须多卖商品。因此，一定要大力发展本国工业，增强本国产品在世界市场上的竞争力，以保持出口优势。因而，当时各国都制定有鼓励本国工业发展的政策。

三、重商主义的简评

（一）重商主义的贡献

（1）重商主义的理论和政策适应当时生产力和生产关系的要求，促进了资本的原始积累，推动了资本主义生产方式的发展。

（2）贸易差额论提出了贸易顺差的概念，为后人研究国际贸易理论与政策打下了基础。贸易差额论产生于从封建主义过渡到资本主义的阶段，距今虽已 400 多年，然而它的某些政策主张对于广大发展中国家仍有着重要的现实意义。如积极发展出口工业，提高产品质量，保持出口产品的竞争优势；禁止奢侈品进口和对一般制成品奖出限入；实行保护贸易政策，保护本国的民族工业等。

（二）重商主义的意义

（1）重商主义强调货币是财富的唯一表现形式，认为财富和利润都产生于流通过程的观点是错误的。

（2）重商主义认为世界的物质财富是固定的、有限的。这个固定的物质财富在不同的国家之间进行分配，即贸易一方的获利必然要以另一方的损失为代价。这种对世界资源的静态认识，必然导致将国际贸易作为一种只对单方有利的竞争。

专栏3-1

以美元为目标的重商主义的代价

17、18世纪，欧洲国家重商主义的本质是节衣缩食，其目的是富国强兵，但君主们眼中所盯住的主要目标是黄金。通过出口，赚得国外的黄金；有了黄金，便可以招募和雇佣士兵，进行战争。不过，一味猎取黄金，即使在重金属货币时期，重商主义也具有极大风险。因为当黄金多了的时候，金价也会贬值。例如，当西班牙把拉美的黄金大量输入欧洲时，黄金便大幅贬值。

如果一个经济体在从事出口贸易的同时，相应地进口必需的商品和服务，那么出口对于任何经济体都是有益的。但如果出口仅仅是为了积储黄金或美元，那么这种追求就极其危险。

在我国，20世纪80年代，创汇还是为了进口，但到了20世纪90年代下半期，创汇更多地是为了抵御风险。西方金融“大鳄”制造的金融危机，给发展中国家带来了极其不利的影响。为了防范和抵御西方的金融狙击，发展中国家要额外地积储外汇，这在一定程度上造成了本国资源的输出和浪费，并且在一定程度上为西方大国的“进贡经济”做了贡献。

如此来看，古今重商主义存在的风险是一致的，那就是目标货币黄金或美元的贬值。美元在今天是明显被高估的。一旦贬值，发展中国家所储存的美元财富部分将化为乌有。特别是今天的世界已经放弃了金本位制和重金属货币的使用。在这样一个汇率浮动的货币体系下实施重商主义，危险较大。所以传统重商主义的目标必须改变，那就是从紧盯黄金和美元变为重视实物进口，尽可能掌握实物财富，而非货币财富。重视进口的实质是有效利用外部资源，加快国内的经济建设。

当前，人们把美国的消费当作是对世界经济的一种贡献，我国出口的增加要得益于美国人的大量消费。但我们也要看到事情的另一面，那就是美国利用美元，廉价地赚取世界资源和劳动。

在重商主义和金本位制下，不断积累贸易剩余的国家积累大量的黄金，从而可以用来支付未来的进口。然而，在现在的国际贸易体系下，外贸盈余积累的是美元这种未来具有不确定价值的货币。而且，这些美元标价的贸易盈余不能转换为出口国自己的通货，因为它们需要储备起来以防止全球金融市场上对该出口国通货的投机性攻击。当出口国将经常项目盈余投资于美元金融资产时，由于出口的货物多于进口，该国经济从出口中得不到好处。该国将真正的财富拿去换取的是一堆货币符号。除非该国进口等量的货物来平衡贸易，这笔外汇储备才有价值。如果出口国不能平衡贸易，就必须把贸易盈余投资到美国的债券上。

美元作为载体货币的事实，使美国获得了可观的造币收入，即纸币的面值与印制成本之间的差额。据估计，美国每年获得的铸币收入能占到其 GDP 的 2.5%，那就是两三千亿美元。美国在获得铸币收入的同时，还得到了其他国家为了获得美元而出口的廉价商品。

资料来源：仲大军．中国应深刻反思重商主义——对调整我国发展战略的一点思考[N]．中国经济时报，2003-01-16.

第二节 李斯特的贸易保护主义

19 世纪 70 年代以后，美国和西欧的一些国家纷纷从自由贸易转向保护贸易，逐步实施了一系列限制进口和鼓励出口的保护性措施，其主要原因是这些国家的工业发展水平与英国相比还存在很大差距，经济实力和商品竞争力都难以与英国抗衡，需要采取强有力的贸易保护政策来保护本国的新兴工业即幼稚工业，使之免受英国商品的竞争。

保护幼稚产业政策的积极倡导者是德国政治家、理论家、经济学家李斯特，他是保护贸易的积极倡导者，他在 1841 年出版的《政治经济学的国民体系》一书中，系统地提出了以生产力理论为基础、以经济发展阶段为依据、以保护关税制度为核心、为经济落后国家服务的保护幼稚工业的学说。

一、李斯特贸易保护主义的主要内容

（一）主张保护幼稚工业

李斯特关于生产力与财富关系的认识是保护幼稚工业论的理论基础。“财富的生产力比之财富本身，不知要重要多少倍”，因为有了生产力的发展，就有了财富本身。

购买国外的廉价商品，从眼前利益看，可能会得到一些实惠，但是从长远利益看，则会影响德国工业的发展。因为这样做会使德国长期处于落后和从属于外国的地位。如果德国采取保护关税政策，一开始会使工业品的价格提高，但经过一段时期，德国工业得到充分发展，生产力将会提高，商品生产费用将会下跌，商品价格甚至会低于外国进口的商品价格。

（二）经济发展阶段论

李斯特根据国民经济完成程度，把国民经济的发展分为五个阶段，即“原始未开化时期、畜牧时期、农业时期、农工业时期和农工商业时期”。各国经济发展阶段不同，采取的贸易政策也应不同。处于农业阶段的国家应实行自由贸易政策，以利于农产品的自由输出，并自由输入外国的工业产品，以促进本国农业的发展，并培育工业化的基础。

处于农工业阶段的国家，由于本国已有工业发展的基础，但并未发展到能与外国产品相竞争的地步，故必须实施保护关税制度，使它不受外国产品的打击。而处于农工商业阶段的国家，由于国内工业产品已具备国际竞争能力，国外产品的竞争威胁已不存在，故应实行自由贸易政策，以享受自由贸易的最大利益，刺激国内产业进一步发展。

（三）保护贸易政策的目的与对象

李斯特保护贸易政策的目的是促进生产力的发展。经过比较，李斯特认为使用动力与大规模机器的制造工业的生产力远远大于农业。他认为着重于发展农业的国家，人民精神萎靡，一切习惯与方法偏于守旧，缺乏文化福利与自由；而着重于发展工商业的国家则不然，其人民充满增进身心与才能的精神。

他提出保护对象的条件是：

（1）农业不需保护。只有那些刚从农业阶段跃进的国家，距离工业成熟时尚远，才适宜于保护。

（2）一国工业虽然幼稚，但在没有强有力的竞争者时，也不需要保护。

（3）只有刚刚开始发展且有强有力的外国竞争者的幼稚工业才需要保护。李斯特提出的保护时间以 30 年为最高限期。

（四）保护政策的主要手段

通过禁止输入与征收高关税的办法来保护幼稚工业，以免税或征收轻微进口税方式鼓励复杂机器进口。

为保护幼稚工业，李斯特提出“对某些工业品可以实行禁止输入，或规定的税率事实上等于全部或至少部分地禁止输入”。同时，对“凡是在专门技术与机器制造方面还没有获得高度发展的国家，对于一切复杂机器的输入应当允许免税，或只征收轻微的进口税”。

二、对李斯特贸易保护主义理论的评价

（一）积极作用

该理论主张保护关税，是为了用机器挤掉手工劳动，用现代的生产代替传统的生产。其保护的对象以将来有前途的幼稚工业为限，对国际分工和自由贸易的利益也予以承认。该理论促进了德国资本主义的发展，有利于资产阶级反对封建主义势力的斗争。

换言之，他主张以保护贸易为过渡，而以自由贸易为最后目的。其保护也是有限度的，不是无限度的。李斯特的理论对经济不发达国家是有重大参考价值的。

（二）局限性

保护幼稚工业的理论在实践中成效不大。发展中国家都很注重对幼稚产业的保护，但多数都未达到预期效果，反而付出惨痛代价。而我国曾经保护了多个像汽车这样的产

业，结果曾使国内企业安于现状，发展不快。

第三节 凯恩斯的超保护贸易主义

1929 年的世界大危机开始后，空前严重的经济萧条使市场问题进一步尖锐化，导致许多国家大幅提高关税，广泛采用外汇管制、数量限制等手段，阻止外国商品的输入。另外，英国和德国等都加强了奖励出口的政策。在激烈的商品战中，各国政府在对外贸易方面无所不用其极，如采用禁止性关税、外汇战争等。1930 年，美国把关税税率首先提升到极高的水平，进口商品的平均税率达 52.2%，由此引发世界主要国家之间的一场关税战。

一、凯恩斯超保护贸易主义的主要内容

凯恩斯的超保护贸易主义对资本主义各国执行超保护贸易政策影响很大。凯恩斯是英国资产阶级经济学家、凯恩斯主义经济学的创始人，其代表作是《就业、利息和货币通论》。在 1929 年经济危机前，凯恩斯是一个自由贸易论者，经济危机后转而推崇重商主义保护贸易政策，认为重商主义保护贸易的政策的确能保证经济繁荣和促进就业，形成了颇具影响的超保护贸易政策理论。

（一）对古典自由贸易理论的批评

国内充分就业是古典自由贸易理论建立的前提，而现在发生的大量失业现象明显不合乎古典自由贸易理论。

（二）扩大有效需求的目的在于缓和危机和减少失业

一国的就业水平由有效需求决定，国家应干预经济生活，制定一系列的政策来刺激有效需求，而贸易顺差可以提高国内的有效需求，缓和危机和增加就业。

（三）投资乘数理论

为了证明增加新投资对就业和国民收入的好处，凯恩斯提出了投资乘数理论。投资乘数理论反映了投资增长和国民收入总量增加之间的依存关系。

投资乘数理论是指新增加的投资引起对生产资料需求的增加，从而引起从事生产资料生产的人们（企业主和工人）的收入增加，收入的增加又引起他们对消费品需求的增加，进而引起从事消费品生产的人们的收入增加；如此推演下去，结果，由此增加的国民收入总量会等于原增加投资量的若干倍。

乘数（即倍数）的大小取决于人们增加的收入中有多大比例用于消费，有多大比例用于储蓄。

投资乘数理论的计算公式是：

$$乘数(K)=1/(1-边际消费倾向)$$

其中：边际消费倾向 = 0——增加的收入全部储蓄，则国民收入不变；
边际消费倾向 = 1——增加的收入全部消费，则国民收入无限大；
国民收入的增加额（ΔY）= 乘数（K）×投资的增加量（ΔI）。

（四）对外贸易乘数理论

凯恩斯的支持者马克卢普和哈罗德等人据此建立了对外贸易乘数理论。对外贸易乘数理论的含义为：一国的出口和国内投资一样，有增加国民收入的作用；进口则和国内储蓄一样，有减少国民收入的作用。只有当贸易为顺差或国际收支为顺差时，对外贸易才能增加一国就业，提高国民的收入。此时，国民收入的增加量将为贸易顺差的若干倍。

例如：商品和劳务出口→相应出口产业的收入增加→消费增加→引起其他产业生产增加→就业进一步扩大→收入增加……国民收入的增加量将为贸易顺差的若干倍。

因此，为保护国内就业，实现贸易顺差的目标，国家应对外贸进行干预，采用财政政策，增加公共投资和政府开支，保护贸易顺差，以促进就业和产出的增加。

二、超保护贸易政策的特点

与第一次世界大战前贸易保护主义相比，超保护贸易主义有以下特点：

（1）保护的对象扩大了。不仅保护幼稚工业，而且保护高度发达的工业和出现衰落的垄断工业。

（2）保护的目的变了。从培养自由竞争的能力到着重于垄断能力的加强。

（3）保护的战略方式改变。从防御性地限制进口到进攻性扩张国内外市场。

（4）保护的措施多样化。保护措施不仅采用关税，而且还有各种各样的奖出限入措施。

这个阶段的保护政策成为争夺世界市场的手段，成为攻击而不是防卫的武器。因此，这种保护政策被称为超保护贸易政策。

三、对凯恩斯超保护贸易主义的评价

凯恩斯主义的对外贸易乘数理论，在一定程度上揭示了对外贸易与国民经济发展之间的内在规律性，具有一定的科学性。

但凯恩斯主义片面强调对外贸易顺差对增加国民收入的作用，如果各国都减少进口，那么一国出口量的增加就无法实现，可能导致国际上各国过度的强调出口而限制进口，导致关税或其他贸易保护手段的日益盛行，最终不利于国际贸易的发展。

第四节　新贸易保护主义

20 世纪 70 年代中期以后出现的新贸易保护主义是相对于自由竞争时期的贸易保护主义而言的，在此新贸易保护主义的基础上，形成了协调管理贸易，即“有组织的自由贸易”。它是以协调为中心，以政府干预为主导，以磋商谈判为轴心，对本国进出口贸易和全球贸易关系进行干预、协调和管理的一种国际贸易体制。

一、新贸易保护主义的主要特点

（一）被保护的商品范围不断扩大

被保护的商品从传统产品（如钢铁、纺织品等）、农产品转向高级工业品（如汽车、飞机、数控机床、半导体、计算机等）、服务贸易（如签证申请、投资条例、限制收入汇回）和知识产权。保护对象从商品向投资、技术知识和环境等方面扩展。

（二）贸易保护措施多样化

按照有效保护税率设置阶梯关税，加强了征收“反补贴税”和“反倾销税”的活动。自20世纪80年代以来，全球已发生5 000多起反倾销案，涉及5 000多种商品，几十个国家（地区）卷入其中，涉案金额达上千亿美元。据关贸总协定统计，非关税壁垒从20世纪60年代末的850多种增加到90年代末的3 000多种。进入21世纪非关税壁垒更有不断加强的趋势。

（三）贸易保护制度转向更加系统化

西方国家管理外贸的法律已由单行的法律，发展成为以外贸法为中心的、与其他方面的国内法相配合的一个整体。把外贸政策法律化，在法律上通过立法为扩大出口提供支持，给贸易保护主义披上法律的外衣。

随着政府管理贸易的不断充实和调整，贸易保护主义措施已成为对外贸易体制的重要组成部分。

（四）各国“奖出限入”措施的重点从限制进口转向促进出口

各国加强了从财政、组织和精神上促进出口的措施。在经济上实行出口补贴、出口信贷、建立出口加工区等措施；以法律为武器强迫外国开放市场。例如，1989年美国对日本动用“超级301条款”，要求日本在一年内向美国开放计算机、卫星、农产品等市场。

（五）贸易保护从国家贸易壁垒转变为区域贸易壁垒

随着区域经济集团化的发展，贸易保护主义也由一国的贸易保护演变为区域贸易保护。在区域范围内的国家之间实行自由贸易，而对区域范围外的国家则实行共同的关税壁垒。

二、新贸易保护主义加强的原因

新贸易保护主义的出现与加强有着深厚的经济和政治根源，新贸易保护主义不断加强的原因主要有以下几个方面。

（一）美国贸易逆差急剧上升，美国成为新贸易保护主义的重要发源地

20 世纪 70 年代中期以后，主要工业发达国家的对外贸易发展不平衡，美国对外贸易逆差不断加重。在世界制成品市场和国内市场上不但面临日本、西欧国家的激烈竞争，还面临新兴工业化国家的竞争，为了减少贸易逆差，美国一方面迫使对它有巨额贸易顺差的日本等国开放市场，另一方面加强限制和报复的进口措施。

（二）主要工业国家经济增长率下降，失业率上升

20 世纪 80 年代以来，整个工业发达国家国民生产总值的年平均增长率，除个别年份，一直处于低速增长，低于 1968—1977 年的 3.5%；而失业率却大大高于 1968—1977 年的 3.7%。通货膨胀率和失业率上升，“滞涨”迫使这些国家放弃自由贸易而转向保护贸易。

（三）国际货币关系的失调

汇率长期失调影响了国际贸易的正常发展，带来了巨大的贸易保护压力。首先，浮动汇率迫使贸易商购买期货和进行套期保值来规避汇率风险，增加了交易成本，又引起价格、投资效益和竞争地位的变化。其次，汇率的大幅波动使各国为减少汇率波动对国内经济的影响而对贸易实行保护。

（四）政治上的需要

高失业率、工会力量的强大、党派的斗争和维护政府形象，大大增加了贸易保护主义的压力。如 20 世纪 80 年代末至 20 世纪末，美国以“人权”问题为借口，在给予中国最惠国待遇的问题上大做文章。

第五节 发展中国家的贸易战略和政策

一、普雷维什“中心—外围”论

第二次世界大战以后，民族国家纷纷取得了政治上的独立。摆在这些国家面前最紧迫的任务就是迅速发展民族经济，实现经济上的自由。但是，民族经济的发展受到了旧的国际经济体系特别是旧的国际分工和贸易体系的严重障碍。普雷维什站在发展中国家的立场上，提出了“中心—外围”论。

1950 年，阿根廷经济学家普雷维什向联合国提交了一份题为《拉丁美洲的经济发展及其主要问题》报告，即著名的“拉丁美洲经委会宣言”。

后来，辛格和缪尔达尔也发表了类似的观点，经济学界就把他们三个人的观点合称为“辛-普-缪命题”，这就是“中心—外围”论，主要观点如下。

（一）世界存在“中心—外围”格局

普雷维什把世界看成是由中心国家和外围国家构成的结合体系，当时世界是由两类国家组成的。

一类是以西方七国集团为代表的高度工业化国家，处于世界体系的中心。它们的经济增长是全面的、自由的，它们出口工业制成品或高附加值产品，而进口原料或初级产品，它们是技术创新的源头，但也占有了技术进步所带来的几乎全部利益；在政治上，它们实行帝国主义政策，“一旦外围有意无意地损害了这种经济和政治利益，中心——特别是主要中心——往往就会采取惩罚的措施”。另一类是没有实现工业化或畸形工业化的国家，处于外围。它们的经济往往会有增长而无发展，严重受制于前者的经济周期，而且常常是出口单一的原材料，换回各种工业制成品。

（二）不平等交换使外围国家贸易条件不断恶化

中心与外围进行着严重的不平等交换，中心的存在以外围的存在为前提，中心的发展以损害外围的发展为代价。在这个相对稳定的经济发展秩序中，中心国家长期地和大量地侵吞外围国家的利益，造成中心国家和外围国家经济发展水平的差距越拉越大。

（三）为了改变这种状况，发展中国家应做到三点

1. 必须尽快实现工业化，独立自主地发展民族经济

根据拉丁美洲各国的实际情况，普雷维什提出了进口替代工业化的发展战略，即采取限制工业品进口的措施，努力发展本国工业，使工业品逐步达到自给自足，改变工业品依靠从中心国进口的局面。

随着世界经济形势的变化和拉丁美洲经济的发展，他又提出了出口替代战略。即大力发展本国工业品出口，改变出口商品结构，由以出口初级产品为主向出口工业品为主转变。这样外围国家的工业品不仅能够满足本国的需要，还可以向中心国家出口，使外围国家的工业更趋成熟。

2. 实行保护贸易政策

普雷维什认为，在一个相当长的时期内，保护政策是发展中国家发展工业所必需的。他指出，外围国家的保护政策与中心国家的保护政策在性质上是不同的：前者是为了发展本国工业，有利于世界经济的全面发展；而后者则是为了对外围国家实行歧视和遏制，不但对外围国家不利，对整个世界经济的发展也是不利的。

3. 建立区域性共同市场

普雷维什认为，发展中外围国家应该联合起来，开展区域性合作，以便相互提供市场，促进发展中国家的经济发展。

“中心—外围”论从发展中国家的利益出发，为发展中国家争取建立国际经济新秩序提供了思想武器，也为发展中国家制定经济发展战略和对外贸易政策产生了积极影响。

发展中国家的贸易政策虽然有多种多样，但是从其实质上说，主要可以划分为两大

类型，即进口替代发展战略和出口导向发展战略，两者具有相继性、替代性和互补性的内在联系。

二、进口替代发展战略

进口替代发展战略，是指通过建立和发展本国的工业，用本国的工业产品替代进口制成品，以带动经济增长，实现工业化和减少对国外经济的依附。

（一）进口替代的实施进程

进口代替的实施进程一般为：

首先发展加工工业，如收音机、自行车、纺织品、一般家用电器和食品的加工等，实行消费品进口替代。在这一阶段，由于国内已经存在有效需求和销售市场，所需资金较少并且不太需要特别的专门技术和人才，因此往往容易实施，也容易获得成功。

其次发展中间产品生产，实行中间产品进口替代。

最后发展到重化工业产品生产，实现资本货物进口替代。如炼钢轧钢、石油提炼、机械设备制造等工业，实行资本货物进口替代。这一阶段需要较多的资金、专门技术和人才，而且要求较大的经济规模，因此实施起来难度较大，不太容易获得成功。目前有相当一部分发展中国家尚未完成这个阶段。

（二）进口替代的具体措施

1. 鼓励加工贸易，提高进口关税

国家通过给予税收、投资和销售等方面的优惠待遇，鼓励外国私人资本在国内设立合资或合作方式的企业；或通过来料和来件等加工贸易方式，提高工业化的水平。为使国内替代产业得以发展，就要使用提高关税、实行数量限制、外汇管制等手段，限制外国工业品进口，以使国内受进口竞争的工业在少竞争、无竞争的条件下发育成长。

20 世纪 70 年代初，作为拉美地区最早实行进口替代发展战略国家之一的智利，平均关税率为 94%，最高关税率竟达 500%，此外，还规定近 3 000 种商品的进口预存款率为 10 000%，以及其他许多限制进口的行政措施。

2. 对替代产业实行税收减免政策

新加坡为了使私人企业积累资本，发展生产，在 1959 年颁布了《新兴工业（豁免所得税）法》，规定按照企业对工业生产追加资本的数量多寡，豁免 2～5 年 40% 的公司所得税，而且投入生产的资本越多，享受豁免所得税待遇的期限也越长。企业的出口产品达到规定的销售量时，其所得税可由原来的 40% 减为 4%。

这些措施刺激了企业生产的积极性，加速了进口替代产业部门的资本积累。

3. 汇率高估及实行复式汇率

高估本国货币对外国货币的汇率，以及实行复式汇率，有力地抑制了外国商品的进入。

（三）进口替代政策的成效

从20世纪50年代起，许多发展中国家相继实施了进口替代战略。这一战略的制定和实施，不仅使第二次世界大战后初期困扰东亚国家和地区经济发展的高通货膨胀率和失业率等日趋缓和与抑制，而且有力地促进了拉丁美洲国家商品经济的发展，增强了各国和地区的经济实力。

中国台湾地区以及韩国、新加坡、巴西、墨西哥、阿根廷等国家都是在这一时期采用进口替代政策后得到快速发展的。例如，新加坡实施进口替代，国内生产总值年均增长7.3%，长期以来占统治地位的单一转口贸易经济逐步向多元化经济发展，转口贸易在外贸总额中的比重从1960年的90%下降到1965年的58.7%。

（四）进口替代政策的局限性

1. 进口替代工业的进一步发展难以维持

进口替代发展战略是依靠内需来带动经济发展，但经过一段时期的经济恢复和发展之后，发展中国家的国内市场特别是轻工业品的消费基本都已接近饱和状态，经济要想获得更进一步的发展已经相当困难。

2. 改善国际收支的目的未能达到

进口替代发展战略着眼于当前需要的日用消费品的生产，生产和出口的产品大多数是附加值较低的农产品、水产品和矿产品等初级产品，换汇能力也很有限，加上需要进口大量的原材料和机器设备，极易导致国际收支的严重失衡。

3. 削弱了进口替代企业的国际竞争能力

进口替代发展战略要求采取高度的贸易保护政策。在短期内，这些措施有利于国内相关部门免遭外来商品的冲击，得到正常的发展，但是从长期和根本上来说，削弱了这些企业的国际竞争能力，从而使事关企业生存的关键因素——劳动生产率，无法得到大幅度的提高和根本性的改观。

三、出口导向发展战略

出口导向发展战略，有时也称外向型的经济发展战略、出口替代战略，是指以大量的商品出口为导向，把经济活动的重心从以本国或本地区市场为主转向以国际市场为主，进而带动工业体系的建立和推动整个国民经济的发展。

出口导向发展战略是20世纪60年代以来在亚洲普遍推广的工业化策略。这种战略的重点是将出口品生产行业作为重点扶持产业，通过采用一系列干预性的产业政策，包括出口补贴、进口配额、关税等相关的贸易政策，来支持出口产业的发展壮大。

（一）出口导向发展战略的三种模式

（1）初级品加工。如马来西亚、泰国等国日益增加对初级产品的加工出口，提高其附加值。

（2）劳动密集型装配和出口加工。如亚洲“四小龙”，它们地域小，矿产资源贫乏，就充分利用劳动力资源发展劳动密集型的装配加工工业。

（3）以进口替代为基础的制成品出口。如拉美国家在原进口替代的基础上发展出口导向工业，即把出口导向与进口替代结合起来。

（二）出口导向发展战略的措施

（1）政府加强对出口商品的规划、督促和引导工作。

（2）放宽进口限制，降低保护关税。

（3）对出口企业实行税收减免甚至退还政策。

（4）促使货币进一步贬值。为了降低生产成本，增强企业的国际竞争能力，实行货币贬值和汇率上调的政策。

（三）出口导向发展战略的成效

出口导向型发展模式对于小国的作用是很大的，小国因地域狭小，人口总量不大，市场容量较小，如采取出口导向型经济发展模式，积极扩大外贸出口，就可以使其产品生产达到规模经济的要求，取得较大的规模经济效益。

小国的失业劳动力、剩余产品、闲置生产资源的数量相对于大国而言都较小，只要出口达到一定规模，就可能在很大程度上解决这些问题。

20 世纪 60 年代中期，韩国和我国台湾率先从进口替代政策向出口导向政策转换并取得了成功。在它们的示范影响下，其他国家和地区也相继仿效，纷纷从 20 世纪 70 年代开始实施出口导向政策。20 世纪 80 年代初期，亚洲“四小龙”的工业化率为 28%～38%，高于同期发达国家平均水平的 24%，被世界银行誉为“东亚的奇迹”。

（四）出口导向型战略的局限性

一些新兴工业化国家和地区依赖大量出口来推动本国经济发展，会增加本国经济的对外依赖性，从而丧失经济发展的主动权，国际垄断资本控制受资国经济，形成大量的利润转移；对外资的依赖造成长期困扰发展中国家的严重债务危机。

专栏3-2

出口导向型发展模式的战略性调整

从 20 世纪 80 年代起，我国紧紧抓住了国际资本流动和产业转移的历史机遇，实行对外经济开放政策，采取了出口导向型发展模式。在出口导向型发展模式的格局下，我国积极参与国际分工和世界经济大循环，通过实施各种优惠政策和鼓励措施，将我国的劳动力比较优势同外国的资本、技术和管理优势有机地进行配置，不但充分发挥了各种要素的比较优势和组合优势，还创造了新的发展机会和国际竞争优势，使我国迅速发展成为世界第二大贸易国。出口导向型发展模式大大地推动了出口贸易的发展，加快了产业结构调整与升级，提升了我国的国际地位和影响力，促进了国民经济持续稳定增长。但是，随着国际经济环境和国内宏观经济的变化，出口导向型发展模式的消极影响日益凸显，对我国经济持续增长产生了制约作用与负面影响。

一、出口导向型发展模式的效应分析

（一）积极影响

出口导向型发展模式的积极影响主要表现在：

1. 扩大资源利用

对外贸易一方面可以促进资源的充分开发与利用，不受国内产品市场的限制，通过市场价格机制，促使本国资源更有效的配置，使资源流向效率最高的生产领域，以提高资源的使用效率和劳动生产率。另一方面，通过对外贸易，我国可以利用外国的资源如原材料、中间产品以及机器设备，以补充本国生产资源的不足。目前，我国原油、铁矿砂、氧化铝、铜矿砂的 40%～90% 从国外进口。

2. 促进产业调整结构

对外贸易有助于促进产业结构调整。对外贸易的发展促使国内生产要素的流向发生变化，生产要素越来越多地流向优势产业，使优势产业的生产规模相应扩大。此外，市场需求的转移促使一些传统或劣势产业淘汰出局，一些新兴或朝阳行业不断涌现，从而有助于形成新的产业结构。家电、手机、电脑等产业原来是我国的弱势产业，主要依赖进口，现已发展成为我国的优势产业，在国际市场上占有很大的份额。

3. 实现规模经济

对外贸易扩大了市场范围，生产企业不仅可以摆脱国内市场的局限，而且可以根据国际市场需求的状况，安排生产规模，配置生产要素，以获得规模经济利益。目前，我国有 172 种商品产量居世界第一，包括农产品、工业制成品、电子产品和一般消费品。其中，激光视盘机、拖拉机和集装箱占世界总产量的 80% 以上；钟表（主要是电子表）和收录机占 60% 以上；显示器、照相机和日用陶瓷占 50% 以上；彩电、笔记本电脑占 40% 以上；手机占 30% 以上。

4. 增加就业

对外贸易会影响国内的就业量和就业结构。一国进口的大量增加，给国内与进口相关的企业造成较大的冲击，可能导致有关企业失业人数的增加。相反，出口的大量增加引起出口企业就业人数的增加，从而扩大国内就业量。因此，进出口贸易在一定程度上改变了国内就业量和就业结构。我国出口贸易大幅度增长直接吸纳了就业人员大约 1 亿人（占总就业的 1/7）。其中，纺织品贸易直接吸纳就业人员大约 2 000 万人，间接就业人员大约 1 亿人，其中绝大多数为农村劳动力，为解决农村就业问题发挥了重要作用。

5. 促进经济增长

出口增长带动了生产和就业的增加，这不仅提高了出口部门的收入水平，还扩大了出口部门的投资规模，带动了其他相关部门的发展。这双重作用将导致总需求增加，进而促进了经济增长。

（二）消极影响

出口导向型发展模式的消极影响主要表现在：

1. 粗放型出口增长方式

从微观上看，出口企业为了短期经济利益或完成出口指标，重出口规模、轻经济效益，采取以量取胜和低价竞争的策略来扩大出口规模，其结果造成竞争无序，数量猛增，肥水外流，贸易条件恶化。从宏观上看，长期以来我国一直将出口增长作为经济增长的发动机，试图通过保持出口的高速增长来促进国民经济快速增长，因而忽视了粗放型出口增长方式对经济长期稳定增长产生的负面影响。

2. 出口结构不合理

从出口贸易方式看，出口产品以加工产品和“贴牌生产”为主，缺乏自主品牌和核心竞争力。加工贸易约占出口总额的60%，已超过一般贸易成为主要的贸易方式。从出口产品结构看，劳动密集型产品仍占主导地位，而高新技术产品仅占30%，而且“三资”企业已成为主要的出口主体。

3. 出口依赖于政策刺激

为了扩大出口，政府部门采取了一系列鼓励出口的优惠政策，比如贴息贷款和出口退税等。这些措施虽然在较大程度上刺激了出口增长，但扭曲了要素和资源市场的配置机制，加重了国内财政负担。

4. 加剧国际贸易摩擦

出口尤其是贸易顺差的迅速增长造成了中国与欧美国家之间的贸易不平衡。因此，欧美国家以此为借口，实行贸易保护主义措施，通过迫使人民币大幅度升值，征收反倾销税或反补贴税等手段，以限制中国产品的进口。根据世界贸易组织公布的《2005年上半年反倾销报告》，2005年上半年，在96起反倾销立案中，涉及中国产品的案件数为22起，约占总数的1/4；在53起最终实施反倾销措施的案件中，涉及中国产品的案件数为18起，占总数的1/3之多。仅2005年，美国和欧盟就对我国纺织品服装实施了10多起特别保障调查和措施。

5. 造成资源浪费与紧缺

在出口至上的重商主义思想影响下，一些企业不惜代价扩大资源产品出口，这在一定程度上加剧了国内资源紧缺状况。扩大出口势必造成大量资源流向出口部门，而出口部门的低效率生产必然造成资源紧张与浪费，资源使用效率下降。粗放型出口增长方式增强了对国际资源产品的依赖。目前，我国原油、铁矿砂、氧化铝、铜矿石等进口依存度高达40%到90%，进而制约了我国的议价能力，并引起国际上的高度关注和防范。

6. 加大人民币升值和流动性过剩的压力

近年来，贸易顺差持续攀升，2004年为589亿美元，2005年为1 342亿美元，2006年为2 089亿美元。仅2007年1—6月贸易顺差就高达1 120亿美元。贸易收支顺差的持续大幅度增加不仅导致外汇储备大幅度增加，促使人民币升值，而且进一步助长了流动性过剩，推动通货膨胀上升，进而弱化了货币政策的灵活性、主动性和有效性。

二、出口导向型发展模式调整的思路

面对国际经济环境和国内宏观经济的变化，鉴于出口导向型发展模式的消极影响，调整出口导向型发展模式势在必行，迫在眉睫。当前调整出口导向型发展模式的重点是，加快出口增长方式的转变，着手调整经济增长结构。

（一）加快出口增长方式的转变

粗放型出口增长方式决定了我国是一个贸易大国，要使我国成为贸易强国就必须实现出口增长方式从粗放型转向集约型。转变出口增长方式也就构成了出口导向型发展模式调整的一个重要组成部分。转变出口增长方式就是将静态比较优势转化为动态比较优势。

笔者认为，出口导向型发展模式的理论基础是比较优势理论。我国利用劳动力要素禀赋优势参与国际分工，获得了重大成果。但是，利用劳动力的数量优势决定了我国粗放型的出口增长方式。因此，转变出口增长方式必须将静态比较优势转化为动态优势，即要素的数量优势转化为要素的质量优势。

要素的质量优势取决于两个主要因素。一是人力资源，包括知识、劳动力的技能和创新能力。在知识社会中，人力资源是最有价值的资产。因此，提升劳动力的知识和技能水平，提高劳动生产率，是当前转变出口增长方式的最重要而且是最有效的途径之一。二是科学技术。如果说对外贸易是20世纪各国经济增长的发动机，那么科学技术则成为当今各国经济增长的主要动力。综观实施出口导向型发展模式的国家和地区，它们正是依赖科学技术进步，加大研究与开发的投入，大力发展高科技产业，成功地实现了出口导向型发展模式的调整以及产业结构的升级。因此，通过外国高科技的引进、消化与改良和自主发明与创新，大力发展高新技术产业，开发新工艺和新产品，创造核心竞争力，是我国实现产业结构调整和升级，转变出口增长方式的关键因素。

（二）经济增长结构的调整

在现代宏观经济中，消费、投资和出口是构成一国经济增长的“三驾马车”。实施出口导向型发展模式，实际上就是在很大程度上依赖出口增长和贸易顺差拉动经济增长。出口导向型发展模式往往受制于国际经济环境变化的影响，容易造成经济的短期波动，也是造成外部经济失衡的主要原因。自实行改革开放政策以来，我国GDP保持着接近两位数的年均增长率，实属来之不易，受世人瞩目。但从经济结构看，我国经济增长主要依赖于固定资产投资和对外贸易。固定资产投资占GDP的比重从2000年的36.5%上升至2006年的52.5%。进出口总额（按汇率1∶7.7折算）占GDP的比重从2000年的约42.4%提高到2006年的约64.7%，其中出口所占比重从2000年的22.3%提高到2006年的35.6%，而消费需求占GDP的比重则从2000年的38.2%下降至2006年的36.5%左右。我国是世界上的人口大国，拥有巨大的国内市场，而消费需求所占比重下降将不利于经济长期持续稳定增长。消费需求低下不仅造成了消费品的产能过剩，制约了经济长期稳定增长，还严重依赖出口以摆脱国内产能过剩，从而加剧了国际贸易摩擦。

从长期来看，扩大消费需求对GDP增长的贡献率，逐步摆脱经济增长对出口增长的过度依赖，这有助于实现出口导向型发展模式的战略性调整。要运用积极的财政政策、收入政策、货币政策以及其他政策，进一步提高广大城乡居民的收入水平，着力提升消费能力与动力，大力培育新的消费增长点，积极引导和激发城乡居民的消费欲望，大力提高消费需求在GDP中的比重。要正确处理好消费、投资和出口三者之间的比例关系，根据国内外经济环境的变化，积极、灵活地利用国内和国际两大市场，以保持国民经济长期稳定增长。

资料来源：陈传兴．出口导向型发展模式的战略性调整［J］. 国际贸易，2007（9）。

思考题

1. 什么是重商主义？早期重商主义与晚期重商主义有什么不同？
2. 李斯特的保护贸易学说有什么特点？
3. 试比较新贸易保护主义与传统贸易保护主义的不同。
4. 什么是对外贸易乘数理论？从何演变而来？
5. 进口替代与出口导向政策措施的区别。

案例分析题

中国仅仅是“世界加工厂”

2006年12月，商务部外贸司司长鲁建华说，中国仅仅是“世界加工厂”，而不是“世界工厂”，在贸易增值链条上，跨国公司只是把中国当作其庞大的全球生产体系的最后组装地，即中国处在“微笑曲线”最底端。如芭比娃娃单价20美元，中国只能获得35美分。中国需用1亿件衬衫才能换回一架波音飞机等。

试分析，我国应该采取什么样的对外贸易战略和政策。

第四章

国际资本移动与跨国公司

第一节　国际资本移动

一、国际资本移动的含义和基本类型

国际资本移动是指资本从一个国家或地区跨越国界向其他的国家或地区移动，并从事国际生产、营销或金融服务方面的投资活动。国际资本移动主要体现为生产要素在国家间的直接或间接移动。一国国际收支平衡表中的资本项目，集中反映了该国在一定时期内资本移动（包括资本输出和资本输入）的概况。国际资本移动可以弥补一些国家国际收支经常项目的逆差；资本从充裕国家流至短缺国家，有利于资本短缺国家开发资源，引进先进的技术和管理知识，同时也为资本充裕国家的过剩资本获利找到出路。国际资本移动涉及资本输出国和资本输入国，前者也叫母国，后者称为东道国。

依据投资方式的不同，国际资本移动主要分为对外直接投资和对外间接投资两种基本类型。

对外直接投资和对外间接投资都可以以购买外国企业股票的形式出现。其区别在于：对外直接投资是指凡购买外国企业股票达到一定比例，就能取得经营权和管理权；而对外间接投资是指投资者只能取得股息和红利，对企业不具有经营权和管理权。例如，美国安海斯公司以每股5.58港元的价格要约收购哈尔滨啤酒集团的股份，在美国的国际支付平衡表上显示的是美国的对外直接投资。如果某个美国投资者购买了哈尔滨啤酒集团公司0.1%的股份，则不算作对外直接投资，而是作为对外间接投资中的对外证券投资。

二、对外直接投资

对外直接投资（Foreign Direct Investment，FDI）是指外国投资者以控制企业经营管理为核心，以获取利润为目的，在国外创立企业的投资行为，是国际资本移动的主要形式。它涉及生产要素的直接投入，其特点是投资者对所投入的生产要素的使用和对生产过程的管理有直接的控制力。

（一）独资经营与合资经营

对外直接投资根据投资者对投资企业拥有的股权比例，可分为独资经营和合资经营。

1. 独资经营

独资经营，是指由外国投资者根据投资所在国的法律，经批准在东道国建立全部资本为外国投资者所有的企业经营形式。独资经营企业的投资者拥有企业的全部股权，因此享有企业的全部所有权和控制权，并对企业承担全部责任和风险。国际独资企业的形式主要包括国外分公司、国外子公司和国际避税地公司三种。

2. 合资经营

合资经营是指跨国公司与东道国企业根据投资所在国的法律，在一国境内通过签订合同，按一定比例或股份共同投资、共同管理、分享利润、分担亏损和风险的股权式企业。合资经营企业是当代国际经济合作中最普遍的投资方式，国际合资企业又可分为国际股权合资企业和国际契约合资企业两种。

（1）国际股权合资企业

国际股权合资企业是指投资各方无论以何种形式出资都将被折算成一定的股权比例，投资各方按股权比例分担风险，分享利益。这是国际上最为普遍的合资企业形式。

（2）国际契约合资企业

国际契约合资企业，亦称为合作经营企业，是建立在合作契约基础上的合资形式，既可以组成法律实体，也可不组成法律实体。在国际契约合资企业中，签约各方可不按出资比例，而按合同条款的规定，确定出资方式、组织形式、利润分配、风险分担和债务清偿等权利、义务。

国际股权合资企业与国际契约合资企业的区别：

（1）企业的组织管理模式不同

国际股权合资企业实行董事会领导下的总经理负责制，有一个权威的统一的组织管理机构。国际契约合资企业中的“非法人”模式通常没有一个统一的组织管理机构，多采用灵活的管理方式。

（2）股权安排与责任风险负担不同

国际股权合资企业中，合资各方有一个明确的股权安排，根据各方的出资比例，分享利益，分担责任风险。国际契约合资企业中的“非法人”模式下，企业没有安排股权比例，合作各方的责任与风险通过合同具体规定，合作关系在合同完成后就告终止。

（3）收益分配与投资回收方式不同

股权合资企业，按注册资本所规定的各方出资比例分配企业利润，股份多，分红多，反之，分红就少。各方按规定从企业净利润中提取投资回报。国际契约合资企业方式下，合作方按合同规定进行收益分配，分配方式比较灵活，投资回收方式也比较灵活。

（二）新建与跨国并购

按直接投资进入海外市场的方式，对外直接投资可分为新建与跨国并购两种类型。

新建是指在投资目标国建立新企业或新工厂，形成新的生产能力或经营单位。如果是第一次进入目标国投资设厂，则称为“绿地投资”。

跨国并购是指资本输出国企业按照东道国的法律，通过一定的程序和渠道依法收购与兼并，取得东道国目标企业全部或部分所有权的行为。对于制造业企业来说，跨国并购最大的优点就是可以省掉建设新厂的时间，从而以最快的速度进入目标国市场。并购企业可以利用被并购企业现成的生产组织体系和管理体系，迅速建立在东道国市场的产销网络，有利于抓住市场机会。

联合国贸易与发展委员会的《2017 世界投资报告》显示，2016 年全球外国直接投资（FDI）总规模（以流入量衡量）下滑 2%，至 1.75 万亿美元。从投资性质来看，发达经济体并购数量上升助推 2016 年跨境并购金额上升 18%，至 8 690 亿美元，达到 2007 年以来最高点，再次超越新设投资金额（8 280 亿美元）。

易界（DealGlobe）携胡润百富在伦敦发布的《2017 中国企业跨境并购特别报告》显示：2016 年是中国企业海外投资并购交易跨越式增长的一年，无论是宣布的交易金额还是交易数量都出现了较大幅度的增长。2016 年一整年内，中国企业已经宣布且有资料可查的海外投资并购投资交易达到 438 笔，较 2015 年的 363 笔增长了 21%；而累计宣布的交易金额为 2 158 亿美元，较 2015 年大幅增长了 148%。

三、对外间接投资

对外间接投资包括借贷资本输出和证券投资，其特点是投资者不直接参与这些资本企业的经营和管理。

（一）借贷资本输出

借贷资本输出是投资方通过向东道国政府或企业以贷款或出口信贷的形式把资本借给外国企业和政府，一般有以下方式。

1. 政府援助贷款

政府援助贷款是各国政府或政府机构之间的借贷活动。这种贷款通常带有援助性质，一般是发达国家对发展中国家或地区提供的贷款。

政府援助贷款利息一般较低（3%～5%），有时甚至是无息贷款，还款期较长，可达 20～30 年。这种贷款一般又有一定的指定用途，如用于支付从贷款国进口各种货物或用于某些开发援助项目上。如安徽广德污水处理厂项目获丹麦政府援助贷款批准，得到丹麦政府 750 万美元的援助贷款，贷款主要用于污水处理厂的建设。

2. 国际金融机构贷款

国际金融机构一般包括国际货币基金组织、世界银行、国际开发协会、国际金融公司及各洲的开发银行和联合国的援助机构等。来自国际金融机构的贷款条件一般比较优惠，但并不是无限制的。

（1）国际货币基金组织

国际货币基金组织的贷款对象是成员方政府，贷款用途只限于解决短期性国际收支不平衡问题，用于贸易和非贸易经常项目的支付。国际货币基金组织在贷款时要求借款国以相应数量的本币购买外币，偿还贷款时再用国际货币基金组织指定的货币购回本币。国际货币基金组织的这种贷款利率较低，不过还需支付少额的手续费。

（2）世界银行（国际复兴开发银行）

世界银行只对成员方政府或经成员方政府担保的公共机构和私人企业提供贷款，主要面向发展中国家，贷款重点用于能源、农业、交通运输、教育等方面。贷款期限短则3～5年，长达20年，宽限期为5年。贷款利率随国际金融市场利率水平定期调整，但低于国际金融市场利率水平。

（3）国际开发协会

国际开发协会属于世界银行的下设机构，又称第二世界银行，专门负责向最不发达国家提供无息贷款业务。世界银行的成员方均为国际开发协会的成员方。与世界银行的贷款相同，国际开发协会的贷款也要经过严格的审查，但它的贷款条件更为优惠。国际开发协会的贷款为无息贷款，只收取少量的手续费（一般费率为0.75%），并对已承诺未支用的贷款收取0.5%的承诺费。贷款期限一般为35～40年，宽限期平均为10年。贷款可部分或全部用本国货币偿还。

（4）国际金融公司

国际金融公司是世界银行的另一个附属机构，专门从事对成员方私营部门的贷款业务。向发展中国家的私营部门提供中长期贷款是公司的主要任务。公司的投资活动分为两种形式，一是贷款，二是参股。国际金融公司在提供贷款或投资入股时一般遵循三个原则：一是对成员方私人企业提供资金无须政府担保，但仍需政府认可；二是公司只向资金结构健全、管理能力较强、保证盈利的项目提供贷款，并尽可能挑选有创汇能力的项目，以确保公司能收回贷款并有一定盈利；三是公司投资入股时，公司的股份一般不超过私营企业资本总额的25%，投资额一般为100万～5 000万美元，并且不参加该企业的经营管理，也不在该企业董事会上行使所拥有的投票权。

3. 国际金融市场贷款

国际金融市场分为货币市场和资本市场。前者是经营短期资金借贷的市场，后者是经营长期资金借贷的市场。货币市场的贷款期限在1年以内，资本市场的贷款期限在1年以上，属中长期贷款。中期贷款一般为1～5年，长期贷款期限一般在5年以上，最长可达10年。一般来讲，国际金融市场贷款利率较高，但可用于借款国任何需要，对贷款的用途没有限定。

4. 出口信贷

出口信贷是指一个国家为了鼓励商品出口，加强商品的竞争能力，通过银行对本国出口厂商或国外进口厂商或进口方的银行所提供的贷款。

（二）证券投资

证券投资指投资者在国际证券市场上购买外国企业和政府的中长期债券，或在股票市场上购买上市的外国企业股票的一种投资活动。证券投资者一般只能取得债券、股票的股息和红利，对投资企业并无经营和管理的直接控制权利。

四、国际资本移动的特点

从世界经济打破国界壁垒、走向联合和一体化时开始，资本作为经济的一个重要因素便开始了在国际上的不断流动，至今已有100多年的历史。20世纪90年代以来，随着全球经济一体化趋势的加强以及技术的进步，国际贸易和国际金融都获得空前的发展。国际资本流动以惊人的规模和速度，表现出明显的扩大趋势。

（一）国际资本流动总量的变化

国际资本流动总量并不是直线增长，而是呈现一些波动。20世纪90年代初期国际资本流动增长迟缓，而90年代末则呈迅猛增加之势。但到了2001年，“9·11”事件给美国经济带来沉重的打击，出现经济衰退趋势，受其影响，国际资本的流动总量有所回落。但在经历了2002年、2003年的经济恢复期之后，从2004年至今，国际资本流动总量快速增长。

（二）国际资本流动方向的变化

从20世纪90代起至20世纪末，东南亚地区的马来西亚、新加坡等新兴国家，凭借良好的经济发展潜力吸引大量的国际资本，成为国际资本的主要流入地，发达国家则是国际资本的主要流出地。

21世纪初，国际资本流向有了新的转变，优惠政策对国际资本的吸引力有所下降，而完备的市场经济体系、透明的法律体系、稳定的社会环境及优秀的科技人才等因素成为吸引国际资本的主要力量。因此，发达国家内部的国际交叉投资在国际投资中占据主导地位，大部分的国际资本在发达国家之间流动，发展中国家得到的国际资本有所减少。

（三）国际资本流动形式的变化

当代国际资本流动，尤其国际直接投资的主角是跨国公司。跨国公司拥有巨额的资本、庞大的生产规模、先进的科学技术、全球的经营战略、现代化的管理手段以及世界性的销售网络，其触角遍及全球各个市场，成为世界经济增长的引擎，对“无国界经济”的发展起着重大的推动作用。以跨国公司为主体的资本成为国家与国家之间、区域集团之间贸易投资活动的主流，并且对基础部门、高科技产业和服务业的投资比重加大。国际资本流动的动机也有所转变，已从单纯追逐最大利润、降低生产成本，逐渐转变成为追求市场综合效益。在国际资本流动的新形势下，新一轮的国际并购浪潮出现。在这次新的国际并购浪潮中，平行并购行为有所增加，以扩大产品的销售市场进而获取高收益为宗旨。

第二节 跨国公司概述

一、跨国公司的定义与特点

跨国公司（Transnational Corporation），又称多国公司（Multi-national Enterprise）、国际公司（International Firm）、超国家公司（Supranational Enterprise）和宇宙公司（Cosmo-corporation）等。

（一）跨国公司的定义

跨国公司指由两个或两个以上国家的经济实体所组成，并从事生产、销售和其他经营活动的国际性大型企业。跨国公司是一种新型的国际垄断组织，是垄断资本主义高度发展的产物。它最早出现于19世纪末20世纪初。当时，在发达资本主义国家，一些大型企业通过对外直接投资，在国外设厂、设企业，开始跨国经营，成为现代大型跨国公司的先驱。跨国公司成长于19世纪70年代之后，目前已经成为世界经济国际化和全球化发展的重要内容、表现形式和主要推动力。

跨国公司与国内企业相比较，区别表现在：

（1）跨国公司的战略目标是以国际市场为导向的，目的是实现全球利润最大化；国内企业是以国内市场为导向的。

（2）跨国公司是通过控股的方式对国外的企业实行控制；国内企业对其较少的涉外经济活动大多是以契约的方式来实行控制。

（3）跨国公司在世界范围内的各个领域，全面进行资本、商品，人才、技术、管理和信息等交易活动，并且这种一揽子活动必须符合公司总体战略目标且处于母公司控制之下。所以，跨国公司对其分支机构必然实行高度集中的统一管理。而国内企业的国内外经济活动的关系是松散的，有较大偶然性，其涉外经济活动往往在交易完成后就立即终止，不再参与以后的再生产过程。

（4）跨国公司的全球性生产经营方式较多，包括进出口许可证、技术转让、合作经营、管理合同和在海外建立子公司等。其中，尤以在海外建立子公司为主要形式开展和扩大其全球性业务。而国内企业生产经营方式比较单一。

（二）跨国公司的经营特点

跨国公司是以母国为基地，将其实体分布于不同的国家或地区，在多国从事投资活动，由一国的某一大型企业作为其控制、管理和指挥中心。

1. 跨国公司推行全球性战略和集中性管理

跨国公司的战略以整个世界市场为目标，从全球战略出发安排自己的经营活动，在世界范围内寻求市场和合理的生产布局，定点专业生产，定点销售产品，以谋取最大的利润；总公司对整个公司的投资计划、生产安排、价格体系、市场分布、利润分配和研制方向等重大的决策，实行高度集中统一的管理。

跨国公司内部各实体之间具有密切的联系，在海外设立的大量子公司受制于母公司，并根据母公司的全球战略制订各自的经营计划及措施，公司内部的各个实体与其他实体分享资源和分担责任。在分工协作的基础上，公司内部各单位的业务融为一体，相辅相成。

2. 跨国公司利用直接投资争夺世界市场

跨国公司对外扩张有两条途径：一是商品出口；二是海外投资和海外生产。为了扩大商品输出，在国外建立销售公司，这种销售公司是最简单的所有权式的投资，其作用有三：（1）推销母公司和母国的产品；（2）了解当地市场行情，收集所在国的经济和商业情报；（3）扩大公司的影响，作为进一步向外投资的跳板。

随着竞争的加剧，以向外输出商品为主的做法已满足不了其争夺市场的需要，跨国公司已越来越多地利用海外直接投资建立工业企业，海外直接生产能最大限度地扩大盈利。

3. 跨国公司拥有先进技术以确保其保持竞争优势

价格竞争已很难为跨国公司争取到更多的顾客，取而代之的是非价格竞争。目前，跨国公司主要从以下几方面提高商品非价格竞争能力：

（1）提高产品质量，逾越贸易技术壁垒；

（2）加强技术服务，提高商品性能，延长使用期限；

（3）加速产品升级换代，不断推出新产品，更新花色品种；

（4）不断设计新颖和多样的包装装潢，注意包装装潢的个性化；

（5）加强广告宣传，大力研究改进广告销售艺术。

全世界的新技术、新生产工艺、新产品，基本上都掌握在跨国公司手中，这是跨国公司几十年能够不断发展壮大的根本原因之一。

跨国公司每年都投入大量人力、物力开发新技术、新产品。投资研究开发就等于投资于未来，投资于市场竞争力，研究与开发费用通常占公司销售总额的5%～10%。同时，跨国公司始终牢牢控制新技术部门的生产和销售。

4. 跨国公司向综合型、多种经营发展

跨国公司进行综合型、多种经营的形式有横向型、水平型、垂直型和混合型多种。

（1）横向型、水平型多种经营

此类公司主要从事单一产品的生产经营，母公司和子公司很少有专业化分工，但公司内部转移生产技术、销售技能和商标专利等无形资产的数额较大。

（2）垂直型多种经营

此类公司按其经营内容又可分为两种。

一种是母公司和子公司生产和经营属于不同行业但相互有关的产品。它们是跨行业的公司，主要涉及原材料、初级产品的生产和加工，如开采种植→提炼→加工制造→销售等行业。如美国的美孚石油公司，它在全球范围内从事石油和天然气的勘探、开采，以管道、油槽和车船运输石油和天然气，经营大型炼油厂，从原油中精炼出最终产品，批发和零售几百种石油衍生产品。

另一种是母公司和子公司生产和经营同一行业不同加工程度或工艺阶段的产品，主要涉及汽车、电子等专业化分工水平较高的行业。如法国的珀若-雪铁龙汽车公司则是一种垂直型的跨国公司，公司内部实行专业化分工，它在国外的 84 个子公司和销售机构，分别从事铸模、铸造、发动机、齿轮、减速器、机械加工、组装和销售等各工序的业务，实现了垂直型的生产经营一体化。

（3）混合型多种经营

此类公司经营多种产品，母公司和子公司生产不同的产品，经营不同的业务，而且它们之间互不衔接，没有必然联系。日本的三菱重工业公司即是如此：它原是一家造船公司，后改为混合型多种经营，经营范围包括汽车、建筑机械、发电系统产品、造船和钢构件、化学工业、一般机械、飞机制造业等。

跨国公司多种经营的发展，表明一种新的竞争形式——结构竞争的出现，通过控制多部门的生产结构，争夺销售市场，从而使其成为多目标生产经营综合体。

5. 跨国公司大量从事内部贸易

跨国公司内部贸易是指一家跨国公司内部的产品、原材料、技术与服务在国家间流动，这主要表现为跨国公司的母公司与国外子公司之间以及国外子公司之间在产品、技术和服务等方面的交易活动。一个跨国公司由其在世界范围内的子公司和附属机构构成内部交易体系，将公开市场上的交易转化为公司内部交易，就可以避免由于各国环境的差异，造成企业面临不完全竞争或有缺陷的公开市场，而难以通过公开市场交易实现其全球利益最大化的情况。

转移定价是根据子公司所在国的具体情况和母公司在全球的战略目标与经营管理需要而人为制定的。交易价格不是由国际市场供需关系所决定的，而是由公司内部自定的，绕过高成本的外部市场在公司内部进行交易，可以降低交易成本。内部交易的特征是内部商品调拨，这也是转移定价发挥作用的基本前提。

内部交易和转移定价为跨国公司克服贸易障碍、减轻税收负担、降低交易风险、提高经济效益提供了合法的有效手段，帮助跨国公司在市场中获得竞争优势。

二、跨国公司的发展对国际贸易的影响

对于跨国公司母国来说，跨国公司的发展对其对外贸易起了极大的推动作用。母国的产品能够通过对外直接投资的方式在东道国生产并销售，从而绕过了贸易壁垒，提高了其产品的竞争力。从原材料、能源的角度看，减少了母国对发展中国家的依赖，也使得母国的产品较顺利地进入和利用东道国的对外贸易渠道，并易于获得商业情报信息。目前，跨国公司控制了许多重要的制成品和原料的贸易。跨国公司 40% 以上的销售总额和 49% 的国外销售集中在化学工业、机器制造、电子工业和运输设备四个部门。

跨国公司是技术贸易的主要组织者和推动者。在世界科技开发和技术贸易领域，跨国公司，特别是来自美国、日本、德国、英国等发达国家的跨国公司，发挥着举足轻重的作用。目前，跨国公司掌握了世界上 80% 左右的专利权，基本上垄断了国际技术贸

易；在发达国家，大约有90%的生产技术和75%的技术贸易被全球最大的500家跨国公司所控制。

对于接受投资的东道国来说，它们在引进外资的同时也引进了发展经济所必需的资本、先进的技术和管理，增加了就业机会，繁荣了经济。跨国公司对外直接投资和私人信贷补充了东道国进口资金的短缺。跨国公司的资本流入，加速了东道国对外贸易商品结构的变化。东道国引进外国公司资本、技术和管理经验，大力发展出口加工工业，使某些工业部门实现了技术跳跃，促进了对外贸易商品结构的改变和国民经济的发展。

专栏4-1

2021年《财富》杂志世界500强前十名

排名	公司名称（中文）	营业收入（百万美元）	利润（百万美元）	国家
1	沃尔玛（WALMART）	559 151.0	13 510.0	美国
2	国家电网有限公司（STATE GRID）	386 617.7	5 580.4	中国
3	亚马逊（AMAZON.COM）	386 064.0	21 331.0	美国
4	中国石油天然气集团有限公司（CHINA NATIONAL PETROLEUM）	283 957.6	4 575.2	中国
5	中国石油化工集团有限公司（SINOPEC GROUP）	283 727.6	6 205.2	中国
6	苹果公司（APPLE）	274 515.0	57 411.0	美国
7	CVS Health公司（CVS HEALTH）	268 706.0	7 179.0	美国
8	联合健康集团（UNITEDHEALTH GROUP）	257 141.0	15 403.0	美国
9	丰田汽车公司（TOYOTA MOTOR）	256 721.7	21 180.1	日本
10	大众公司（VOLKSWAGEN）	253 965.0	10 103.5	德国

专栏4-2

制造业：中国是"车间"，远非"世界工厂"

"中国制造业是世界制造生产链中的重要一环，但中国只是一个'车间'，还远未成为'世界工厂'"，这是参加博鳌亚洲论坛2004年年会的企业家、专家学者中具有代表性的看法。

博鳌亚洲论坛秘书长龙永图表示，在全球制造业的生产链上，中国企业只处在中低端，从中国的综合国力、制造业的素质和竞争能力，特别是拥有的自主核心技术看，与世界经济史上被称为“世界工厂”的英国、美国和日本相比，还有很大差距。

现代制造业是一个相互作用的产业链，中国是这个链条的一环。实际上，世界工厂已经通过跨国公司的全球生产链，把世界各国联结起来。中国的制造业已经成为世界制造基地的一个组成部分，中国的制造业越发达，从其他国家进口的原料也越多。这是一种相互融合而又相互影响的过程。

目前，跨国公司纷纷在中国设立采购中心。有的是全球采购中心，有的是中国采购中心，仅上海就有200多家跨国公司的采购机构。2002年跨国公司采购中心在中国的采购规模已突破300亿美元。许多跨国公司在中国生产产品，已经不单是满足中国市场的需要。他们看好的，不只是13亿人口的庞大购买潜力，更有中国市场的辐射作用和全球分工角色。

中国制造业近年来得到长足发展，总量已升至世界第四位。包括跨国公司在华生产的产品在内的百余种产品的数量已位居世界第一。在日本通产省发表白皮书称“中国已成为世界工厂”之后，中国是“世界工厂”的说法便平地而起。

中国改革开放论坛理事长郑必坚认为，中国企业成功地抓住了世界范围内正在进行的大规模产业转移时机，利用跨国公司将制造基地转移到具有低成本优势的地区的机遇，得以培育和发展自身的制造业。这可以说是中国企业第一次在全球分工当中找到明确的位置。

但他表示，尽管中国已形成珠江三角洲、长江三角洲、环渤海湾三大世界级制造基地，但中国仍称不上制造业强国。从总量上来看，中国的制造业产值仅占全球市场的5%，而日本所占的比重是15%，美国是20%。技术含量高的“中国制造”产品在全球市场上远未形成主流。

他提出，要充分开发、利用和发挥中国加工制造业的比较优势，并在基础上形成多方面的综合竞争优势，促进中国制造业的全面提升。现在的关键在于围绕自身的比较优势创造形成独立、完整、多层次、协调发展的加工制造体系。一方面吸引更多的外商投资企业融入这一体系，另一方面开发先进的制造技术，创造中国自己的品牌和自主知识产权。

联合国工业发展组织总干事卡洛斯·马加里尼奥斯（Carlos Magarinos, Director General, UNIDO）说，中国已经日渐成为世界重要的工业品生产和供应基地。但中国由“制造大国”向“制造强国”转变，仍需一段艰苦历程。这是庞大的系统工程，各地各行业需要重新调整自己的工业布局和定位，包括正确处理发展高科技与制造业的关系，大力发展高科技制造业等。

10多年前就开始孕育的“中国制造”已经历了两次升级，并被认为是中国经济发展的“支撑”。在讨论了多年“比较优势”后，中国企业正关注“核心技术”的发展，正为全面打入“全球供应链”而冲刺。

要使“中国制造”做大做强，大力吸引越来越多的跨国资本在中国投资研发机构，将有效带动中国制造业的升级。迄今，包括松下、LG、通用电气、英特尔等在内的200多家跨国公司纷纷在中国设立了研发中心。有专家认为，中国的研发吸引力还将持续上升，因为它拥有位列世界第二的研发人员数量，拥有比日本还多的博士，以及和美国数量接近的理工科毕业生。

中国政府为使中国制造业向高端努力，正在推动“研发热潮”，政府投入研发的开支已经占到 GDP 总量的 1%，约 1 000 亿元人民币。与此同时，曾经带动珠三角和长三角兴起的制造业，开始向京津唐、辽东半岛、胶东半岛和厦漳泉地带扩散。各地政府因地制宜地发挥了比较优势。

与会的专家学者及企业总裁认为，“世界工厂”概念与以往已大不相同，不再是一个国家孤军奋战，而是许多国家共同打造“世界工厂”。与工业化时代的“世界工厂”不同，信息化时代的“世界工厂”并不意味着一个国家整体制造能力的全面提高，而是更多地充当“世界工厂的一个车间”的角色，是以全球性的网络化生产、网络化采购为特征的制造基地。

中国加入世界贸易组织意味着全方位接受市场经济的规则，在这样一个公平、公开的市场竞争中，有利于中国制造业参与世界竞争。从外部条件看，目前跨国公司正在进行全球的调整，将把许多生产制造基地从国外向中国转移。这是中国制造业与世界接轨，提升国际竞争力的绝好机会。

资料来源：制造业：中国是“车间”远非“世界工厂” [EB/OL]. (2004-04-25) [2021-03-20]. http://finance.sina.com.cn/g/20040425/1834737508.shtml.

思考题

1. 国际资本移动形式有哪些？
2. 什么是跨国公司，它具有哪些特点？
3. 什么是跨国公司的内部贸易？它的特征有哪些？
4. 跨国公司为什么实行内部转移价格？
5. 论述跨国公司的发展对国际贸易的影响。

案例分析题

零售业将全面开放　家乐福沃尔玛圈地比赛

据报道，法国零售商家乐福麾下的又一家“冠军超市”将于 2004 年 11 月在北京海淀明光村开业。与此同时，沃尔玛也在规划着在近 10 个城市里的一揽子开店计划。

在迈过 12 月 10 日零售业全面开放这个门槛之前，家乐福与美国的沃尔玛在以前所未有的速度大举扩张“领土”。

2004 年 3 月，沃尔玛集团出人意料地将其全球董事会会议安排在中国召开，会后沃尔玛的中国策略急急地拐了一个大弯：占位居首、盈利其次。对于一贯以营利为本的沃尔玛来说，这无疑是一个破天荒的决定。

9 月 15 日，沃尔玛获得了云南玉溪一块 25 亩土地的使用权，明年 8 月 31 日之前，新店将在这里开业。4 天之后，在山西太原，沃尔玛又圈下了一块地。如今，在沃尔玛的新版图里已圈下了近 10 个城市，其中包括山东、安徽、福建、四川、广东、湖南等省的重点城市。

与此同时，在中国市场与沃尔玛几乎如影随形的老对手家乐福，也在近乎疯狂地抢地盘。

据中国商务部统计，截至 2004 年 6 月，家乐福以 50 家门店和 77.61 亿元的销售额位列外资零售企业之首，上半年其店铺增长率高达 28.2%。然而仅仅过了三个多月的时间，记者得到的最新数字是，家乐福大卖场已达 53 家，今年才进入北京的“冠军超市”在半年多的时间内已经开到 4 家，增长的速度前所未有。

截至海外零售巨头特易购（Tesco）在 7 月甩出了 2.6 亿美元，收购康师傅旗下乐购超市 50% 的股权，凡是着眼全球市场的外资零售商，除了全球头号家居超市家居货栈之外，已经找不到还没有进入中国的大型零售企业了。而实际上，数年前错失进入中国机会的家居货栈也早在今年初就开始寻找进入中国市场的捷径，有传言称它将凭借收购百安居的在华业务来达到自己的目的。

资料来源：零售业全面开放前夕 家乐福沃尔玛圈地比赛 .［EB/OL］.（2004-10-28）［2021-03-20］. http：//finance. sina. com. cn/b/20041028/07471114462. shtml.

问题：你认为中国零售业市场会有什么变化？中国零售业企业该怎么做？

第五章
国际服务贸易

第一节　国际服务贸易的概念和内容

一、服务与服务业

（一）服务

服务，是指不以实物形式而以提供活劳动的形式满足他人某种需要的活动。

我们对于服务概念的认识起源于日常生活。身体为病痛所困扰时，我们需要医生的服务；自行车爆胎了，我们需要修车师傅的服务；孩子到了上学的年龄，家长便开始关注教师和学校提供的服务。可见，一个正常发展的社会对于各种类型的服务，在数量上和质量上都有着与对商品的需要完全一样的需求。

服务产品和货物产品不同，它具有四大基本特征：

（1）服务是非实物形态的，即服务一般是无形的。这是服务最主要的特征，服务是有形的设施、产品与无形的内涵、素质、文化结合所形成的复合体。

（2）服务的生产和消费通常是同时发生的。在服务过程中，消费者与生产者必须直接发生联系，从而生产过程也就是消费的过程，如教师的授课与学生的听课、医生与病人的关系等。

（3）异质性。异质性是指服务技能和服务态度上往往因人、因时、因地而异，消费者方面的不同情况也会造成服务质量的差异。造成异质性的原因：一是服务提供者技术水平往往不一样；二是同一供给者不同条件下服务水平会发生变化；三是消费者在服务消费过程中偏好感受也不尽相同。

（4）服务是难以贮存的。服务生产出来以后如不消费，既不能给生产者带来利润，也不能增加消费者的效用，只会造成损失，如飞机上的空座位。

但是，随着科学技术的发展，某些服务可以物质化，如通过唱片、录像带、磁盘等，可以把原来瞬间即逝的服务变成可以长期保存的持续性服务，这在一定程度上改变了上述服务产品的几大特性。但对绝大多数的服务来说，上述特征依然存在。

（二）服务业

服务业是生产或提供各种服务的经济部门或企业的集合，就像工业和农业是生产各种工农业产品的经济组织或企业的集合一样。

服务业与第三产业的区别在于：

（1）第三产业的界定采用的是剩余法。服务业所包含的行业数量要少于第三产业。

（2）三次产业划分的出发点是按经济体系的供给分类。而服务业则是以经济系统的需求分类为基础。

（3）第三产业概念的经济结构含义主要是就国内经济而言。服务业概念的经济结构含义主要是以市场为基础，面向国内和国际两个市场。

（三）服务外包

外包是指企业将生产或经营过程中的某一个或几个环节交给其他（专门）公司完成。外包的范围按工作性质可分为“蓝领外包”和“白领外包”。“蓝领外包”指产品制造过程外包。“白领外包”亦称“服务外包”，指技术开发与支持其他服务活动的外包。其中，技术开发与支持的外包一般采用一次性项目合同的方式寻求第三方专业公司的服务，称为“合同外包”；其他服务活动的外包多通过签订长期合同的方式交由专业外包提供商进行，称为“职能外包”。

目前，服务外包广泛应用于信息技术（IT）服务、人力资源管理、金融、会计、客户服务、研发、产品设计等众多领域，服务层次不断提高，服务附加值明显增大。根据美国邓百氏公司的调查，全球的企业外包领域中扩张最快速的是 IT 服务、人力资源管理、媒体公关管理、客户服务、市场营销。

二、服务贸易的定义

服务贸易是指服务（服务产品）作为商品进行交易，以满足消费者需求的经济行为。即服务供给者提供服务产品的使用价值，消费者为得到其使用价值必须支付一定的报酬。按照市场经济的基本原则从事服务产品的生产、交换和消费。

服务贸易按其发生的方式不同可以分为三种基本类型：一是提供要素的服务贸易；二是人员移动和商品移动引起的追加性服务贸易；三是物化服务的贸易。

（一）提供要素的服务贸易

要素服务贸易是指通过提供要素的方式发生的服务贸易。它包含三个组成部分：一是以人力资本和知识资本的收入形式表现的服务贸易，如信息咨询业等；二是以知识产权形式表现的服务贸易，如影片、唱片、电脑软件以及以商品形式转让的专利、商标、版权等，这些经济活动的发生所带来的费用交付就属于服务产品的使用报酬，具有明显的服务交易的特征；三是以劳务形式表现的服务贸易，包括工人、技术人员及管理人员的劳务贸易，这种贸易活动主要是通过劳动力的流动实现的。

（二）追加性服务贸易

追加性服务贸易是一种随着商品和人员的流动而产生的服务贸易。这是因为这种服务是以商品或人员的流动为依托而发生的，如对已出售的生产资料提供的服务，像由生产厂家进行的维修、定期保养等。这种服务对原有的产品提供了某种追加效用，如延长商品的使用年限、提高利用率等。还有一种情况是由于人员的流动产生的种种服务，这种服务贸易的表现形式有很多，如商务旅行者、旅游者、学生和病人，他们接受交通运输、旅馆、教育等方面提供的服务。

（三）物化服务贸易

物化服务贸易就是把服务物质化，通过转让服务的载体而发生的贸易行为。如人们经常使用的磁带、录像带、软盘等，这些产品其自身的物质形态并不昂贵，人们购买它是为了依附于其上的音乐、图像或其他知识，这就实现了服务的物质化，出现物化服务贸易。

三、国际服务贸易的概念

乌拉圭回合协议把国际服务贸易定义为：

（一）跨境提供

跨境提供是指从一成员方境内向任何其他成员方境内提供服务。这种服务不构成人员、物资或资金的流动，而是通过电信、邮电、计算机网络实现的服务，如金融、信息和视听等。

（二）境外消费

境外消费是指在一成员方境内向任何其他成员方的服务消费者提供服务，如接待外国游客、提供旅游服务、为国外病人提供医疗服务和接受外国留学生等。

（三）商业存在

一成员方的服务提供者在任何其他成员方境内以商业存在（指任何类型的经营企业或专业机构）的形式提供服务。它是一国的企业或经济实体到另一国开业，包括投资设立合资、合作和独资企业等，如到国外办银行、商店，设立会计师事务所、律师事务所、维修服务站等。

（四）自然人流动

自然人流动是指一成员方的服务提供者在任何其他成员方境内以自然人存在的形式提供服务。其中，最传统、最典型的便是跨国劳务输出，如一国的艺术家、医生、教授到另一国从事服务。

四、国际服务贸易的分类

（一）按世界贸易组织的标准分类

乌拉圭回合服务贸易谈判小组结合服务贸易统计和服务贸易部门开放的要求，在征求各谈判方提案和意见的基础上，提出了以部门为中心的服务贸易分类方法，将服务贸易分为 12 大类。

1. 商业性服务

商业性服务指在商业活动中涉及的服务交换活动，服务贸易谈判小组列出的 6 类这种服务既包括个人消费的服务，也包括企业和政府消费的服务。

2. 通信服务

通信服务主要指所有有关信息产品、操作、储存设备和软件功能等服务，主要包括邮电服务、信使服务、电信服务（包括电话、电报、数据传输、电传、传真）、视听服务（包括收音机及电视广播服务）和其他电信服务。通信服务由公共通信部门、信息服务部门、关系密切的企业集团和私人企业间进行信息转接并提供。

3. 建筑服务

建筑服务主要指工程建筑从设计、选址到施工的整个服务过程，具体包括：选址服务，涉及国内工程建筑项目，如桥梁、港口、公路等的选址；建筑物的安装及装配工程；工程项目施工建筑；固定建筑物的维修服务；其他服务。

4. 销售服务

销售服务指产品销售过程中的服务交换，主要包括：商业销售，主要包括批发业务、零售服务；与销售有关的代理服务等；特许经营服务；其他销售服务。

5. 教育服务

教育服务指各国间在高等教育、中等教育、初等教育、学前教育、继续教育、特殊教育和其他教育中的服务交往，如互派留学生、访问学者等。

6. 环境服务

环境服务指污水处理服务、废物处理服务、卫生及相似服务等。

7. 金融服务

金融服务主要指银行和保险业及相关的金融服务活动，包括以下两大方面。

（1）银行及相关的服务、银行存款服务、与金融市场运行管理有关的服务、贷款服务、其他贷款服务、与债券市场有关的服务（主要涉及经纪业、股票发行和注册管理、有价证券管理等）、附属于金融中介的其他服务（包括贷款经纪、金融咨询、外汇兑换服务等）。

（2）保险服务、货物运输保险（其中含海运、航空运输及陆路运输中的货物运输保险等）、非货物运输保险（具体包括人寿保险、养老金或年金保险、伤残及医疗费用保险、财产保险服务、债务保险服务）、附属于保险的服务（如保险经纪业、保险类别咨询、保险统计和数据服务）和再保险服务。

8. 健康及社会服务

健康及社会服务主要指医疗服务、其他与人类健康相关的服务和社会服务等。

9. 旅游及相关服务

旅游及相关服务主要包括：旅馆、饭店提供的住宿、餐饮服务、膳食服务及相关的服务；旅行社及导游服务。

10. 文化、娱乐及体育服务

文化、娱乐及体育服务指不包括广播、电影、电视在内的一切文化、娱乐、新闻、图书馆、体育服务，如文化交流、文艺演出等。

11. 交通运输服务

交通运输服务主要有：货物运输服务，如航空运输、海洋运输、铁路运输、管道运输、内河和沿海运输、公路运输服务，也包括航天发射及运输服务，如卫星发射等；客运服务；船舶服务（包括船员雇用）；附属于交通运输的服务，主要指报关行、货物装卸、仓储、港口服务、起航前查验服务等。

12. 其他服务

其他服务包括服务外包、供应链服务等，以及不包括在以上 11 类范围内的服务贸易形式。

（二）按是否伴随有形商品贸易为标准的分类

以是否伴随有形商品贸易为标准，分为国际核心服务贸易和国际追加服务贸易。

1. 国际核心服务贸易

国际核心服务指与有形商品的生产和贸易无关，消费者单独购买的、能为消费者提供核心效用的一种服务。

国际核心服务贸易根据消费者与服务提供者距离远近可分为面对面型国际核心服务贸易和远距离国际核心服务贸易。

（1）面对面型国际核心服务（Face to Face Service）贸易

这是指服务供给者与消费者双方实际接触才能实现的服务贸易。实际接触方式可以是从供给者流向消费者，可以是从消费者流向供给者，或是供给者与消费者双方的双向流动。面对面型国际核心服务贸易伴随着生产要素中的人员和资本的跨国界移动。例如，金融业的输出存在资本跨国界移动，许多发达国家的国际金融联合企业，如美国花旗银行，通过供给者移动与服务消费者的接触，在世界各地设立分支机构，并凭借电子化和信息化的技术将业务范围延伸向国际经济生活的各个角落。国际旅游服务则是主要伴随人力资本跨国界移动而形成的一种面对面核心服务。

（2）远距离国际核心服务（Long-distance Service）贸易

它不需要服务供给者与消费者实际接触，一般需要通过一定的载体方可实现跨国界服务。例如，将通信卫星作为传递载体进行的国际视听服务，其中包括国际新闻报导、国际问题活动和传真业务等。

在远距离国际核心服务中，国际金融服务在国际资本移动的推动下，加之西方发达国家广泛将计算机、遥控电信技术等应用于银行业，一个由计算机数据处理、电子信息传递和电子资金转账系统为标志的金融服务体系已经形成。自动取款机的普及，利用计算机转账或信用卡代替以往的支票等都加速了国际资本移动的速度，因而为远距离国际金融服务的发展创造了良好的条件，国际金融服务在国际服务贸易中所占比重也逐渐增大。

2. 国际追加服务贸易

国际追加服务是指服务是伴随商品实体出口而进行的贸易。对消费者而言，商品实体本身是其购买和消费的核心效用，服务则是提供或满足了某种追加的效用。目前，国际市场的竞争已经不再以商品价格之间的竞争为主要竞争手段，而主要是以产品的质量、优质的技术服务、良好的售后服务和多种营销策略取胜。而消费者的消费满足也不仅限于商品实物形态的消费所可能给他带来的效用，而更加重视产品的功能、技术服务、商品消费过程或消费后的荣誉感、成就感等精神需求的满足。

现在，各种名目繁多的追加服务，如知识密集型服务、信息密集型服务、研究与开发型服务等已被广泛应用于有形商品生产的各个阶段。例如，在有形商品开始生产之前，要求有先行的追加服务投入，包括可行性研究、风险资本筹集、市场调研、产品设计等。在产品生产过程中，要求有与产品生产过程融为一体的追加服务投入。如质量控制和检验、设备租赁、后期原材料供给、设备维修等，并要求有与生产过程并行的追加服务投入，如财务会计、人事管理与培训、信息和图书资料等软件的收集整理与应用、不动产管理、法律、保险、通信、卫生、安全保障及职工后勤服务、公共服务等。在产品生产后与消费者见面的环节中，亦需要相应地追加服务投入，如广告、运输、商品使用指南、售后服务等。

有的追加服务很难与某一特定生产阶段脱离，只能与一定比例的生产要素相结合，完全附属于有形商品价值实体之中，不能形成独立的交换对象。也有的追加服务虽与有形商品贸易有关，但可以独立于某种有形商品而成为独立的交易对象。不过，各类追加服务一般都是相互依存而结合为一个一体化的服务网络。

在追加服务中，相对较为重要的是国际交通、运输和国际邮电通信。特别是不断采用先进的科学技术，促使交通运输和邮电通信发生了巨大的变化，缩短了经济活动的时空距离，消除了许多障碍，为全球经济的增长日益发挥着重要作用。它们对于各国社会分工、改善工业布局与产业结构调整、克服静态比较劣势、促进经济发展是一个重要的推动因素。

第二节 国际服务贸易的发展

20 世纪 70 年代以后，全球服务贸易呈现出迅猛增长的势头，2000 年到 2010 年，全球服务贸易总水平增长了 2.5 倍，在全球贸易总额中所占的份额从 18.8% 增加到 19.4%（见表 5-1）。全球经济竞争的重点正从货物贸易转向服务贸易，服务贸易成了国际贸易竞争的新领域，并且成为一个国家提高国际竞争力的重要因素。如印度曾连续数年经济增长率在 8% 以上，成为仅次于中国的最有活力的经济体，主要得力于其服务业的发展。2006 年，印度贸易和金融服务的增长幅度达到了 9.5%，超过了其 8% 的经济增长率。

表 5-1　　**2000—2014 年世界服务贸易占全球贸易的比重**　单位：十亿美元，%

年份	世界服务出口额	世界货物出口额	世界服务出口在全球贸易中的占比
2000	1 435	6 186	18.8
2001	1 460	5 984	19.6
2002	1 570	6 272	20.0
2003	1 795	7 294	19.7
2004	2 125	8 907	19.3
2005	2 415	10 159	19.2
2006	2 755	12 083	18.6
2007	3 290	13 950	19.1
2008	3 780	16 070	19.0
2009	3 350	12 490	21.1
2010	3 665	15 238	19.4
2011	4 295	18 025	19.2
2012	4 397	18 076	19.6
2013	4 644	18 460	20.1
2014	4 860	18 809	20.5

数据来源：2000—2010 年数据来自 WTO，International Trade Statistics；2011—2014 年数据来自中国商务年鉴 2015 中的“WTO《国际贸易统计》”。

一、国际服务贸易迅速发展的原因

当代国际服务贸易迅速发展的根本原因在于世界经济结构发生了历史性的变化。20 世纪 60 年代起步的新科技革命加速了这种历史演变的进程，从而导致世界贸易结构和人们社会生活方式的改变。国际服务贸易的发展主要有以下几个方面的原因。

（一）世界经济发展的不平衡是国际服务贸易迅速发展的基础

随着生产力水平的不断提高，一国的产业结构重心会逐步由农业经济过渡到工业经济，再由工业经济发展到服务经济。20 世纪 60 年代以来，主要西方工业化国家的国内经济重心向服务业偏移，服务业在国民生产总值或国内生产总值中的比重上升，新科技革命的介入为这种经济结构的转型提供了杠杆，从而加速了这一进程。

世界经济发展极其不平衡，发达国家输出的是技术密集型、资本密集型服务，而发展中国家输出的是劳动密集型服务。两者各具有优势，因而相互需求量也大。各国对服务的需求量不等，导致了对国际服务更大规模的需求。因此，全球服务性产业的贸易总额才有了高速增长的潜力。

（二）国际货物贸易和国际直接投资迅速发展的带动

传统服务贸易同国际货物贸易紧密关联，会随着世界商品贸易的增长和自由化而在规模上扩大并在数量上增加，而国际投资的迅速扩大和形式多样化，同样会使得广义服务贸易项目的投资收益（股息、利息、利润）流量加大。

第二次世界大战后的半个多世纪以来，国际商品贸易流量不断扩大。在商品贸易高速增长的带动下，同货物进出口直接关联的传统服务贸易项目，如国际运输服务（海运、陆运和空运）、国际货物保险、国际结算服务等，都相应地在规模上、数量上成倍地增长。

跨国公司的全球经营战略和国际性的专业化生产，促进了专家、技术人员和劳动力的国际流动，带动了银行、保险、运输、信息、咨询等行业的发展。

（三）科学技术促进了服务贸易的繁荣

科学技术自身是服务贸易的主要内容之一，国家间的技术贸易已成为服务贸易的重要内容之一，如专利、咨询、金融和工程等。

高新技术的发展被广泛应用到了服务产业，使许多原先“不可贸易”的服务转化成“可贸易”的服务，从而使国际服务贸易的种类增加，范围扩大。例如，一些传统的教育服务、健康服务一向被认为是“不可贸易”的服务，现在可以被储存在光盘或软件中以服务产品的形式进行买卖。

随着计算机技术的进步，信息服务业的迅速发展，银行、保险、商品零售等行业得以在全球范围内开展业务，为跨国界提供服务带来了机遇，同时也促进了自身行业的繁荣。

科学技术的发展产生了众多的新型服务部门。国际互联网和电子数据交换技术的发展创造了电子商务这一崭新的服务部门。

科学技术的发展促进了服务人员的过境移动，因为每一次科技革命都推动生产的自动化、机械化，这就促进了专业科技人员和高级管理人才向发达国家流动，也被发展中国家所引进，推动国际服务贸易流量扩大。

（四）各国政府鼓励和支持服务业与服务贸易的发展

服务业在维护一国经济和政治利益方面处于重要的战略地位，服务贸易成为国际化生产的必要条件和国际经济生活的一个重要方面。许多国家采取各种政策，鼓励和支持本国服务业和服务贸易的发展，从而推动了整个国际服务贸易的发展。如建立服务业自由贸易区，鼓励外资在某些服务业投资，提供财政支持，建立和改善服务基础设施；支持和鼓励国家间和区域内部服务部门的合作与一体化；对本国不具有优势的服务业实施一定程度的保护，为本国服务业的成长创造良好的环境；鼓励本国服务业走出国门，大力发展服务出口等。许多发展中国家的政府通过发展旅游业而赚取大量的外汇收入，这使旅游业成为国际上发展最快的行业之一。

二、国际服务贸易的现实特点

（一）国际服务贸易进入高速发展期

服务业的发展相应地推动了国际服务贸易的增长，越来越多的劳动者从实物生产转移到服务生产。自 20 世纪 80 年代以来，国际服务贸易进入快速发展时期。1980—2006 年，全球服务贸易总额从 7 674 亿美元扩大到 53 304 亿美元，其间增长了 5.9 倍。服务贸易总额占全球贸易总额的份额从 1980 年的 15.7% 上升至 2006 年的 17.9%。特别是 2008 年以来，全球服务贸易加速增长，除个别年份外，服务出口与进口均保持了两位数的年均增长率。

自 20 世纪 80 年代以来，由于新兴服务行业的不断兴起，服务贸易的交易内容日趋扩大，服务品种不断增加，服务贸易结构发生了很大变化，逐渐由传统的自然资源或劳动密集型服务贸易，转向知识、智力密集型或资本密集型的现代服务贸易。在全球服务贸易出口构成中，1980 年，国际运输服务贸易占 36.8%，国际旅游服务贸易占 28.4%，其他服务贸易（这里的其他服务包括九个部门：通信，建筑，计算机和信息，保险，金融，版税和许可证费用，其他商业服务，个人、文化和休闲服务，政府服务。下同）占 34.8%。2010 年，国际运输服务贸易比重下降到 21.4%，国际旅游服务贸易的比重下降到 25.5%，其他服务贸易的比重则上升至 55.1%。

（二）国际服务贸易在世界范围内发展不平衡

按国家类型看，在国际服务贸易中发达国家是主体，发展中国家的服务贸易还很弱小，与发达国家差距巨大，极不平衡。发达国家在服务贸易上遥遥领先的原因是：国际服务贸易是以高新技术为推动力的；国际服务贸易是在国际投资与跨国公司发展过程中不断发展的。

在服务贸易结构方面，发达国家与发展中国家有明显的差别。发达国家出口的多是资本密集、技术密集、知识密集的金融、保险、信息、咨询、数据处理等服务；而发展中国家出口的则是旅游、劳务等劳动密集、自然资源密集的项目。这种结构特点反映了经济发展水平与阶段的不同。

旅游、娱乐等消费型服务，一般属奢侈商品，有很高的收入弹性，只有在人们的收入水平有很大提高，已不再为基本的吃、穿、住等生活需要发愁的时候，相关的服务业才可能有很大的发展。

文化、娱乐业等的国际服务贸易和各国的文化影响力有很大关系，而文化的国际影响力也是和经济实力密切相关的。

金融服务、技术服务等服务行业，是知识密集型或技术密集型的，发展这方面的服务出口要求出口国有很强的专业技术队伍和管理人员队伍。

运输业、电力、通信等服务行业多数属资本密集型产业，所需投资规模大，而回收期较长。所有这些要求恰恰都是发展中国家的弱点所在，因而发展中国家在这些服务部门处于劣势。

当前，许多发展中国家都十分重视本国对外服务贸易的发展，服务贸易在这些国家的经济发展中发挥了巨大的作用，对世界经济、贸易与政治也都产生了很大的影响。

发展中国家在普通劳动力输出这一较低级的服务领域占有较大优势，劳动力的输出（特别是普通劳动力的输出）在发展中国家的对外服务贸易中占有十分重要的地位。

例如，海外劳工是支持菲律宾经济发展的重要力量。海外劳工的汇款一直是刺激和支撑菲律宾国内消费的重要源泉，特别是在出口增长缓慢，以及财政赤字严重，政府借助财政政策刺激经济发展的能力日益弱化的情况下，每年几十亿美元的汇款，繁荣了国内市场，平衡了国际收支，极大地支持了菲律宾国内经济建设，缓解了其国内的就业压力，因而深受国家政府的重视。

近年来，随着经济发展水平的提高，一些技术、经济实力较强的发展中国家也开始发展技术层次较高的服务出口。

印度、巴西等经济与技术实力雄厚的发展中国家在计算机软件、咨询等技术含量较高的服务贸易方面也取得了很大成绩。如印度凭借其雄厚的科技力量，近年来已发展成为世界上重要的计算机软件出口国，甚至连一些国际性的计算机大公司也向印度购买软件，或委托其设计软件。越来越多的外资公司将业务外包给印度公司或者在印度国内设立它们自己的开发或服务中心。印度已经成为一个海外软件开发、呼叫服务、后勤事务外包等项目的重要中心。

埃及等国利用其丰富的自然及人文旅游资源大力发展国际旅游业，还有不少小国旅游业的外汇收入占了其国民收入及外汇收入的很大比重。另有一些发展中国家利用其地理及时差的优势，发展境外金融业务，也取得了可观的效益，像巴哈马群岛、开曼群岛、巴林等都已成为十分重要的国际金融中心。

（三）国际服务贸易市场呈多元化态势

国际服务贸易在服务出口市场方面呈现多元化态势，为了扩大服务市场份额，发达国家之间、发达国家与发展中国家之间以及发展中国家内部进行着激烈的竞争。尽管总体上发达国家占有优势，但是这种状况正在逐渐被打破，传统出口大国美国在国际建筑服务市场中份额逐年下降就是一个例证。

20世纪70年代以前，西方国家是最主要的劳务输入市场。发展中国家在服务的输入方面，目前也已占据了非常重要的地位。发展中国家现在是外籍劳动力的重要市场。如中东产油国20世纪70年代以来已成为同北美、西欧并列的三大劳务市场之一。东南亚的许多国家和地区，如中国的香港和台湾地区以及韩国等由于经济发展迅速，已出现劳动力（特别是普通劳动力）的短缺，因而在其他主要劳动力市场不景气的同时，这些国家（地区）的外籍劳动力却出现迅速增加的势头。

以中国为首的发展中国家在实施开放性经济发展战略过程中，对发达国家高技术含量的服务需求强劲，无论是工程建筑，还是专业服务中的咨询、会计、计算机处理、广告和法律服务，或者电信、金融服务等，都需要外商的参与和合作。

（四）国际服务贸易保护主义盛行

各国对服务进口往往施加各种限制性法规及政策，以保护本国服务业及促进自己的服务出口。由于服务业的独特性，各国发展又极不均衡，加上服务贸易市场竞争日趋激烈，为了自身的经济利益，或者出于国家主权、文化需要以及社会稳定安全方面的需要，国际服务贸易保护主义盛行。这种情况不仅出现在服务业不发达的发展中国家，在服务贸易占绝对优势的发达国家也同样如此，整个世界在服务贸易方面存在着巨大的多重的贸易壁垒。

三、中国服务贸易的发展

加入WTO以来，中国服务贸易进入快速发展期，增长迅速，贸易规模稳步扩大，贸易结构渐趋优化，国际竞争力在改善，国际地位不断提升，已成为世界服务贸易的重要国家之一。中国服务贸易基本形成了旅游、运输等传统服务与计算机和信息、咨询、广告等现代服务全面发展的格局。

（一）中国服务贸易发展现状

中国服务贸易的发展现状主要有以下三个特点。

1. 中国服务贸易出口增长高于世界平均速度，但占世界贸易总额的比重明显偏低

20世纪90年代以来，我国服务贸易一直呈现出高速增长态势。1990年，我国服务贸易进出口总额为98亿美元，1995年上升到430亿美元。2003年首次突破1 000亿美元大关，达到1 013亿美元，成为全球第九大服务贸易国（见表5-2）。

表5-2　中国服务进出口额及占世界的比重（1982—2014年）　单位：亿美元，%

年份	中国进出口额			中国出口额			中国进口额		
	金额	同比增长	占世界比重	金额	同比增长	占世界比重	金额	同比增长	占世界比重
1982	44	—	0.6	25	—	0.7	19	—	0.5
1983	43	-2.3	0.6	25	0.0	0.7	18	-5.3	0.5
1984	54	25.6	0.7	28	12.0	0.8	26	44.4	0.7
1985	52	-3.7	0.7	29	3.6	0.8	23	-11.5	0.6
1986	56	7.7	0.6	36	24.1	0.8	20	-13.0	0.4
1987	65	16.1	0.6	42	16.7	0.8	23	15.0	0.4
1988	80	23.1	0.7	47	11.9	0.8	33	43.5	0.5
1989	81	1.3	0.6	45	4.3	0.7	36	9.1	0.5
1990	98	21.0	0.6	57	26.7	0.7	41	13.9	0.5

续表

年份	中国进出口额			中国出口额			中国进口额		
	金额	同比增长	占世界比重	金额	同比增长	占世界比重	金额	同比增长	占世界比重
1991	108	10.2	0.6	69	21.1	0.8	39	-4.9	0.5
1992	183	69.4	1.0	91	31.9	1.0	92	135.9	1.0
1993	226	23.5	1.2	110	20.9	1.2	116	26.1	1.2
1994	322	42.5	1.6	164	49.1	1.6	158	36.2	1.5
1995	430	33.5	1.8	184	12.2	1.6	246	55.7	2.1
1996	430	0.0	1.7	206	12.0	1.6	224	-8.9	1.8
1997	522	21.4	2.0	245	19.0	1.9	277	23.8	2.2
1998	504	-3.4	1.9	239	-2.5	1.8	265	-4.5	2.0
1999	572	13.5	2.1	262	9.6	1.9	310	17.0	2.3
2000	660	15.4	2.2	301	15.2	2.0	359	15.8	2.5
2001	719	9.0	2.4	329	9.1	2.2	390	8.8	2.6
2002	855	18.9	2.7	394	19.7	2.5	461	18.1	3.0
2003	1 013	18.5	2.8	464	17.8	2.5	549	19.0	3.1
2004	1 337	32.0	3.1	621	33.8	2.8	716	30.5	3.4
2005	1 571	17.5	3.2	739	19.1	3.0	832	16.2	3.5
2006	1 917	22.0	3.5	914	23.7	3.2	1 003	20.6	3.8
2007	2 509	30.9	3.9	1 217	33.1	3.6	1 293	28.8	4.1
2008	3 045	21.4	4.1	1 464	20.4	3.9	1 580	22.2	4.5
2009	2 867	-5.8	4.5	1 286	-12.2	3.9	1 581	0.1	5.1
2010	3 624	26.4	5.1	1 702	32.4	4.6	1 922	21.5	5.5
2011	4 191	15.6	5.2	1 821	7.0	4.4	2 370	23.3	6.1
2012	4 706	12.3	5.6	1 904	4.6	4.4	2 801	18.2	6.8
2013	5 396	14.7	6.0	2 106	10.6	4.6	3 291	17.5	7.6
2014	6 043	12.6	6.3	2 222	7.6	4.6	3 821	15.8	8.1

注：遵循 WTO 有关服务贸易的定义，中国服务进出口数据不含政府服务。其中，2014 的数据按《国际收支手册（第六版）》（BPM6）标准统计。

资料来源：《中国商务年鉴 2015》，第 165 页。

2. 中国服务贸易逆差持续扩大，逆差项目结构变化不大

2017 年服务进出口总额 46 991.1 亿元人民币，同比增长 6.8%。其中，出口额

15 406.8 亿元人民币，进口额 31 584.3 亿元人民币，服务贸易逆差额 16 177.4 亿元人民币。

3. 服务技术层次低，资本/知识密集型服务竞争力弱

我国服务出口以传统服务为主，生产性服务不够发达，服务的科技含量低，服务贸易的出口结构不合理。2016 年，传统三大服务行业（运输、旅游、建筑服务）进出口合计为 39 220 亿元人民币，占服务贸易总额的 73.3%。相比之下，知识与资本密集程度较高的服务活动，如计算机及信息服务、咨询、广告、金融服务、专有权利使用和特许等，所占比重较低。除旅游、其他商业服务有明显顺差外，知识和资本密集度较高的服务部门均呈逆差，尤其引人注目的是，运输服务逆差高达 130 亿美元。在全球服务贸易量中所占比重最大的是金融、保险、咨询、邮电等知识密集型服务行业，但我国在这些行业的服务贸易中仍处于发展的初级阶段。

我国服务贸易进口以知识和资本密集型为主，运输和旅游占进口的 60% 以上。我国服务市场结构过于单一，单一的市场结构必然导致对某一市场的过度依赖，一旦该地区发生经济波动，就会对我国的服务贸易形成巨大冲击。

（二）服务贸易“走出去”的意义

我国的服务贸易长期处于贸易逆差状态，到了应该大胆“走出去”的时代了。所谓的“走出去”战略，根据我国商务部的解释，就是“包括对外投资及其他跨国经营活动”，具体指海外投资、对外工程承包和劳务合作三项业务。

服务贸易提供的是消耗和占用资源能源少却能获得产业高端附加值的服务品。服务贸易的发达程度，标志着一个国家对外贸易增长的协调性和持续性，也标志着一个国家贸易增长方式的科学性和合理性。通过“走出去”大力发展服务贸易，可以提高服务企业的国际竞争力，促进对外贸易增长方式的转变，推动我国从贸易大国向贸易强国迈进。

服务企业“走出去”有利于绕开对外贸易壁垒。随着我国产品竞争力的上升及国际贸易保护主义的加强，我国的出口扩张日益受到其他国家的关注和牵制，贸易壁垒不断增加。我国企业到其他国家投资办厂，就地生产，就地销售，或利用东道国再向其他国家出口，可以突破东道国的地方保护主义和区域保护主义。

第三节　国际服务贸易总协定

《关税与贸易总协定》第八轮“乌拉圭回合”首次将服务贸易谈判提上日程，通过谈判最后达成了服务贸易的国际性协议，即《服务贸易总协定》。

一、《服务贸易总协定》的主要内容

《服务贸易总协定》（General Agreement on Trade in Services，GATS）由序言、6 个部分、29 项条款和 8 个附录构成，其内容包括三方面：一是框架协议条款，即管理服

务贸易的基本原则和纪律；二是部门协议，即附录；三是各国市场准入的初步承诺减让表。

（一）框架协议条款

第1部分为定义及适用范围，该部分对于服务的定义、协议的管辖范围做了明确规定。

第2部分为一般责任与纪律，该部分规定的要求是所有缔约成员方都必须遵守的。

第3部分为具体承诺，该部分的规定并非所有缔约成员方都必须遵守的，而需由缔约方经谈判后规定。

第4部分为逐步自由化，规定了国际服务贸易自由化谈判的进程表。

第5部分为执行条款，规定了该协议的实施方法。

第6部分为最终条款，内容包括协议的生效方式，成员方的加入与退出，协议的修订方法等，并另订有补充规定共4条，主要是对协议的谈判及实施做了补充规定。

（二）《服务贸易总协定》的附录

附录充实和补充了协定的若干重要内容。

（1）豁免第2条义务（最惠国待遇）的附录；

（2）提供服务的自然人流动附录；

（3）空中运输服务的附录；

（4）金融服务的附录一；

（5）金融服务的附录二；

（6）海运服务谈判的附录；

（7）电信的附录；

（8）基础电信谈判的附录。

（三）初步承诺减让表

初步承诺减让表，即初步承诺单，是各国在谈判的基础上提交的开放市场的承诺，是《服务贸易总协定》不可分割的部分，具有法律约束力。初步承诺单的内容是各参加方在双边谈判基础上承诺的关于国民待遇和市场准入的义务。初步承诺单注明各方对于他方服务和服务提供者实施国民待遇和市场准入的限制条件。乌拉圭回合谈判的各参加方曾进行了长时间的初步承诺的谈判，只有提交初步承诺单，才能成为《服务贸易总协定》的成员。

二、《服务贸易总协定》的主要原则

GATS条款中的一些概念和原则多来自《关税与贸易总协定》（GATT），但是由于服务贸易与货物贸易的特点不同，这些概念也有了特定的含义。

GATS条款中所规定的义务有两种：一种是一般性义务，另一种是具体承诺义务。

一般性义务适用于各个部门，不论《服务贸易总协定》的成员是否开放这些部门；具体承诺义务是指必须经过双边或多边谈判达成协议后才承担的义务，这些义务（市场准入和国民待遇）只适用于各成员承诺开放的服务部门。这种将一般性义务与具体承诺义务区分开来的做法，是《服务贸易总协定》的一个重要特点。下面对主要原则分别予以介绍。

（一）最惠国待遇

GATS 的最惠国待遇条款规定，任何缔约方给予其他缔约方的服务和服务提供者的待遇，应立即和无条件地给予所有的协议缔约方。这一原则是多边货物贸易体制的基础，也是多边服务贸易的基础，各成员方都应接受。这一原则适用于服务贸易的各个部门，不论成员方是否将某个服务贸易部门对外开放，在采取有关的管理措施时都必须遵循最惠国待遇原则。

与 GATT 的区别在于，在 GATS 中最惠国待遇原则不仅适用于服务，而且也适用于服务的提供者，但在 GATT 中，该待遇仅给予商品，而不给予商品的提供者。在 GATS 中最惠国待遇为一般性义务，在 GATT 中最惠国待遇为承诺性义务。

（二）国民待遇

GATS 的国民待遇原则条款规定，任何缔约方在相同的环境下，给予其他缔约方的服务及服务提供者在所有法律规章、行政管理、决定等方面的待遇应不低于其给予本国服务及服务提供者的待遇。

该条款要求各缔约方的政府对其他缔约方的服务及服务提供者不采取任何歧视措施，但也不给予任何优惠，而是给予同本国服务和服务提供者平等的待遇。

由于外国服务和服务提供者同本国服务和服务提供者相比具有不同的特点，因而同样的服务政策对于二者所造成的影响可能会有很大的不同，从而导致对外国服务和服务提供者实际上的不公平待遇。

例如在金融业中，许多国家都对银行的资本资产比例做了限制规定。这些限制是适用于该国所有银行的，目的是确保银行业的安全。但是，由于东道国往往将外国银行在本地的分支机构视为独立的银行，而且外国银行分支机构的资本规模一般较小，更多的是依赖其母行的供给，因而这一规定对外国银行分支机构的限制要高于当地银行。

（三）透明度

GATS 第 3 条规定，除非在紧急情况下，各成员方必须将影响其国际服务贸易的所有有关法律、法规和行政命令及所有其他的决定、规则以及习惯做法，无论是由中央政府或地方政府做出的，还是由非政府的但有权制定规章的机构做出的，都应最晚在它们生效之前予以公布。任何缔约方也必须公布其签字参加的所有有关的或影响服务贸易的其他国际条约。

GATS 第 5 条（经济一体化）也规定，任何缔约方如果参与了某项区域性的但可能影响服务贸易的合作协议，都应立即通知 GATS 的全体缔约方，并使他们能够了解该地区性协议的内容，并在协议的内容有重大修改时，也应立即通知全体缔约方。

（四）市场准入和逐步自由化

GATS 第 20 条规定，任何缔约方均应根据该协议的精神与其他缔约方举行双边谈判，并在此基础上拟订市场准入的具体承诺开价单及其实施的时间计划表。任何缔约方在与其他缔约方的双边谈判结束后，均应按开价单中所列计划时间表按期履行其承诺的义务，并不得在实施后改变原来做法或采用新的做法使其他缔约方不能享受根据承诺开价单的规定可以享受的权利。

GATS 第 19 条还规定，缔约方应在协议签字后继续就服务贸易自由化问题定期举行新的多边谈判，以进一步减少服务贸易自由化的政策障碍。

（五）发展中国家的特别待遇

GATS 的许多条款都充分考虑了发展中国家的特殊情况，给予了它们更为宽松的待遇。基于此目的，协议的多项条款都列有对发展中国家的特殊规定。

GATS 第 5 条规定，应充分考虑一些最不发达国家履行该协议义务的困难，并对这些国家做出某些特殊规定。发展中国家之间可以订立优惠性的区域合作协议。

GATS 第 12 条第 1 款规定，如发生严重国际收支和对外财政困难或其威胁，一成员可对其已做出具体承诺的服务贸易，包括与此类承诺有关的交易的支付和转移，采取或维持限制，可以对本国服务业提供更多的政府补贴。

GATS 第 19 条第 2 款规定，应允许个别发展中国家少开放一些服务领域，或放宽较少类型的服务贸易，并在服务贸易自由化的时间进程安排方面给予更大的灵活性。

GATS 第 19 条第 3 款规定，在今后的国际服务贸易多边谈判中，其所拟谈判协议提纲也应考虑发展中国家在履行协议上的困难。协议的补充规定中也规定，在该协议的谈判过程中，应考虑各缔约方不同的发展水平和经济贸易的不同状况，对个别发展中国家承担的义务给予适当照顾，对某些与发展中国家的利益密切相关的问题应进行磋商。

三、《服务贸易总协定》的意义

（一）提供了共同遵守的国际规则

GATS 为国际服务贸易的发展创立了各缔约方必须共同遵守的国际准则，同时还提出将《关税与贸易总协定》的程序和惯例适用于国际服务贸易的谈判。这样，《关税与贸易总协定》把 40 多年来在有形商品贸易谈判中取得的全部经验都引申到服务贸易中，从而使服务贸易的规则、内容、条款以及组织机构得以完整地建立，使各缔约方有了一个共同的认可和可供遵循的国际规则。

（二）促进国际服务贸易的自由化

国际服务贸易虽然不存在关税壁垒，但却存在着各种各样、名目繁多的非关税壁垒，并对国际服务贸易的发展形成重大障碍。而 GATS 的基本精神是服务贸易自由化，即提请各国在遵守一般义务和原则的前提下，做出开放本国各个服务部门的具体承诺，然后在框架协议生效后，就上述的具体承诺举行多边谈判，以逐步实现服务贸易的自由化，使服务业在各国或地区间无阻碍地自由流动。所以，GATS会通过最惠国待遇、各国服务贸易政策透明度、市场准入和国民待遇、发展中国家更多的参与、逐步自由化，以及各成员方所制定的一系列义务、原则等在最大限度上促进其自由化，从而必将使国际服务贸易额有较大增长。

（三）促进有形商品贸易的发展

服务贸易的自由化在促进服务贸易发展的同时，会推动与服务贸易相关的有形商品贸易的发展，特别是资本密集型服务和技术密集型服务的贸易，往往伴随着相应硬件设备的有形商品贸易（如数据处理服务、远距离通信服务等）的扩大从而促进通信类各种硬件设备的发展；航空运输服务的扩大会促进飞机制造业的发展；陆运、水运服务的发展必然引起相关产业的发展；银行金融服务的发展，也必将推动银行系统的传真通信及资金调拨网络的硬件贸易增长。

（四）对发展中国家服务贸易的促进及阻碍

由于GATS对发展中国家做了许多保留与例外，并在对发展中国家经济技术援助方面予以很大的优惠，发展中国家可以充分利用这些机会扩大本国具有优势的服务业的出口。

GATS的实施，允许发展中国家在特定条件下采取适当的措施保护其落后的服务业。这样，发展中国家既可以为保护国内幼稚服务业或民族服务业的发展而采取很多限制服务进口的措施和规定，也可以在适度的开放过程中，学到发达国家在服务业方面的先进技术和经营管理方式，并可以在开放过程中，使本国相应的服务业与发达国家进行竞争，使其在竞争中得到发展。

但GATS的实施也会给发展中国家带来消极影响。高新技术服务业的海外扩展在一定程度上会危及发展中国家的主权和安全，并对发展中国家尚未成长起来的高新技术服务部门造成阻碍；由于经济一体化速度的加快，比较优势在服务业的进一步利用会形成发展中国家对发达国家服务业和提供服务的依赖，进而形成不合理的国内产业结构和国际分工格局。大量的服务进口势必引起相关商品的进口增加，从而引起对国内产品需求的下降，使得发展中国家并不乐观的国际收支和金融状况进一步恶化。

目前，一些发展中国家对服务贸易自由化是持谨慎态度的。由于服务行业是发展中国家经济中最为薄弱的环节，发展中国家担心一旦实行服务贸易自由化，本国的服务行业根本无力与发达国家的服务业相抗衡，其结果将会导致本国的服务行业完全被冲垮，外国资本将会控制本国的服务业。而由于服务业在发展中国家经济、政治中的重要性，这种状况是发展中国家所不想见到的。因此，在今后的较长的一段时期内，发展中国家在整体上也仍将主要以服务输入国的身份存在，国际服务贸易仍将主要是在发达国家之间相互进行。

思考题

1. 国际服务贸易有什么特点？
2. 简述国际服务贸易迅速发展的原因。
3. 简述中国服务贸易发展的现状。
4. 《服务贸易总协定》中重要的条款有哪些？

案例分析题

花旗集团的全球性服务

一、花旗集团的发展

花旗集团（Citigroup）作为全球的金融服务公司，在全球100多个国家为约2亿客户服务，包括个人、机构、企业和政府部门，提供广泛的金融产品服务：消费者银行服务及信贷，企业和投资银行服务以及经纪、保险和资产管理。汇集在花旗集团下的主要有花旗银行、旅行者人寿和养老保险、美邦、Citi-financial、Banamex和Primerica。

花旗集团是由花旗公司与旅行者集团于1998年合并而成并于同期换牌上市的。换牌上市后，花旗集团运用增发新股集资与股市收购或定向股权置换等方式进行大规模股权运作与扩张，并对收购的企业进行花旗式战略输出和全球化业务整合，使花旗集团在短短五年时间里，总资产规模扩大了71%，股东权益增加92%，资本实力不断提高，总收入提高72%，利润增长2.6倍，表现出不凡的盈利能力。其股票在进行一次送股（每3股送1股）和22次分红派息（每股分红共计MYM3.82）的情况下，每股净值仍提高了一倍，价格翻了一番。

二、花旗集团的全球性服务

在全球性服务拓展方面，花旗公司在1998年秋与旅行者集团的联合可以说是有史以来全球金融服务业中最大的合并事件。该联合集团年收益近500亿美元，资产超过7 000亿美元，业务遍及全球。

在合并前，旅行者集团是美国最大的一家从事财产损失险和寿险业务的保险企业。此外，旅行者集团还从事相当一部分投资银行、零售经纪和资产管理业务。旅行者集团的保险业务几乎完全集中于国内，尽管它在投资银行和资产管理方面在国外也有一些展示性的业务。

花旗银行是世界上最为全球化的银行之一。它主要有两大类业务：一是公司银行业务，二是消费者银行业务。花旗银行在公司银行业务方面集中为2万多家公司提供金融服务。业务分布在70多个发展中国家和20多个发达国家。1997年收益80亿美元，其中半数以上来自新兴工业化国家。但是，更引起观察家们关注的是花旗银行全球消费者银行业务的迅速增长。消费者银行业务强调向个人提供基本的金融服务，包括支票账户、信用卡和个人贷款。1997年，通过1 200家支行的全球网络，花旗银行在56个国家为 5 000 万消费者提供服务并创造了 150 亿美元的年收益。

两家企业合并的建议是由旅行者集团的首席执行官桑迪·韦尔（Sandy Weill）提出的。鉴于经济全球化的发展趋势，韦尔认为旅行者集团把其保险产品销往国外是非常重要的。恰好在 1997 年 12 月，WTO 成员方达成了一项新协议——《金融服务协议》，100 多个国家同意向外国竞争者开放它们的银行、保险和证券市场。该协议于 1999 年 3 月 1 日生效，包括所有的发达国家和许多发展中国家。该协议首次允许像旅行者集团这样的保险公司在外国市场上销售其产品。然而，要利用这一机会，旅行者公司需要一个全球零售分销系统，而那正是花旗银行已进入的领域。在过去 20 年中，花旗银行的中心战略一直是创建这样的全球分销渠道。

花旗银行的全球零售银行战略由其在位很久的首席执行官约翰·里德构筑，他现在也兼任旅行者公司的 CEO，与韦尔共同分担一个职位。里德一直要求把“花旗银行”的全球品牌打响，他把花旗银行定位为金融服务业的“可口可乐”或“麦当劳”。里德的消费者银行战略的基本信念是世界各地的人都有同样的金融需求——随着他们生活阅历的丰富以及富裕程度的提高，这种需求会不断扩大。一开始消费者需要的是一些基本的服务——支票账户、信用卡、学习贷款。随着他们财务上的成熟，消费者会增加住房按揭、汽车贷款和投资、保险等需求。当他们积累了一定的财富后，组合投资管理和财产规划又将成为主要需求。花旗银行瞄准这种需求，以标准化的方式向全球消费者提供这些服务，如同麦当劳的做法，向各地消费者提供同样的基本快餐菜单。与旅行者集团合并后，公司比以往更深入地推广这一概念，通过它的全球零售分销系统、跨国销售保险产品和资产管理服务。

里德相信，全球人口、经济等方面的发展趋势都有利于这一战略的实施。在发达国家，上了年纪的人正在购买更多的金融服务。在许多经济迅速成长的发展中国家，花旗集团瞄准了新兴的中产阶级。随着他们变得更为富裕，他们对消费者银行的服务和保险的需求也与日俱增。这种认识使花旗集团比竞争对手领先数年进入许多发展中国家，结果花旗集团在亚洲和拉丁美洲成了最大的信用卡发放者：在亚洲发放了 700 万张信用卡，在拉丁美洲发放了 900 万张。由于世界各国对金融服务业的管制逐步放松，使得花旗集团得以在这些国家设立消费者银行，而在 10 年前外国银行要进入它们的市场是难以想象的。在快速成长的亚洲地区，花旗集团已进入的国家包括印度、印度尼西亚、日本、越南以及市场潜力最大的中国。

三、花旗集团的服务标准化

花旗集团全球战略的关键要素是其消费者银行全球经营的标准化。这一点在其所谓的样板支行中体现得最为明显。这一构想最先在智利设计，在雅典得到改进和完善，其目的是给公司往来于世界各地的客户以同样的服务体验，从进银行大门的问候，到自动提款机上的标准蓝色标记，以及镶金边的门道，那些持“花旗金卡”的贵宾客户，可通过它直接与个人财务经理会面。到 1997 年年底，这种样板支行的模式已在花旗银行 600 个地区 1 200 个零售点普及，并迅速向其余地区推广。客户不易察觉的另一个标准化要素是花旗集团重视各支行办公支持系统的统一，包括管理支票和储蓄、互助金投资系统等。由于花旗集团对这种一致性的强调，公司在新市场开发支行更为容易。花旗集团还利用其遍布全球的业务，集中某些方面的营运以实现规模经济。例如，花旗集团快速增长的欧洲信用卡业务，所有的信用卡都在美国内华达州制造，印刷和邮寄在荷兰，而数据处理则放在南达科他州。在每个国家，信用卡业务的运作只限于营销人员和由两位职工组成的单元，一人负责客户服务，另一人负责收款。

国际金融服务在国际经济发展中起着决定性的作用。近 20 年来，在金融自由化政策影响下，国际银行业的服务环境越来越宽松。很多国家放宽了对外资银行进入的限制，从而使银行的服务面扩大，使银行向提供综合性服务的全能银行方向发展。

资料来源：

1. 希尔．国际商务：全球市场竞争［M］．3 版．周健临，等译．北京：中国人民大学出版社．2002.

2. http：//www. citibank. com. cn.

第六章

关 税 措 施

第一节　关税的概述

一、关税的特点

关税（Tariff，Customs Duty）是进出口商品经过一国关境时，由该国海关向本国进出口商所征收的一种税收。

关税作为国家税收的一种，一方面具有和其他税赋相同的特点，即强制性、无偿性和预定性等，另一方面又有自身的特点。

（一）关税是一种间接税

关税的纳税人虽然是进出口企业，但是进出口商垫付税款作为成本计入货价，关税负担最后便转嫁给买方或消费者承担。

（二）关税的税收主体和税收客体

税收三体是本国进出口商人（即关税的纳税人），税收客体是进出口商品。

（三）关税的征收范围是以关境为界，关税的征收机构是海关

海关是设立在关境上的国家行政管理机关，针对进出口金银、行李、邮件和运输工具等开展监督管理、征收关税、查禁走私、临时保管和开展进出口统计等工作。海关执行其职能的领域叫关境。

一般情况下，关境和国境是一致的，但也有不一致的情况。如有些国家在国境内设有自由贸易区、出口加工区或保税仓库，此时，关境小于国境；另外，几个国家结成关税同盟、共同市场等区域经济一体化组织，参加这些组织的国家即成为统一的关境，这时关境就大于国境。

二、关税的作用

征收关税的作用主要有两个方面。

（一）增加本国财政收入，以此为目的征收的关税称为财政关税

财政关税的征收对象一般是国内有大量消费、进口数量大的商品，而且税率要适中，如果税率过高，会阻碍进口，达不到增加财政收入的目的。目前，发展中国家的关税收入占政府收入的较大比例，发达国家的财政预算来自关税的收入很少。

（二）保护本国的产业和国内市场，以此为目的征收的关税称为保护关税

各国利用高关税限制外国商品进口，保护国内生产和国内市场。

保护关税的税率越高，保护作用越强，因为进口关税率的提高可以提高进口商品的成本，从而削弱其竞争力，使其进口数量减少，以达到保护国内工农业生产的目的。保护关税的另一个目的是可以通过调整关税税率来控制进出口商品的数量，以此调节国内的价格，保证国内市场供求平衡。

第二节　关税的主要种类

按征收对象和商品流向划分：进口税、出口税、过境税；

按差别待遇划分：普通税、最惠国税、特惠税、普遍优惠税、进口附加税、差价税；

按征收标准划分：从量税、从价税、混合税、选择税；

按征收关税的目的划分：财政关税、保护关税；

按保护的程度和有效性划分：名义关税、有效关税。

一、按照征收的对象和商品流向分类

（一）进口税

进口税（Import Duty）是进口商品进入一国关境时或者从自由港、出口加工区及保税仓库进入进口国市场时，由进口国家的海关根据海关税则对本国进口商所征收的关税，又称为正常关税或进口关税。

在国际贸易中，通常所说的关税壁垒就是指进口关税，关税壁垒是一国推行保护贸易政策所实施的一项重要措施。各国制定进口税税率要考虑多方面的因素。从有效保护和经济发展的角度出发，应对不同商品制定不同的税率。一般地说，进口税的税率随着进口商品加工程度的提高而提高，即工业制成品税率最高，半制成品次之，原料等初级产品税率最低甚至免税，这称为关税升级（Tariff Escalate）。进口国同样对不同商品实行差别税率，对于国内紧缺而又急需的生活必需品和机器设备予以低关税或免税，而对国内能大量生产的商品或奢侈品则征收高关税。

进口税的种类主要有普通税、最惠国税、特惠税、普惠制税。

1. 普通税

如果进口国未与该进口商品的来源国签订任何关税互惠贸易条约，则对该进口商品按普通税率征税。普通税率是一国税率中的最高税率，一般比优惠税率高 1～5 倍，少数商品甚至高达 10 倍、20 倍，目前，仅有个别国家对极少数（一般是未建交）国家的出口商品实行这种税率，大多数只是将其作为优惠税率减税的基础。因此，普通税率并不是普遍实施的税率。

2. 最惠国税

最惠国税是一种优惠税，往往和双边或多边最惠国待遇相关。最惠国待遇是指各缔约方实行互惠，凡缔约一方现在和将来给予任何第三方的一切特权、优惠和豁免也同样给予对方。最惠国待遇的内容很广，但主要是关税待遇。最惠国税率是互惠的，且比普通税率低，有时甚至差别很大。

最惠国税率并非是最低税率。在最惠国待遇中往往规定有例外条款，如在缔结关税同盟、自由贸易区或有特殊关系的国家之间规定更优惠的关税待遇时，最惠国待遇并不适用。

3. 特惠税

特惠税指对从某个国家或地区进口的全部商品或部分商品，给予特别优惠的低关税或免税待遇。使用特惠税的目的是增进与受惠国之间的友好贸易往来。特惠税有互惠与非互惠之分，税率一般低于最惠国税率和协定税率。

特惠税始于宗主国与殖民地附属国之间的贸易往来，目前国际上最有影响的是洛美协定国家之间（欧共体与非洲加勒比和太平洋地区 46 个发展中国家之间）的特惠税。根据协定，在协定的 8 年过渡期中，这些发展中国家 96% 的农产品和全部工业产品可免税进入欧盟市场，而不要求受惠国给予反向优惠。

4. 普惠制税

普惠制是普遍优惠制（Generalized System of Preferences，GSP）的简称，是发达国家给予发展中国家出口的制成品和半制成品（包括某些初级产品）普遍的、非歧视的且非互惠的一种关税优惠制度。它是在最惠国税率的基础上进行减税和免税，按最惠国税率的一定百分比征收。

普遍性、非歧视性和非互惠性是普惠制的三项基本原则。普遍性是指发达国家对所有发展中国家出口的制成品和半制成品给予普遍的关税优惠待遇；非歧视性是指应使所有发展中国家都无歧视、无例外地享受普惠制待遇；非互惠性是指普惠制不是对等的关税优惠，发达国家应单方面给予发展中国家特殊的关税减让，而不要求发展中国家对发达国家给予对等待遇。

实施普惠制的国家都各自制订方案，在提供关税优惠待遇的同时，又规定了种种限制措施，主要内容大致包括以下几个方面。

（1）对受惠国家或地区的规定：原则是普遍的，无歧视性的，但各个国家有不同。如美国公布的受惠国名单中，不包括：① 石油输出国；② 非市场经济的社会主义国家；③ 贸易中与美国有歧视或敌对的国家等。

（2）对受惠产品范围的规定：各个给惠国都有自己的给惠产品清单和排除产品清单；根据经济贸易政策制定。一般来说，农产品的受惠产品少，工业产品多，敏感产品被排除。

（3）对受惠产品减税幅度（优惠幅度）的规定：取决于最惠国税率和普惠制税率之间的差额，最惠国税率越高，普惠制税率越低，优惠差幅就越大。通常工业品的差幅较大，农产品的差幅较小。

（4）对给惠国保护措施的规定：

① 例外条款。例外条款是指从受惠国优惠进口的某项产品的数量，增加到对其本国同类产品或有竞争关系的商品的生产者造成或将造成严重损害时，给惠国保留对该产品完全取消或部分取消关税优惠待遇的权利。给惠国常常引用例外条款对农产品进行保护。

② 预定限额。预定限额是指给惠国根据本国和受惠国的经济发展水平及贸易状况，预先规定一定时期内（通常为一年）某项产品的关税优惠进口限额，达到这个额度后，就停止或取消给予的关税优惠待遇，而按最惠国税率征税。给惠国通常引用预定限额对工业产品的进口进行控制。

③ 毕业条款。毕业条款是指给惠国以某些发展中国家或地区由于经济发展，其产品已能适应国际竞争而不再需要给予优惠待遇和帮助为由，单方面取消这些国家或产品的普惠制待遇。毕业标准可分为国家毕业和产品毕业两种，由各给惠国自行具体确定。

例如，美国规定，一国人均收入超过 8 500 美元或某项产品出口占美国进口的 50% 即为毕业。美国自 1981 年 4 月 1 日开始启用毕业条款，至 1988 年年底，终止了 16 个国家的受惠国地位，免除了来自 141 个发展中国家和地区的约 3 000 种进口商品的普惠制待遇。

（5）原产地规则。原产地规则（Rule of Origin）是普惠制的主要组成部分和核心。为确保发展中国家或地区的产品利用普惠制扩大出口，防止非受惠国的产品利用普惠制的优惠去扰乱普惠制下的贸易秩序，各给惠国都制定了详细的原产地规则。原产地规则一般包括原产地标准、直接运输规则和证明文件三个部分。

① 原产地标准（Origin Criteria），是指只有完全由受惠国生产或制造的产品，或者进口原料或部件在受惠国经过实质性改变而成为另一种不同性质的商品，才能作为受惠国的原产品享受普惠制待遇。

② 直接运输规则（Rule of Direct Consignment），是指受惠国原产品必须从出口受惠国直接运至进口给惠国。制定这项规则的主要目的是避免在运输途中可能进行的再加工或换包。但由于地理或运输等原因确实不可能直接运输时，允许货物经过他国领土运转，条件是货物必须始终处于过境国海关的监管下，未投入当地市场销售或再加工。

③ 证明文件（Documentary Evidence），是指受惠国必须向给惠国提供由出口受惠国政府授权的签证机构签发的普惠制原产地证书，作为享受普惠制减免关税优惠待遇的有效凭证。

综合以上内容，四种进口税率的比较如表 6-1 所示。

表 6-1　四种进口税的比较

	普通税率	最惠国税率	特惠税率	普惠制税率
适用范围	没有最惠国待遇条款	最惠国待遇条款	特惠协定，如洛美协定	普惠制方案内的发展中国家
特点	非普遍使用的税率，减税的依据	普遍使用的税率，正常税率	互惠或非互惠	非互惠税率
税率	最高	比普通税率低，互惠的税率	比最惠国税率低	按最惠国税率的一定百分比征收

（二）出口税

出口税（Export Duty）是出口国家的海关对本国输往国外的商品所征收的关税。目前，大多数国家对绝大部分出口商品都不征收出口税。征收出口税会抬高出口商品的成本和国外售价，削弱其在国外市场的竞争力，不利于扩大出口。但世界上仍有少数国家（特别是经济落后的发展中国家）征收出口税。

我国历来采用鼓励出口的政策，但为了控制一些商品的出口流量，采用了对极少数商品征收出口税的办法。

（三）过境税

过境税（Transit Duty）又称通过税或转口税，是一国海关对通过其关境的外国货物所征收的关税。第二次世界大战后，关税与贸易总协定规定了“自由过境”的原则。目前，大多数国家对过境货物只征收少量的签证费、印花费、登记费和统计费等。

二、按照差别待遇和特定的实施情况分类

（一）进口附加税

进口附加税（Import Surtax）是指对进口商品除征收一般关税外，出于某种特定的目的再增加的额外的关税，这是限制商品进口的重要手段，主要包括反倾销税和反补贴税。

1. 反倾销税

（1）概念

倾销是指一国商品以低于正常的价格输入另一国市场的行为。进行倾销的进口商品以价格优势打击进口国的同类产业，因此对该国领土内已建立的某种产业造成重大损害或产生重大威胁。

反倾销税（Anti-dumping Duty），是指对实行倾销的进口货物所征收的一种临时性进口附加税。其目的是抵制外国商品大量低价进口，保护国内产业与市场。

确定正常价格有三个标准：国内价格、第三国价格和构成价格。国内价格是指相同商品在出口国用于国内消费时在正常情况下的可比价格；第三国价格，即相同产品在正常贸易情况下向第三国出口的最高可比价格；构成价格是指该产品在原产国的生产成本加合理的推销费用和利润后的价格。

（2）征收条件

征收条件包括倾销存在、重大损害、倾销与损害之间存在因果关系。

倾销存在：关键是对正常价格的界定，低于成本的销售是倾销。

重大损害：倾销对进口国同类产业造成实质性的损害或实质性的损害威胁，进口数量的激增对进口国同类产品产生了价格影响，对同类产品的生产者产生了影响。

因果关系：上述损害是否由倾销所致，由于其他因素（如需求萎缩或消费模式改变等）造成的损害则不应归咎于倾销性进口。

但是，对于倾销的认定、“正常价值”的含义、反倾销的实施方式等，各个国家之间存在着一定的分歧。一些发达国家利用反倾销手段对来自发展中国家的低成本产品进口加以限制，反倾销扩大化的趋势明显，成为非关税壁垒的手段之一。

2. 反补贴税

（1）概念

补贴是指为了提高出口商品的价格竞争力，政府或任何公共机构对企业提供的财政捐款和政府对收入或价格的支持。

反补贴税（Counter-vailing Duty），又称抵消税或补偿税，是对于直接或间接地接受过奖励或补贴的外国商品进口所征收的一种进口附加税，一般按照“补贴数额”征收。征收反补贴税的目的是削弱接受出口补贴的进口商品的价格竞争力。

（2）征收的条件

征收的条件包括补贴的存在、损害的存在、补贴与损害之间存在因果关系。

（3）征税的依据

反补贴税的税额不得超过该商品接受补贴的净额；以消除出口补贴造成的损害为征收反补贴税的限度；出口国政府同意取消或限制补贴后，应取消反补贴税。

要注意，反倾销税与反补贴税不能同时征收。

（二）差价税

1. 概念

差价税是指，当某种国内生产的产品国内价格高于同类进口商品的价格时，为削弱进口商品的竞争力，按国内价格与进口价格之间的差额征收的关税。差价税是随着国内外价格差额的变化而变动的，因此是一种滑动税。

2. 征收方式

（1）直接征收差价税；

（2）除征收一般关税外，再加国内外差价税。

差价税的典型表现是欧盟对进口农畜产品的做法。欧盟对农畜产品统一市场、统一目标价格（Target Price），对进口农畜产品统一征收差价税。

征收差价税后，在成员方内部实现统一价格，又排挤了非成员方的农畜产品大量进入西欧市场。

三、按照征收标准分类

（一）从量税

1. 概念

从量税（Specific Duty）是以进口商品的数量、体积、重量等计量单位为标准的一种计征关税的方法。重量单位是最常用的从量税计量单位。例如，美国对薄荷脑的进口征收从量税，普通税率为每磅 50 美分，最惠国税率为每磅 17 美分。

从量税税额=货物计量单位数×从量税率

2. 特点

这种计税方法简便，通关手续快捷，能抑制低廉商品或故意低报、瞒报价格商品的进口。每一种进口商品的单位税额固定，物价涨落时，税额不能相应变化，因而，在物价上涨时，关税的调控作用相对减弱。

3. 应用

从量税适用于规格品种简单、计量容易、同一种商品规格价差比较少且经常性大宗进口的商品，征收对象一般是谷物、棉花等大宗产品和标准产品，对于质优价高的商品，税负相对减轻，关税的保护与财政收入作用相对减弱。

（二）从价税

1. 概念

从价税（Ad Valorem Duty）是以货物价格作为征税标准来征收的关税。税率表现为商品价格的一定百分比。

从价税税额=完税价格×进口从价税税率

进口货物的完税价格是指经海关审定的作为计征关税依据的商品价格。

2. 特点

优点：税负合理，进口商品价格的高低与其税额高低相对应，即质优价高的商品税高，质劣价低的商品税低，加工程度高的商品和奢侈品价高，税额较高，相应的保护作用较大。

不足：估价较难，不同品种、规格、质量的同一货物价格有很大差异，这使得海关估价有一定难度，征税的手续繁杂；调节作用弱，当人为故意低报、瞒报进口商品价格和低价倾销时，从价税不能起到保护国内相关产业的作用，财政收入也会减少。

3. 应用

例如，美国规定对羽毛制品的进口，普通税率为 60%，最惠国税率为 4.7%。2006 年中国的汽车关税税率为 25%，如果进口一辆价值 2 万美元的汽车，关税税额为 5 000 美元。

（三）混合税

1. 概念

混合税（Mixed Duty）也称复合税，是对某种进口商品混合使用从价税和从量税的一种计征关税的方法。复合税既有从量税抑制低价进口商品的特点，又有从价税税负合理、稳定的特点。

2. 征税方法

一种是以从量税为主加征从价税，即在对每单位进口商品征税的基础上，再按其价格加征一定比例的从价税。例如，美国进口小提琴每把征税 1.25 美元，另加征 35% 的从价税。另一种是以从价税为主加征从量税，即在按进口商品的价格征税的基础上，再按其数量单位加征一定数额的从量税。我国进口征税以从价税为主，1999 年起对部分商品征收混合税。

例如，对于完税价格低于或等于 2 000 美元/台的录像机执行单一的从价税，普通税率是 130%，优惠税率是 36%；但对完税价格高于 2 000 美元/台的录像机征收复合税，普通税率是每台 20 600 元人民币的从量税，再加征 6% 的从价税；优惠税率是每台 5 480 元人民币的从量税，再加 3% 的从价税。

（四）选择税

选择税是指，在税则中对某种进口商品同时规定从价税和从量税两种税率，征税时由海关选择其中一种计税。一般是选择税额较高的一种征收。在物价上涨时，使用从价税；在物价下跌时使用从量税。这样既可保证税收数额，又可发挥保护作用。

第三节　海关税则

海关税则（Customs Tariff）又称关税税则，是一国对进出口商品计征关税的规章和对进出口应税与免税商品加以系统分类的一览表。海关税则是各国征收关税的依据，是关税制度的重要内容，是国家关税政策的具体体现。

海关税则一般包括两个部分：一部分是海关课征关税的规章条例及说明，另一部分是关税税率表。

关税税率表主要包括三个部分：税则号列（Tariff No. 或 Heading No. 或 Tariff Item）、商品分类目录（Description of Goods）及税率（Rate of Duty）。

如何对海关税则中的商品进行系统分类，是海关税则制定中的重要问题。系统分类的目的是便于征税、纳税、统计和查找。为了协调各国在海关税则商品分类方法上的差异，世界海关组织于 1988 年 1 月 1 日正式实施了《商品名称及编码协调制度》（The Harmonized Commodity Description and Coding System），简称《协调制度》（Harmonized System，H. S.），这是一套新型的、系统的和多用途的国际贸易商品分类体系。

商品分类目录的分类原则是以商品的原料组成为主，结合商品的加工程度、制造阶段和商品的最终用途。

关税与贸易总协定将《协调制度》目录统计的数据作为关税减让谈判的基础。我国自 1992 年 1 月 1 日起也正式实施了以《协调制度》为基础编制的新的《海关进出口税则》和《海关统计商品目录》，采用 8 位数字编码。

海关税则中的同一商品，可以采用一种税率征税，也可以采用两种或两种以上税率征税。

一、按照税率表的栏数，可将海关税则分为单式税则和复式税则两类

单式税则（Single Tariff）又称一栏税则，是指一个税目只有一个税率，对来自任何国家的商品均以同一税率征税，没有差别待遇。

复式税则（Complex Tariff）又称多栏税则，是指同一税目下设有两个或两个以上的税率，即对来自不同国家的进口商品按不同的税率征税，实行差别待遇。

其中，普通税率是最高税率，特惠税率是最低税率，在两者之间，还有最惠国税率、协定税率和普惠制税率等。目前大多数国家都采用复式税则。这种税则有二栏、三栏及四栏不等。我国目前采用二栏税则，美国、加拿大等国实行三栏税则。通常，对同一税目所设置的税率栏次越多，税则的灵活性和区别对待的特性越强，同时表现出的歧视性也越强。

二、依据制定税则的权限可分为自主税则和协定税则

自主税则又称国定税则，是指一国立法机构根据关税自主原则单独制定而不受对外签订的贸易条约或协定约束的一种税率。

协定税则是指一国与其他国家或地区通过贸易与关税谈判，以贸易条约或协定的方式确定的关税税率。协定税则是在本国原有的国定税则以外，通过与他国进行关税减让谈判而另行规定的一种税率，因此要比国定税率低。

思考题

1. 什么叫关税？它有何作用？
2. 关税可以分为哪些种类？
3. 关税的主要特点是什么？
4. 从量税、从价税、混合税的计算方法是什么？
5. 对于征收关税，人们有不同的观点。有人说：“对进口商品征收关税，提高了进口商品的价格，对消费者很不利，应当取消关税。”有人则认为：“征收商品关税有利于国产商品与进口商品竞争，应当提高关税。”你是怎样看待这一问题的？

第七章
非关税壁垒措施

第一节　非关税壁垒概述

非关税壁垒（Non-Tariff Barriers，NTBs）是指关税以外的一切限制进口的各种措施，它是与关税壁垒相对而言的。在 WTO 规则体系中，非关税壁垒主要包括反倾销、反补贴、进口配额、自动出口限制、技术性贸易壁垒和保障措施等。

专栏 7-1

非关税壁垒的实例

普瓦蒂埃海关效应

法国在 1982 年规定，所有从日本进口的录像机都必须通过位于距离法国北部港口数百英里的小镇的普瓦蒂埃海关。海关人员不多，屋子非常窄小。结果进入法国的日本录像机从每月 6 万多台骤减到每月不足 1 万台。

意大利的《空心粉纯度法》

意大利要求空心粉的制作原料必须是硬质小麦，而这种硬质小麦主要产于意大利南部。欧洲其他国家的空心粉大多由混合种类的小麦制成，不符合《空心粉纯度法》，很难进入意大利市场。

商品归类调整

美国海关曾把日本出口到美国的卡车司机室和底盘这种“零件”重新归为“组装车辆”，使原来只有 4% 的税率改为 25%。

美国对一般打字机进口不征收关税，但如归为玩具打字机，则要征收 35% 的进口关税。

欧盟进口中国瓷器的包装标准

欧盟要求从中国进口的景德镇瓷器的包装稻草必须经过 200℃ 高温熏蒸消毒处理。

非关税壁垒与关税壁垒都有限制进口的作用。但是，非关税壁垒相较关税壁垒具有以下特点。

（一）灵活性和针对性

一般来说，各国关税税率的制定、调整或更改必须通过较为烦琐的法律程序和手续，并要求具有一定的连续性，所以调整或更改税率的随意性有限。因此，在需要紧急限制进口时往往难以适应。同时，关税税率的调整，还受到最惠国待遇条款的约束，因而较难在税率上做灵活性的调整。

非关税壁垒措施的制定手续比较迅速，通常采用行政手段，程序简便，能随时针对某国的某种商品采取或更换相应的限制进口措施，较快地达到限制进口的目的。

（二）有效性

关税的实施旨在提高进口商品的成本和价格，削弱其竞争能力，间接地限制进口。如果出口国采用出口贴补、商品倾销等办法降低出口商品成本和价格，关税往往难以起到限制商品进口的作用。

但一些非关税措施，如进口配额制、进口许可证等对进口的限制作用是绝对的，出口商无论如何都无法绕过这种壁垒。

（三）隐蔽性和歧视性

一般说来，关税税率确定后，往往以法律形式公布于众，依法执行。但是，一些非关税壁垒措施往往不公开，或者规定极为烦琐复杂的标准和手续，使出口商难以适应。以技术标准而论，一些国家对某些商品质量、规格、性能和安全等规定了极为严格、烦琐和特殊的标准，检验手续复杂，而且经常变化，使外国商品难以对付和适应，因而往往由于与某一个规定不符，商品便不能进入对方的市场销售。同时，一些国家经常针对某个国家实施某种限制性的非关税壁垒措施，结果大大加强了非关税壁垒的差别性和歧视性。

第二节　非关税壁垒的主要种类

非关税壁垒措施名目繁多，下面介绍最常见的几种。

一、进口配额制

配额是一国政府为了控制本国与其他国家之间贸易而施加的对商品或服务进出口数量的限制。进口配额（Import Quotas）又称进口限额，是一国政府在一定时期（通常为一年）以内，对某些商品的进口数量或金额加以直接限制。在规定的期限内，配额以内的货物可以进口，超过配额不准进口，或者在征收更高的关税或罚款后才能进口。进口配额制是实行进口数量限制的重要手段之一。例如，2005 年中国的棉花进口配额为 89.4 万吨，并于 2004 年年底前发放到相关企业。

进口配额制，主要有绝对配额和关税配额两种。

（一）绝对配额

绝对配额（Absolute Quotas）是在一定时期内，对某些商品的进口数量或金额规定一个最高限额，达到这个限额后，便不准进口。进口配额在实施中又有全球配额、国别配额和进口商配额三种方式。

1. 全球配额

全球配额（Global Quotas；Unallocated Quotas）是属于世界范围的绝对配额，对于来自任何国家或地区的商品一律适用。主管当局通常按进口商的申请顺序或过去某一时期内的实际进口额批给一定的额度，直至总配额发完为止，超过总配额就不准进口。

由于全球配额不限定进口国别或地区，因此，在配额公布后，进口商竞相争夺配额并可从任何国家或地区进口。这样，邻近国家或地区因地理位置接近，到货较快，比较有利，而较远的国家或地区就处于不利的地位。为了避免全球配额的不足，一些国家采用了国别配额。

2. 国别配额

国别配额（Country Quotas）是将总配额按国别或地区进行分配，分配给固定的配额，超过规定的配额便不准进口。为了区分来自不同国家和地区的商品，在进口商品时进口商必须提交原产地证明书。实行国别配额具有很强的选择性和歧视性。

一般来说，按照配额的分配由单边决定还是多边协商，国别配额可以分为自主配额和协议配额。

（1）自主配额

自主配额又称单方面配额，是由进口国家完全自主地、单方面强制规定在一定时期内从某个国家或地区进口某种商品的配额。这种配额不需征求输出国家的同意。

自主配额一般参照某国过去某年的出口实绩，按一定比例确定新的进口的数量或金额。

这种配额往往带有不公正性和歧视性，易引起某些出口国家或地区的不满或报复，因而更多的国家趋于采用协议配额，以缓和进出口国之间的矛盾。

（2）协议配额

协议配额又称双边配额（Bilateral Quotas），是由进口国家和出口国家政府或民间团体之间协商确定的配额。如协议配额是通过双方政府的协议订立的，一般需在进口商或出口商中进行分配；如果配额是双边的民间团体达成的，应事先获得政府许可，方可执行。

协议配额是由双方协调确定的，通常不会引起出口方的反感与报复，并可使出口国对于配额的实施有所谅解与配合，较易执行。

3. 进口商配额

进口商配额是指进口国政府将某些商品的进口配额在少数进口商之间进行分配。例如，日本的食用肉进口配额就是在 29 家大商社间进行分配。

（二）关税配额

关税配额（Tariff Quotas）是对商品进口的绝对数额不加限制，而对在一定时期内，在规定配额以内的进口商品，给予低税、减税或免税待遇，对超过配额的进口商品则征收较高的关税、附加税或罚款。

按征收关税的优惠性质，可分为优惠性关税配额和非优惠性关税配额。优惠性关税配额是对关税配额内进口的商品给予较大幅度的关税减让，甚至免税，而对超过配额的进口商品征收原来的最惠国税率，如西欧的普惠制税率。非优惠性关税配额是在关税配额内仍征收原来的进口税，但对超过配额的进口商品，则征收较高的附加税或罚款。

绝对配额与关税配额的主要区别在于：绝对配额规定一个最高进口额度，超过就不准进口；而关税配额在商品进口超过规定的最高额度后，仍允许进口，只是超过部分被课以较高关税。

专栏 7-2

关税配额实例

在2000年12月16日至2001年12月31日，俄罗斯实行原糖进口配额制。总额为365万吨，第一季度为115万吨，第二季度为150万吨，第三季度为60万吨，第四季度为40万吨，对此征收5%的关税。超过额度部分征收30%的关税，且每千克关税不低于0.09欧元。

资料来源：赵春明．非关税壁垒的应对及运用［M］．北京：人民出版社，2001：275.

二、“自动”出口配额制

“自动”出口配额制（Voluntary Export Quotas）又称“自动”限制出口（Voluntary Restriction of Export），是指出口国家或地区在进口国的要求或压力下，“自动”规定某一时期内（一般为3～5年）对该国某些商品的出口限制，在限定的配额内自行控制出口，超过配额即禁止出口。

“自动”出口配额制与绝对进口配额制在形式上的主要区别在于：绝对进口配额制是由进口国家直接控制进口配额来限制商品的进口，而“自动”出口配额制是由出口国家直接控制这些商品对指定进口国家的出口。但是，就进口国家来说，“自动”出口配额同绝对进口额一样，起到了限制商品进口的作用。

“自动”出口配额制带有明显的强制性。进口国家往往以商品大量进口使其有关产业部门受到严重损害，造成所谓“市场混乱”为理由，要求有关国家的出口实行“有秩序地增长”，“自动”限制商品出口，否则就单方面强制限制进口。在这种情况下，一些出口国家被迫实行“自动”出口限制。

“自动”出口配额制主要有以下两种形式。

（一）非协定的“自动”出口配额

非协定的“自动”出口配额即不受国际协定的约束，而是由出口国迫于来自进口国方面的压力，自行单方面规定出口配额，限制商品出口。这种配额有的是由政府有关机构规定配额，并予以公布，出口商必须向有关机构申请配额，领取出口授权书或出口许可证才能输出。有的是由本国大的出口厂商或协会“自动”控制出口。

（二）协定的“自动”出口配额

协定的“自动”出口配额即进出口双方通过谈判签订“自限协定”或“有秩序销售协定”，在协定中规定有效期内某些商品的出口配额，出口国应据此配额实行出口许可证制或出口配额签证制，自行限制这些商品出口。进口国则根据海关统计进行检查。“自动”出口配额大多数属于这一种。

专栏 7-3

关税配额和“自愿”出口限额的大量采用

进口绝对配额在理论上有其一席之地，但在实践中，还是大量采用了关税配额形式，因为进口绝对配额在国际贸易中完全取消了价格机制的作用，保护过于明显。将关税与配额结合起来使用的关税配额则显得较为温和，因此被大量采用，同时关税配额还成了非关税壁垒关税化的一个过渡形式。1999 年 11 月 15 日，中国和美国达成的《中国加入 WTO 的双边协议》中，有关农产品的安排是中国承诺取消所有农产品方面的数量限制。对于那些特别敏感的商品，如大米、小麦、玉米和豆油等，中国采取了关税配额制度，即对配额量以下的进口征收最低关税（1%～3%），配额量以上的部分征收较高的关税。

“自愿”出口限制虽然是迫于进口国的压力做出的，但毕竟是经进出口国之间的协商达成的。这种进口限制的解决途径本身说明了协调、合作在某种程度上的重要性。对于出口国来说，此措施有可接受的成分。（1）出口国若不接受此项措施，可能会遭到进口国更加严厉的报复，如被排除在某个组织或协议之外，则会受到许多歧视；（2）可以保障国内同类产业产品价格和收益的稳定；（3）出口数量的限制，一般会导致该产品进口国国内市场价格的上涨，出口商就有可能采取提价和出口高附加价值的该类商品进而获得比不受限制更多的利润。例如，1981 年美国与日本签订了汽车“自愿”出口协议，规定日本每年向美国出口汽车 168 万辆，结果是每辆汽车平均比以前加价 400 美元。这项协议实施后，日本每年可增加利润达 43 亿美元。因此，有人认为出口国对这种“自愿”出口限制或多或少地有一点“自愿”性。

资料来源：赵春明．非关税壁垒的应对及运用［M］．北京：人民出版社，2001：297-302.

三、进口许可证制

进口许可证制（Import License System）是指进口国为了管制对外贸易，规定某些商品进口必须事先领取许可证，否则一律不准进口。

从进口许可证与进口配额的关系上看，进口许可证可以分为两种。

一种为有定额的进口许可证，即国家有关机构预先规定有关商品的进口配额，然后在配额的限度内，根据进口商的申请对于每一笔进口货物发给进口商一定数量或金额的进口许可证。例如，当年联邦德国对纺织品实行进口配额制，每年分三期公布配额数量，配额公布后进口商可提出申请，获得进口许可证后即可进口。进口配额一旦用完，联邦德国政府有关当局不再发放进口许可证。

另一种为无定额的进口许可证，即进口许可证不与进口配额相结合。政府机构预先不公布进口配额，颁发有关商品的进口许可证，只是在个别考虑的基础上进行。由于它是个别考虑的，没有公开的标准，因而就给正常贸易的进行造成更大的困难，起到更大的限制进口的作用。

从对进口商品有无限制上看，进口许可证又可分为两种。

一种为公开一般许可证（Open General License），又称公开进口许可证或一般许可证和自动进口许可证。它对进口国别或地区没有限制，凡列明属于公开一般许可证的商品，进口商只要填写公开一般许可证后，即可获准进口。因此，属于这类许可证的商品实际上是自由进口的商品。

另一种为特种进口许可证（Specific License），又称非自动进口许可证，进口商必须向政府有关当局提出申请，经政府有关当局逐笔审查批准后才能进口。这种进口许可证，多数都指定进口国别或地区。

为了区分这两种许可证所进口的商品，有关当局通常定期分别公布有关的商品项目并根据需要随时进行调整。

四、外汇管制

外汇管制（Foreign Exchange Control）是指一国政府通过法令对国际结算和外汇买卖实行限制来平衡国际收支和维持本国货币汇价的一种制度。

在外汇管制下，出口商必须把他们出口所得的外汇收入按官定汇率卖给外汇管制机构；进口商也必须在外汇管制机构按官定汇价申请购买外汇，本国货币的携出入国境也受到严格的限制。这样，国家的有关政府机构就可以通过确定官定汇价、集中外汇收入和批汇的办法，控制外汇供应数量，来达到限制进口商品品种、数量和进口国别的目的。

五、进口和出口的国家垄断

进口和出口的国家垄断，是指在对外贸易中，对某些商品的进出口规定由国家机构直接经营，或者是把某些商品的进口或出口的专营权给予某些垄断组织。

各国主要对四类商品进行进口和出口的垄断。第一类是烟和酒。政府可以从烟和酒的进出口垄断中，获得巨大的财政收入。第二类是农产品。把对农产品的进出口垄断作为国内农业政策措施的一部分。例如美国的农产品信贷公司，高价收购国内的“剩余”农产品，然后以低价向国外倾销，或者“援助”给缺粮国家。第三类是武器。它关系到国家安全与世界和平，自然要受到国家专控。第四类是石油。它是一国的经济命脉，主要的石油出口国和进口国都设立国营石油公司，对石油贸易进行垄断经营。

六、歧视性政府采购政策

歧视性政府采购政策是指国家制定法令，规定政府机构在采购时要优先购买本国产品的做法，从而导致对国外产品的歧视，起到了限制进口的作用。

日本有几个省规定，政府机构使用的办公设备、汽车、计算机、电缆、导线、机床等不得采购外国产品。英国限定通信设备和电子计算机要向本国公司采购。

七、国内税

国内税是指在一国的国境内，对生产、销售、使用或消费的商品所应支付的捐税。一些国家往往采取国内税制度直接或间接地限制某些商品进口。这是一种比关税更灵活、更易于伪装的贸易政策手段，因为国内税通常是不受贸易条约或多边协定限制的。

例如，法国曾对引擎为 5 马力的汽车每年征收养路税 12.15 美元，对于引擎为 16 马力的汽车每年征收养路税高达 30 美元，当时法国生产的最大型汽车为 12 马力。因此，实行这种税率的目的在于抵制进口大型汽车。又如，美国、瑞士和日本进口酒精饮料的消费税都高于本国制品。

目前，欧盟国家采用增值税（Value Added Tax），即按销货值大于进货值的“增值”部分，对国内产品征收一定比例的税收。它适用于生产和销售的每一个环节。增值税对出口商品实行免除或退还，而对进口商品则如数征收。

八、最低限价制和禁止进口

（一）最低限价制

最低限价制（Minimum Price）就是一国政府规定某种进口商品的最低价格，当进口货价低于规定的最低价格时，则征收进口附加税或禁止进口，以达到限制低价商品进口的目的。例如，1985 年智利对绸坯布进口规定每千克的最低限价为 52 美元，低于此价格，将征收进口附加税。

（二）禁止进口

禁止进口（Prohibitive Import）是进口限制的极端措施，当一些国家感到实行进口数量限制已不足以解救国内市场所受冲击的困境时，往往颁布法令，禁止这些商品的进口。例如，1975 年 3 月，欧共体决定自 1975 年 3 月 15 日起，禁止 3 千克以上的牛肉罐头及牛肉下水罐头从欧共体以外市场进口。

九、进口押金制

进口押金制（Advanced Deposit）又称进口存款制或进口担保金制，是指进口商在进口商品时，必须预先按进口金额的一定比率和规定的时间，在指定的银行无息存入一笔现金才能进口。这样就增加了进口商的资金负担，影响了资金的流转，起到了限制进口的作用。例如，意大利政府曾对 400 多种进口商品实行这种制度，规定从任何一国进口，必须先向中央银行缴纳相当于进口货值半数的现款押金，无息冻结 6 个月，这项措施相当于征收 5% 以上的进口附加税。芬兰、新西兰、巴西等国也实行这种措施。

十、海关估价制

海关估价制是指海关为了征收关税，确定进口商品价格的制度。有些国家根据某些特殊规定，提高进口商品的海关估价，来增加进口商品的关税负担，阻碍商品的进口，就成为专断的海关估价。

用专断的海关估价来限制商品的进口，以美国最为典型。长期以来，美国海关是按照进口商品的外国价格（在出口国国内销售市场的批发价）或出口价格（在出口国市场供出口用的售价）两者之间较高的一种进行征税。这实际上提高了缴纳关税的税额。

十一、技术性贸易壁垒

技术性贸易壁垒（Technical Barriers to Trade）是指对进口产品适用不合理的技术法规、标准，设置复杂的认证、认可程序。有些规定十分复杂，而且经常变化，往往使外国产品难以适应，从而起到限制进口的作用。

（一）繁杂的技术标准

发达国家对于许多制成品规定了极为严格、烦琐的技术标准。进口货物必须符合这些标准才能进口，其中有些规定往往是针对某些国家的。例如，法国禁止含有葡萄糖的果汁的进口，这些规定的意图就在于抵制美国的货物，因为在美国，这类产品是经常添加这种物质的。

这些技术标准不仅在条文本身上限制了外国产品在本国的销售，而且在实施过程中也为外国产品的销售设置了重重障碍。以英国、日本汽车争端为例，英国方面规定：日本输往英国的小汽车可由英国派人到日本进行检验，如发现有不符合英国的技术安全规定的情况，可在日本检修或更换零件，比较方便。但日本方面规定：英国输往日本的小汽车运到日本后，必须由日本人进行检验，如不合规定，则需要由日本雇员进行检修。这就费时费工，加上日本有关技术标准公布迟缓，给英国小汽车输往日本带来了更大的困难。

（二）严格的卫生检疫规定

发达国家更加广泛地利用卫生检疫的规定限制商品的进口。它们要求进行卫生检疫的商品越来越多，卫生检疫规定越来越严。例如，美国对其他国家或地区输往美国的食品、饮料、药品及化妆品，规定必须符合美国的《联邦食品、药品及化妆品法》(Federal Food, Drug and Cosmetic Act)，否则不准进口。

日本、加拿大、英国等要求花生黄曲霉素含量不超过百万分之二十，花生酱不超过百万分之十，超过者不准进口。日本对茶叶农药残留量规定不超过百万分之零点二至零点五。美国、加拿大规定瓷器中含铅量不得超过百万分之七。澳大利亚规定瓷器中的含铅量不得超过百万分之二十。

十二、企业社会责任标准认证 SA8000

在欧美先后出现了一些关于“企业社会责任”(Corporate Social Responsibility, CSR)的多边组织，逐步形成了一些评价体系和认证制度，企业社会责任标准认证 SA8000 (Social Accountability 8000) 为其中最有影响的一个标准。SA8000 是根据《国际劳工组织公约》、《世界人权宣言》及联合国《儿童权利公约》制定的一套可被第三方认证机构独立审核、认证的标准体系，其宗旨是确保生产商及供应商所提供的产品符合社会责任的要求，主要包括雇用童工、强迫劳工、安全卫生、结社自由和集体谈判权、歧视、惩罚性措施、工作时间、工资报酬及管理体系 9 方面内容。2004 年 5 月，欧美一些国家开始强制推行 SA8000，将企业道德规范纳入企业经营管理体系，要求供应商必须接受并通过社会责任审核才能获得订单。

SA8000 作为全球第一个用于第三方认证社会责任管理体系标准，社会责任标准认证是责任也是工具，它绝不仅是一道门槛，社会责任的推行将成为发达国家实施“劳工贸易壁垒”的又一借口。社会责任标准这类新贸易壁垒具有介于合理和不合理之间的双重性，非常隐蔽和复杂。同时，新贸易壁垒涉及技术、法律以及行政管理等各个方面和各个部门，国内企业和政府部门须及早应对，提高企业综合竞争力，突破新贸易壁垒。

十三、绿色贸易壁垒

绿色贸易壁垒也就是环境壁垒，是一种以保护环境、自然资源和人类健康为借口而制定的一系列苛刻的环境标准，是一种贸易保护主义新措施。

绿色贸易壁垒是近几年兴起的一种新的非关税壁垒。工业化进程的加强，全球环境污染日益严重，甚至威胁到人类自身的生存和发展。人们的环保意识逐渐增强，“可持续发展”的观念日益为各国所接受，各种类型的国际环保公约和协议也越来越多，对国际贸易产生了明显的影响。

但贸易保护主义者混淆环境保护与贸易保护的关系，趁机设置各种绿色贸易壁垒，这种贸易壁垒比其他措施更有效、更隐蔽，甚至更加“名正言顺”。当前，绿色贸易壁垒被滥用的情况越来越严重。由于发达国家的环境标准普遍高于发展中国家，特别是少数发达国家对进口产品和本国产品采取不同的标准，使发展中国家的产品更难进入发达国家市场。

例如，美国拒绝进口委内瑞拉的汽油，因为含铅（Pb）量超过了本国规定；欧盟禁止进口加拿大的皮革制品，因为加拿大猎人使用的捕猎器捕获了大量的野生动物；从20世纪90年代开始，欧洲国家严禁进口含氟利昂的冰箱，导致中国的冰箱出口由此下降了59%等。这些都是由于绿色壁垒而产生的一系列事件。

（一）绿色贸易壁垒的表现形式

1. 绿色关税和市场准入

绿色关税和市场准入是发达国家以保护环境为名，对一些污染环境和影响生态环境的进口商品征收进口附加税或者限制、禁止其进口，甚至实施贸易制裁。如1991年，美国宣布禁止从墨西哥进口金枪鱼，理由是墨西哥使用超过美国标准的大型渔网，在捕获金枪鱼时，也捕杀了应受保护的海豚。

2. 绿色环境标志

绿色环境标志是一种由政府部门颁布，表明该产品在生产、使用、消费和回收处理整个过程中符合生态环境保护要求的特殊标志。我国已经建立了环境标志制度，并逐步与ISO14000相衔接，以确立环境标准的权威性。

3. 绿色卫生检疫制度

绿色卫生检疫制度，是指通过制定严格的卫生检疫标准，限制或禁止外国产品的进口。如我国出口的一些农产品由于不符合进口国的卫生检疫标准而屡遭其拒绝。

4. 绿色补贴制度

由于治理污染费用高昂，一些企业难以投资于新的环保技术、设备或无力开发清洁技术产品，这时政府采用环境补贴方式予以帮助。

（二）绿色贸易壁垒的特性

1. 虚假性

绿色贸易壁垒一般都打着“保护地球生态环境与人类健康”的幌子，貌似合理，实则是为限制进口、不合理地制造贸易障碍的贸易保护主义行为。

2. 广泛性

绿色贸易壁垒的内容非常广泛，不仅涉及与资源环境、人类健康有关商品的生产、销售方面的规定和限制，而且对安全、卫生、防污等标准的工业制成品也有规定和限制。

3. 隐蔽性

绿色贸易壁垒不像配额和许可证管理措施那样，明显地带有分配上的不合理性和歧视性，因此不容易引起贸易摩擦。而且，建立在现代科学技术基础之上的各种检验标准不仅极为严格，而且烦琐复杂，使出口国难以应付和适应。例如，1995 年 4 月国际标准化组织实施“国际环境监察标准制度”，许多国家利用此标准限制和拒绝国外产品进口。

4. 不平衡性

发达国家无视发展中国家的现实情况，以其先进的技术、雄厚的资金提出过高标准，把发展的不平衡导入国际贸易领域，引致更多的不平衡。发达国家甚至提出远高于国内标准的标准，使用双重标准，这就更加剧了不平衡性。

专栏 7-4

欧盟两项环保指令　广东家电企业急忙备战

2003 年 2 月 13 日，欧盟出台《报废电子电气设备指令》（WEEE）和《关于在电子电气设备中限制使用某些有害物质指令》（ROHS），规定了废旧电子电气产品的回收、处理、再利用以及禁止在电子电气产品中使用铅、汞等 6 种有害物质。

这两项分别于 2005 年 8 月 13 日和 2006 年 7 月 1 日实施的欧盟指令，被国内机电出口企业称为一道“生死坎”，影响了我国机电产品的出口。

这两项指令涉及的产品包括 10 大类近 20 万种，几乎涵盖我国所有的出口电子电气品种及其上下游产品。广东机电产品对欧出口贸易量占全国的 1/3，直接受两项指令影响的相关产品出口额将超百亿美元。

素有“家电王国”之称的顺德，无疑将成为影响最大的“重灾区”。WEEE 规定，制造商必须在其电子产品销售价格中预留电子垃圾回收费用，费用多少因国家不同、产品不同而有较大差异，为此企业成本将大幅增加。以微波炉为例，据悉，欧盟目前计划征收“电子垃圾费”的幅度为每台 1～20 欧元，如果按 10 欧元一台计算，仅格兰仕每年就需为此增加 8 200 多万欧元的支出，产品成本将增加一成多。

资料来源：广东家电企业匆忙备战急“练功”. 国际商报，2005-06-14.

专栏 7-5

中国对日本农产品出口贸易分析

一、我国对日本农产品出口现状

（1）日本是我国第一大农产品出口地。虽然对日本农产品增幅和对日本农产品出口占比均在下降，但是对日本的出口贸易额仍然在不断增长，从 2001 年的 57 亿美元增长到 2006 年的 82 亿美元。在我国农产品对外出口的单一国家（地区）中，日本依然是我国第一大农产品出口地，且远远领先于位居第二的欧盟地区的 14% 以及美国的 12%。

（2）出口结构有待优化。水海产品对日本出口总额占对日本农产品总出口额的 36%，位居第一，第二是园艺产品，第三是畜禽产品。

（3）出口集中趋势加强。2006 年，山东、浙江、福建、辽宁、广东、江苏我国前 6 大出口地区对日本出口额 63.3 亿美元，占我国对日本出口额的 77%，同比增长 1.4%。在出口地区集中度加强的同时，行业集中度也进一步提高。

二、中日农产品贸易摩擦分析

2006 年 5 月 29 日，日本开始实施“肯定列表制度”，对食品、农产品中所有农业化学品残留物都做了明确规定。除了对 65 种天然和化学合成物质（主要是营养剂）不设限量之外，禁止使用 15 种农药和兽药：对 797 种农药、兽药及饲料添加剂设定了 53 862 个限量标准，对其他没有设定限量标准的执行“一律标准”，即含量不得超过 0.01 毫克/千克。

“肯定列表制度”的实施对中国农产品对日本出口的总体影响可以简单概括为“三低三多”，即：增速降低，占比降低，价格走低；检查增多，退货增多，成本增多。

“三低”的“增速降低”表现为：2006 年 1—5 月对日本农产品出口金额 33.2 亿美元，同比增长 4.3%，而“肯定列表制度”实施以后，6—7 月对日本出口分别减少了 18% 和 1.8%，6—12 月其出口额累计 49 亿美元，同比仅增长 3.0%，比前 5 个月降低 1.3%。“占比降低”表现为：虽然日本 2006 年仍然是我国第一大出口市场，但是占比从 2001 年的 35.78% 下降到 2006 年的 26.47%，较 2005 年下降 2.7%“价格走低”表现为：虽然绝对价格在上涨，但 2006 年对日本农产品出口价格同比上涨仅 2.3%，低于农产品整体出口价格增幅 2.6 个百分点。

“三多”的“检查增多”表现为：据日本厚生省公布的统计数据，2006 年 6—12 月中国输日食品查出违规案例合计 334 起，其中明确列明违反“肯定列表制度”第 11 条第 3 项规定的案例 69 起，占全部违规案例的 21%。有 16 种输日商品先后被日本实施“命令检查”，其中适用“一律标准”的共 11 项；43 种商品受到“监控检查”，其中列明违反日本“肯定列表制度”的监控检查项目，涉及 12 种农产品、15 种农药残留标准。“退货增多”表现为：2006 年，中国对日本农产品的退货批次从 2005 年的 343 批次增加到 476 批次，同比增长 39%。同时，我国也是日本废弃或退货处理最多的国家，其次是美国 242 批次、越南 131 批次。“成本增多”表现为：为符合“肯定列表制度”要求，输日农产品要经过自检、出口检验、进口商指定的第三方检验和日方进口检验等多重检测，检测项目多、费用高、时间长，检验检疫费用涨幅超过 50%。这也使得 2006 年全年农产品出口的综合成本上升 6%～15%。

三、中日农产品贸易展望和对策

“肯定列表制度”将继续对我国农产品出口产生重大影响，对日农产品出口形势不容乐观，仍然面临较大风险。同时，受原材料价格、劳动力成本和能源、运输费用普遍上涨，企业质量安全投入加大，人民币升值等因素影响，2007 年农产品出口的综合成本还将不断攀升。为了缓解中日农产品贸易摩擦，从长期来看，需要采取以下对策。

1. 积极开拓欧美和新兴市场，实施多元化出口市场格局

加入WTO以来，对日农产品出口占比已经下降将近10%。而2006年对美国的农产品出口同比增长33%，对欧盟农产品出口同比增长25.1%，欧美市场在我国总出口中占比稳步提高。同时，新兴市场增势良好，2006年对西亚、拉美、俄罗斯等新兴市场增长迅速，出口增幅均在20%以上，占我国出口总额的19.7%。因此，减少对日本农产品市场的依赖，大力开拓欧美和新兴市场，形成多元化的出口市场格局，有利于从根本上减少中日农产品贸易摩擦。

2. 大力加强双方协商，积极应对贸易争端

中日政府和民间需要共同努力，推动建立中日双边贸易合作协调机制，降低贸易冲突发生的频率和避免贸易冲突升级。同时，一旦发生贸易争端，出口企业应当积极应诉，运用世界贸易组织规则，保护自身权益。尤其是在技术性贸易壁垒日益广泛应用于农产品贸易的情况下，企业更应该积极应诉。日本“肯定列表制度”标志着发达国家的技术壁垒已趋向制度化、法律化，对我国农产品出口的负面影响将在今后一个时期持续存在。据中国商务部调查，我国有90%的农业及食品出口企业受国外技术性贸易壁垒影响，造成每年损失约90亿美元，技术性贸易壁垒给国际贸易造成的障碍占关税等各种壁垒总和的比重，已由原来的20%上升到目前的80%左右。

3. 三方共同努力，提高出口农产品竞争力

三方指政府、行业组织和企业。具体来说，政府要因地制宜，扶持不同地区具有竞争优势和市场潜力的农产品出口，建立农产品出口预警机制和预警平台；行业组织则要提高农业生产的组织化程度，培育各种出口产品行业商会、协会和中介组织，推进“公司+基地”“公司+基地+农户”“订单农业”等生产形式；企业自身则要注重出口农产品的品牌建设，以引进国外先进技术和优良品种与国内自主研发并重的方式，开发自主知识产权产品，提高核心竞争力。企业同时要实行“从农田到餐桌”的全过程控制，建立农产品种植、养殖履历和质量可追溯体系，与国际接轨。

资料来源：刘武兵，罗立彬．中国对日农产品出口贸易分析［J］．对外经贸实务2007（9）

思考题

1. 简述非关税壁垒主要有哪些种类。
2. 试比较非关税壁垒与关税对限制进口的作用。
3. 什么是进口配额制？
4. 进口许可证可分为哪几种？
5. 绝对进口配额与关税配额、“自动”出口配额的主要区别是什么？
6. 非关税壁垒措施有何特点？

第八章

鼓励出口和出口管制

第一节　鼓励出口方面的措施

限制进口和鼓励出口是国际贸易政策相辅相成的两个方面，许多国家除了利用关税和非关税措施限制进口外，还采取各种鼓励出口的措施。出口国家的政府通过经济、行政和组织等方面鼓励出口的措施，促进本国商品的出口，并扩大国外市场。

一、出口信贷

（一）出口信贷的概念

出口信贷（Export Credit）是一个国家为了鼓励商品出口、增强商品的竞争能力，通过银行对本国出口厂商或国外进口厂商提供的贷款。它是一国的出口商利用本国银行的贷款扩大商品出口，特别是金额较大、期限较长的商品，如成套设备、船舶等出口的一种重要手段。出口信贷可以满足出口企业在经营大型机器装备和成套设备出口过程中由于进口商不能立即付款而造成资金短缺的需要。

（二）出口信贷的分类

按借贷关系，出口信贷可分为卖方信贷和买方信贷

1. 卖方信贷

卖方信贷（Supplier's Credit）是出口方银行向本国出口厂商（即卖方）提供的贷款。这种贷款的协议由出口厂商与银行签订。卖方信贷通常用于机器设备、船舶等的出口。由于这些商品出口所需的资金较多、时间较长，进口厂商一般都要求采用延期付款的办法。出口厂商为了加速资金周转，往往需要取得银行的贷款。

出口商一般将利息等资金成本费用计入出口货价中，将贷款成本转移给进口商。

所以，卖方信贷实际上是出口厂商从供款银行取得贷款后，再向进口厂商提供延期付款的一种商业信用。

2. 买方信贷

买方信贷（Buyer's Credit）是出口商所在地银行直接向外国的进口厂商（即买方）

或进口方的银行提供的贷款。其附带条件就是贷款必须用于购买债权国的商品，因而起到促进商品出口的作用，这就是所谓约束性贷款。

在出口信贷中，利用买方信贷的比利用卖方信贷的更多，原因是：

（1）以进口银行为中介提供的买方信贷，对出口方银行而言风险较小。

（2）银行提供买方信贷，既能帮助出口商推销商品，又可以加强银行对企业的控制，并为银行开辟国外市场提供一个机会。

（3）买方信贷使出口商较早地得到货款和减少风险。

（三）出口信贷的主要特点

（1）出口信贷必须关联出口项目，即贷款必须全部或大部分用于购买提供贷款国家的出口商品。

（2）出口信贷利率低于国际金融市场贷款的利率，其利差由出口国政府给予补贴。

（3）出口信贷的贷款金额，通常只占买卖合同金额的85%左右，其余15%由进口厂商先支付现汇。

（4）出口信贷的发放与出口信贷担保相结合，以避免或减少信贷风险。

很多国家都设立专门银行，开展出口信贷业务。例如，美国进出口银行、日本输出入银行和法国的对外贸易银行等，除对成套设备、大型交通工具等商品的出口提供国家出口信贷外，还向本国私人商业银行提供低利率贷款或给予贷款补贴，以资助它们的出口信贷业务。

二、出口信贷担保制

（一）出口信贷担保制的概念

出口信贷担保制是一国政府设立专门机构，对本国出口商和商业银行向国外进口商或银行提供的延期付款商业信用或银行信贷进行担保，当国外债务人不能按期付款时，由这个专门机构按承保金额给予补偿。这是国家用承担出口风险的方法，鼓励扩大商品出口和争夺海外市场的一种措施。

许多国家设立专门机构从事这项业务，例如英国出口信贷担保署、法国对外贸易保险公司、联邦德国的信贷保险公司，但往往会因保险费收入总额不抵偿支出总额而发生亏损。

（二）出口信贷国家担保制的主要形式

1. 对出口厂商的担保

出口厂商输出商品时提供的短期信贷或中、长期信贷可向国家担保机构申请担保。担保机构并没有向出口厂商提供出口信贷，但它可以为出口厂商取得出口信贷提供有利条件。

2. 对银行的直接担保

一般说来，只要出口国银行提供了出口信贷，都可以向国家担保机构申请担保。这种担保是担保机构直接对供款银行承担的一种责任。有些国家的担保待遇很优惠。

（三）出口信贷国家担保的承保范围

出口信贷国家担保的承保范围主要有两类。其一是政治风险，包括由于进口国国内发生的政变、战争、革命、暴乱以及出于政治原因而实行的禁运、冻结资金、限制对外支付等给出口商或出口国银行带来的损失。这种风险的承保金额一般是合同金额的85%～90%，有的国家，如美国甚至高达100%。其二是经济风险，包括由于进口商或进口国银行破产倒闭，或无理拒付，或由于汇率变动异常及通货膨胀等给出口商或出口国银行造成的损失。经济风险赔偿率一般为合同金额的70%～85%。除上述两种之外，出口信贷保险可能还会包括一些专项保险险种。

出口信贷国家担保的期限分为短期和中长期。短期一般是6个月左右，中长期担保时限从2年到15年不等。短期承保适宜于出口厂商所有的短期信贷交易，为了简化手续，有些国家对短期信贷采用“综合担保”方式，出口厂商一年只需办理一次投保，即可承保这一年中对海外的一切短期信贷交易。中长期信贷担保适用于大型成套设备、船舶等资本性货物出口及工程技术承包服务输出等方面的中长期出口信贷。这种担保由于金额大、时间长，一般采用逐笔审批的特殊担保形式。

三、出口补贴

出口补贴（Export Subsidies）又称出口津贴，是一国政府为了降低出口商品的价格，增强其在国际市场上的竞争能力，在出口某种商品时给予出口厂商的现金补贴或财政上的优惠待遇。

（一）出口补贴的方式

出口补贴的方式有直接补贴和间接补贴两种。

1. 直接补贴

直接补贴（Direct Subsidies）是指政府在商品出口时，直接付给出口厂商的现金补贴。第二次世界大战后，美国和欧洲一些发达的工业国家对某些农产品的出口就采用这种形式。这些国家农产品由于生产成本较高，国内价格一般比国际市场价格更高。按国际市场价格出口时就出现亏损，因此，该国政府对这种差价或亏损给予补贴。

2. 间接补贴

间接补贴（Indirect Subsidies）是指政府对某些商品的出口给予财政上的优惠。如政府退还或减免出口商品所缴纳的税费，对进口原料或半成品加工再出口给予免征或退还已交的进口税，对出口商品降低运费等。这些方法都是为了减少出口成本，扩大销路。

（二）出口补贴的分类

乌拉圭回合谈判中达成的《补贴与反补贴协议》将补贴分为三类。

禁止使用补贴：红灯补贴，分为出口补贴和进口替代补贴两类，主要是指出口补贴，是形式上或实际上依出口情况而定或用于使本国货压倒进口货的补贴。

可申诉补贴：黄灯补贴，是指允许使用的补贴，但若该补贴对 WTO 成员产生了不利影响，则可对其采取磋商手段，或动用争议解决程序，或对其采取反补贴措施。

不可申诉补贴：绿灯补贴，是合法的补贴，不能受到反补贴制裁，它包括所有非专门补贴，即那些不是主要使某个企业、某个产业或某个产业集团受益的补贴。

专栏 8-1

反补贴规则与“巴西诉加拿大民用飞机补贴案”

世界贸易组织（WTO）维护市场公平竞争秩序的一个主要协议是《反补贴协议》。该协议主要是通过规范各成员在经济活动中使用的各种补贴，以避免市场机制的扭曲。

在当代经济中，补贴通常都是各国政府用于扶持本国企业或经济发展的手段，而且很多都违背 WTO 的反补贴规则。因此，自《反补贴协议》生效以后，WTO 解决的与该协议有关的贸易争端很多。例如，1997 年，WTO 就受理了一起巴西和加拿大关于民用飞机补贴的纠纷。

1997 年 3 月 10 日，巴西认为加拿大政府向民用飞机工业提供补贴，违反了《反补贴协议》，损害了巴西的正当利益，要求与加拿大磋商。按照巴西的观点，加拿大通过中央政府和地方政府的一系列计划向国内民用飞机工业提供补贴，其中的两项补贴是：（1）“加拿大账户”，即加拿大政府把由于规模或风险原因不能得到“出口发展公司”资助的出口，转为由自己经营管理，并记在外交和国际贸易部的账户上；（2）“加拿大技术合伙计划”，该计划旨在向高技术出口项目提供投资。在磋商未果的情况下，1998 年 7 月 23 日，WTO 争端解决机构成立专家小组。经过调查，专家小组支持巴西的部分请求，确认“加拿大账户”和“加拿大技术合伙计划”对国内飞机工业的资助构成了违反《反补贴协议》的出口补贴，建议争端解决机构要求加拿大按照《反补贴协议》纠正其做法。后来，争端解决机构通过了专家小组报告，该案遂告结束。

资料来源：刘力．反补贴规则与“巴西诉加拿大民用飞机补贴案”．人民日报，2001-11-12（5）．

四、商品倾销

（一）商品倾销的概念

商品倾销（Dumping）是指一国（地区）的生产商或出口商以低于国内市场，甚至低于商品生产成本的价格，在国外市场抛售商品，打击竞争者以占领市场。例如，美国政府设立商品信贷公司，以高价在国内收购农产品，按照比国内价格低一半的水平在国外倾销。

（二）商品倾销的分类

按照倾销的具体目的和时间的不同，商品倾销可分为以下几种。

1. 偶然性倾销

偶然性倾销（Sporadic Dumping）是指因为销售旺季已过，或因公司改营其他业务，需要处理库存商品，在国内市场上不能售出“剩余货物”，而以较低甚至低于成本的价格在国外市场抛售。这种倾销对进口国的同类商品当然会造成不利的影响，但由于持续时间短暂，进口国家通常较少采用反倾销措施。

2. 掠夺性倾销

掠夺性倾销（Predatory Dumping）是指一国在国外市场上倾销商品，在打垮或摧毁了所有或大部分竞争对手，垄断了这个市场之后，再提高价格。这种倾销的目的是占领、垄断和掠夺国外市场，获取高额利润。这种倾销严重地损害了进口国家的利益，因而许多国家都采取反倾销税等措施进行抵制。

3. 长期性倾销

长期性倾销（Long-run Dumping）是指无限期地、持续地以低于国内市场的价格，在国外市场出售商品。这种倾销具有长期性，但其出口价格至少应高于边际成本，否则货物出口将长期亏损。因此，倾销者往往通过扩大生产规模来降低成本。有的出口厂商还可通过获取本国政府的出口补贴来进行这种倾销。

商品倾销由于实行低价策略，必然会导致出口商利润减少甚至亏损。这一损失一般可以通过以下途径得到补偿：

（1）在贸易壁垒的保护下，控制外国商品进口，防止对外倾销商品倒流，用维持国内市场上的垄断高价或压低工人的工资等办法榨取高额利润，以补偿出口亏损。

（2）国家提供出口补贴以补偿该企业倾销时的亏损；或设立专门机构，对内高价收购，对外低价倾销，由政府负担亏损。

（3）出口商在国外市场进行倾销，挤垮了国外竞争者，占领了国外市场后，再抬高价格，以攫取的高额利润来弥补过去的损失。

采取这些措施，往往不仅能够弥补损失，而且还会带来较高利润。

五、外汇倾销

外汇倾销（Exchange Dumping）是一国降低本国货币对外国货币的汇价，使本国的货币贬值（本国货币贬值有利于出口，不利于进口），争夺国外市场的特殊手段。当一国货币贬值后，以外国货币表示出口商品的价格降低，提高了该商品的竞争能力，从而扩大了出口，限制了进口。

以美国为例，从1985年2月26日至1995年3月30日，美元与日元的比价由原来

1 美元等于 264 日元，跌到 1 美元等于 106 日元。1985 年，一件价格为 1 美元的美国商品输往日本时，在日本市场的售价为 264 日元，1995 年，这件美国商品在日本市场上售价为 106 日元。这时，美国出口所得的 106 日元，按照贬值汇率计算，仍能换回 1 美元，并未因美元贬值而受到损失。这对美国出口商十分有利。

美国出口商可以采用三种处理办法：（1）把价格降低到 106 日元，加强价格竞争，增加更多的商品出口。（2）在 106 日元至 264 日元之间，适当地降低价格，促进商品出口。（3）继续按 264 日元在日本市场上出售，按新汇率计算，每件商品可多得美元，增加利润收入。

而一件 264 日元的日本商品 1985 年在美国的售价为 1 美元，1995 年在美国的售价为 2. 64 美元，可见，在货币贬值后，货币贬值的国家进口商品的价格却上涨了，从而削弱了进口商品的竞争力。因此，货币贬值起到了促进出口和限制进口的双重作用。

专栏 8-2

WTO：全球 45%反倾销调查针对金砖五国

一个代代相传的政商真理是，凡有贸易必有纠纷。在金砖国家领导人厦门会晤之前，手握贸易制裁大棒的金砖国家贸易救济部门负责人就已在北京提前相聚，希望通过沟通来缓解贸易“多国杀”。

2017 年 1 月，面对美国总统特朗普发出的一系列保护主义信号，中国商务部贸易救济调查局局长王贺军曾对第一财经记者形容心情，“山雨欲来风满楼”。在金砖国家领导人会晤前夕，他在 8 月 29 日参与了“2017 金砖国家贸易救济国际研讨会”，在与同僚面对面的讨论中，也找到了共鸣。

在 2017 金砖研讨会上，中国商务部副部长王受文表示，过去十年中，金砖国家在世界经济的比重已经从 12% 上升到 23%，在全球贸易中的比重从 11% 上升到 16%，吸引外资则从 7% 上升至 12%，而金砖国家间的贸易额也已超过 3 500 亿美元。

与此相对应，WTO 规则司司长休曼提供了另一组数据：伴随着经济的快速发展，金砖五国也已成为贸易救济政策的重点。仅 2016 年，45% 的反倾销调查、71% 的反补贴调查，均针对金砖五国。

根据美国国际贸易委员会数据，截至 2017 年 6 月 28 日，52% 的双反（反倾销和反补贴）措施是关于钢铁制品的。这其中，61% 针对金砖五国。

一位日内瓦的资深观察人士对第一财经记者称，面对当前的局势，与彼此间的贸易纠纷相比，如何协调全球经济治理的共同立场，维护多边贸易体制、抵制美国贸易保护主义，如何维护发展中国家的可持续发展利益会是重点。

资料来源：WTO：全球 45% 反倾销调查针对金砖五国．（2017-09-06）．http：//finance. qq. com/a/20170906/023506. htm.

专栏 8-3

美国终裁中国彩电存在倾销　最高征税 78%

北京时间 2004 年 5 月 15 日凌晨，美国国际贸易委员会（ITC）在华盛顿裁定：中国彩电在美倾销成立，美国商务部（DOC）对价值逾 2.76 亿美元的中国产彩电征收反倾销税，其中对长虹、TCL、海尔、海信等大部分的中国彩电厂家征收 20%～25% 的反倾销税，而未能应诉的中国企业一律征收 78.45% 的反倾销税。

经过一年多的抗辩与苦苦等待，反倾销诉讼最终以中国厂家败诉而黯然收场。这场彩电应诉，从 2003 年 5 月 2 日美国五河电子公司向美国商务部和美国国际贸易委员会提出针对中国彩电的反倾销诉讼开始。美国国际贸易委员会接受反倾销诉讼，并对此展开调查。6 月 4 日，美国商务部决定将印度视为中国彩电产品的替代国。6 月 5 日，彩电企业出现"不和谐"的声音，康佳坚决单独应诉。6 月 17 日，美国初步裁定中国彩电已对美构成"实质性损害"。7 月 23 日，厦华、康佳、TCL 和长虹 4 家企业接受美国商务部的调查，10 月 25 日美国商务部初步裁定，中国一些电视机生产商向美国市场倾销产品，倾销价差高达 27.94%～45.87%。2004 年 3 月 22 日，中国企业发出应诉倡议书。4 月 13 日，美国商务部做出终裁，降低了初步裁定中确定的反倾销税率。同年 5 月 15 日，美国国际贸易委员会裁定中国彩电业在美国倾销成立。

美国对中国彩电反倾销税率三次裁定结果

企业名称	美国 DOC 初裁（2003 年 11 月 24 日）	美国 DOC 终裁（2004 年 4 月 13 日）	美国 ITC 终裁（2004 年 5 月 15 日）
长虹	45.87%	24.48%	26.37%
TCL	31.35%	22.36%	21.25%
厦华	31.70%	4.35%	5.22%
康佳	27.94%	11.36%	9.6%
海尔、海信、创维、飞利浦、上广电	40.84%	21.49%	22.94%
未应诉中国彩电企业	78.45%		

资料来源：网易科技报道，http://tech.163.com，2004-05-16。

第二节　经济特区

经济特区是指一个国家或地区在其关境以外所划出的一定范围内，实行特殊的经济政策，吸引外国企业从事贸易与出口加工工业等业务活动的区域。设立经济特区的目的是促进对外贸易发展，鼓励转口贸易和出口加工贸易，增加财政收入和外汇收入。

各国或地区设置的经济特区名目繁多，规模不一，主要有以下几种。

一、自由港或自由贸易区

自由港（Free Port）又称为自由口岸，是指全部或绝大多数外国商品可以减免税自由进出口的港口。如中国香港整个是自由港，在整个香港，除了个别商品外，绝大多数商品可以自由进出，免征关税，甚至允许任何外国商人在那里兴办工厂或企业。

自由贸易区（Free Trade Zone），又称对外贸易区、自由区、工商业自由贸易区等，是由自由港发展而来的，它是以自由港为依托，将范围扩大到自由港的邻近地区。

自由港或自由贸易区都是划在关境以外，对进出口商品全部或大部分免征关税，并且准许在港内或区内开展商品自由储存、展览、拆散、改装、重新包装、整理、加工和制造等业务活动，以便于本地区的经济和对外贸易的发展，进而增加财政收入和外汇收入。

一般说来，自由港或自由贸易区可以分为两种类型：一种是包括港口或设区的所在城市，另一种是仅包括港口或设区的所在城市的一部分。例如，汉堡自由贸易区是由汉堡市的两部分组成的，而划在卡尔勃兰特航道以东的归自由港，划在卡尔勃兰特航道以西的几个码头和邻近地区才是汉堡自由贸易区。这个自由贸易区位于港区的中心，占地5.6平方英里（约合14.5平方千米）。因此，外国商品只有运入这个区内才能享有免税等优惠待遇，不受海关监督。

二、保税区

保税区（Bonded Area）又称保税仓库区，是海关所设置的或经海关批准设置的，受海关监督的特定地区和仓库。外国商品存入保税区内，可以暂时不缴纳进口税；如再出口，不缴纳出口税；如要运进所在国的国内市场，则需办理报关手续，缴纳进口税。外国商品可在保税区内进行储存、改装、分类、混合、展览、加工和制造等。

有些国家如日本、荷兰等，没有设立自由港或自由贸易区，但实行保税区制度。对保税区的规定与自由港、自由贸易区的规定基本相同，起到了类似自由港或自由贸易区的作用。

一般说来，日本规定外国货物运入或运出保税区，可暂时免征关税，但应预先向日本海关呈交申报单，取得海关人员的监督，如以后运入日本国内市场时再行纳税。保税区的外国货物如作为样品暂时运出，须经海关批准。

我国于20世纪90年代逐步建立起保税区。1990年，我国开发上海浦东时，设立了第一个保税区——上海外高桥保税区，它是我国目前设立的最开放、规定最优惠的保税区。截至2021年9月，我国已有167个综合保税区。

三、出口加工区

出口加工区（Export Processing Zone）是一个国家或地区在其港口、国际机场附近，划出一定的范围，新建和扩建码头、车站、道路、仓库和厂房等基础设施以及提供减免税等优惠待遇，鼓励外国企业在区内投资设厂，生产以出口为主的制成品的加工区域。其目的在于吸引外国投资，引进先进技术与设备，促进本地区生产技术和经济的发展，扩大加工工业和加工出口的发展，增加外汇收入。

出口加工区与自由港或自由贸易区的区别在于：自由港或自由贸易区是以发展转口贸易，取得商业收益为主；而出口加工区是以发展出口加工工业，取得工业收益为主。菲律宾的巴丹出口加工区属于此类。

2000 年 4 月 27 日，我国国务院正式批准设立出口加工区。

四、科学工业园区

科学工业园区是国家或地区为了实现产业结构改造和促进高科技产业的发展而在本国境内划出的，以新兴工业产品的研究和开发、高科技产品的生产为主要内容的区域。这种类型的经济特区，对于科技进步和工业化起到巨大的促进作用。

科学园区的主要特点是：有充足的科技和教育设施，以一系列企业组成的专业性企业群为依托；区内企业设施先进、资本雄厚、技术密集程度高；园区地址一般选在靠近信息渠道畅通和交通网络发达的大城市附近；优惠政策更加完善，并注重形成创新和创业的环境，使投资者可以顺利地进行高科技产业的投资活动。

世界首例科学园区是 1951 年正式创办于美国加利福尼亚州的“斯坦福科研工业区”，后发展成为“硅谷”。目前，全世界大约有 500 多个科学园区，且呈迅速发展的趋势。作为高科技发展的一种新趋势，科学园区在一些发展中国家和地区也有不同程度的发展。例如，新加坡、中国也设立了许多高科技开发区。

1988 年 5 月，经国务院批准建立的北京新技术产业开发试验区是我国第一个高科技开发区，北京中关村科技园是我国典型的高新技术产业开发区。

五、综合型经济特区

综合型经济特区也称为多种经营的经济特区，是指一国在其港口或港口附近划出一定的范围，新建或扩建基础设施和提供减免税收等优惠待遇，吸引外国或境外企业在区内从事外贸、加工工业、农畜业、金融保险和旅游业等多种经营活动的区域。我国所设立的经济特区就属于这一种。

从 1979 年以来，我国先后设立了深圳、珠海、汕头、厦门和海南省五个综合性经济特区。特区致力于发展以工业为主的外向型经济，在我国的现代化建设中发挥着技术窗口、管理窗口、知识面窗口和对外政策窗口的作用。

这种社会主义性质的综合性经济特区具有以下几个基本特点：

（1）它是综合性多种经营的经济特区，包括工业、农业、商业、房地产、旅游、金融、保险和运输等行业，经营范围广泛。

（2）经济特区的经济发展资金主要靠利用外资，产品主要供出口。

（3）对前来投资的外商，在税收和利润汇出等方面给予特殊的优惠和方便，改善投资环境，以便吸引较多外资，促进特区的经济与对外贸易的发展。

（4）实行“外引内联”，特区与非特区的经济联系非常紧密，特区不仅发挥对外开放的基地和窗口作用，而且发挥经济体制改革试验场所的作用。

六、自由边境区

自由边境区（Free Perimeter）是指设在本国的一个省或几个省的边境地区，对于在区内使用的生产设备、原材料和消费品可以免税或减税进口。如从区内转运到本国其他地区出售，则须照章纳税。在自由边境区内加工制造的商品主要用于区内使用，仅少数用于出口。因此，设立自由边境区的目的，主要在于利用外国投资开发边区的经济。这种设置仅见于拉丁美洲少数国家。

七、过境区

过境区（Transit Zone）是指某些沿海国家为了便利内陆邻国的进出口货运，开辟某些海港、河港或国境城市作为过境货物的自由中转区。过境区规定，对于过境货物，简化海关手续，免征关税或只征小额的过境费用。过境货物一般可在过境区内作短期储存，重新包装，但不得加工。

第三节　出口管制方面的措施

出口管制是指一些国家，为了达到一定的政治、军事和经济目的，通过法令和行政措施，对某些商品，特别是战略物资与先进技术资料实行限制出口或禁止出口。

一、出口管制的商品

出口管制的商品主要可分为以下几类：

（1）战略物资及其有关的尖端技术和先进技术资料，如武器、军事设备、军用飞机、军舰、先进的电子计算机及有关技术资料等。各国对这类商品与技术资料都严格控制出口。

（2）国内的紧缺物资。如日本的矿产品、肥料、某些食品。

（3）需要“自动”限制出口的商品。如发展中国家根据纺织品“自限协定”自行控制出口的商品。

（4）本国在国际市场占主导地位的重要商品。如欧佩克（OPEC）对成员方的石油产量和出口量进行控制，以稳定石油价格。

（5）为保持生态平衡而得到保护的某些动植物。

（6）历史文物和艺术珍品。

二、出口管制的形式

西方国家的出口管制形式可以分为两种。

（一）单方面出口管制

单方面出口管制是指一国根据本国的出口管制法案，设立专门的执行机构对本国某些商品出口进行审批和颁发出口许可证，实行出口管制。

例如，美国政府根据国会通过的有关出口管制法律和法规，在美国商务部设立贸易管制局，专门办理出口管制的具体事务，美国绝大部分受出口管制商品的出口许可证都在该局办理。

美国的《1917年与敌对国家贸易法案》，在财政金融和商业往来方面进行管制；美国的《1949年出口管制法案》主要是对高新技术进行控制。

（二）多边出口管制

多边出口管制是指一些国家为了协调彼此的出口管制政策和措施，通过达成共同管制出口的协议，建立国际性的多边出口管制机构，共同制定多边出口管制的集体措施，以期达到共同的政治和经济目的。

例如，冷战时期的巴黎统筹委员会（输出统筹管制委员会），1950年1月设立，由17国组成，1994年解散。

三、出口管制的程序与手续

一般说来，西方国家有关机构根据出口管制的有关法案，制定管制货物清单（Commodity Control List）和输往国别分组管制表（Export Control Country Group），然后采用出口许可证制具体办理出口申报手续。

出口许可证制度，是根据国家限制出口商品的宏观政策而制定的一种限制出口的制度，以保证对外贸易有序、顺利进行。

出口许可证是国家管理货物出境的法律凭证。凡实行出口许可证管理的商品，各类进出口企业应在出口前按规定向指定的发证机关申领出口许可证，海关凭出口许可证接受申报。通常分为一般出口许可证、出口配额许可证和特殊许可证。

一般出口许可证是指国家对于一般性限制商品或非特殊商品采用的普通许可证，本许可证常用于一般类型或临时限制性商品，该类商品的出口管理较松；出口配额许可证是指国家政府用以分配某种商品出口计划配额、主动配额而使用的许可证；特殊许可证是用于一些特殊商品、国家重点限制商品的出口，如武器、核物资、国家最先进技术资料等，该许可证申请、审批程序较为复杂。

思考题

1. 什么是出口信贷？可分为哪两种？试比较两者的异同。
2. 什么是倾销？
3. 什么是出口补贴？
4. 倾销商品的企业如何弥补倾销商品时的亏损？
5. 试述一国的货币贬值对进出口的作用。

第九章

世界贸易组织与中国

世界贸易组织（World Trade Organization，WTO）的前身是关税与贸易总协定（General Agreement on Tariff and Trade，GATT），关税与贸易总协定简称关贸总协定，它由23个国家于1947年10月30日在日内瓦签订，并于1948年临时生效，是关于调整缔约方对外贸易政策和国际贸易关系方面的相互权利、义务的国际多边协定。1995年1月1日为世界贸易组织所取代。

第一节　关税与贸易总协定概述

一、关税与贸易总协定的产生、发展

第二次世界大战期间，美国为了称霸世界，就积极策划在战后世界经济、政治领域中建立霸权地位，从国际金融、投资和贸易各方面进行对外扩张。在金融方面，建立了国际货币基金组织（IMF），重建国际货币制度，维持各国间汇率的稳定和国际收支的平衡；在国际投资方面，建立了国际复兴开发银行（通称“世界银行”，IBRD），处理长期国际投资问题；在贸易方面，美国提出“贸易自由化”口号，首先倡议建立一个以实现贸易自由化为目标的国际贸易组织（International Trade Organization，ITO）。

在美国的积极倡导下，联合国经济和社会理事会于1947年4月在日内瓦举行的筹备会议上通过了“国际贸易组织宪章”草案。在这次会议上，为了尽快进行关税减让谈判，参加会议的代表根据这项草案的有关关税的条文汇编成一个文件，即为关税与贸易总协定. 并经过谈判达成一项“临时适用议定书”，作为总协定的组成部分，于1947年10月30日在日内瓦由23个国家签署，并于1948年1月1日临时生效。

关贸总协定的最高权力机构是缔约方大会，一般每年召开一次会议，讨论和决定有关重大事项，在两届缔约方大会期间由理事会处理日常和紧急事务。在理事会下还设立各种委员会，关贸总协定还在日内瓦设立秘书处，除处理有关上述各项会议的准备、记录和编写报告外，还进行关贸总协定必要的各项调查，负责各缔约方间的联络工作等。

关贸总协定的宗旨是，各缔约方认为在处理它们的贸易和经济事业的关系方面，应以提高生活水平，保证充分就业，保证实际收入和有效需求的巨大持续增长，扩大世界资源的充分利用以及发展商品生产与交换为目的。切望达成互惠互利协议，导致大幅度

地削减关税和其他贸易障碍，取消国际贸易中的歧视待遇，以对上述目的做出贡献。

关贸总协定从1948年开始至1995年结束的47年内，其内容及其活动所涉及的范围不断扩大，关贸总协定的正式成员方不断增加，它在国际贸易领域内的作用日益加强，主要表现在以下几个方面。

（1）促进贸易自由化和国际贸易的发展

在关贸总协定的主持下，经过8次贸易谈判，大幅度削减了关税税率，在前6次谈判中，降低税率的范围达6万个税目以上，涉及的商品占世界贸易商品的一半以上。在第7次谈判中，减税的商品占世界贸易商品的1/5。此外，这次谈判还就减缓非关税壁垒方面达成某些协议。

（2）促进了国际贸易的规范化

关贸总协定要求有关成员方在从事对外贸易活动和在制定或修改它们的对外贸易措施，以及处理成员方之间的经济贸易关系方面均应遵循GATT的原则与协议，保证国际贸易在一个有序的、公正的规则下进行。这些原则和协议成为关贸总协定各成员方制定和修改对外贸易政策和措施及从事对外贸易活动的主要法律依据。

（3）给予发展中国家优惠待遇，有利于发展中国家发展对外贸易

关贸总协定对发展中国家的工业制成品和半制成品给予减税优惠，为发展中国家与发达资本主义国家在贸易上的对话提供了场所，并对发展中国家维护自身利益和促进对外贸易发展起到了一定的作用。

二、关税与贸易总协定历次多边贸易谈判的进程

在关贸总协定主持下，从1947年到1979年年底完成了七轮多边贸易谈判。1986年9月，在乌拉圭埃斯特角正式发起了第八轮多边贸易谈判，这轮谈判被称为“乌拉圭回合”（Uruguay Round）。

第一轮谈判是1947年4月至10月在瑞士日内瓦举行的，包括中国在内的23个国家参加了谈判。通过谈判达成双边减税协议123项，占西方国家进口值54%的商品平均降低关税35%。

第二轮谈判是1949年4月至10月在法国的安纳西举行的，有33个国家参加谈判，共达成双边协议147项，使应征关税进口值56%的商品平均降低关税35%。

第三轮谈判有39国参加，于1950年9月至1951年4月在英国的托尔基举行。通过谈判，共签订150项关税减让协议，使占进口值11.7%的商品平均降低关税26%。

第四轮谈判于1956年1月至5月在瑞士日内瓦举行。由于美国国会对其政府授权有限，影响了这一轮谈判的规模，只有28个国家参加，使占进口值16%的商品平均降低关税15%。

第五轮谈判是1960年9月至1961年7月在瑞士日内瓦举行的，称为“狄龙回合”。有45个国家参加，使占进口值20%的商品平均关税降低20%。

第六轮谈判于1964年5月至1967年6月在瑞士日内瓦举行，称为“肯尼迪回合”。

共有 54 个国家参加，使工业品进口税率平均下降 35%，影响 400 亿美元的进口额。这次谈判还通过了第一个《国际反倾销法》。

第七轮谈判是 1973 年 9 月在日本东京召开的部长会议，通过了“东京宣言”。因此，这次谈判称为“东京回合”，后来谈判改在日内瓦进行，到 1979 年 11 月结束。“东京回合”谈判具有以下几个特点：（1）参加谈判的成员有 99 个，超过以往任何一届参加的国家。（2）关税进一步下降。根据协议，从 1980 年 1 月 1 日起 8 年之内，全部商品的关税平均下降约 33%。（3）这次谈判的内容，除减让关税外，还涉及降低非关税壁垒。

第八轮谈判于 1986 年 9 月 15 日在乌拉圭首都埃斯特角开始举行，称为“乌拉圭回合”，有 123 个成员参加，这次谈判至 1993 年 12 月 15 日在日内瓦完成。参加乌拉圭回合的谈判方于 1994 年 4 月 15 日在摩洛哥马拉喀什城举行会议，草签了乌拉圭回合最后文件和建立世界贸易组织的协议，宣告该轮谈判正式结束。1995 年 1 月 1 日，世界贸易组织正式成立，取代 1947 年的关贸总协定。

三、乌拉圭回合的目标和议题

（一）乌拉圭回合的目标

“乌拉圭回合”谈判通过了《乌拉圭回合部长宣言》（以下简称《宣言》）。《宣言》中提出，每个参加方在承诺维持现状和逐步回退的前提下，力求达到以下目的：制止和扭转保护主义，消除贸易扭曲现象；维护关贸总协定的基本原则和促进关贸总协定的目标实现；建立一个更加开放的、具有生命力和持久的多边贸易体制。

为了达到上述目的，应实现下列具体目标：

（1）为了所有缔约方的利益特别是欠发达缔约方的利益，进一步放宽和扩大世界贸易，包括通过减少和取消关税、数量限制和其他非关税措施与壁垒来改善进入市场的条件。

（2）加强关贸总协定的作用，改善建立在关贸总协定原则和规则基础上的多边贸易体制，把更大范围的世界贸易置于统一的、有效的和可实施的多边规则之下。

（3）增加关贸总协定体制对不断演变的国际经济环境的适应能力，特别是促进必要的结构调整，加强关贸总协定同有关国际组织的联系。

（4）促进国内和国际合作行动，以加强贸易政策与其他影响增长和发展的经济政策之间的内部联系，做出持续、有效和坚决的努力，为改善国际货币体制的职能、促进金融和实际投资资源向发展中国家流动做出贡献。

（二）乌拉圭回合的议题

《宣言》确定乌拉圭回合多边贸易谈判分为两个部分，共 15 个议题。

1. 第一部分：货物贸易

这部分共含 14 个议题，分别为：（1）关税；（2）非关税措施；（3）热带产品；

（4）自然资源产品；（5）纺织品与服装；（6）农产品；（7）关税与贸易总协定条款；（8）保障条款；（9）多边贸易谈判协议和安排；（10）补贴与反补贴措施；（11）争端解决；（12）与贸易有关的知识产权问题，包括冒牌货贸易问题；（13）与贸易有关的投资措施；（14）关税与贸易总协定体制的作用。

2. 第二部分：服务贸易

通过服务贸易谈判制定处理服务贸易的多边原则和规则的框架，包括对各个部门制定可能的规则，以便在透明和逐步自由化的条件下扩大服务贸易，并以此作为促进所有贸易伙伴的经济发展和发展中国家经济发展的一种手段。

四、乌拉圭回合多边贸易谈判达成的协议和协定

乌拉圭回合多边贸易谈判达成的《乌拉圭回合多边贸易谈判成果的最后文件》简称《最后文件》。这是一个“一揽子文件”，即必须全部接受或全部拒绝，不能接受一部分，拒绝另一部分。

该文件包括28个协议和协定，涉及的主要议题有：关税、非关税措施、热带产品、自然资源产品、原产地规则、装船前检验、反倾销、补贴和反补贴、技术性贸易壁垒、进口许可证程序、海关估价、政府采购、农产品贸易、纺织品和服装、保障条款、统一的争端解决制度、总协定体制的运行、与贸易有关的投资措施、与贸易有关的知识产权、服务贸易、国营贸易、动植物检疫、贸易政策审议机制、民用航空器贸易、国际收支、奶制品贸易、牛肉贸易和世界贸易组织等。

参加世界贸易组织的各成员方除遵守所有这些协议和协定的规则外，还必须遵守三个减让表，即农产品减让表、非农产品减让表和服务贸易减让表。这个《最后文件》于1994年4月15日正式签署，1995年1月1日正式生效。

乌拉圭回合多边贸易谈判达成的28个协议和协定可分为三类：

第一类是修订原有的关贸总协定和货物贸易规则，以有效处理长期存在的一些问题，如反倾销、反补贴、数量限制、保障条款中的问题，将农产品贸易和纺织品贸易重新回归关贸总协定规则的问题。

第二类涉及制定新规则、规范和贸易有关的新问题，如知识产权保护、服务贸易和投资措施。

第三类是体制建设问题，其中最重要的是建立世界贸易组织，取代关贸总协定。

第二节 世界贸易组织

世界贸易组织（WTO），它是根据乌拉圭回合多边贸易谈判达成的《建立世界贸易组织协定》（Agreement Establishing the World Trade Organization）于1995年1月1日建立的，取代之前的关税与贸易总协定，并将乌拉圭回合多边谈判达成的《最后文件》所形成的一整套协议和协定的条款作为国际法律规则，对各成员之间经济贸易关系的权

利和义务进行监督、管理和履行的正式国际经济组织。

一、《建立世界贸易组织协定》的主要内容

《建立世界贸易组织协定》由16个条款和4个附件组成，主要规定了WTO的宗旨和目标、职能、组织机构、成员资格、决策方式，以及特定成员之间互不适用多边贸易协议等内容。

（一）宗旨与目标

《建立世界贸易组织协定》的序言指出其宗旨和目标是，世界贸易组织成员在处理它们在贸易和经济领域的关系时，应力求提高生活水平、保证充分就业、大幅度和稳定地增加实际收入和有效需求，拓展货物和服务的生产和贸易，持久地开发和合理地利用世界资源，保护和维护环境，并以符合不同经济发展水平下各自需要的方式采取相应措施，来加强环保。

（二）职能

根据《建立世界贸易组织协定》，世界贸易组织的职能为：

1. 监督和管理职能

促进世界贸易组织目标的实现，监督和管理其统辖范围内的各项协议的贯彻实施。

2. 解决贸易纠纷

组织实施各项多边贸易协议，为各成员方提供多边贸易谈判的场所，按一体化的争端解决规则与程序，主持解决各成员方之间的贸易纠纷。

3. 审议贸易制度和政策

按照有关贸易政策审议机制，负责定期审议各成员方的贸易制度和与贸易相关的国内经济政策。

4. 协调职能

协调与国际货币基金组织和世界银行的关系，以保障全球经济决策的一致性。

5. 提供技术援助

向发展中国家和转型经济国家提供必要的技术援助。

（三）组织机构与法律地位

为了执行其职能，世界贸易组织在瑞士日内瓦设立相应的组织机构。

1. 世界贸易组织机构

世界贸易组织机构可归纳为以下几部分。

（1）部长会议（The Ministerial Conference）

它是世界贸易组织的最高决策机构，由世界贸易组织成员方的部长组成，部长会议至少每两年召开一次，对国际贸易的重大问题做出决定。

（2）总理事会（The General Council）

它是世界贸易组织的核心机构，由所有成员方的代表组成，定期召开会议。总理事会在部长会议休会期间，行使部长会议的职权和世界贸易组织赋予的其他权力。

（3）分理事会

在总理事会下分设三个分理事会：

① 货物贸易理事会（Goods Council），负责 1994 年关税与贸易总协定和各项货物贸易协议的贯彻执行。

② 服务贸易理事会（Service Council），监督执行服务贸易总协议的贯彻执行。

③ 知识产权理事会（TRIPs CounCil），监督与贸易有关的知识产权（包括冒牌货交易）协议的贯彻执行。

（4）专门委员会

部长会议下还建立负责处理相关事宜的专门委员会，包括贸易和环境委员会、贸易与发展委员会、国际收支委员会、预算财政与管理委员会等相对独立的机构。

（5）秘书处

世界贸易组织在日内瓦设立秘书处，负责处理日常工作。它由部长会议任命的总干事领导。总干事和秘书处工作人员均不得寻求和接受任何政府或世界贸易组织以外组织的指示，各成员方应尊重他们职责的国际性。

（6）争端解决机构和贸易政策审议机制

争端解决机构下设专家小组和上诉机构，负责处理成员方之间基于各有关协定、协议所产生的贸易纠纷；贸易政策审议机制定期审议各成员方的贸易政策、法律与实践，并就此做出指导。

2. 法律地位

根据规定，世界贸易组织及其有关人员具有以下的法律地位：

（1）世界贸易组织具有法人资格，而 GATT 没有法人资格，只是一种协商会议；

（2）世界贸易组织每个成员方向世界贸易组织提供其履行职责时所必需的特权和豁免权；

（3）世界贸易组织官员和各成员方代表在其独立执行与 WTO 相关的职能时，享有每个成员方提供的所必需的特权与豁免权；

（4）每个成员方给予世界贸易组织的官员、成员方代表的特权和豁免权等同于联合国大会于 1947 年 11 月 21 日通过的特殊机构的特权与豁免公约所规定的特权与豁免权。

（四）决策方式

世界贸易组织采用协商“一致同意”的决策方式，只有当无法达成共识时，再以投票方式进行表决。每一个成员方在部长会议及总理事会均拥有一票，欧盟的票数则和其成员方在世界贸易组织的成员数相同。世界贸易组织对不同的问题，规定具体的通过票数如下：

1. 解释和决议

对任何多边贸易协议的解释和决议，须经部长会议和总理事会成员的3/4以上多数通过。

2. 修订

对有关条款的修订，须经2/3多数票通过。

3. 豁免

豁免某一成员所应承担的义务，经3/4以上多数通过。但对有的义务在规定的“过渡期”内（如5年）可暂不履行，在过渡期后如要继续豁免，就须“一致同意”才行。

二、《建立世界贸易组织协定》的基本原则

（一）非歧视原则

非歧视原则是总协定中最为重要的原则，这个原则是通过最惠国待遇条款和国民待遇条款体现的，主要是针对进出口商品及有关事项。

1. 最惠国待遇条款

这一条款是指每一个缔约方应该在进出口方面以相等的方式对待所有其他缔约方，而不应采取歧视待遇。根据规定：“一缔约方对来自或运往其他国家的产品所给予的利益、优待、特权或豁免，应当立即无条件地给予来自或运往所有其他缔约方的相同产品。”

例如，一缔约方可根据最惠国待遇条款，享受任何缔约方通过谈判达成的所有关税减让和其他贸易上的优惠待遇。这样，最惠国待遇就从双边互惠推广到多边互惠。但这项条款有若干例外，例如，最惠国待遇条款不适用于总协定签订时已经存在的特惠关税、关税同盟、自由贸易区以及毗邻国家之间对边境贸易所给予的优惠待遇。

2. 国民待遇条款

这一条款要求每一缔约方对任何缔约方的产品进入本国（地区）国内（地区内）市场时，在国内税或其他国内商业规章等方面应享有与本国产品同等待遇，不应受到歧视。

根据规定：“一缔约方领土的产品输入到另一缔约方领土时，不应对它直接或间接征收高于相同的国内产品所直接或间接征收的国内税或其他国内费用。”其目的在于保证进口产品与国内产品在国内市场上以同等的条件进行竞争。避免缔约方利用征收国内税及费用的办法保护国内生产，抵消关税减让效果。

最惠国待遇条款和国民待遇条款的区别在于：最惠国待遇条款的目的是使来自不同国家的进口商品在一缔约方的市场上处于同等地位，不受歧视，而国民待遇条款的目的是使进口商品在一缔约方的国内市场与其本国商品处于同等竞争地位，不受歧视；最惠国待遇条款强调一国不得针对不同出口国的商品实行歧视待遇，而国民待遇条款强调一

国不得在进口国与本国商品之间实行歧视待遇。

（二）自由贸易原则

自由贸易原则就是限制和取消一切妨碍和阻止国际贸易开展与进行的障碍，通过多边贸易谈判，实质性削减关税和减少其他非关税贸易壁垒，扩大成员方之间的货物和服务贸易，主要有关税保护与关税减让原则和取消一般数量限制原则。

1. 关税保护与关税减让原则

关税保护原则是指以关税作为唯一保护手段的原则，多边贸易谈判是实现关税减让的主要途径。关税减让原则是缔约方之间相互约束关税减让水平，即各缔约方彼此做出互惠与平等的让步，达成关税减让表协议的原则。GATT 规定：只能通过关税来保护本国工业；缔约方有义务实行关税减让。

2. 取消一般数量限制原则

在非关税方面，要求各缔约方应坚持取消数量限制原则，禁止使用非关税壁垒，尤其是以配额和许可证为主的数量限制。在农产品、纺织品领域还存在不少例外，但《纺织品与服装协议》已通过，纺织品与服装贸易中的数量限制逐步取消，最后实行这类商品的贸易自由化。

世界贸易组织对自由贸易原则的要求是：

（1）自由是有序的，不是随意的。

（2）贸易自由化是一个逐步实现的过程。

（3）并不一概排斥成员方对国内市场的保护，而是要求以关税作为主要的保护措施，取消数量限制。

（4）允许成员方在规定的范围内实施贸易救济措施，消除或减轻因贸易自由化而带来的不利影响。

（三）市场准入原则

市场准入原则是指一方成员允许另一方成员的货物、服务与资本进入本国市场的程度。市场准入原则要求缔约方开放本国市场。市场准入是一个渐进的过程，其目的是向外国商人提供一个有益于鼓励贸易、投资和创造就业的商业环境。

影响市场准入的因素是很多的，具体来说，在货物贸易方面主要有以下一些：① 关税约束的程度及范围大小；② 非关税壁垒的实施情况，包括对进口产品实施数量限制的措施，进口许可制程序的繁简，海关估价的方法、手续及程序，实行贸易技术壁垒的规定，原产地规则，装船前检验的规则，反倾销反补贴的实施情况等；③ 国家政策法令、法规、行政命令等透明度的大小；④ 对进口产品实行国民待遇的情况等。

在服务贸易方面，市场准入原则则体现在一缔约方为其他缔约方的服务与服务供应者能够进入其市场提供什么样的渠道，设置哪些障碍。市场准入的程度也是谈判各方关心的热点，在国际贸易谈判中，市场准入的程度也是谈判准入条件，往往被缔约方作为一种交换利益的筹码，以保持其在谈判中总体利益的平衡。

世界贸易组织一系列协定或协议都要求成员分阶段、逐步实行贸易自由化，以此扩大市场准入水平，促进市场的合理竞争和适度保护。

（四）透明度原则

透明度原则是指成员方应公布所制定和实施的贸易措施及其变化情况，不公布的不得实施，同时还应将这些贸易措施及其变化情况通知世界贸易组织。

目的是使成员方贸易管理具有透明度，防止成员方之间进行不公开的，与世界贸易组织协定不相适应的贸易管理，从而造成贸易歧视和贸易壁垒。

（五）公平竞争原则

公平竞争原则是指无论是成员方的政府还是企业都应避免采取扭曲市场竞争的措施，纠正在各个贸易领域、在成员方之间、本国和其他成员方之间的不公平贸易行为，创造公平竞争的市场环境。

WTO 认为倾销和出口补贴是不公平的贸易手段，允许缔约方采取措施来抵消倾销行为和出口补贴为进口国造成的损害。

（六）对发展中国家和最不发达国家给予优惠待遇原则

对发展中国家给予特别的援助和贸易减让，以促进其发展和经济改革。比如，发展中国家成员可享受发达国家成员提供的普惠制待遇；发展中国家成员在一定限度内可对其出口实行补贴等。

根据规定，发达的缔约方对它们在贸易谈判中对发展中的缔约方的贸易所承诺的减少或撤除关税和其他壁垒的义务，不能希望得到互惠。

三、世界贸易组织区别于关贸总协定的主要特点

世界贸易组织是在关贸总协定的基础上建立的，并形成了一整套较为完备的国际法律规则，它主要具有以下特点。

（一）组织机构的正式性

世界贸易组织的成立，改变了关贸总协定临时适用和非正式的状况，根据其协定，建立起一整套的组织机构，成为具有法人地位的正式国际经济组织。从法律地位上看，它与国际货币基金组织、世界银行具有同等地位，都是国际法主体，其组织机构及有关人员均享有外交特权和豁免。

（二）法律权威性

《建立世界贸易组织协定》要求各国代表在草签后，还须通过立法程序，经本国立

法机构批准，才能生效。1994 年 4 月 15 日，在马拉喀什会议上，有 7 个国家包括美国、日本因国内立法程序的限制，不能当场草签协定，直到 1994 年年底美国等国家的议会才通过协定并生效，因而使世界贸易组织协定更具完整性和权威性。

（三）管辖内容广泛

关贸总协定的多边贸易体制及其所制定的一整套国际贸易规则只涉及货物贸易。世界贸易组织体制，不仅包括关贸总协定已有的货物贸易规则，而且还包括服务贸易的国际规则。与贸易有关的知识产权保护的国际规则、与贸易有关的国际投资规则，这一整套国际规则涉及货物贸易、服务贸易、知识产权保护和投资措施等领域，表明世界贸易组织所管辖的内容更为广泛。

（四）体制统一

世界贸易组织体制所管理的协议，除东京回合的政府采购协议、牛肉协议、民用航空器贸易协议、国际奶制品协议这四个协议外，成员方必须无选择地以“一揽子”方式签署参加，权利和义务的平衡是在所有协议的基础上达成的，从而加强了成员方权利和义务的统一性和约束性，以确保世界贸易组织体制的完整和统一。

（五）争端解决机制的完善

世界贸易组织所实施的贸易争端解决机制是一套较为完善的机制。争端解决是由世界贸易组织的争端解决机构（Dispute Settlement Body，DSB）负责，目前争端解决的程序和规则如下。

1. 磋商（60 天）

如有争端，争端各方必须相互进行谈判，如 60 天后未获解决，一方可申请成立专家小组，世界贸易组织的争端解决机构在接到申请后的第二次会议上必须做出同意或不同意的决定，只有当争端解决机构全体反对，专家小组才不能成立。

2. 专家小组（45 天内成立，6 个月内形成报告）

专家小组由世界贸易组织秘书处向争端双方推荐三人组成，如双方在 20 天内对人选未能达成一致意见，则由世界贸易组织总干事同争端解决机构和有关委员会的领导协商后确定，以免延误。

专家小组必须在 6 个月内完成最终报告，即做出裁决。在紧急情况下，应在 3 个月内完成。最终报告送交争端解决机构后，通常在 60 天内对该报告做出通过和否决的决定。这样就对做出裁决的期限做了约束，有利于争端解决。

3. 上诉

如有一方对最终报告的裁决不服，可以上诉。在争端解决机构内有常设的受理上诉团，由 7 人组成，通常在世界贸易组织成员方的代表中选出。该团须在 60 天（最多不得超过 90 天）内复审完毕，予以公布并送交争端解决机构审核，该机构在 30 天做出同意或否决复审结果。

4. 后续程序

复审结果通过后，争端双方应无条件接受。如有一方不愿遵照执行，则可商定一个双方都能接受的补偿办法。

如果 20 天后仍没有达成补偿方案，则申诉方可要求争端解决机构授权，对另一方中止履行已承诺的义务。任何一方中止义务，必须经争端解决机构同意。

如另一方又表示反对，则可交付仲裁，可由原来的专家小组仲裁，也可由世界贸易组织总干事所指定的小组仲裁。

仲裁应在 60 天内完成，仲裁结果是最终的，不得再上诉并必须遵照执行。

四、世界贸易组织对世界经济贸易的影响

作为全球贸易活动的管理机构和多边贸易体制的核心，世界贸易组织的成立将对世界各国的贸易政策、贸易活动和整个经济活动产生直接而深远的影响。

世界贸易组织通过各种关税和非关税壁垒的削减，大大提高世界各国的贸易自由化和市场准入程度，加快世界各国贸易自由化的进程。世界贸易组织的成立，通过对各国贸易政策较为有效的约束，大大减少各国间的贸易摩擦和冲突，促进国际贸易活动正常平稳地发展。世界贸易组织给一般国家都能带来贸易和收入的增长，但增长不均衡。一般来说，贸易规模越大的国家，收益也就越大。

但是，在世界贸易组织发展的进程中，已经出现了一些不容忽视的现象：

大国操纵多边决策进程的现象未得到改善，一些发达国家从自身利益出发，有选择地扩大贸易自由化的领域，或者要求制定一些新的国际规则，迫使发展中国家接受，使发展中国家贸易自由化进程脱离其现阶段经济发展水平，损害了这些国家经济的发展。

一些发达国家强调对等互惠原则，不顾世界贸易组织成员经济发展的多样性而强行采取“一刀切”的做法，这势必损害发展中成员的利益。

如果世界贸易组织对这类不正常的现象视而不见，不采取有效措施加以制止和纠正，势必挫伤发展中成员参与多边贸易体制的积极性，危及世界贸易组织的运转。

第三节　中国与世界贸易组织

一、中国加入世界贸易组织的历程

中国是 1947 年 GATT 的 23 个签约国之一，1950 年 3 月，台湾当局以“中华民国”名义退出 GATT。由于作为中国唯一合法政府的中华人民共和国已经成立，台湾当局无权作出这样的决定，所谓“退出”的宣布是非法的、无效的。1986 年 7 月，中国正式向 GATT 提交“复关”的申请。1995 年，世界贸易组织正式成立，中国“复关”演变成“入世”。2001 年 11 月 10 日，世界贸易组织第四届部长会议在卡塔尔首都多哈以全

体协商一致的方式，审议并通过了中国加入世界贸易组织的决定。2001 年 11 月 11 日，中国政府代表签署《中国加入世界贸易组织议定书》，并向世界贸易组织秘书处递交中国加入世界贸易组织批准书。30 天后，即 2001 年 12 月 11 日，中国正式成为世界贸易组织成员。

二、“入世”后的权利和义务

（一）加入世界贸易组织以后中国应享受的权利

1. 享有多边的、无条件的和稳定的最惠国待遇

加入世界贸易组织以后，中国可以在所有的 100 多个成员方享有多边的、无条件的、稳定的最惠国待遇，这将使中国产品在最大范围内享受有利的竞争条件，从而促进出口发展。中国受到的一些不公正待遇将取消。

2. 享有“普惠制”待遇及其他给予发展中国家的特殊照顾

加入世界贸易组织可以使中国对所有发达国家出口制成品和半制成品享有“普惠制”待遇，以及其他给予发展中国家的特殊照顾。

世界贸易组织实施管理的多边协议与协定，规定了对发展中成员的某些特殊容让和优惠，加入世界贸易组织将使中国在更大范围内和更大程度上享受这些优惠。这些特殊容让和优惠是单方面给予的，发展中成员无须给予对等的优惠。

3. 充分利用争端解决机制

在双边贸易中，发达国家往往利用国内的、单边主义的，甚至过时的法律条款对中国实施歧视待遇。中国加入世界贸易组织就可以通过世界贸易组织特设的解决贸易争端的机构和程序，比较公平地解决贸易争端，维护中国的贸易利益。

4. 获得在多边贸易体制中“参政议政”的权利

世界贸易组织是“经济上的联合国”，成为世界贸易组织成员后，中国有权参与各个议题的谈判，与其他成员平等地参与有关规则的制定、修改以及多边贸易体制的建设。此外，还能利用世界贸易组织的平台，宣传中国改革开放政策，积极发展和世界各国的经济合作、贸易和技术交流。还将得到世界贸易组织汇集的世界各国经济贸易的信息资料，有利于正确地制定中国的外贸政策和策略。

（二）加入世界贸易组织以后中国应履行的义务

1. 削减进口关税

经过以往 8 个回合的关税减让谈判，世界贸易组织成员的加权平均进口税已从 45 年前的 40% 下降到 3. 7% 左右，发展中成员也下降到 11% 左右，而中国由于种种原因，平均税率仍然高于发展中成员的平均水平。所以，中国成为世界贸易组织正式成员后，首要义务就是要降低关税。为了适应 1994 年 GATT 的关税减让要求，中国需要根据经济发展水平和产业政策目标，逐步将中国关税加权平均水平降到关贸总协定要求的发展中国家水平，并将最高关税一般地约束在 15% 以下。这将使中国

许多产业更直接地面临国外产品的竞争，同时国家财政收入有可能会相应减少，但最终可使广大国内消费者受益。

2. 逐步取消非关税壁垒

在中国复关和加入世界贸易组织谈判中，主要议题之一就是要中国削减非关税壁垒（如取消进口许可证、配额以及外汇管理、技术检验等）。非关税措施和关税一起被纳入市场准入的谈判。在市场准入谈判中达成的任何协议，都将按世界贸易组织的最惠国待遇原则同等地给予所有成员方。

3. 取消被禁止的出口补贴

中国自 1991 年 1 月开始，在调整汇率的基础上，对所有产品，包括工业制成品和初级产品出口实行企业自主经营、自负盈亏的经营机制，已达到了世界贸易组织的有关要求。取消补贴后，亏损商品主要通过汇率调整和出口退税的方法获得补偿。

4. 增加贸易政策的透明度

世界贸易组织成员方应在经济贸易政策制度上有透明度，这是世界贸易组织的基本原则。中国除公开颁布一些重要法律、条例外，还分步废除了以往众多的内部决定，以适应世界贸易组织的要求。

5. 开放服务贸易

GATT 统计的服务行业多达 150 多种，都将属于开放范围。中国将逐步地、有选择地、有范围地开放一些服务业，引进竞争机制，提高中国服务业的质量并带动服务业的出口。与此同时，中国的服务业将面临市场被外国同行挤占的巨大压力。

6. 扩大对知识产权的保护范围

中国成为世界贸易组织正式成员后，根据有关知识产权达成的协定，对知识产权扩大保护范围以后（如扩大到对化工产品、药品、食品、计算机软件等），有关企业必须通过支付专利许可证费用来合法地购买西方发达国家的专利，政府也将严惩任何有损害国家和企业名誉的侵权行为，如假冒外国名牌商标的行为将受到法律处理。

7. 放宽引进外资的限制

中国自改革开放以来已经颁布了有关引进外资的各种法律和条例，对外资引进实行各种鼓励外国投资者的无差别待遇。但是中国引进外资的法规还不够完善，成为世界贸易组织正式成员后，这方面的政策需要做出重大调整，允许外商投资的范围还要进一步扩大，硬件和软件环境也将进一步改善。

8. 交纳世界贸易组织活动费用

交纳会员费是任何世界贸易组织成员的基本义务。

三、加入世界贸易组织给中国经济带来的机遇和挑战

成为世界贸易组织正式成员后的权利为中国大经贸发展提供了机遇，成为世界贸易组织正式成员后应尽的义务又对中国大经贸发展提出了挑战，关键在于如何利用机遇和应付挑战。

（一）加入世界贸易组织为中国带来的机遇

（1）使中国经济与世界经济同步发展，有利于进一步地对外开放，更快、更好地融入国际经济社会，促进中国出口贸易特别是中国具有优势产品的出口。

（2）使中国经济在多边贸易体制中得到保护，有利于维护中国的利益，更好地反映发展中国家的要求。

（3）有利于中国发展与世界各国的经贸合作和技术交流，更多地利用外资，这将促进中国经济体制改革和中国产业结构的调整。

（4）有利于公平、客观、合理地解决与其他国家的经贸摩擦，从而为我国对外经济贸易的发展营造良好的外部环境。

（二）加入世界贸易组织给中国带来的挑战

（1）中国经济全面融入世界经济的潮流会增加政府宏观调控的难度。加入世界贸易组织将使中国的国内市场成为世界统一大市场的有机组成部分，世界经济的波动将对中国的经济发展产生或多或少的直接和间接影响。

（2）中国制定政策的自主性会减弱。要向其他成员方提供最惠国待遇，降低关税，不得随意实行进口限制，增加外贸政策的透明度，开放服务贸易，必须按国际规范管理，建成能对市场做出及时正确反应的宏观调控和微观管理体系。

（3）对中国的产业会造成一定的冲击。中国必须向经济实力较强的发达国家开放国内市场，成本高于国外同类产品、非价格竞争因素劣于国外同类产品的行业将受到严重冲击。

专栏 9-1

美国依据“301 条款”对日本汽车进口进行报复的单边性制裁纠纷案

案由

1995 年 5 月 16 日，美国政府单方面宣布，根据美国 1974 年《贸易法》第 301 节、304 节（即单边报复制度的“301 条款”），将对来自日本的豪华轿车征收 100% 的关税。

日本车占有美国市场 1/4 的份额，而美国车仅占有日本市场 1.5% 的份额。在双方的汽车零部件贸易中，美国则有 128 亿美元的逆差。1993 年 7 月，日本虽然同意谈判解决汽车市场的开放问题，但实际上却拒绝与美国进入谈判程序。因此，美国采用这样的措施，要求日本向世界汽车商开放市场，而且要求日本市场应该具有相应的透明度和竞争性。

这涉及世界贸易中的一个原则问题：美国依据“301 条款”进行报复的单边性与世界贸易组织争端解决制度的多边性是否相容？简言之，美国在世界贸易组织争端解决机构做出决定之前，是否有权单方面做出制裁决定并实施制裁措施？

出于对美国单边报复制度的不满，1998 年 11 月 25 日，欧盟根据世界贸易组织（WTO）规定起诉了美国，认为“301 条款”与 WTO 的相应规定不符，造成了欧盟利益丧失或受损，也损害了关税与贸易总协定和世界贸易组织的目标。

裁决

专家组最终裁决，美国不可以在世界贸易组织争端解决机构做出决定之前单方面确定制裁措施，但“301 条款”并不违反世界贸易组织和关税与贸易总协定的有关规定。这一裁决，使得美国事实上仍然可以运用“301 条款”对其他国家实行贸易制裁和威胁，尤其是对世界贸易组织的非成员方进行单方的制裁。

点评

中国入世后，虽然我们将来面对的贸易争端可以在世界贸易组织的多边框架下获得相应的解决，但也要注意诸如美国实施“301 条款”这样的单边制裁行为对我们的危害。在遇到这样的情况时，应据理力争，联合其他受到损害者共同提出申诉，根据世界贸易组织解决争端的多边机制维护中国的利益。

思考题

1. 什么是世界贸易组织？它具有哪些特点？
2. 世界贸易组织有哪些基本原则？
3. 我国加入世界贸易组织有何利弊？

第十章

区域经济一体化

在世界贸易组织（WTO）的成员中，近90%隶属于不同程度的区域经济组织。近年来，区域经济一体化发展很快，势头迅猛，成为国际经济领域里十分突出的现象。目前，各种类型的区域经济一体化组织遍布世界各地，对世界政治经济格局产生了多方面、多层次的影响。

第一节　区域经济一体化概述

一、区域经济一体化的定义和发展

（一）区域经济一体化的定义

区域经济一体化是指一个地理区域内的两个或两个以上的国家，为了维护共同的经济和政治利益，通过签订某种政府间条约或协定，制定共同的经济贸易政策等措施，甚至通过建立起各国政府给予一定授权的共同机构，实行长期而稳定的超国家的经济调节，形成一个超国家的、经济贸易高度协调统一的整体。

（二）区域经济一体化的发展

1. 初创及发展阶段（20世纪40年代末至70年代初）

第二次世界大战后最初的三个区域经济一体化组织为：

（1）1949年1月苏联和东欧国家成立的“经济互助委员会”；

（2）1958年1月1日成立的欧洲经济共同体；

（3）1960年5月成立的欧洲自由贸易联盟。

2. 停滞阶段（20世纪70年代中期至80年代中期）

发展中国家经济一体化大多遭受挫折，欧洲共同体等一体化组织进程缓慢。

3. 快速发展走向成熟阶段（20世纪80年代后期至今）

欧洲各国为了加快经济发展的步伐，重建欧洲经济，进一步提高各国在世界经济中的竞争力，加快了区域经济一体化的进程。

美国作为第一经济大国越来越受到欧洲经济共同体和日本的挑战。于是，美国为了与欧洲、日本相抗衡，防止其优势的削减与地位的下降，积极推动区域经济一体化的建立，建立了美加自由贸易区和北美自由贸易区。

发展中国家为了抗衡发达国家的控制与干涉，积极建立经济一体化组织。

二、区域经济一体化的主要形式及特征

（一）按一体化的范围大小划分

1. 部门一体化

部门一体化是指区域内各成员国的一个或几个部门（或商品）的一体化。如 1952 年 7 月 25 日建立的欧洲煤钢共同体（European Coal and Steel Community）和 1958 年 1 月 1 日建立的欧洲原子能共同体（European Atomic Energy Community）。

2. 全盘一体化

全盘一体化是指区域成员国的所有经济部门加以一体化。如 1991 年解散的由苏联与东欧一些国家组成的经济互助委员会。

（二）按参加国的经济发展水平划分

1. 水平一体化

水平一体化是指由经济发展水平大致相同或接近的国家共同组成的一体化。从区域经济一体化的发展实践来看，现存的一体化大多属于这种形式，如欧盟、东盟自由贸易区。

2. 垂直一体化

垂直一体化是指经济发展水平不同的国家组成的一体化，如北美自由贸易区。

（三）按照区域内的经济一体化程度或贸易壁垒取消的程度划分

1. 优惠贸易安排

优惠贸易安排指成员方间通过协定或其他形式，对全部或部分商品规定特别优惠的关税。这是经济一体化中最低级和最松散的形式，例如“非洲木材组织”、美加汽车产品协定、第二次世界大战后初期建立的东南亚国家联盟。

2. 自由贸易区

自由贸易区指签订了自由贸易协定的国家或地区组成的贸易区。成员方之间相互取消了商品贸易的关税和非关税的贸易障碍，商品可在成员方间完全自由移动，但成员方之间没有统一的对外关税，按照各自的标准对非成员方征收关税，例如欧洲自由贸易联盟，拉丁美洲自由贸易联盟和北美自由贸易区。

3. 关税同盟

关税同盟指成员方之间完全取消关税和其他贸易壁垒，而且对非成员方实行统一的关税税率而缔结的同盟。关税同盟开始带有超国家的性质，例如比荷卢关税同盟。

4. 共同市场

共同市场是指在成员方内完全废除关税与数量限制，建立统一的对非成员的关税，而且允许生产要素在成员间完全自由移动。欧洲经济共同体（EEC）在 1970 年已接近这一形式。

5. 经济同盟

经济同盟指成员方之间不仅商品和生产要素可以完全自由流动，建立统一对外关税，而且成员方还制定执行某些共同的经济政策和社会政策，逐步消除各国在政策方面的差异，使一体化的程度扩展到整个国民经济，例如，1991 年的欧洲经济共同体以及 1991 年解散的由苏联与东欧一些国家组成的经济互助委员会。

6. 完全经济一体化

完全经济一体化是指在实现了经济联盟目标的基础上，还统一了所有的重大经济政策（如财政政策、货币政策、福利政策、农业政策以及有关贸易及生产要素流动的政策），并由其相应的机构（如统一的中央银行）执行共同的对外经济政策。这是经济一体化的最高级阶段。

区域经济一体化的六种形式，也可以看成是一体化发展的六个阶段（见表 10-1），但阶段之间不一定具有必然过程。例如，欧洲经济共同体是从关税同盟开始的，并未经过优惠贸易安排和自由贸易区阶段；而欧洲自由贸易联盟也未必要向关税同盟发展。

表 10-1　　区域经济一体化主要形式的比较

形式 \ 政策	自由贸易	统一的对外关税	生产要素自由流动	统一的经济政策	统一的超国家经济机构
优惠贸易安排	×	×	×	×	×
自由贸易区	√	×	×	×	×
关税同盟	√	√	×	×	×
共同市场	√	√	√	×	×
经济同盟	√	√	√	√	×
完全经济一体化	√	√	√	√	√

三、区域经济一体化对国际贸易的影响

（一）一体化对成员方的影响

1. 促进了经济一体化组织内部贸易的增长

通过削减关税或免除关税，取消贸易的数量限制，削减非关税壁垒形成区域性的统一市场，加深了成员方在经济上的相互依赖程度，同时经济一体化组织内部的国际分工使销售渠道稳定，这就促进了区域内成员方的贸易的迅速发展。

2. 促进集团内部的国际分工和技术合作

一体化组织内部市场扩大了，于是各国的资源配置发生变化，各自生产在一体化区域内具有优势的产品，促进生产格局以至国际分工的格局发生变化，使成员方的国际分工更为密切和精细（见图 10-1）。

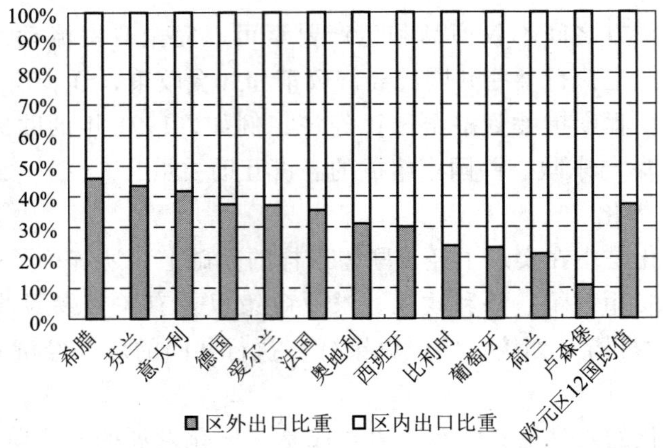

图 10-1 欧元区各国区内外出口比重（2007 年年底）

资料来源：中国证券报，2008-04-22。

成员方在许多单纯依靠本国力量难以胜任的重大科研项目，如原子能利用、大型电子计算机等高精尖技术领域进行合作。1985 年 6 月，欧洲理事会通过了关于“朝着欧洲技术共同目标奋斗”的备忘录，同时制定了内部实行“尤里卡”等一系列科技计划。

3. 改变了国际贸易的地区分布

在一体化内部贸易迅速增加的同时，成员方减少与区外非成员方（地区）的贸易。区域经济一体化改变了国际贸易的地区分布或地理结构，使贸易更多地趋向于区域内部，使完整的世界经济和贸易体系被割裂成一个个相互独立的区域。

4. 提高了经济一体化国家整体贸易地位

原来一些单个经济力量比较薄弱的国家（地区）以整个集团的形式出现在世界经济舞台上，地位上升了，竞争能力加强了，也加重了这些国家（地区）在国际贸易谈判桌上的分量，在一定程度上维护了本身的贸易利益。

（二）一体化对非成员方的影响

区域经济一体化对区内国家的保护加强，使得区外国家本可以进入区内的商品和服务受到严厉的保护主义的打击，这样就恶化了国际贸易环境，尤其是使区外发展中国家的贸易环境雪上加霜。大多数发展中国家的出口商品结构还比较落后，竞争能力不强，进入西欧、北美更加困难。

区域经济一体化削弱了多边贸易谈判的注意力，不利于多边贸易体系的改善，影响世界贸易的宏观环境。在世界经济舞台上，国与国之间的协调，将转化为区域与区域之间的国际经济协调。

第二节　关税同盟理论

美国经济学家范纳和李普西1950年提出了关税同盟理论。

一、关税同盟成立的三个条件

关税同盟成立的三个条件是：
第一，完全取消各参加方之间的关税；
第二，对来自非成员方的进口设置统一的关税；
第三，通过协商方式在成员方之间分配收入。

二、关税同盟的效应

（一）静态效应

关税同盟的静态效应主要是指贸易创造效应和贸易转移效应。

1. 贸易创造效应

贸易创造效应是指成立关税同盟后，成员方之间相互取消关税和非关税壁垒，使一些原来在本国国内生产的产品，现在被同盟内成员方更低成本的进口产品所替代，来自成员方的进口增加，从而“创造”出新的贸易，并提高了成员方的福利水平。

X商品在A国价格为36美元，在B国为26美元，在C国为20美元。在缔结关税同盟前，A国自己生产X商品，并凭借征收100%的保护性关税，有效地阻止来自C国的X商品进口，B国也同样如此。三国之间的贸易被关税隔断了，三国之间不存在商品的流动。

A、B两国建立关税同盟，在内部成员方之间取消关税和其他非关税壁垒，对外统一执行100%的关税措施。因为B国的产品价格是26美元，低于A国的36美元，所以B国具备了绝对优势，在不存在贸易壁垒的情况下，B国向A国出口产品。这样，就创造出了从B国向A国出口的新的贸易和国际分工（专业化），这就是所谓的贸易创造效果。

A国会停止生产X商品，把生产X商品的资源用于生产其他商品，这样就充分利用了自然资源。而且，A国可以用较低的价格买到X商品，从而提高了福利。

对B国而言，由于A国市场消费的X商品均由B国生产，则其生产规模扩大，生产成本降低。

对C国而言，由于它原来就不与A、B两国发生贸易关系，所以没有什么不利影响。

2. 贸易转移效应

由于关税同盟对内取消关税，对外实行统一的保护关税，因而成员方的进口由非成员方低成本的产品，被成员方高成本的产品所替代，从而使贸易对象发生了转移，并导致资源配置效率降低和福利减少。

缔结关税同盟前，假设 A 国不生产 X 商品，而是自由地从 B、C 两国进口，B 国 X 价格为 26 美元，C 国 X 的价格为 20 美元。C 国具有 X 商品的绝对优势，A 国自然就会从成本和价格最低的 C 国进口。

而在同 B 国缔结关税同盟后，内部取消关税，假定 A、B 两国对外制定 50% 以上的统一关税。C 国加上关税负担后的产品价格是 30 美元，高于 B 国的 26 美元，于是，A 国把 X 商品的进口从关税同盟以外的 C 国转移到同盟内的 B 国，出现了贸易转移效果。

这种转移也就是从成本低的供给来源（20 美元）向成本高的供给来源（26 美元）转移。这就意味着关税同盟保护了落后工业，在 A 国和 C 国受到损失的同时，整个世界因不能有效地分配资源而使福利降低。

贸易创造与贸易转移的根本差别，在于缔结关税同盟前的状况不相同。

在贸易创造情况下，A、B 两国有保护关税；而在贸易转移情况下，A 国完全不生产 X 商品，而是免税或低税从 C 国进口，即 A 国对 X 商品实行完全专业化（不生产这种商品）。

可见，关税同盟以两种截然相反的方式影响贸易和福利。如果说贸易创造代表利益，贸易转移所增加的成本便是代价。结成关税同盟是获得净利益还是带来净损失，取决于贸易创造和贸易转移影响的大小。如果成员方的价格越接近低成本的世界市场价格，那么区域经济一体化对该国市场的影响越可能是有利的。

（二）动态效应

1. 规模经济效应

规模经济效应是指当企业规模扩大到一定程度时，单位产品生产成本下降。

在建立一体化组织以前，如果一个成员方某一产业的国内市场不够大，尚不足以完全获得规模经济利益，那么建立区域经济一体化的组织使成员方市场连成一体，自由市场的规模可以扩大，产品成本趋于下降，企业可以获得规模经济效应。

例如：欧洲小国加入欧盟后，它们可以通过为区内市场生产及提供出口而享受规模经济的好处。

2. 资源合理配置

关税同盟建立后，促进了商品流通，可以加强竞争，使各国生产的专业化程度提高，资源使用效率更高，经济福利因此提高。

3. 刺激投资

为了提高竞争能力，原有的厂商会增加投资，改进产品质量，降低生产成本；随着市场的扩大，风险与不稳定性降低，会吸引成员方厂商增加新的投资；同时，吸引更多的区外投资，因为通过投资进入某一个国家就能够进入整个区域市场。

例如：1994 年，《北美自由贸易协定》生效后，墨西哥的外资流入超过 100 亿美元，比 1993 年翻了一番。因为为了能够自由地进入美国、加拿大市场以及其他与墨西哥签署了自由贸易协定的国家，全球各大汽车生产厂商都在墨西哥投资设厂。

4. 加速经济增长

由于商品和生产要素的自由流动，市场趋于统一并且竞争加剧，投资规模扩大，并能实现规模经济，厂商会致力于研发，提高技术，从而加快了各成员方经济的发展。

第三节　主要区域经济一体化组织

一、欧洲联盟

欧洲联盟（European Union，EU），简称欧盟，按照成员方的数目来算，它是世界上最大的自由贸易区，也是目前世界上一体化程度最高的区域政治经济集团组织。欧盟不仅是一个共同市场，更是一个具有统一的货币政策和社会政策的经济和政治联盟。

（一）欧盟发展简史

（1）1951 年 4 月，法国、联邦德国、意大利、荷兰、比利时、卢森堡六国签订《欧洲煤钢共同体条约》，又称《巴黎条约》，1952 年成立欧洲煤钢共同体。

（2）1957 年 3 月 25 日，上述六国签订《罗马条约》，1958 年 1 月 1 日组成欧洲经济共同体（又称欧洲共同市场）和欧洲原子能共同体。

（3）1965 年 4 月 8 日，上述六国签署《布鲁塞尔条约》，1967 年 7 月 1 日正式将欧洲经济共同体、欧洲煤钢共同体、欧洲原子能共同体合并为欧洲共同体，主要组织机构有欧洲理事会、执行委员会、欧洲议会和欧洲法院。

（4）1973 年，英国、丹麦和爱尔兰加入；1981 年 1 月 1 日，希腊成为欧共体第十个成员；1986 年 1 月 1 日，葡萄牙和西班牙加入。

（5）1991 年 12 月 11 日，欧共体成员签署《马斯特里赫特条约》，欧共体更名为欧盟，1993 年 11 月 1 日正式生效，这标志着欧共体从经济实体向经济政治实体过渡。

（6）1995 年 12 月 11 日，奥地利、瑞典和芬兰加盟，使欧洲联盟扩展至 15 国。

（7）2004 年 5 月 1 日，爱沙尼亚、拉脱维亚、立陶宛、波兰、捷克、斯洛伐克、匈牙利、斯洛文尼亚、马耳他和塞浦路斯加入欧盟。

（8）2017 年 1 月 1 日，保加利亚和罗马尼亚加入欧盟。

（9）2020 年 1 月 3 日，英国正式脱离欧盟。

（二）欧盟的统一经济政策

1. 建立关税同盟，取消内部关税

在取消内部关税的同时，成员方对非成员方的工农业产品实行统一关税税率。

2. 实施共同农业政策

实行统一的农业产品价格管理制度，农产品价格通过欧洲共同体的收购或投放办法，保证其在“目标价格”和“干预价格”之间的波动。对部分农产品进口征收差价税，实行农产品出口补贴制度。设立“欧洲农业指导和保证基金”，促进农业的机械化和现代化。

3. 统一大市场

1993 年年初开始运行统一大市场，内部市场由一个没有内部边界的区域构成，在内部，商品、人员、劳务和资本实现自由流动。

4. 建立欧洲货币体系

设立欧洲货币单位，成员方之间实行固定汇率，对外实行联合浮动，从而形成一个相对稳定的汇率制度；建立欧洲货币基金，向成员方提供中短期贷款，借以干预外汇市场、稳定汇率、调节国际收支。1999 年 1 月 1 日，欧洲单一货币——欧元（EURO）开始在其国内经济贸易活动中使用，2002 年欧元纸币和辅币正式流通。

5. 建设“欧洲经济区”

1994 年 1 月 1 日，“欧洲经济区”正式启动，旨在建成一个能保证货物、服务、资本和人员自由流动的贸易集团。

二、北美的自由贸易区

（一）美加自由贸易区

美加自由贸易区由美国、加拿大两国组成。其目标是：消除商品贸易、服务贸易和投资、商业、旅游方面的一切障碍，提供双方政府的行为准则，以规范私人企业的行为和政府的总体经济政策。

1988 年 6 月 2 日，美、加两国正式签署《美加自由贸易协定》，1989 年 1 月 1 日，该协定正式生效。协定的核心内容是从 1989 年到 1998 年的 10 年内，逐步削减并取消双边贸易的全部关税。

（二）北美自由贸易区

《北美自由贸易协定》是在《美加自由贸易协定》的基础上，吸收墨西哥参加之后形成的。北美自由贸易区是美国为了与欧盟相抗衡而联合加拿大和墨西哥组成的区域贸易集团。

《北美自由贸易协定》的主要内容包括：三国将在 15 年内分阶段逐步取消 9 000 多种商品的关税和非关税壁垒，取消进口配额和进口许可证；开放墨西哥的电信、金融和保险业；允许美国和加拿大商人进入墨西哥竞争和投资，包括建立独资子公司，三国同意对北美地区的金融公司给予国民待遇；为防止区外第三国利用自由贸易区逃避关税，三国就原产地规则达成了更加严格的规定；保护知识产权的规定，以及有关劳工和环境保护问题的补充规定等。

北美自由贸易区的建立是发达国家和发展中国家在区域经济一体化组织内实行垂直型国际分工的一种新的尝试，是南北合作的一种新尝试。

（三）美洲自由贸易区

在北美自由贸易区的基础上，美国还力图建立包括南美洲各国在内的美洲自由贸易区。这一设想在 1994 年的美洲 34 国首脑会议上被提出，目标是在 2005 年 1 月建立世界上面积最大、国民生产总值达 14 万亿美元、拥有 8 亿人口的美洲自由贸易区。2003 年 11 月，美洲自由贸易区第 8 次部长级会议就《美洲自由贸易框架协议》取得共识，并重申最迟于 2005 年 1 月启动美洲自由贸易区。

但有关美洲自由贸易区的谈判进展缓慢，在农业补贴、降低关税、市场准入等关键问题上尚未达成实质性的协议，谈判一直停留在议程和框架层面上，无法深入。

尽管这一目标并未如期实现，但以美国目前的实力、地位和积极态度，美洲自由贸易区的建立应该是可以预期的。拉美国家出于稳定本国政局、消除贫困和发展经济的需要也会共同努力，推动建立美洲自由贸易区。

随着欧洲和亚洲的区域性合作的不断发展，美洲自由贸易区的建立将是大势所趋，而建立一个广泛而灵活的美洲自由贸易区也是意料中的事。但是可以预见，美洲各国之间的贸易争端还将继续存在，在触及敏感领域时可能还会有激烈纷争。建立美洲自由贸易区的道路，将是合作与冲突并存的荆棘之路。

专栏 10-1

《北美自由贸易协定》使墨西哥成为北美制造中心

在人口约 100 万的墨西哥边境小镇蒂华纳，一眼望去，高耸入云的蓝色广告牌照亮夜空，耸立在三星集团开阔的新工业区中，这一切与这个灰暗、肮脏的边境小镇似乎显得不太协调。自从这个 70 英尺（约合 21.35 米）高的钢筋建筑物竖起几个月以来，它已经成了一个非正式的纪念碑，成了墨西哥穷人的指明灯，也是北美自由贸易力量的象征。由于这种力量的作用，制造业工作机会从美国源源不断流往墨西哥。

自 1994 年北美自由贸易区（NAFTA）建立后，美国和墨西哥取消了相互之间的贸易壁垒，两国制造的商品可以在区内自由流通，相互间没有什么关税、配额保护措施。而对于区外国家，如韩国、日本等国家仍然维持贸易壁垒，因此会产生“贸易创造”和“贸易转移”的双重结果。韩国、日本的产品会受到价格歧视，很可能被挤出美国市场，就全球资源利用角度看，这也是一种效率的降低。

针对这种情况，韩国、日本等国也不愿坐以待毙，转而采取新的战略。于是就有了三星公司、索尼公司、日立公司和松下电器 JVC 分部在诸如蒂华纳这样的边境小镇建立的子公司。在该镇，受雇于这些跨国公司的墨西哥人已达 2.46 万人。由于墨西哥有廉价的劳动力，从而也吸引了众多生产诸如成衣和手工工具之类低技术消费品的美国公司，因为这里成批生产的成本只有在美国生产的几分之一。对于生产高技术产品的亚洲公司而言，由于贸易壁垒的取消，蒂华纳成了它们在北美的第一站。而且由于接近硅谷和加利福尼亚的长滩港，产品再转运到世界各地也比以前容易了。

资料来源：参考消息，1996-07-06。

三、亚太经济合作组织

亚太经济合作组织（APEC）是亚太国家和地区加强区域经济合作的重要国际组织之一。APEC 是成员广泛、情况复杂的区域经济一体化组织，其成员有发达成员、新兴工业化成员，也有发展中成员，社会经济制度、政治趋向差异很大。

在澳大利亚的倡议下，亚太经济合作组织于 1989 年成立。到 2021 年，已拥有 21 个成员：美国、日本、加拿大、澳大利亚、新西兰、韩国、马来西亚、泰国、新加坡、菲律宾、印度尼西亚、文莱、中国、中国台北、中国香港、墨西哥、巴布亚新几内亚、智利、秘鲁、俄罗斯和越南。

1991 年通过了《汉城宣言》，正式确立 APEC 的宗旨和目标为“相互依存，共同利益，坚持开放性多边贸易体制和减少区域贸易壁垒”。

1994 年发表了《茂物宣言》，确定发达成员在 2010 年前，发展中成员在 2020 年前实现区域内贸易和投资自由化。

2001 年 10 月在上海举行了亚太经济合作组织第 13 届部长级会议，这次会议围绕“新世纪、新挑战；参与、合作，促进共同繁荣”的主题，就推动贸易与投资、从全球化和新经济中受益以及促进可持续经济增长等议题进行了深入讨论，达成了广泛共识，会议通过了《经济技术合作行动计划》，部长们一致肯定它对推动 APEC 经济技术合作，促进 APEC 平衡发展的作用。

截至 2021 年 12 月，亚太经合组织共举行了 28 次领导人非正式会议。

四、东南亚国家联盟

东南亚国家联盟（简称东盟，英文简写 ASEAN）是一个全部由发展中国家组成的“南南合作”的典型。

1967 年 8 月 8 日马来西亚、菲律宾、泰国、新加坡、印度尼西亚 5 国发表《东南亚国家联盟宣言》（《曼谷宣言》），正式组建东盟。

20 世纪 80 至 90 年代，文莱、越南、缅甸、老挝和柬埔寨相继加入东盟，目前共有 10 个成员。

东盟自由贸易区自 2002 年 1 月正式启动，目标是实现区域内贸易的零关税。到 2010 年，东盟 6 个成员（马来西亚、菲律宾、泰国、新加坡、印度尼西亚、文莱）率先实现互免关税，而到 2015 年，东盟所有成员都实现贸易自由化。

五、中国参与区域经济一体化情况

（一）中国—东盟自由贸易区（CAFTA）

2002年11月，中国国家领导人与东盟十国领导人共同签署了《中国—东盟全面经济合作框架协议》，中国—东盟自由贸易区包括货物贸易、服务贸易、投资和经济合作等内容，其中货物贸易是自由贸易区的核心内容。《中国—东盟全面经济合作框架协议》规定中国和东盟双方从2005年开始实施正常产品的降税。

2004年11月，在召开第8次中国—东盟领导人会议期间，中国商务部部长与东盟十国经贸部长分别代表各自政府签署了中国—东盟自由贸易区《货物贸易协议》和《争端解决机制协议》。《货物贸易协议》规定中国和东盟中的6个老成员将在2010年把绝大多数正常产品的关税降为零。《争端解决机制协议》是规范中国与东盟双方在自由贸易区框架下处理有关贸易争端的法律文件。

（二）中国与东北亚国家的经济贸易合作——努力建立中日韩自由贸易区

中日韩自由贸易区的概念最早是由韩国时任总统金大中在1998年马尼拉“10+3”会议上提出的，虽得到了中日两国的积极回应，但由于各种原因进展缓慢。2006年10月，在第三届“中日韩商务论坛”上，三国与会代表签署共同声明，表示将尽早建立中日韩自由贸易区，促进三国经济协同发展。“中日韩商务论坛”是三国间唯一的国家级非政府层面较高水平和有影响力的商务活动，与会代表在共同声明中称，在全球经济一体化和区域化趋势日益加快的今天，尽早建立中日韩自由贸易区，启动投资协定谈判，是符合三国经济界共同利益的重要选择，三国为实现中日韩自由贸易区，通过业已建立的商务论坛与联合研究小组机制正在进行共同研究，并以此敦促三国政府给予更多关注和支持。

（三）中新自由贸易区

近年来，中国与新西兰两国经贸关系保持良好发展势头。2014年，双边贸易额达154.8亿美元，同比增长3.5%。中国已成为新西兰第一大贸易伙伴。中国出口新西兰的主要产品包括电子机械和设备、机电产品、服装、家具、玩具、钢铁产品等，新西兰出口中国的主要产品则为乳制品、木材、纸浆及其他纸制品和羊毛等。

2008年4月7日，中国与新西兰在北京签署了《中华人民共和国政府和新西兰政府自由贸易协定》，这是我国与发达国家签订的第一个自由贸易协定，涵盖了货物贸易、服务贸易、投资等诸多领域。

该自由贸易协定的签订，给中国从事中新双边贸易的企业带来的最大优惠是大幅减让关税。大量产品从协议公布之日起实行零关税。还有更多的货物关税从2008年起逐步减让，4年后即2012年成为零关税产品。关税的大幅度减让，给企业带来难得的机会。根据协定，超过60%的中国出口到新西兰的产品从协定生效时起实行零关税，主要包括机电产品、木制品、纺织品、塑料制品、矿产品等。同时，24%的自新西兰进口的产品从协定生效时起也实行零关税。

自2008年10月1日起，中国—新西兰双边自由贸易协定开始生效，我国出口到新西兰的部分货物凭中国—新西兰自由贸易区优惠原产地证书可享受零关税待遇。

（四）紧密经济伙伴安排（CEPA）

CEPA的英文是Closer Economic Partnership Arrangement，中文直译是“紧密经济伙伴安排”。CEPA名称的首次使用是在2003年6月29日商务部与香港签订的《内地与香港关于建立更紧密经贸关系的安排》中。同年10月17日，商务部和澳门签订了《内地与澳门关于建立更紧密经贸关系的安排》。

按照《内地与香港关于建立更紧密经贸关系的安排》的规定，货物贸易方面，由2004年1月1日起，273个内地税目涵盖的香港产品，只要符合原产地规则，都可享有零关税优惠。这些产品包括部分电机及电子产品、塑料产品、纸制品、纺织及成衣制品、化学制品、药物、钟表、首饰、化妆品及金属制品等；最迟于2006年1月1日前，只要符合CEPA的原产地原则，香港厂商都可经申请享有零关税优惠。香港特区同意在协议下对所有原产于内地的货品维持零关税，并且不会对该等商品实施限制性贸易措施。服务贸易方面，协议规定17个服务行业获得放宽准入；至于贸易投资便利化方面，双方同意在7个范围内加强合作，包括贸易投资促进、通关便利化、商品检验检疫、电子商务、法律透明度、中小企业合作、中医产业合作。CEPA所规定的对香港产品实施零关税，对香港制造业的升级换代和转型将起到巨大推动作用。

CEPA是中国参与的第一个不同关税地区之间的一体化文件，是中国迈向自由贸易区的第一步。

CEPA是中国参与区域经济一体化战略的重要一步，香港、澳门、台湾是中国的三个单独关税区，又互为重要的贸易与投资伙伴。

专栏10-2

纺织业“曲线出口”暗藏隐忧

面对欧美国家频繁启动保护措施和设立贸易壁垒，一些纺织企业正在利用中国—东盟自由贸易区的各种优惠条件加快“走出去”步伐，在越南、缅甸、老挝和柬埔寨等国家投资建厂以实现“曲线出口”。由于贸易保护的多变性、投资环境的复杂性等多方面因素，我国纺织业掀起的“东盟热”背后暗藏诸多隐忧。

2005年，中美、中欧之间围绕纺织品的贸易摩擦接二连三，纺织行业就像坐上了“过山车”。为了绕过壁垒，不少专家给陷入困境的纺织企业支招：中国同东盟国家的纺织业存在互补关系，中国纺织业出口主要是向欧美等地区提供服装等消费品，而与东盟国家的纺织品贸易则更多地集中在纱线、棉布、化纤布等半成品方面。我国纺织行业国际竞争能力比较强，不少东盟国家也把纺织业作为招商引资的重点领域，在东盟国家投资建厂发展纺织品加工业，可以有效规避贸易摩擦、降低贸易风险。

目前，这种取道东盟“曲线出口”的做法正在被企业纷纷采用。宁波申洲针织集团有限公司最近表示，将斥资 3 000 多万美元在柬埔寨建立服装工厂，产品将从那里直接出口美国市场。商务部的统计数据显示，到 2005 年 8 月底，中国在柬埔寨、越南、老挝等地投资的企业已超过 1 000 家，其中相当部分是纺织品企业。

广西社科院东盟问题专家古小松对此深表忧虑，他认为，如今频遭发达国家贸易壁垒的中国，就是外贸快速增长的东盟国家未来的样本。如果我国纺织企业不在产业升级和实施品牌战略上下功夫，而把精力放在“东躲西移”寻找生存空间上，最后很可能是在不同的地点遭到同样的封杀。

事实上，欧美设置贸易壁垒的对象并不是仅仅针对中国，东盟国家也同样可能遭遇来自发达国家的“阻击”。我国纺织企业在海外寻求“避风港”的意图一旦被发达国家识破，投资所在国必然也会遭到反倾销等手段的指控。

鞋类就是一个最好的例子：2005 年夏天，欧盟分别对中国生产的劳保鞋和部分皮鞋进行反倾销调查，其中皮鞋涉案金额高达 7 亿多欧元，涉案企业 1 200 家。正当我国企业寄希望于在东盟投资建厂“曲线出口”的时候，接受产业转移最多的越南最近也被欧盟委员会列为反倾销调查的对象，令不少打算在越南大干一场的中国鞋企措手不及，有些企业甚至已经准备把工厂低价盘出去。

此外，大部分东盟国家欢迎投资的是科技含量和附加值较高的产业，对蜂拥而至的我国原料加工型企业持观望态度，一旦我国纺织企业抢夺了东道国的出口市场或者挤垮了本土企业，便会遭到种种歧视性干扰政策的排斥。

汽车组装产业在越南市场的困境很能说明问题：近年来，越南汽车市场掀起了“中国热”，30 多家汽车组装企业的进口零配件绝大部分来自中国，引起了本土汽车企业的恐慌和打压。越南工业部在对 36 家企业进行突击性检查后称，只有 14 家企业达到越南标准。

纺织品可能比汽车零配件遇到的麻烦还要大得多，广东省纺织品进出口集团负责人认为，目前，纺织品在越南、泰国、老挝等东盟国家出口贸易中占有重要地位，但随着拥有规模优势和资本优势的我国直接投资企业的介入，原来的“蛋糕”将被重新切分，外来企业必然面临东道国的种种刁难和排挤。

此外，由于东盟国家投资环境差异性很大，急于寻找出口新渠道的我国纺织企业很容易陷入“走出去易、站得稳难”的尴尬局面。东盟各国的投资体制、产业基础、配套条件和劳动力素质等各不相同，有些看似充满商机的“乐土”却是布满危机的“泥潭”。

中越边境城市崇左市商务局副局长严耀新说，事实上，外商在越南申请办理投资项目和生产经营活动过程中会遇到诸多意想不到的问题，如进口关税政策多变，越南进口关税政策经常会随着其产业政策的调整或为保护其国内企业利益而变动，而企业在申请投资和生产经营过程中，除按规定应交付的各种费用外，大量的其他额外收费现象普遍存在。

资料来源：李嘉，车晓蕙．纺织业“曲线出口”暗藏隐忧．中华合作时报，2006-01-25（3）．

第四节 亚 投 行

亚洲基础设施投资银行（Asian Infrastructure Investment Bank，简称亚投行，AIIB）是一个政府间性质的亚洲区域多边开发机构，重点支持基础设施建设，成立宗旨是促进亚洲区域的建设互联互通化和经济一体化的进程，并且加强中国及其他亚洲国家和地区之间的合作，是首个由中国倡议设立的多边金融机构，总部设在北京。

亚投行的治理结构分理事会、董事会、管理层三层。理事会是最高决策机构，每个成员在亚投行有正副理事各一名。董事会有 12 名董事，其中域内 9 名，域外 3 名。管理层由行长和 5 位副行长组成。

截至 2015 年 12 月 25 日，包括缅甸、新加坡、文莱、澳大利亚、中国、蒙古国、奥地利、英国、新西兰、卢森堡、韩国、格鲁吉亚、荷兰、德国、挪威、巴基斯坦、约旦等在内的 17 个意向创始成员方（股份总和占比 50.1%）已批准《亚洲基础设施投资银行协定》（以下简称《协定》）并提交批准书，从而达到《协定》规定的生效条件，即至少有 10 个签署方批准且签署方初始认缴股本总额不少于总认缴股本的 50%，亚洲基础设施投资银行正式成立。截至 2020 年 7 月，亚投行有 103 个成员，包括 87 个正式成员和 16 个意向成员。

亚投行 2015 年年底正式成立，2016 年 1 月开业，当时有 57 个创始成员，此后经历了四轮扩容。

2017 年 3 月 23 日，亚投行宣布批准比利时、加拿大、埃塞俄比亚、匈牙利、爱尔兰、秘鲁、苏丹、委内瑞拉、阿富汗、亚美尼亚、斐济、中国香港和东帝汶 13 个新成员加入，成员总数达到 70 个。

2017 年 5 月 13 日，亚投行宣布批准 7 个新成员加入亚投行，成员总数达到了 77 个。在新成员名单中，有三个亚太区域内国家和四个亚太区域外国家，他们分别是巴林、塞浦路斯、萨摩亚、玻利维亚、智利、希腊和罗马尼亚。

2017 年 6 月 16 日，亚投行第二届理事会年会在韩国开幕，理事会批准汤加、阿根廷和马达加斯加成为亚投行新成员。至此，亚投行成员总数扩至 80 个。

2017 年 12 月 19 日，亚投行理事会宣布批准通过库克群岛、白俄罗斯、瓦努阿图和厄瓜多尔 4 个成员加入亚投行。

思考题

1. 区域经济一体化有哪种形式？
2. 简述关税同盟静态效果。
3. 试述区域经济一体化对国际贸易的影响。
4. 分析欧盟东扩的原因，并论述其东扩对我国的影响。

下　　篇

国际贸易实务

第十一章

国际贸易术语与国际贸易惯例

第一节　国际贸易术语与国际贸易惯例概述

一、国际贸易术语的概念及作用

国际贸易商品价格构成中，除了要表明每一计量单位的价格、金额外，还要表明买卖双方在货物交接过程中各自的有关责任、费用和风险的划分等。

（一）定义

国际贸易术语（Trade Terms）也称为价格术语、价格条件，它是指用短语或英文缩写来说明商品的价格构成及买卖双方在货物交接过程中的有关责任、费用和风险划分问题的专门用语。

这一定义包含两层含义：第一层含义，贸易术语说明了商品的价格构成，卖方所报价格是否包含运费、保险费、装卸费，是离岸价还是到目的港的价格。如用 FOB，货价中不包含运费、保险费，称离岸价，运费、保险费要由买方承担。CIF 则相反，运费、保险费都已包含在货价中，由卖方承担。第二层含义，国际贸易术语是买卖双方在货物交接过程中，关于交货地点、责任、费用和风险如何划分的专门用语。

（二）国际贸易术语的作用

国际贸易术语是在长期的国际贸易实践中逐渐发展形成的，作为全世界国际贸易商人的统一专门用语，大大简化了交易程序，提高了交易效率，降低了交易成本，有力地促进了国际贸易的发展，在国际贸易中具有重要的作用。

二、有关国际贸易术语的国际贸易惯例

（一）国际贸易惯例的概念

国际贸易惯例是在国际贸易的长期实践中逐步发展、形成的具有普遍意义的一些习

惯做法和解释，经过有关国际组织的编纂与解释成为规则、条文，并为较多的国家或贸易团体所熟悉、承认和采用。

（二）国际贸易惯例的性质

（1）它不是各国的共同立法，也不是某一国的法律，不具有法律的强制性。

（2）当买卖双方在合同中援引某项惯例时，则该惯例即具有法律效力，对双方均有约束力，有法律强制性。

（3）如合同中未引入某项惯例时，惯例仍有约束力。

在执行合同发生争议时，法院判决、仲裁机构仲裁往往以惯例作为准则进行裁决，因此这些惯例实际上有一定的影响力，特别是目前的新趋势，某些国际公约或某些国家以立法的形式直接赋予惯例法律效力。如我国的法律规定，凡是中国法律没有规定的情形则适用国际贸易惯例。《联合国国际货物销售合同公约》（以下简称《公约》）规定，合同没有排除的惯例，已经知道或应当知道的惯例和经常使用反复遵守的惯例对双方当事人均有约束力。(《公约》第9条："(1) 双方当事人业已同意的任何惯例和他们之间确立的任何习惯做法，对双方当事人均有约束力。(2) 除非另有协议，双方当事人应视为已默示地同意对他们的合同或合同的订立适用双方当事人已知道或理应知道的惯例，而这种惯例在国际贸易上已为有关特定贸易所涉同类合同的当事人所广泛知道并为他们所经常遵守。"）因此，熟悉并掌握有关的国际贸易惯例并按照惯例来进行国际贸易业务的操作，具有非常重要的意义。

（4）如果合同的条款与惯例有冲突，将遵循合同优先于惯例的原则。

（5）遵循"契约至上、契约自由"的原则，合同双方当事人在签订合同时也可以作出与惯例不同的规定。

（三）关于国际贸易术语的国际贸易惯例

1.《1932年华沙—牛津规则》"Warsaw-Oxford Rules 1932"

这是国际法协会制定的，专门用以解释CIF这一贸易术语。从19世纪中叶起，CIF贸易术语在国际贸易中得到了广泛运用，但由于这一贸易术语中买卖双方各自承担的义务没有统一的规定和解释，在交易中经常发生争议和纠纷，因而国际法协会于1928年在波兰首都华沙起草并制定CIF统一规则。其后，于1932年牛津会议上，将此规则定为21条，更名为《1932年华沙—牛津规则》，沿用至今。

《1932年华沙—牛津规则》在总则中说明，这一规则并无法律约束力，仅供双方自愿采用，凡明示采用本规则的，合同当事人应按照本规则的规定办理。在买卖合同中，经双方当事人协议，可以作出与该规则不同的规定，也可以对本规则的任何一条进行变更、修改或增添。如本规则与合同发生冲突，以合同为准。但合同中没有规定的事项，应按本规则办理。

2.《1990年美国对外贸易定义修订本》"Revised American Foreign Trade Definition 1990"

（1）制定人——美国九个贸易团体

九个贸易团体包括美国商会、美国进口商协会、美国对外贸易协会等。

（2）内容——六种术语

EX（Point of Origin）：产地交货；

FOB（Free on Board）：在运输工具上交货；

FAS（Free Alongside）：在运输工具旁边交货；

C&F（Cost and Freight）：成本加运费；

CIF（Cost，Insurance and Freight）：成本加保险费、运费；

EX DOCK（Named Port of Importation）：目的港码头交货；

该惯例适用地区：北美、一些拉丁美洲国家。

（3）该惯例与 Incoterms® 2020 的区别

① FOB——FOB Vessel。

《1990 年美国对外贸易定义修订本》的 FOB 可以在任何一种运输工具上交货，如火车、卡车等。只有在 FOB 后加 Vessel 才与 Incoterms® 2020 的 FOB 概念一致。

② FAS——FAS Free Alongside Ship。

《1990 年美国对外贸易定义修订本》的 FAS 可以在任何一种运输工具上交货，如火车、卡车等。只有在 FAS 后加 Vessel 与 Incoterms® 2020 的 FAS 概念一致。

3.《国际贸易术语解释通则 2020》

《国际贸易术语解释通则》简称 Incoterms®或《通则》，是目前使用最广泛、影响最大、最重要的一个国际贸易惯例，本书所提到的贸易术语的解释都以该通则为准。该通则最早发布于 1936 年，后经多次修订。最新的一次修订是 2020 年 1 月 1 日生效的《国际贸易术语解释通则 2020》（Incoterms® 2020 或《2020 通则》）。

（1）制定人——国际商会（International Chamber of Commerce，ICC）。

（2）2020 版生效时间——2020 年 1 月 1 日，是目前最新的一次修改，也为第八次修改。

（3）1990 年修订时，主要内容包含 13 个贸易术语。Incoterms® 2010 改为 11 个贸易术语，删去了原来 D 组的 DAF、DES、DEQ 和 DDU，新增加了 DAT 和 DAP。Incoterms® 2020 仍然保持 11 个贸易术语，删去了原来 D 组的 DAT，新增加了 DPU。Incoterms® 2020 把这 11 个贸易术语分成两组（见表 11-1）。一组是可以适用于任何运输方式或多种运输方式的术语：EXW、FCA、CPT、CIP、DAP、DPU 与 DDP。另一组为适用于海运及内河水运的术语：FAS、FOB、CFR 与 CIF。

表 11-1　Incoterms® 2020 术语分类

第一组	适用于任何运输方式或多种运输方式	EXW、FCA、CPT、CIP、DAP、DPU、DDP
第二组	适用于海运及内河运输	FAS、FOB、CFR、CIF

这 11 个贸易术语是参照被应用的运输方式，或者是参照货物在卖方和买方之间所确立的交付地点而划分的。

4 个适合海运的贸易术语是专门用于卖方在海港或内河港口把货物移交给海上货物承运人，在该海港或内河港口视为卖方已将货物交付给买方以便进行海运或内河水运。

当这些术语被使用时，有关货物灭失的风险从该港口起就由买方承担。

7 个所谓多式联运贸易术语是专门用于卖方在某个地点将货物移交给承运人，或者在某个地点承运人将货物移交给买方（或者在上述两个地点），而这些地点不是海港或内河港口。在这 7 个贸易术语当中，每一个贸易术语中的风险转移地点都不同。

Incoterms® 2020 仍然保留 Incoterms® 2010 所呈现的顺序，但要强调这两组贸易术语规则的区别，以便贸易术语规则能够针对特定销售合同的类型得到正确的使用。

（4）Incoterms® 2020 的特点

Incoterms® 2020 一个很重要的特点是其中所涉及的国际贸易术语对国际和国内货物买卖合同均可适用。像欧盟这样的区域性贸易组织的出现使国际贸易术语必须在适用于国际贸易的同时也能适用于国内贸易。在货物销售合同中援引 Incoterms® 2020，可以在诸如风险、费用以及运输和海关清关安排等方面清晰界定当事人相应的义务，从而减少法律纠纷发生的可能性。

① 适应电子商务发展的需要。1990 年版的贸易术语颁布以来，其从法律上承认了电子单据的效力，在每个贸易术语下均规定：可以用 EDI①（Electronic Data Interchange）电子单据代替传统的纸质单据。

② 适应运输方式发展和变革的需要。随着集装箱运输的发展，货物的交接地点也从传统的“港—港”交接逐渐转向“门—门”的交接，即从发货人工厂一直到达目的地收货人的接收地。它可适应以集装箱运输为基础的国际多式联运。

在这种形势下，国际商会新制订的 FCA、CPT 和 CIP 三个贸易术语具有同 FOB、CFR 和 CIF 相同的性质，所不同的是它们能够适用于任何一种运输方式，特别适用于国际多式联运。

（5）2020 年版与 2010 年版相比的主要变动。

相比之前版本的《2010 通则》，《2020 通则》还是有一些实质性的变化。国际商会在《2020 通则》中对《2010 通则》所作出的修改包括：

① FCA 在 Incoterms® 2020 中约定了已装船批注提单；

② 费用在 Incoterms® 2020 中显示在每一个贸易术语的 A9/B9 条款中；

③ CIF 和 CIP 的不同保险范围；

④ 在 FCA、DAP、DPU、DDP 中使用卖方或买方自己的运输工具来安排运输；

⑤ 将 DAT 改为 DPU；

⑥ 将与安全有关的要求纳入运输义务和费用内；

⑦ 升级“使用说明”为“用户解释说明”。

第二节　装运港交货的三个常用贸易术语

在国际贸易中，我们使用最多的贸易术语是 FOB、CFR 和 CIF。这三个贸易术语是

① EDI 即电子数据交换，它是指按照协议，对具有一定结构的标准信息，经过电子数据通信网络，在商业伙伴的电子计算机系统之间进行交换和自动处理。

国际贸易史上渊源最久远的贸易术语。在现代国际贸易中，它们已经升华为象征性交货的贸易术语。所谓象征性交货，也就是以单据的买卖代替了货物的买卖，卖方以交单代替了交货，买方凭单付款。象征性交货开创了国际贸易的新纪元。理解什么是象征性交货才能理解现代的国际结算、信用证交易。

我们把 FOB、CFR 和 CIF 作为一节来论述，是因为这三个贸易术语在性质上是一样的，有着共同的规律，可以从以下六个方面来看：

第一，这三个贸易术语都是适用于港到港的海洋运输。

第二，卖方的交货地点都是在出口国的装运港船上。

第三，风险的划分都是在出口国装运港以货物装上船为界。

第四，都是象征性交货的贸易术语，即以单据的买卖为核心，以交单代替了交货。

第五，都是属于装运港交货条件的术语，即卖方只要在装运港把货物装上船就完成了交货义务，风险就转移给了买方。

第六，以这三个贸易术语签订的买卖合同都是属于装运合同，也就是卖方只管按时装运，不管何时到达。

一、FOB

全称：Free on Board（... Named Port of Shipment）Incoterms® 2020。

中译名：船上交货（……指定装运港）。

采用此术语时，后面一定要加注装运港名称，如 FOB Fuzhou。

该术语仅用于海运或内河水运。

（一）定义

卖方在合同规定的装运港和期限内把合同规定的货物装到买方指定的船上，并负担货物装上船为止的一切费用和风险。

到目的港的运输和投保由买方自行安排，承担运费和保险费。风险在货物装上船时，即由卖方转移至买方。

FOB 可能不适合于货物在装上船前已经交给承运人的情况，例如用集装箱运输的货物通常是在集装箱码头交货，在此类情况下，应当使用 FCA 术语。

如适用时，FOB 要求卖方出口清关。但卖方无义务办理进口清关、支付任何进口税或办理任何进口海关手续。

（二）买卖双方义务

1. 卖方义务

（1）负责在合同规定的装运港和规定的期限内（日期内），将货物装上买方指定的船只并及时通知买方。

（2）负担货物装上船前的一切费用和风险。

（3）负责办理出口报关手续，提供出口国政府或有关方面签署的证件。

（4）负责提供有关货运单据或 EDI 电子信息。

（5）直至交货之时，卖方必须遵守任何与运输有关的安全要求。

2. 买方义务

（1）负责租船或订舱，支付运费，并将船期、船名及时通知卖方。

（2）负责货物装上船后的一切费用和风险。

（3）接受卖方提供的有关货运单据，并按合同规定支付货款。

（三）使用 FOB 术语注意的问题

1. 船货衔接

因为 FOB 术语下，是由买方来负责租订运输工具，所以船货衔接至关重要。买方租订运输工具后要及时告知卖方运输的有关信息，以便卖方做好备货工作；卖方将货物装上运输工具后，也应及时发送装运通知，以便买方做好投保和接货工作。

2. 交货和风险

“船上交货”是指卖方通过以下方式向买方完成交货：

（1）在指定装运港将货物装上由买方指定的船舶。

（2）取得已经如此交付的货物。“取得”一词适用于交易链中的多层销售（链式销售），在大宗商品贸易中尤其常见。

3.《1990 年美国对外贸易定义修订本》和 Incoterms® 2020 对 FOB 贸易术语的不同解释

（1）交货地点不同

Incoterms® 2020 一定是在码头船上交货，而按照《1990 年美国对外贸易定义修订本》的解释，FOB 贸易术语可以在任何运输工具上交货，不仅限于船上，交货的地点有六个，如可以在长途汽车站、火车站等，只有其中第五个是在装运港船上交货，如果要与 Incoterms® 2020 的解释一致，则应在 FOB 和港名之间加上“Vessel”字样，如 FOB Vessel New York。

（2）办理出口报关手续的承担者不同

按照 Incoterms® 2020 的解释，在 FOB 条件下，卖方要自负风险和费用，办理海关出口手续；按照《1990 年美国对外贸易定义修订本》的解释，卖方只是在买方请求并由其负担费用的情况下，协助买方取得由原产地及/或装运地国家签发的、为货物出口或在目的地进口所需的各种证件”。

二、CIF

全称：Cost Insurance and Freight（... Named Port of Destination）Incoterms® 2020。

中译名：成本、保险费加运费（……指定目的港）。

这个贸易术语在后面要加注目的港名称：如 CIF London。

该术语仅用于海运或内河水运。

以 CIF 术语签订的买卖合同为装运港交货条件，属于“装运合同”。CIF 是典型的象征性交货术语。

过去有人把它称为“到岸价”是不正确的。因为 CIF 贸易术语和 FOB 贸易术语一样，卖方的交货地点都是在出口国装运港，并不是在目的港。

（一）定义

卖方负责租船订舱，并按照合同规定的装运期或期限将合同规定的货物装到运往约定目的港的船上，办理保险手续，负责支付运费和保险费并负担货物在装运港装上船前的一切费用和风险（风险在装运港货物装上船时转移）。

需要注意的是：FOB、CIF 和 CFR 三个贸易术语风险转移的界限是一样的。

CIF 可能不适合于货物在装上船前已经交给承运人的情况，例如用集装箱运输的货物通常是在集装箱码头交货。在此类情况下，应当使用 CIP 术语。

如适用时，CIF 要求卖方办理出口清关。但卖方无义务办理进口清关、支付任何进口税或办理任何进口海关手续。

（二）买卖双方的义务

1. 卖方义务

（1）负责租船订舱，签订从指定装运港承运货物的合同。在合同规定的时间和港口，将合同要求的货物装上船或者取得已经如此交付的货物，并支付至目的港的运费；装船后须及时通知买方。

（2）负担货物在装运港装上船前的一切费用和风险。

（3）按照买卖合同的规定，负责办理运输保险，支付保险费。

（4）负责办理出口报关手续并自负风险和费用，取得出口许可证或其他官方批准文件，负责办理货物出口所需的一切海关手续。

（5）提供有关货运单据，商业发票或相等的电子信息、电子单据。

（6）直至交货之时，卖方必须遵守任何与运输有关的安全要求。

2. 买方义务

（1）负担货物在装运港装上船后的一切费用和风险；

（2）接受卖方提供的有关单据，受领货物，并按合同规定支付货款；

（3）办理在目的港的货物进口报关手续，自负风险和费用，取得进口许可证或其他官方证件。

（三）使用 CIF 术语注意的问题

1. 保险险别问题

卖方要为买方在运输途中货物的灭失或损坏风险办理保险。卖方办理保险是属于代办性质，如合同未做规定，只需负责投保最低险别，该保险需符合伦敦保险协会货物保险条款（C）款或其他类似条款的险别，但是双方仍然可以约定较高的险别。如买方需要更多保险保护，则需要与卖方明确达成协议，或者自行做额外的保险安排。

2. 交货地点问题

将货物装上船，或者以取得已经这样交付的方式交货。无论哪种情况，卖方都必须在约定日期或期限内、按照该港的习惯方式交货。

3. 合同中最好也规定装运港

由于风险转移和费用转移的地点不同，该术语有两个关键点。虽然合同通常都会指定目的港，但不一定都会指定装运港，而这里是风险转移至买方的地方。如果装运港对买方具有特殊意义，双方合同中应尽可能准确地指定装运港。

4. 卸货费用问题

如果卖方根据运输合同在目的港内指定地点产生了与卸货相关的费用，除非双方另有约定，卖方无权另行向买方追偿该项费用。

5. 卖方租船订舱问题

卖方必须按照通常条件订立合同，由卖方支付费用，经由通常航线，由通常用来运输该类商品的船舶运输。至于船龄、船型、船公司，买方无权指定。对买方关于船龄、船型、船级的特别要求，卖方有权拒绝。

6. 象征性交货问题

CIF 贸易术语是一个典型的象征性交货（Symbolic Delivery）的贸易术语。象征性交货是针对实际交货（Physical Delivery）而言的，它是指卖方只要按照合同规定的时间在装运港把货物装上船并向买方提交了合同规定的代表货物所有权凭证的有关单据，就算完成了交货义务。风险在货物装上船时由卖方转移给买方，卖方只负责按时装运，无须保证到货。象征性交货的核心是单据的买卖，双方交易的是单据而不是货物，也就是说，卖方只要向买方交单就是向买方交货。卖方是凭单交货，买方是凭单付款。只要卖方如期向买方提交了全套合格单据，即使货物在运输途中损坏或灭失，买方也必须履行付款义务。相反，如果卖方提交的单据不符合要求，即使货物完好无损地到达目的地，买方仍有权拒绝付款。

实际交货是指卖方要在合同规定的时间和地点，将符合合同规定的货物提交给买方或其指定的人，而不能以交单代替交货。

三、CFR

全称：Cost and Freight（... Named Port of Destination）Incoterms® 2020。

中译名：成本加运费（……指定目的港）。

采用这一术语后面要加注目的港，如 CFR London。

该术语仅用于海运或内河水运。CFR 可能不适合于货物在装上船前已经交给承运人的情况，例如用集装箱运输的货物通常是在集装箱码头交货，在此类情况下，应当使用 CPT 术语。

（一）定义

卖方负责租船订舱，在合同规定的装运港和期限内，将合同规定的货物装上运往指定目的港的船只，支付运费并负担货物在装运港装上船之前的风险。

（二）买卖双方义务

1. 卖方义务

与 CIF 相同，只是原由卖方负责办理的保险改由买方自行办理。

（1）签订从指定装运港将货物运往约定目的港的合同；在买卖合同规定的时间和港口，将合同要求的货物装上船或者取得已经如此交付的货物，并支付至目的港的运费；装船后及时通知买方。

（2）承担货物在装运港装上船前的一切费用和风险。

（3）自负风险和费用，取得出口许可证或其他官方证件，并且办理货物出口所需的一切海关手续。

（4）提交商业发票，以及自费向买方提供为买方在目的港提货所用的通常的运输单据，或具有同等作用的电子信息。

（5）直至交货之时，卖方必须遵守任何与运输有关的安全要求。

2. 买方义务

（1）接受卖方提供的有关单据，受领货物，并按合同规定支付货款。

（2）承担货物在装运港装上船后的一切风险。

（3）自负风险和费用，取得进口许可证或其他官方证件，并且办理货物进口所需的海关手续，支付关税及其他有关费用。

（三）使用 CFR 术语注意的问题

1. 关于装运通知的重要性

卖方要及时发出装船通知以便买方办理保险，如卖方未及时发出装船通知，买方因此未办理保险，如造成损失，由卖方承担。

2. CFR 卖方的交货地点

将货物装上船，或者以取得已经以这样交付的方式交货。无论哪种情况，卖方都必须在约定日期或期限内按照该港的习惯方式交货。

3. 合同中最好也规定装运港

由于风险转移和费用转移的地点不同，该术语有两个关键点。虽然合同通常都会指定目的港，但不一定都会指定装运港，而这里是风险转移至买方的地方。如果装运港对买方具有特殊意义，双方合同中应尽可能准确地指定装运港。

4. 卸货费用

如果卖方根据运输合同产生了在目的港内指定地点与卸货相关的费用，除非双方另有约定，卖方无权另行向买方追偿该项费用。

5. 卖方租船订舱问题

卖方必须按照通常条件订立合同，由卖方支付费用，经由通常航线，通常用来运输该类商品的船舶运输。至于船龄、船型、船公司，买方无权指定。对买方关于船龄、船型、船级的特别要求，卖方有权拒绝。

6. 象征性交货问题

CFR 贸易术语也是象征性交货的贸易术语。

第三节　向承运人交货的三个贸易术语

向承运人交货的贸易术语是 FCA、CPT 和 CIP。这三个贸易术语都是在出口国货交承运人时使用，在性质上有以下共同点：

第一，这三个贸易术语都是适合于包括海洋运输在内的任何一种运输方式。

第二，这三个贸易术语都是在出口国装运地货交承运人。

第三，这三个贸易术语风险划分都是以出口国装运地货交承运人为界。

第四，这三个贸易术语都是出口国装运地的交货条件。

第五，以这三个贸易术语签订的买卖合同都是装运合同。

这三个贸易术语与 FOB、CFR 和 CIF 在性质上是相近的，只不过适用的运输方式有所不同。

FCA、CPT 和 CIP 适用于包括海洋运输在内的任何一种运输方式。

一、FCA

全称：Free Carrier (... Named Place of Delivery) Incoterms® 2020。

中译名：货交承运人（……交货地点）。

该术语可适用于任何运输方式，也可适用于国际多式联运。出口国装运地英文是 Place 而不是 Port 的原因在于：FCA 贸易术语不限于码头、船上交货，可以在出口国任何地点交货，但性质上类似于 FOB。因此，FOB 规则不适合货物在交到船上之前已经移交给承运人的情形，如在集装箱终端被交给承运人，在这种情况下，双方应当考虑使用 FCA 规则，而非 FOB 规则。

（一）定义

买方要自费订立从指定地点起运的运输合同，并及时通知卖方。卖方在规定的时间、地点把货物交给买方指定的承运人，并办理出口手续后就完成了交货。

（1）交货地点：出口国内地或港口货交承运人。

（2）风险转移：货交承运人时风险由卖方转移至买方。

（3）承运人指两种人：① 在运输合同规定的铁路、海洋、内河运输或联合运输方式中，实际履行运输义务的承运人；② 运输代理人。

（二）买卖双方的义务

1. 卖方义务

（1）在合同规定的时间、地点，将合同规定的货物交付给买方指定的承运人或者以取得已经如此交付货物的方式交货，并及时通知买方。

（2）承担将货物交给承运人控制之前的一切费用和风险。

（3）自负风险和费用，取得出口许可证或其他官方批准证件，并办理货物出口所需的一切海关手续。

（4）提交商业发票或具有同等作用的电子信息，并自费提供通常的交货凭证。

（5）卖方必须在完成交货之前遵守任何与运输有关的安全要求。

2. 买方义务

（1）签订从指定地点承运货物的合同，支付有关的运费，并将承运人名称及有关情况及时通知卖方。

（2）根据买卖合同的规定受领货物并支付货款。

（3）承担受领货物之后所发生的一切费用和风险。

（4）自负风险和费用，取得进口许可证或其他官方证件，并且办理货物进口所需的海关手续。

（三）使用 FCA 术语注意的问题

1. 关于交货地点

按照 Incoterms® 2020 的解释，交货地点的选择直接影响到装卸货物的责任划分问题。卖方必须在约定日期或期限内，在指定地点或指定地点的约定点（如有约定），将货物交付给买方指定的承运人或其他人。如果双方约定的交货地点是在卖方的所在地，货物装上买方提供的运输工具时，交货完成。在任何其他情况下，则当货物在卖方的运输工具上可供卸载，并可由承运人或买方指定的其他人处置时，卖方的交货即告完成。

2. 风险转移问题

采用 FCA 术语成交时，买卖双方的风险划分是以货交承运人为界，如果 FCA 贸易术语是由买方指定承运人，买方没有在约定的时间安排承运人，其后的风险是由谁承担？Incoterms® 2020 的解释是，自规定的交付货物的约定日期或期限届满之日起，由买方承担货物灭失或损坏的一切风险，但以货物已被划归本合同项下为前提条件。但如果由于买方的原因，卖方无法按时完成交货义务，只要货物已被“清楚确定为合同项下的货物”，那么风险转移的时间可以前移。

FCA 贸易术语风险转移以出口国货交承运人为界，即使 FCA 第一程为海洋运输也是如此。

3. 责任和费用划分问题

FCA 适用于包括多式联运在内的各种运输方式，卖方交货的地点也因采用的运输方式不同而不同。有时，卖方须在出口国的内陆，如车站、机场或内河港口办理交货。不论在何处交货，根据 Incoterms® 2020 的解释，卖方都要自负风险和费用，取得出口许可证或其他官方批准证件，并办理货物出口所需的一切海关手续。

在 FCA 条件下，买卖双方承担的费用一般也是以货交承运人为界进行划分，即卖方负担货物交给承运人控制之前的有关费用，买方负担货交承运人之后的各项费用。

如买方未能在合同规定的时间指定承运人，则之后的费用由买方承担。但以货物清楚地确定为合同项下的货物为限。

卖方要负责办理出口许可证和出口报关手续，自负费用，自担风险，卖方可接受委托寻找承运人。

4. FCA Incoterms® 2020 中约定了已装船批注提单

合同约定采用 FCA 贸易术语，而货物经由海运方式运输，卖方或买方（如使用信用证方式支付或者更可能是他们的银行）可能需要已装船提单。然而，FCA 术语下卖方的交货义务在货物装船前已经完成，无法确定卖方能否从承运人处获取已装船提单。Incoterms® 2020 FCA 规则中的 A6/B6 现在提供了一个附加选项，买方和卖方可以约定，买方将指示其承运人在货物装船后向卖方签发已装船提单，然后卖方有义务，通常通过银行，向买方提交提单。

此外，应强调的是，及时采用该可选机制，卖方对买方无订立运输合同的义务。然而，应买方要求并由其承担风险和费用，卖方必须向买方提供卖方拥有的买方为了安排运输所需要的任何信息，包括与运输有关的安全要求。如有约定，卖方必须按照通常条件订立运输合同，由买方承担风险和费用。

5. FCA Incoterms® 2020 中规定了允许买方使用自己的运输工具安排运输

在 Incoterms® 2010 规则中，始终设定卖方和买方之间的货物运输将由第三方承运人实施，而未考虑卖方或买方自行负责运输的情况。

在 Incoterms® 2020 规则中，则考虑到在某些情况下，虽然货物要从卖方运往买方，但仍然可以在根本不需要雇用任何第三方承运人的情况下进行运输。因此，FCA 贸易术语允许买方使用自己的运输工具收货并运往买方所在地。

（四）FCA 与 FOB 的异同点

1. 相同点

（1）这两个贸易术语都是由买方负责运输和保险，在价格构成上都不包含运费和保险费。

（2）这两个贸易术语都属于出口国装运港（地）交货条件。

（3）以这两个贸易术语签订的买卖合同，都是装运合同。

2. 不同点

（1）适用的运输方式不同：FOB 只适用于港到港的海洋运输；FCA 适用于包括海洋运输方式在内的一切运输方式。

（2）交货地点不同：FOB 交货点是在装运港船上；FCA 交货点是出口国装运地货交承运人。

（3）风险划分的地点不同：FOB 是货物在装运港以装上船为界；FCA 是在出口国装运地货交承运人。

（4）其他不同点：FOB 是象征性交货的贸易术语；FCA 情况比较复杂，在单纯海洋运输的情况下可以做成可转让提单，可以作为象征性交货术语，在其他运输方式下不属于象征性交货。

二、CPT

全称：Carriage Paid To (... Named Place of Destination) Incoterms® 2020。

中译名：运费付至（……指定目的地）。

该术语可适用于任何运输方式，也可适用于国际多式联运。

在使用 CPT 术语时，当卖方将货物交付给承运人，而不是当货物到达目的地时，即完成交货。

（一）定义

卖方要自负费用订立货物运往目的地指定地点的运输契约，并负责按合同规定的时间将货物交给承运人（在多式联运的情况下，交给第一承运人）处置之下或以取得已经如此交付的货物的方式交货，即完成交货。交货后及时通知买方。

风险转移的地点：货交承运人处置后风险转移至买方，与 FCA 和 CIP 相同。

交货地点：出口国的内陆、港口、车站。

在 CPT 贸易术语中，卖方要负责安排将货物运到目的地，但卖方交货的地点还是在出口国货交承运人。

（二）买卖双方义务

1. 卖方义务

（1）订立将货物运往指定目的地的运输合同，并支付有关费用。

（2）在合同规定的时间、地点，将合同规定的货物置于承运人控制之下或以取得已经如此交付的货物的方式交货，并及时通知买方。

（3）承担将货物交给承运人控制之前的风险。

（4）承担风险和费用，取得出口许可证等有关文件，办理报关手续，支付关税、报关费。

（5）提交商业发票，以及目的地提货所需的通常的运输单据或相等作用的电子信息。

（6）卖方必须在完成交货之前遵守任何与运输有关的安全要求。

2. 买方义务

（1）接受卖方提供的有关单据，受领货物并按合同规定支付货款。

（2）承担自货物在约定交货地点交给承运人之后的风险。

（3）自负风险和费用，取得进口许可证或其他官方证件，办理进口报关手续。

（三）使用 CPT 术语注意的问题

1. 风险划分的界限

按照 CPT 贸易术语，卖方要负责从装运地到指定目的地的运输，并承担运费，但是卖方承担的风险仍然是在出口国货交承运人为限。按照 Incoterms® 2020 的解释，货物自交货地点至目的地的运输途中的风险由买方承担，而不是卖方，卖方只承担货物交给承运人控制之前的风险。在多式联运的情况下，卖方承担的风险自货物交给第一承运人控制时即转给买方。Incoterms® 2020 规定："由于风险转移和费用转移的地点不同，该术语有两个关键点。特别建议双方尽可能确切地在合同中明确交货地点，风险在这里转移至买方，以及指定目的地（卖方必须签订运输合同运到该目的地）。如果运输到约定目的地涉及多个承运人，且双方不能就指定交货点达成一致时，可以推定：当卖方在某个完全由其选择且买方不能控制的点将货物交付给第一个承运人时，风险转移至买方。如双方希望风险晚些转移的话（例如在某海港或机场转移），则需要在其买卖合同中订明。"

2. 责任和费用划分的问题

按照 CPT 贸易术语的规定，卖方要承担将货物运到目的地的运输费用。卖方将货物交给承运人之后，应向买方发出货已交付的通知，以便买方投保，并且在目的地受领货物。如果双方未能确定目的地买方受领货物的具体地点，卖方可以在目的地选择最适合其要求的地点。

Incoterms® 2020 关于目的地的卸货费有新的提法："由于卖方需承担将货物运至目的地该点的费用，特别建议双方尽可能确切地订明约定的目的地内的该点。建议卖方签订的运输合同应能与所做选择确切吻合。如果卖方按照运输合同在指定的目的地卸货发生了费用，除非双方另有约定，卖方无权向买方要求偿付。"

（四）CPT 与 CFR 的异同点

1. 相同点

（1）这两个贸易术语都是由卖方负责安排到目的地的运输，承担运费，由买方自己投保，承担保费。

（2）这两个贸易术语都是装运港（装运地）交货条件。

（3）以这两个贸易术语签订的买卖合同都是装运合同。

2. 不同点

（1）适用的运输方式不同：CFR 适用于港到港的海洋运输，CPT 适用于任何一种运输方式，包括海运。

（2）交货地点不同：CFR 交货点为出口国装运港船上，CPT 交货点为出口国货交承运人。

（3）风险划分不同：CFR 风险在出口国装运港货物装上船时转移至买方，CPT 在出口国货交承运人时风险转移至买方。

三、CIP

全称：Carriage Insurance Paid to（... Named Place of Destination）Incoterms® 2020。

中译名：运费、保险费付至（……指定目的地）。

该术语可适用于任何运输方式，也可适用于国际多式联运。

在使用 CIP 术语时，当卖方将货物交付给承运人，而不是当货物到达目的地时，即完成交货。

（一）定义

卖方要负责订立运输契约并支付将货物运达指定目的地的运费，还要办理货运保险，支付保险费。卖方在合同规定的装运期内将货物交给承运人或以取得已经如此交付的货物的方式交货，即完成交货义务。交货后及时通知买方，风险于交货时转移给买方。

（二）买卖双方的义务

1. 卖方义务

（1）订立将货物运往指定目的地的运输合同，并支付有关运费。

（2）在合同规定的时间、地点，将合同规定的货物置于承运人的控制之下或以取得已经如此交付的货物的方式交货，并及时通知买方。

（3）承担将货物交给承运人控制之前的风险。

（4）按照买卖合同的约定，自负费用投保货物运输险。

（5）自负风险和费用，取得出口许可证或其他官方批准证件，并办理货物出口所需的一切海关手续，支付关税及其他有关费用。

（6）提交商业发票和在约定目的地提货所需的通常的运输单据或具有同等作用的电子信息，并且自费向买方提供保险单据。

（7）卖方必须在完成交货之前遵守任何与运输有关的安全要求。

2. 买方义务

（1）接受卖方提供的有关单据，受领货物，并按合同规定支付货款。

（2）承担自货物在约定地点交给承运人控制之后的风险。

（3）自负风险和费用，取得进口许可证或其他官方证件，并且办理货物进口所需的海关手续，支付关税及其他有关费用。

（三）使用 CIP 术语注意的问题

1. 关于保险问题

Incoterms® 2020 规定："卖方还必须为买方在运输途中货物的灭失或损坏风险签订保险合同。"按照 CIP 贸易术语的规定，要求卖方必须取得符合伦敦保险协会货物保险条款（A）款的保险险别或其他类似的保险条款，当然，双方当事人也可以自由商定较低的保险险别。

2. 风险转移的问题

Incoterms® 2020 规定，由于风险转移和费用转移的地点不同，该术语有两个关键点。特别建议双方尽可能确切地在合同中明确交货地点（风险在这里转移至买方）以及指定的目的地（卖方必须签订运输合同将货物运到该目的地）。如果运输到约定目的地涉及多个承运人，且双方不能就特定交货点达成一致时，可以推定：当卖方在某个完全由其选择且买方不能控制的点将货物交付给第一个承运人时，风险转移至买方。如双方希望风险晚些转移（例如在某海港或机场转移），则需要在买卖合同中订明。

3. 目的地卸货费由卖方承担

Incoterms® 2020 关于目的地卸货费的提法：由于卖方需承担将货物运至目的地该点的费用，特别建议双方尽可能确切地订明约定的目的地内的该点。建议卖方签订的运输合同应能与所做选择确切吻合。如果卖方在其运输合同项下承担了在指定目的地的相关卸货费用，除非双方另有约定，卖方无权另行向买方追偿该费用。

（四）CIF 与 CIP 的异同点

1. 相同点

（1）两者的价格构成中都包含了通常的运费和保险费，卖方都要负责安排到目的港（地）的运输，负责投保，支付有关运费和保险费。

（2）两者交货地点都是出口国装运港或装运地，也可称为装运港或装运地交货条件。

（3）两者签订的买卖合同均为装运合同。

2. 不同点

（1）是否为象征性交货。CIF 为典型的象征性交货；CIP 在除了海洋运输之外，其他运输方式下不属于象征性交货。

（2）适应运输方式不同。CIF 专门适用于海洋运输；CIP 适用于包括海洋运输在内的各种运输方式，尤其适用国际多式联运。

（3）交货地点不同。CIF 交货地点为出口国装运港船上，CIP 为出口国装运地（包括装运港）货交承运人。

（4）风险划分不同。CIF 以装运港货物装上船为界，CIP 为出口国货交承运人。

（5）两者的保险不一样。CIF 单纯为海洋运输保险，CIP 可能牵涉到陆运险或航空险，如果用海洋运输还包括海运险。

本节和上一节介绍的六个常用贸易术语买卖双方应承担的责任及风险和费用划分可列表比较（见表 11-2）。

表 11-2　　六个贸易术语异同

比较项目	FOB、CFR、CIF	FCA、CPT、CIP
运输方式	海运和内河运输	各种运输方式
承运人	船公司	船公司、铁路局、航空公司或多式联运承运人
交货地点	装运港船上	视不同运输方式而定
风险转移界限	装运港船舷	货交承运人监管后
装卸费用负担	FOB 的变形明确了装运费用由谁负担 CFR、CIF 的变形明确了卸货费用由谁负担	FCA 中由卖方负担装船费 CPT、CIP 中由卖方负担卸货费，不存在术语变形

续表

比较项目	FOB、CFR、CIF	FCA、CPT、CIP
运输单据	已装船清洁提单	已装船提单、海运单、内河运单、铁路运单、公路运单、航空运单或多式联运单据
后注地名	FOB 后加注装运港名称 CFR、CIF 后加注目的港名称	FCA 后加注装运地名称 CPT、CIP 后加注目的地名称

从表 11-2 可看出，FCA、CPT、CIP 三种贸易术语均是货交承运人术语，分别是在 FOB、CFR 和 CIF 三种传统的装船术语基础上发展形成的。FCA 与 FOB、CPT 与 CFR、CIP 与 CIF 的内容基本上相似，但它们在交货地点、风险转移、运输方式等方面都有不同之处。

第四节　出口国交货的其他贸易术语

一、EXW

全称：Ex Works（... Named Place of Delivery）Incoterms® 2020。

中译名：工厂交货（……指定交货地点）。

这一术语是 11 个贸易术语中卖方义务最小的一个，在我国沿海开放地区和靠近港澳的地区经常使用这一术语。

Incoterms® 2020 规定：工厂交货是指卖方通过以下方式向买方完成交货：在指定地点（如工厂或仓库）将货物交由买方处置时，并且该指定地点可以是卖方所在地，也可以不是卖方所在地。卖方不需要将货物装上任何前来接收货物的运输工具，需要清关时，卖方也无须办理出口清关手续。

需要注意的是，买方应承担自卖方所在地将货物运至预期目的地的全部费用和风险。因此，工厂交货是卖方承担责任、费用和风险最小的一种贸易术语。

EXW 本属按国内贸易的办法进行交货，但也可用于国际贸易。其适用范围很广，适合于任何一种运输方式，其中包括多式联运。

EXW 术语中由买方办理出口结关手续，不由卖方承担，所以买方就有可能承担货物被禁止出口的风险。因此，在成交之前，买方必须了解出口国的政府当局是否接受一个不居住在该国的当事人为其代表在该国办理出口结关手续，以免蒙受不必要的损失。如果买方不能直接或间接地办理货物出口手续，就不应使用这一术语，而应选用 FCA。

二、FAS

全称：Free Alongside Ship（... Named Port of Shipment）Incoterms® 2020。

中译名：装运港船边交货（……指定装运港）。

（一）定义

“船边交货”是当卖方在指定的装运港将货物交到买方指定的船边（例如置于码头或驳船上）时即为交货。货物灭失或损坏的风险在货物交到船边时发生转移，同时买方承担自那时起的一切费用和风险。

（二）使用 FAS 术语要注意的问题

（1）由于卖方承担在特定地点交货前的风险和费用，而且这些费用和相关作业费用可能因各港口惯例不同而变化，特别建议双方尽可能清楚地订明指定的装运港内的装货点。

（2）卖方应将货物运至船边或取得已经这样交运的货物。此外，使用的“取得”一词适用于商品贸易中常见的交易链中的多层销售（链式销售）。

（3）当货物装在集装箱里时，卖方通常将货物在集装箱码头移交给承运人，而非交到船边。这时，不适用 FAS 术语，而应当使用 FCA 术语。

（4）如适用，FAS 要求卖方办理出口清关手续，但卖方无义务办理进口清关、支付任何进口税或办理任何进口海关手续。

（三）交货地点

在买方指定的装运港内的装船点（如有的话），将货物置于买方指定的船舶旁边，或以取得已经在船边交付的货物的方式交货。无论哪种情况，卖方都必须在约定日期或期限内，按照该港的习惯方式交货。

如果买方没有指定特定的装货地点，卖方则可在指定装运港选择最适合其目的的装货点。如果双方已同意交货应当在一段时间内进行，买方则有权在该期限内选择日期。

（四）风险与费用划分

货物运至装运港船边前的一切费用和风险（包括驳船费用和改运过程中发生的货物风险和损失）由卖方负责。当货物交到船边后，费用和风险转移给买方。

（五）FAS 与 FOB 的异同点

1. 相同点

（1）都适用于港到港的海洋运输。

（2）都是由买方安排运输、投保，承担运费和保险费。

2. 不同点

（1）FOB 属于象征性交货，而 FAS 属于实际交货。

（2）FOB 中卖方交货的地点是在装运港的船上，而 FAS 是在装运港船边。

（3）FOB 的风险划分是在装运港以装上船为界，而 FAS 的风险划分是在装运港的船边。

（4）FOB 中由卖方负责装船，而 FAS 中卖方不承担装船费用。

（六）与《1990 年美国对外贸易定义修订本》的区别

（1）名称不同。美国定义的 FAS 中为 Along Side，而 Incoterms® 2020 中的 FAS 为 Alongside Ship。

（2）内容不同。美国定义的 FAS 可在任何运输工具旁，不一定在港口。

（3）Incoterms® 2020 中的 FAS 与美国定义的 FAS+Vessel 具有相同的意义。

第五节　目的地交货的各种贸易术语

D 组贸易术语共 3 个：DAP、DPU 和 DDP。

这三个贸易术语的共同点是：

（1）这三个贸易术语都是在进口国目的地交货的贸易术语，卖方要把货物运到进口国并实际交到买方手上。

（2）相对于象征性交货，这三个贸易术语都是实际交货的贸易术语。

（3）这三个贸易术语风险都是在进口国货物处于买方处置之下时转移。

（4）以这三个贸易术语签订的买卖合同都是到达合同。

（5）这三个贸易术语中运输和保险都由卖方来承担，在价格构成中都包含了运费和保险费。

一、DAP

全称：Delivered at Place（... Named Place of Destination）Incoterms® 2020。

中译名：运输终端交货（……指定目的地）。

该术语可适用于任何运输方式，也可适用于多种运输方式。

（一）定义

“目的地交货（指定目的地）”是指卖方必须签订运输合同或安排货物运输，在约定日期或期限内将货物运至指定目的地，从置于目的地运输工具上的货物交给买方处置时起即完成交货，此时卖方只需做好卸货准备而无需负责卸货。

（二）使用 DAP 术语应注意的问题

1. 关于精准确定交货地点或者目的地

由于卖方承担在特定地点交货前的风险，双方应尽可能确切地约定交货地或者目的地，如果卖方未能履行此义务，卖方即违反了 Incoterms® 2020 DAP 规则中的义务，并将对买方任何随之产生的损失承担责任。

2. 卸货费用

Incoterms® 2020 中规定，在 DAP 术语下，卖方不需要将货物从抵达的运输工具上卸载，但是，如果卖方按照运输合同在交货地或者目的地发生了卸货相关的费用，除非双方另有约定，卖方无权另行向买方追偿该费用。

3. 卖方不办理进口清关

DAP 要求卖方办理出口清关手续，但卖方无义务办理进口清关或交货后经由第三国过境的清关、支付任何进口关税或办理任何进口海关手续。

二、DPU

全称：Delivered at Place Unloaded (... Named Place of Destination) Incoterms® 2020。

中译名：目的地卸货后交货（……指定目的地）。

该术语可适用于任何运输方式，也可适用于多种运输方式。

（一）定义

“目的地卸货后交货（……指定目的地）”，是指卖方必须签订运输合同或安排货物运输，在约定的日期或期限内将货物运至指定目的地卸货后交给买方处置即完成交货。卖方承担在指定目的地卸货后交给买方处置之前的一切风险和费用。DAP 与 DPU 的区别在于卸货费，前者的卸货费由买方负担，后者的卸货费由卖方承担。

（二）使用 DPU 术语应注意的问题

1. 目的地的卸货费用由卖方承担

卖方必须在指定目的地的约定地点，以将货物从抵达的运输工具上卸下并交给买方处置，或以取得已经如此交付的货物的方式交货。DPU 是唯一要求卖方在目的地卸货的 Incoterms® 规则。因此，卖方应该确保其可以在指定地组织卸货。如果双方不希望卖方承担卸货的风险和费用，则不应使用 DPU 规则，而应使用 DAP 规则。

由于卖方承担在特定地点交货前的风险，双方应尽可能清楚地订明指定的目的地内的交货点。卖方订立的运输合同应能与所做选择确切吻合。如果卖方按照运输合同在目的地发生了卸货费用，除非双方另有约定，卖方无权向买方要求偿付。

2. 卖方不办理进口清关手续

如适用时，DPU 要求卖方办理出口清关手续，但卖方无义务办理进口清关或交货后经由第三国过境的清关、支付任何进口关税或办理任何进口海关手续。如果双方希望卖方办理进口清关、支付所有进口关税，并办理所有进口海关手续，则应当使用 DDP 术语。

三、DDP

全称：Delivered Duty Paid (... Named Place of Destination) Incoterms® 2020。

中译名：完税后交货（……指定目的地）。

该术语可适用于任何运输方式，也可适用于多种运输方式。

（一）定义

“完税后交货（……指定目的地）”是指当卖方在指定目的地将仍处于抵达的运输工具上，但已完成进口清关，且可供卸载的货物交由买方处置时，即为交货。卖方承担将货物运至目的地的一切风险和费用，并且有义务完成货物出口和进口清关，支付所有出口和进口的关税和办理所有海关手续。

（二）使用 DDP 术语应注意的问题

1. 卖方承担进口报关手续和关税

如卖方不能直接或间接地完成进口清关，则特别建议双方不使用 DDP。如双方希望买方承担所有进口清关的风险和费用，则应使用 DAP 术语。除非买卖合同中另行明确规定，任何增值税或其他应付的进口税款由卖方承担。

DDP 代表卖方的最大责任。在该规则下，卖方必须安排运输工具、办理保险、支付运费和保险费，并办理出口和进口手续，支付进出口关税和其他费用，承担交货以前的一切风险和费用，因此，DDP 在 Incoterms® 2020 所有术语中，卖方的责任、风险和费用最大，DDP 的价格也是最高的。

2. DAP、DPU、DDP 中规定了允许卖方使用自己的运输工具安排运输

Incoterms® 2010 规则始终设定卖方和买方之间的货物运输将由第三方承运人进行，而未考虑卖方或买方自行负责运输的情况。

Incoterms® 2020 规则则考虑到在某些情况下，虽然货物要从卖方运往买方，但仍然可以在根本不需要雇用任何第三方承运人的情况下进行运输。因此，在 DAP、DPU、DDP 贸易术语中，规定了允许卖方使用自己的运输工具安排运输。

思考题

1. 什么是国际贸易术语？什么是国际贸易惯例？
2. FOB、CFR 和 CIF 贸易术语，它们的共同点和不同点是什么？
3. FOB 与 FCA 的区别是什么？
4. CIP 与 CIF 的区别是什么？
5. DAP 与 DPU 的区别是什么？
6. 什么是象征性交货？
7. F 组贸易术语有哪些特点？
8. C 组贸易术语有哪些特点？
9. D 组的贸易术语有哪些特点？

案例分析题

【案例 11-1】 某进出口公司以“CIF 伦敦”条件向英国某客商出售圣诞礼品一批，由于该商品的季节性较强，买卖双方在合同中规定：买方须于 9 月底将信用证开抵卖方，卖方保证不迟于 12 月 5 日将货物运抵伦敦，否则，买方有权撤销合同。如卖方已结汇，卖方须将货款退还买方。问：该合同是否还属于 CIF 合同？为什么？

【案例分析】 本案中的合同性质已不属于 CIF 合同。因为：

（1）CIF 合同是“装运合同”，即按此类销售合同成交时，卖方必须在合同规定的装运期内在装运港将货物交至运往指定目的港的船上，即完成了交货义务，对货物运输途中发生灭失或损坏的风险以及货物交运后发生的事件所产生的费用，卖方概不承担责任。而本案的合同条款规定：“……卖方保证不得迟于 12 月 5 日前将货物运抵伦敦，否则，买方有权撤销合同……”该条款意指卖方必须在 12 月 5 日前将货物实际运抵伦敦，其已改变了“装运合同”的性质。

（2）CIF 术语是典型的象征性交货术语，在象征性交货的情况下，卖方凭单交货，买方凭单付款，而本案合同条款规定：“……如卖方已结汇，卖方须将货款退还买方。”该条款已改变了“象征性交货”下卖方凭单交货的特点。因而，本案的合同性质已不属于 CIF 合同。

【案例 11-2】 我国北京某外贸公司与英商要签订一批货物的出口合同，在商谈好价格后，我国北京公司坚持用“FCA 北京”贸易术语，英商坚持用“FOB 天津”贸易术语，试分析原因。

【案例分析】

（1）采用“FCA 北京”，卖方在北京货交承运人，卖方的交货义务就算完成。风险也就转移给了买方，如果采用“FOB 天津”，卖方还要多承担北京到天津的运输和风险。

（2）采用“FCA 北京”，卖方在货交承运人后，即可取得单据，交单议付。而“FOB 天津”条件下，卖方要到天津装船后才能取得单据，议付货款。所以买方坚持要用“FOB 天津”，卖方坚持用“FCA 北京”。

【案例 11-3】 我国某外贸公司按 CIF 条件向欧洲某国进口商出口一批服装。合同中规定由我方向中国人民保险公司投保一切险，并采用信用证方式支付。该外贸公司在规定的期限、指定的我国某港口装船完毕，船公司签发了提单，然后在中国银行议付了款项。第二天，该外贸公司接到客户来电，称：装货的海轮在海上失火，服装全部烧毁，客户要求该外贸公司出面向中国人民保险公司提出索赔，否则要求该外贸公司退回全部货款。该外贸公司果断拒赔，并提出了解决的办法，区分了买卖双方的责任，解决了此案。

【案例分析】 上述案例中的合同属 CIF 性质，按国际商会制定的 Incoterms® 2020

的规定，双方有关货物风险的划分，是以货物在约定的装运港装上船为界限的。凡是货物在装船后发生的风险，应当由买方负责。既然货物是在运输途中产生损失，该风险应由买方承担，并由买方持卖方转让给其的保险单证向保险公司索赔。另外，按照 CIF 价格成交的合同，是一种特定类型的合同，它的特点是"凭单据履行交货义务，并凭单据付款"。只要卖方按照合同的规定将货物装船，并提交齐全的、正确的单据，即使货物已在运输途中遭受丢失，买方也不能拒收单据或向卖方索要支付的货款。

启示：

（1）在 CIF 合同中，卖方只要按期在约定地点完成装运，并向买方提交合同规定的包括物权凭证在内的有关单据，就算完成了交货义务，而无须保证到货。

（2）在 CIF 合同中，卖方是凭单交货，买方是凭单付款。只要卖方如期向买方提交了合同规定的全套合格单据，即使货物在运输途中损坏或灭失，买方也必须履行付款义务。

附表：

Incoterms® 2020 国际贸易术语一览表

贸易术语	全称	中译名	交货地点	风险转移	运费	保险费	出口报关	进口报关	运输方式
第一组									
EXW	Ex Works	工厂交货	出口国工厂	出口国工厂	买方	买方	买方	买方	任何方式
FCA	Free Carrier	货交承运人	出口国内地（港口）货交承运人	出口国货交承运人	买方	买方	卖方	买方	任何方式
CPT	Carriage Paid To	运费付至	出口国内地（港口）货交承运人	出口国货交承运人	卖方	买方	卖方	买方	任何方式
CIP	Carriage and Insurance Paid To	运费、保险费付至	出口国内地（港口）货交承运人	出口国货交承运人	卖方	卖方	卖方	买方	任何方式
DAP	Delivered At Place	目的地交货	指定目的地约定点	指定目的地尚未卸货交买方处置货物后	卖方	卖方	卖方	买方	任何方式

续表

贸易术语	全称	中译名	交货地点	风险转移	运费	保险费	出口报关	进口报关	运输方式
DPU	Delivered at Place Unloaded	目的地卸货后交货	指定目的地约定点	指定目的地卸货交买方处置货物后	卖方	卖方	卖方	买方	任何方式
DDP	Delivered Duty Paid	完税后交货	进口国内地	买方在指定地点收货后	卖方	卖方	卖方	卖方	任何方式
第二组									
FAS	Free Alongside Ship	装运港船边交货	装运港船边	装运港货交船边	买方	买方	卖方	买方	海洋运输
FOB	Free on Board	装运港船上交货	装运港船上	以货物装上船为界	买方	买方	卖方	买方	海洋运输
CFR	Cost and Freight	成本加运费	装运港船上	以货物装上船为界	卖方	买方	卖方	买方	海洋运输
CIF	Cost, Insurance and Freight	成本加保险费、运费	装运港船上	以货物装上船为界	卖方	买方	卖方	买方	海洋运输

第十二章

商品的品质、数量和包装

在外贸实践中，合同中货物的品质、数量、包装、价格、交货和支付条件为主要交易条件。国际贸易的买卖合同是转移标的物所有权的合同。商品的标的物种类成千上万，一项交易首先表现为交易的标的物的品名、一定的数量和质量（包括包装），在磋商交易时要先对这些条件做出明确具体的规定。

第一节 商品的品质

签订国际贸易买卖合同，在有关商品的品质条款中，首先要列明的是商品名称（品名）。

一、商品的品名及其意义

（一）列明品名的意义

国际贸易采用象征性交货，买卖双方并不一定见面，在合同中，列明品名实际上是对交易的标的物的性质进行法律上的界定。所以，买卖双方在商订合同时，必须首先列明商品名称。

根据历年的判例，英美法把合同中的品质条款、数量条款、交货期作为条件条款，如违反条件，后果将是十分严重的。而品名是包括在品质条款中，是品质条款的一部分。品名涉及对商品的描述，是构成商品说明的一个重要部分，是买卖双方交接货物的一项基本依据，还关系到买卖双方的权利和义务。

按照英美法，把违约分为违反要件（Breach of Condition）与违反担保（Breach of Warranty）两种，两者的法律后果不同。前者的违约后果特别严重，违反要件，守约方（买方）有权撤销合同、退货、拒收货物，同时要求损害赔偿（Claim Damage）。而违反担保则不同，买方不能要求撤销合同，拒收货物，只能要求损害赔偿。

（二）订立品名条款的注意事项

(1) 在订立买卖合同的品名条款时，对品名的规定必须明确、具体。这关系标的物性质的界定，是买卖双方交货的依据。

（2）针对实际做出实事求是的规定，对商品的品名不要做夸大的宣传。

（3）尽可能使用国际通用名称。

（4）注意选用合适的品名。如果品名对标的物的性质没有太大的影响，那么注意选择和利用可以降低成本、适用较低关税的商品名称，如：小霸王学习机作为办公用品的计算器报税就和列为儿童玩具类的商品关税不一样。

二、商品的品质

（一）品质的定义

品质（Quality of Goods）指商品的内在本质和外观形态的综合。前者包括商品的物理性能、机械性能、化学成分和生物的特性与自然属性等；后者包括商品的外形、色泽、透明度或款式等。

（二）品质的重要性

货物品质优劣不仅关系到商品的使用价值和价值，还影响商品的市场价格和销路，甚至涉及有关企业以至国家的声誉。

我们的出口战略要改变过去那种低价倾销的格局，就必须以质取胜，提高商品的质量，进而增强出口竞争能力，扩大销路。

（三）对品质的要求

商品的品质关系到买卖双方的切身利益，在买卖合同中对品质的规定也是合同的要件条款，那么我们如何来界定商品的质量呢？

1. ISO 9000 标准

ISO 9000 标准是国际标准化组织（International Standard Organization）在 1987 年制定的产品生产企业的质量标准，是对企业的质量管理提出的最低要求，它总结了发达国家建立质量体系、开展质量管理的经验以及建立适应国际市场需求的质量体系的原则。出口产品如果能得到 ISO 9000 标准的质量认定，就取得了进入国际市场的通行证。

ISO 9000 标准的发布，使主要发达国家的质量管理和质量认证概念、原则、方法和程序统一在国际标准的基础上，它标志着质量管理和质量保证走向规范化、程序化的新高度。自发布以来已有包括我国在内的 100 多个国家和地区采用其为国家标准，并在国际经济技术合作中被作为相互认可的技术基础和确认质量保证能力的依据。

2. ISO 14000 环境保护标准

1993 年 6 月成立的 ISO/TC207“环境管理委员会”制定了 ISO 14000 环境保护标准。目前，一些发达国家以此作为一种“绿色壁垒”。如果没有达到此标准，则发达国家拒绝进口，其目的是通过在组织内部建立和实施一个有效的环境管理体系，来规范组织的环境行为，控制和减少企业的生产经营活动对环境造成的破坏，鼓励和推动企业生产环保绿色产品，以满足社会对环境保护以及其他相关利益的需求。符合 ISO 14000 标准的企业成为绿色企业，其生产的产品被认可成环保产品。

3. CE 标志

根据欧盟规定，从 1996 年 1 月 1 日起，进入其市场的电器产品必须符合欧盟成员共同认定的安全标准，张贴 CE 标志即是符合安全标准的体现。从 2013 年 1 月 3 日起，欧盟市场执行了新的 CE 指令要求。

4. UL 标志

UL 标志是美国保险人公会（Underwriter Laboratories，UL）下属的检验机构所颁发的安全保证标志。凡销往美国、加拿大的电器产品如无“UL”标志则不能销售。我国已有多家检验中心和实验室从事与 UL 认证有关的工作。

三、表示品质的方法

在国际贸易中所交易的商品，种类繁多，特点各异，所以表示品质的方法也多种多样。但归纳起来，可分为凭实物表示和凭文字说明表示两大类。

（一）凭实物表示

1. 看货买卖

看货买卖就是指现场实际看货成交，各种展销会以及大宗农副产品、大型机器设备的交易和寄售、拍卖、展卖等贸易方式都属于看货买卖。

2. 凭样品买卖

（1）概念

凡以样品表示商品的品质并以此作为交货依据的就叫凭样品买卖（Sale by Sample）。

国际贸易中大多数的交易采用凭样品买卖。所谓样品，是指从一批商品中抽出来的或由生产、使用部门设计、加工出来的，足以反映和代表整批商品品质的少量实物。

（2）两个基本要求

① 样品是判断交货品质的唯一依据。交货时大货是否与样品一致，关系到交货是否符合合同规定。

② 卖方所交货物必须与样品一致。这是卖方的一项默示担保。合同无须明示，但是卖方必须做到。

（3）种类

① 凭卖方样品（Seller's Sample）的买卖。由卖方提供的样品称为“卖方样品”，凡将卖方样品作为交货的品质依据者，称为“凭卖方样品买卖”。

② 凭买方样品（Buyer's Sample）的买卖。以买方样品作为交货的品质依据，称为“凭买方样品买卖”。

从卖方立场来看，卖方为避免风险，一般不采用“凭买方样品买卖”，而是尽量采用凭卖方样品买卖。

③ 对等样品（Counter Sample），也称回样、确认样（Confirming Sample）。卖方根

据买方提供的样品，自制一个类似的样品交买方确认。在买方确认后，这一样品就作为成交和交货的依据。对等样品实际上是把凭买方样品的买卖转化为凭卖方样品的买卖。

一个样品被做成一式多份的称为复样（Duplicate Sample），此外还有参考样（Reference Sample）和船头版/装船样品（Pattern Sample，Shipping Sample）等。

（4）应注意的事项

① 样品质量与大货相比不能太高也不能太低，应该代表整批货的平均水平。否则，样品质量高于大货，之后交货、生产会有困难，增加成本。样品质量太低，价格上容易吃亏，影响成交。

② 凭样品买卖，卖方交货品质必须与样品完全一致。买方应有合理机会对卖方交付的货物与样品进行比较，卖方所交货物不应存在在合理检查时不易发现的有导致不合商销的瑕疵，否则买方有权拒收，或要求赔偿。

③ 并不是所有的商品都可以采用凭样品买卖。凡大货不易做到与样品完全一致时，不宜采用凭样品买卖，如大宗农副产品、工矿产品和某些工艺品等。凡能用科学的指标表示商品品质时，不宜采用凭样品买卖。

④ 可以用一种方法表示商品的品质就不要用两种。

⑤ 寄样时要留有复样，交由独立的第三方，如公证行、商检部门封存，以便日后备查，一旦发生纠纷，以第三方手中的样品作为法律依据。

⑥ 当买方坚持用买方样品，或仅能提供买方样品，卖方可采用对等样品的方法，将凭买方样品的买卖转化为凭卖方样品的买卖，以避免风险。

⑦ 签订合同时，尽量避免用样品与大货“完全一致”的绝对说法，要留有余地。

⑧ 如是参考样品，在寄样时，要明确表明是参考样品，不作为交货的依据，以免日后发生纠纷。

（二）凭文字说明表示

1. 凭规格的买卖

商品的规格（Specification）是指一些足以反映商品品质的主要指标，如化学成分、含量、纯度、尺寸等。凡买卖双方用商品的规格来确定品质的，即称为凭规格的买卖（Sale by Specification）。

2. 凭等级的买卖

商品的等级（Grade of Goods）是指同一类商品，按规格上的差异，将其分为品质优劣各不相同的若干等级。由于不同等级商品具有不同规格，品质条款在列明等级的同时，应一并规定每一等级的具体规格。以等级来确定商品的品质，称为凭等级买卖（Sale by Grade）。

如我国出口础石块，按氟化钙（CaF_2）和二氧化硅（SiO_2）含量不同分为七个等级（见表 12-1）。

表 12-1　　碲石块按 CaF_2 和 SiO_2 含量分为七级

等级	CaF_2 最小含量	SiO_2 最大含量
一级	97%	2.5%
二级	95%	4.5%
三级	90%	9.5%
四级	85%	14.0%
五级	80%	19.0%
六级	75%	24.0%
七级	70%	29.0%

3. 凭标准的买卖

有些商品习惯于凭标准买卖（Sale by Standard）。商品的标准是指将商品的规格和等级予以标准化。

商品的标准有的由国家或政府主管部门规定，也有的由同业公会、交易所或工商组织规定，有些有法律上的约束力。凡品质不符合标准要求的商品不允许进口或出口，比如一些国家规定的进出口时必须经过法定检验的商品，其标准就是强制性的。但也有一些标准不具有法律的约束力，仅供双方参考使用。对于某些国际上广泛采用的标准，我们可按该标准进行交易。

在国际市场上，买卖农副产品时也经常采用“良好平均品质”(Fair Average Quality，FAQ）这一术语，它指一定时期内某地出口货物的平均品质水平，一般是指中等货而言，在我国也称“大路货”。

4. 凭说明书和图样买卖

凭说明书和图样买卖（Sale by Description and Illustrations），要求所交的货物必须符合说明书规定的各项指标。

某些机器、电器和仪表等技术产品结构复杂，通常是以说明书并附以图样照片、设计图纸、分析表及各种数据来说明其具体性能和结构特点，以此类方式成交，称为凭说明书和图样的买卖。

5. 凭商标或品牌的买卖

商标（Trade Mark）是指生产者或商家用来识别其所生产或出售的商品的标志，可由一个或几个具有特色的单词、字母、数字、图形、图片组成。

品牌（Brand Name）是指工商企业及其制造或销售的商品名称，以便与其他企业的同类产品区别开来。

商品的品质是商标或品牌的物质基础。某些著名的商标或品牌（本身是一种品质象征）代表着某一商品的品质。我们以商标或品牌来表示商品的品质，并以此为条件进行买卖就称为凭商标或品牌的买卖（Sale by Trade Mark or Brand Name）。

在这种方式交易中，人们只凭商标或品牌进行买卖，不需对品质提出详细要求。

6. 凭产地名称的买卖

由于产地的自然条件等特殊因素和产地的传统工艺，某些商品具有与众不同的特殊品质。以商品的产地作为商品品质的销售条件，称为凭产地名称的买卖（Sale by Name of Origin），如北京烤鸭、漳州水仙花、漳州芦柑和贵州茅台酒等。

四、签订品质条款的注意事项

品质条款是合同的要件条款，卖方违约将产生十分严重的后果，为了便于卖方履约，也要给予卖方在品质掌握上一定的宽容度。对于大宗农副产品和矿产品，在品质条款中我们规定了品质机动幅度，对于工业制成品我们采用品质公差的概念。

（一）品质机动幅度——针对大宗农副产品和矿产品

1. 对品质的规定，允许有一定差异

允许卖方所交货物的品质指标在一定幅度内有所变动。

2. 规定品质机动幅度的方法

（1）规定一定的范围，例如：棉布幅阔 35～36 英寸。

（2）规定极限，例如：大豆水分最高 14%，淀粉含量最低 18%。

（3）规定上下差异，例如：羽绒含绒量 16%，上下不超过 1%。

3. 品质机动幅度范围内价格可以调整

（1）体现按质议价，有些商品也可根据实际交货品质情况调整价格，规定“品质增减价条款”。

（2）对低于合同规定的采用折扣价。例如，籼米：碎粒 35% MAX，水分 15% MAX，杂质 17% MAX。

（二）品质公差

工业制成品在生产制作的过程中产生一定的误差是不可避免的。有些误差是因为科技水平、生产水平所限，是同行业公认允许的误差，也就是品质公差（Quality Tolerance）。这是给予卖方的交货品质的宽容度。只要在品质公差范围内，卖方的交货都是合法的，买方不得拒绝接受，也不得要求调整价格。

1. 定义

品质公差是指国际上公认的产品品质的允许误差。比如手表的实际时间较正确时间每天快慢范围在 60 秒内均为合格。

2. 注意事项

（1）在品质公差范围内，买方不得要求退货和赔偿。

（2）在品质公差范围内，不得调整价格。

（3）品质公差是针对工业制成品而言的。

第二节　商品的数量

一、约定商品数量的意义

商品的数量也是国际贸易货物买卖合同中的要件，卖方的交货数量必须与合同规定相符，否则买方有权提出索赔甚至拒收货物。

英国《1893年货物买卖法》（1993年修订）规定："卖方交货的数量如果大于合同规定的数量，买方除了可以拒收超额部分外，也可以全部拒收。"

《联合国国际货物销售合同公约》也规定：按约定的数量交付货物是卖方的一项义务。如卖方交货的数量大于约定的数量，买方可以拒收多交的部分，也可以收取多交部分中的一部分或全部，但应按合同价格付款。

由于交易双方约定的数量是交货的依据，因此，正确掌握成交数量，订立数量条款，意义十分重大。数量条款的主要内容包括计量单位、度量衡、计算重量的方法等。如卖方交货的数量少于约定的数量，卖方应在规定的期限内补交，但即使如此，买方也保留要求损害赔偿的权利。

二、计量单位

计量单位因商品种类特性和各国度量衡的不同而多种多样。

（一）按重量①计量

这是当今国际贸易中使用最多的一种方法，大部分的农副产品、五金、矿产品都是按重量计量。按重量计量的单位有公吨、长吨、短吨、盎司等。

1公吨（Metric Ton）（公制）= 1 000千克

1长吨（Long Ton）（英制）= 1 016千克

1短吨（Short Ton）（美制）= 907千克

（二）按数量计算

这种方法主要用于工业制成品，例如件（Piece）、双（Pair）、套（Set）、打（Dozen）、卷（Roll）、令（Ream）、罗（Gross）、袋（Bag）、包（Bale）。

（三）按长度计算

这种方法主要用于布匹、绳索等，例如米（Meter）、英尺（Foot）、码（Yard）。

---

① 在国际贸易实践中，重量是被广泛采用的提法，重量即质量。

（四）按面积计算

这种方法主要用于玻璃、地毯、皮革等，例如平方米（Square Meter）、平方英尺（Square Foot）、平方码（Square Yard）。

（五）按体积计算

这种方法主要用于木材、天然气、化学气体等，例如立方米（Cubic Meter）、立方尺（Cubic Foot）。

（六）按容积计算

这种方法主要用于谷物、液体货物、酒类、油类等，例如公升（Litre）、加仑（Gallon）。

三、度量衡

各国度量衡制度不同，导致同一计量单位所代表的数量也各不相同，主要包括公制（Metric System）、英制（British System）、美制（U.S. System）、国际单位制（International System of Units，简称 SI）。

另外，各国还有自己习惯的计量方法，如：美国的棉花每包 480 磅，巴西的棉花每包 398.8 磅，埃及的棉花每包 730 磅；古巴的蔗糖每袋 133 千克，巴西的蔗糖每袋 60 千克。因为以上商品主要产地是世界上传统的国际贸易集散地，在签订合同时需酌情采用以上标准。

四、计算重量的方法

（一）毛重

毛重（Gross Weight）是指商品本身的重量加包装的重量。

（二）净重

净重（Net Weight）是指商品本身的实际重量，不包括包装的重量。

以毛重作净重（Gross for Net）：对某些价值比较低的商品，如农副产品，对它包装物的重量可以忽略不计，以毛重当作净重计价。

净净重（Net Net Weight）：从毛重中减去外包装的重量为净重，再从净重中减去直接接触商品包装的重量即为“净净重”。

在国际贸易中，如合同未规定按净重还是毛重计价，按惯例即视为按净重计价。

为了计算商品的净重，有时可先计算包装物的重量。包装物的重量也可称为皮重，计算方法如下：

（1）按实际皮重（Actual Tare）：包装物的实际重量，对包装物逐一衡量所得之和。

（2）按平均皮重（Average Tare）：如果商品所使用的包装物规格一致，重量相差不大，就可以从整批货物中抽出一定的件数称出其皮重，然后求出平均重，再乘以总件数，即可求得整批货物的皮重。

（3）按习惯皮重（Customary Tare）：包装规格已定型，习惯上公认的包装物重量为习惯皮重。

（4）按约定皮重（Computed Tare）：以买卖双方事先协商约定的包装物重量作为计算的基础。

（三）公量

对于某些价值比较高并且容易吸潮的商品，如羊毛、丝绸等，我们引入公量（Conditioned Weight）的概念来计算它的净重，即以科学的方法抽去样品中的水分，得出商品的干净重，再以干净重乘以国际公定回潮率所得出的重量。

（四）理论重量

对于某些按固定规格生产和买卖的商品，只要其规格一致，每件重量大体是相同的，一般可以从其件数推算出总量，这便是理论重量（Theoretical Weight）。但是这种计重方法是建立在每件货物重量相同基础上的，重量如有变化，其实际重量也会产生差异，因此，只能作为计重时的参考。

（五）法定重量

按照一些国家海关法的规定，在征收从量税时，商品的重量是以法定重量（Legal Weight）计算的。法定重量是商品重量加上直接接触商品的包装物料，如销售包装等的重量。而除去这部分重量所表示出来的纯商品的重量，则称为实物净重。

五、在进出口合同中规定数量条款的注意事项

数量条款包括成交商品的数量和计量单位。如果按重量计量，还包括计算重量的方法，如毛重、净重、公量等。

有些商品，如农副产品和工矿产品，由于商品本身特性或因自然条件的影响，或受包装和运输工具限制，实际交货数量往往不易符合原定的交货数量，为使卖方能够顺利地履行合同，买卖双方在规定合同数量条款的同时还规定数量机动幅度，通常也称为溢短装条款（More or Less Clause）。

按惯例，某些个数、件数可以精确计数的商品（如汽车、彩电等工业制成品）不适用溢短装条款。

（一）溢短装条款的概念

溢短装条款是指买卖双方在合同中规定卖方的实际交货数量可以比合同规定的数量

多交或少交的百分比，但不超过一定的范围。如：10 000 吨锌锭，5% 溢短装（数量范围 9 500～10 500 吨）。

（二）溢短装条款的内容

1. 溢短装的幅度

数量机动幅度的大小通常都以百分比表示，如 3% 或 5%。溢短装幅度的大小根据具体商品的不同来决定。对某些价值较低的商品，如砂石、煤炭等可以规定较大的幅度，如 10%。对某些价值较高的五金矿产品，溢短装幅度规定的要小些。溢短装条款还可酌情做出各种不同的规定。其中有一种是只对合同数量规定一个百分比的机动幅度，而对每批具体幅度不做规定，只要卖方交货的总量在规定的机动幅度内，就算按合同数量交了货；还有一种是合同除规定货物总量的机动幅度外还规定每批货机动幅度的大小。

2. 机动幅度的选择权

溢短装多装或少装，按照惯例一般由卖方来决定；也可按合同的规定，根据舱容的大小由船方或负责安排运输的一方来决定。如用 FOB 术语则由买方负责派船，也可在合同中规定由买方或船方来决定机动幅度的大小。

3. 作价办法

溢短装部分的价格既可按照合同的价格来规定，也可不按合同的价格，而根据装船时或到达时国际市场的价格另定，以免卖方利用溢短装条款在国际市场价格波动时有意多装或少装，给买方带来不利。

第三节　商品的包装

一、包装的重要意义

包装是商品生产的继续，绝大多数商品只有进行了包装，才能进入流通领域，从而实现其使用价值与价值。在出口贸易中，包装对保护商品、美化商品、宣传商品以及对商品的贮藏、运输、销售和使用都起着重要作用。包装还反映出一个国家的经济、科技和文化艺术水平，所以很多国家都把改进出口商品包装作为加强对外销售、扩大出口和增加外汇收入的一项重要手段。

除少数商品不需要包装而采用裸装（Nude Pack）或散装（In Bulk）外，绝大多数的商品都需要进行适当的包装。

从法律上来说，包装是商品说明的一部分，包装条款是商品品质条款的延续，是品质条款的组成部分，同样是买卖合同中的一项要件条款。按某些国家的法律规定，如卖方所交的货物未按约定的条件包装，买方有权拒收。

对包装的要求：科学、经济、牢固、美观、适销。

商品包装的基本功能：

（1）可保护和美化商品。

（2）可便利运输管理，保证货物运输安全。

（3）可便利消费，促进消费，起广告宣传作用。

二、运输包装

运输包装又称大包装、外包装，它的作用主要是保护商品，便于运输、储存，便于识别和计数，减少运费，降低成本。

为了方便货物的运输、储存、交接和识别，在运输包装上可刷印三种标志：运输标志、指示性标志和警告性标志，其中运输标志是最重要的一种标志。在商品的包装上可以刷制这三种标志。但是，在所有的运输单据（包括商业单据）上都必须体现运输标志，而其他两种标志不需要在单据上体现。

（一）运输标志

运输标志（Shipping Mark）又称唛头，是书写、压印或刷制在外包装上的图形、文字和数字，其作用在于：货物在国际贸易的运输、装卸、储存、清关交接过程中便于识别。

国际标准化组织建议的标准唛头包括：

（1）收货人名称的英文缩写或简称；

（2）参考号（合同号、订单号、信用证号）；

（3）目的港（地）；

（4）件数号码（件号）。

例如：B. B. C

2007wf208m007

London

C/No. 1-1000

运输标志的规定：按惯例一般在合同中规定，如合同中未做规定，一般由卖方规定。

运输标志的法律意义：按照一些国家的法律，双方在合同中规定的运输标志，是商品说明的一部分，卖方必须切实照办，否则构成违约。

在发票、保单、B/L 等单据上只标出运输标志，其他的标志不显示。

在实际业务中，卖方还根据需要在包装上刷制侧唛（Side Mark），对包装的商品做进一步说明，方便商品的交接和销售。

例如：Side Mark

Art. No.：13996

Spec.：37″ 38″

Colour：white

QTY.：24pcs

G. W.：35kg

N. W. : 32kg

M. : 42′×35′×24′

Series No. : 135

侧唛在包装清单上必须显示，以便买卖双方交接以及海关验关时查验货物。

（二）指示性标志

指示性标志（Indicative Mark）是指用在易碎、易坏、易变质的一类商品的外包装上注明令人醒目的图形和文字，如“小心轻放”“此端向上”“防止潮湿”等。

在有关运输单据上只打上运输标志，而不需打出指示性标志（只印刷在外包装上）。

（三）警告性标志

警告性标志（Warning Mark）又称危险性标志，是指在易燃、易爆、有毒、有放射性等的危险品的外包装上印上令人醒目的图形和文字，必须打印在运输包装上的明显位置。

三、销售包装

销售包装又称内包装、小包装，是指直接接触商品并随商品进入销售网点与消费者直接见面的包装。

（一）对销售包装的要求

（1）便于陈列；

（2）便于识别；

（3）便于携带和使用；

（4）有艺术的吸引力。

随着国际市场竞争的日益加剧，超级市场（Super Market）和连锁商店（Chain Store）迅速发展，许多国家的超市都使用条形码技术进行自动扫描和结算，如果商品包装上没有条形码，即使是名优商品也不能进入超市。

（二）销售包装的分类

销售包装可采用不同的包装材料和不同的造型结构与式样，这就导致了销售包装的多样性。销售包装可分为挂式包装、堆叠式包装、携带式包装、易开包装、喷雾包装、配套包装、礼品包装和复用包装。

（三）销售包装上的标志和说明

1. 装潢

销售包装的装潢画面要美观大方，富有艺术上的吸引力，并突出商品的特点，其图案和色彩要适应有关国家的民族习惯和爱好，以利扩大出口。

2. 文字说明

销售包装上应有必要的文字说明，如商标、品牌、品名、产地、数量、规格、成分、用途和使用方法等。文字说明应同装潢画面紧密配合、互相衬托、彼此补充，以达到宣传和促销的目的，使用的文字还须简明扼要，并能让销售市场的顾客看懂，必要时也可以中文和外文并用。

3. 包装上的标签

标签是指附在商品或包装上用以简要介绍生产国别、制造厂商、货物名称、商品成分、品质特点和使用方法等内容的标志。在销售包装上制作标签时，应注意有关国家的管理条例规定，特别是对食品、药品、服装等商品而言。一些发达国家常以这些规章制度作为限制国外进口的一种手段，对此应引起足够的重视。

4. 条形码

商品包装上的条形码是由一组带有数字的黑白及粗细间隔不等的平行条纹所组成，它是利用光电扫描阅读设备为计算机输入数据的特殊的代码语言。条形码技术从 1949 年问世后，被广泛应用于银行业、邮电通信、图书馆、仓储货运、票证及工业生产自动化等领域，20 世纪 70 年代初，美国将条形码技术应用于食品零售杂货类商品。目前，世界上多数国家都在商品包装上使用条形码，只要将条形码对准光电扫描器，计算机就能自动地识别条形码的信息，确定品名、品种、数量、生产日期、制造厂商、产地等，并据此在数据库中查询其单价，进行货款结算，打出购货清单，这就有效地提高了结算的效率和准确性，并使交易双方能及时了解对方商品的有关资料和本国商品在对方的销售情况。

在国际通用的包装上的条形码有两种：一种是由美国、加拿大组织的统一编码委员会（Universal Code Council，UCC）编制，其使用的物品标识符号为 UPC 码（Universal Product Code）；另一种是由欧共体 12 国成立的欧洲物品编码协会（European Article Number Association）编制，该组织后改名为国际物品编码协会（International Article Number Association），其使用的物品标识符号为 EAN 码（European Article Number）。为了适应国际市场的需要和扩大出口，1988 年 12 月，我国成立了“中国物品编码中心”，负责推广条形码技术，并对其进行统一管理。1991 年 4 月，我国正式加入国际物品编码协会，该会分配给我国的国别号为“690”，凡标有“690”条形码的商品即为中国产品。

没有条形码的，即使是名优商品，也不能进入超级市场，而只能当作低档商品进入廉价商店，有些国家则规定没有条形码的商品，不予进口。

四、中性包装和定牌生产

（一）中性包装

一般地说，在商品包装上都标有生产国别和制造商名称。如果一个商品的包装既不标明生产国别、地名和厂商名称，也不标明商标或品牌，我们就称这种包装为中性包装

(Neutral Packing)。中性包装又分为无牌中性包装和定牌中性包装两种。其中，定牌中性包装是指仅有商标或品牌而无国别或者地名的包装。

中性包装的出现是为了打破某些进口国关税歧视和限制，也是某些出口商为了扩大出口采取的一些灵活性做法。

（二）定牌生产

定牌是指卖方按买方要求在其出售的商品或包装上标明买方指定的商标或牌号，这种做法叫定牌生产。

（1）当前世界许多国家的超市、大百货公司及专业商店和连锁店出售的商品都要在商品或包装上标有本商店使用的商标或品牌，以扩大本店的知名度和显示该商品的身价。许多国家的出口商为了利用买主的经营能力及其商业信誉和品牌声誉，提高售价和扩大销路，也愿意接受定牌生产。如生产运动鞋的世界著名商标迈克（NIKE）、锐步(REEBOK)，它们的主要生产基地就在中国。

（2）委托生产方式与注意事项。

① 在接受客户的定牌生产时，要确认买方提供的商标专利没有侵犯第三人的权利。

② 在合同中要明确规定客户提供的品牌商标，如果和第三方发生纠纷，一切责任由提供方承担，避免生产商在不知情的情况下侵犯第三方的权利，造成损失。

五、规定包装条款应注意的问题

（1）不要采用笼统含糊的语言订立包装条款，如习惯包装、适合海运包装等。

（2）应根据商品的特点以及不同的运输方式，采用合适的包装，如针对陶瓷、玻璃等商品，应采用防碰撞、防破碎的包装。

思考题

1. 什么是 ISO 9000？
2. 英美法中有关合同的要件条款包括哪几个条款？
3. 什么是凭样品买卖？为什么出口方要争取用凭卖方样品买卖较为有利？
4. 什么是对等样品？如由买方提供的样品买卖，卖方如何避免风险？
5. 是否所有的商品都可以凭样品买卖？
6. 凭样品买卖要注意哪些问题？
7. 凭样品买卖有哪些基本的要求？
8. 凭文字说明的买卖有哪些？
9. 什么是品质公差？什么是品质机动幅度？两者有何区别？
10. 什么是溢短装条款？
11. 什么是中性包装？什么是定牌中性包装？
12. 运输标志的概念是什么？一个标准的唛头由哪些要素组成？

案例分析题

【案例 12-1】我国某外贸公司与美商凭样品成交一批高档出口瓷器。复验期为 60 天，货到国外后经复验美商未提出任何异议。但事隔一年买方来电称：瓷器全部出现“釉裂”，只能削价销售，因此要求我方按原成交价赔偿 60%。我方接电后立即查看留存之复样，亦发现釉下有裂纹。问：我方可否考虑赔偿？

【案例分析】按照英美法，买方应有合理的机会对卖方交付的货物与样品进行比较，卖方所交货物在合理检查时不应存在不易发现的、会导致不合商销的内在瑕疵，否则买方有权拒收，并提出损害赔偿。本案中，我方陶瓷存在着以“合理的谨慎不易发现”的内在瑕疵，属于严重质量问题，卖方违约，买方有权拒收货物并取得赔偿。

【案例 12-2】我国某外贸公司向海湾某国家出口冻鸭一批，合同规定按伊斯兰教方法屠宰。但我方在加工时改用科学的“钳杀法”。货到国外后遭对方拒收。问：原因何在？我方应如何处理？

【案例分析】做国际贸易的商人，不仅要了解有关的国际贸易惯例、有关的法律制度，而且还要对世界各国的风俗习惯、宗教信仰、文化观念等有所了解，以免造成工作失误。如本案，伊斯兰教严禁用“钳杀法”，由于我方不了解阿拉伯国家的宗教、风俗和文化，采用“钳杀法”宰杀鸭子，严重违反了阿拉伯国家的伊斯兰教教规，造成严重的后果。不仅货物被倒掉，而且产生了国际纠纷，严重影响我国的声誉，教训十分深刻。

【案例 12-3】我国某外贸公司从某国进口特种钢板 50 公吨。合同规定五种尺码即 6 英尺、7 英尺、8 英尺、9 英尺、10 英尺，每种尺码平均搭配（Assorted Equal Tonnage Per Size）。但货到后发现 50 公吨全为 6 英尺一种规格。问：我方应如何处理？

【案例分析】这属于违反品质条款，卖方违约。一旦品质条款签订，卖方必须严格遵守，我方有权拒收货物并要求对方赔偿。

【案例 12-4】我国某外贸公司向科威特出口冻羊肉 20 公吨，每公吨 FOB 价 400 美元。合同规定数量可增减 10%。国外按时开来信用证，证中规定金额为 8 000 美元，数量约 20 公吨。结果该外贸公司按 22 公吨发货装运，但持单到银行办理议付时遭拒绝。问：原因何在？

【案例分析】按照 UCP600 的规定，信用证的金额，如未表示可以增减，卖方发票的金额不得超过信用证的金额，虽然合同规定数量可以有 10% 的增减，如卖方交 22 吨货，金额必然超过信用证金额，属于单证不符，银行有权拒付。

【案例 12-5】我国某外贸公司向美国出口电扇 1 000 台，国外来证规定不允许分批装运。但在出口装船时发现有 40 台的包装破裂，有的风罩变形，有的开关按钮脱落。

临时更换已来不及。为保证质量，发货人员认为根据 UCP600 规定，即使不准分运，在数量上也许可有 5%的浮动，如果甩下 40 台也并未超过 5%，结果实装 960 台。当持单到银行议付时，银行则不予议付。问：其故何在？

【案例分析】按照 UCP600 的规定，个数、件数可以精确计数的商品，不适用溢短装条款，本案电扇属于个数、件数可以精确计算的商品，不适用于数量可以有 5%增减的条款。我方提交 960 台的提单，与信用证不符，银行有权拒付。

【案例 12-6】我国某外贸公司出口水果罐头一批，合同规定为纸箱装，每箱 30 听，共 80 箱。但我方发货时改为每箱 24 听共 100 箱，总听数相等。问：这样做妥当吗？

【案例分析】包装条款是品质条款的组成部分，因为品质条款是合同的要件条款，所以包装条款也是合同的要件条款，本案中，我方擅自改变了包装方式，属于违反了品质条款，后果十分严重。买方有权拒收货物，同时要求损害赔偿。

第十三章
国际货物运输

在国际贸易中，卖方交付货物与买方支付货款是对流条件。买卖合同签订后，按照合同规定的时间、地点和方式将货物运交买方或装上指定的承运工具，是卖方所承担的基本义务。

在英美法中，根据历年的判例，英美法的国家把品质条款、数量条款、交货期作为合同的要件条款。如果违反了要件条款，后果十分严重。本章中的装运条款首先讲的是装运期。装运期和交货期是两个不同的概念，但是在 FOB、CFR 和 CIF 条件下，卖方以交单代替了交货，也就是说只要把货交到装运港的船上或运输工具上，卖方的交货义务就算完成，承运人在运输单据上所注明的日期即作为交货日期，货物的装运地点即作为交货地点。也就是说，在 CIF、FOB 和 CFR 象征性交货的贸易术语下，“装运”就意味着交货，交货期等于装运期。

第一节　运输方式

在国际贸易中，运输方式有许多种，如海洋运输、铁路运输、航空运输、内河运输、公路运输、管道运输、集装箱运输、国际多式联运、大陆桥运输等。其中，最重要的方式是海洋运输，海洋运输是国际贸易中历史最悠久的一种传统运输方式。目前，在国际货物运输总量中，海洋运输占 80% 以上。

一、海洋运输

海洋运输（Ocean Transport）具有以下优点：通过能力大，运量大，运费低，不受道路和轨道限制。

其缺点是：受自然条件影响较大，航行速度较慢，风险较大。

海洋运输的方式主要有两种：班轮运输和租船运输。

（一）班轮运输

1. 班轮运输的定义

班轮运输（Liner Transport）又称定期船运输，简称班轮，指船舶按照预定的航行时间表，在固定的航线和港口往返航行，从事客货运输业务并按事先公布的费率收取运费。班轮运输适合批量小、次数多的商品。

2. 班轮运输的特点

（1）“四固定”：即固定的航线、固定的停靠港、固定的船期以及固定的运费率。而对某些运量大、货价低的货物，如粮食、豆类、矿石、煤炭，由船货双方协商定价。

（2）“一负责”：货物由班轮公司负责配载和装卸，装卸费已包含在运费内，班轮公司和托运人双方不计装卸费、滞期费和速遣费。

（3）班轮公司和货主双方的权利、义务和责任豁免均以班轮公司签发的提单条款为依据。

（二）租船运输

租船运输（Shipping by Chartering）又称不定期船运输，指包租整船或部分舱位进行运输。

与班轮运输相反，租船运输具有“四不固定”的特征：航线不固定、停靠港不固定、船期不固定以及运费不固定。

租船运输又分为期租船运输、程租船运输和光船运输。与出口企业关系较为密切的是程租船运输。在这里着重讲述程租船运输。

1. 程租船运输

程租船（Voyage Charter）又称为不定期船、航次租船，按其租赁方式的不同，可分为单程租船、来回航次租船和连续航次租船。

（1）程租船的特点：以运输价值较低廉的粮食、煤炭、木材、矿石等大宗货物为主。

（2）程租船运费的计算方法：① 按运费率（Rate of Freight）计算方式，按货物单位重量或体积若干金额计费。② 包干运费（Lump Sum Freight），按整船定一个总值。

（3）程租船装卸费的规定方法：程租船的装卸费由租方和船方共同协商后，在合同中做出规定。可由船方负担，也可由货方负担，规定方法如下：

船方负担装卸费——Liner Terms / Gross Terms / Berth Terms，班轮条件。

船方不负担装卸费——FIO，即 Free in，Free out，船方不负责装，不负责卸。

船方不负担装船费——FI，即 Free in，船方负责卸不负责装。

船方不负担卸货费——FO，即 Free out，船方负责装不负责卸。

船方不负责装、不负责卸、不负责理舱、不负责平舱——FIOST，即 Free in and out，Stowed and Trimmed。

（4）装卸时间（Lay Time；Lay Days）。采用程租船运输方式，货物在装卸港口装卸时间长短直接关系到船舶的使用周期和船方的利益。租方在和船方签订租船合同时，要就船舶在港装卸的时间做出具体的规定。如租船人未能在约定的装卸时间内将货物装完或卸完，而延长了船舶在港停留时间，从而延长了航次时间，这对船舶所有人来说，既可能增加船舶在港口停泊的时间进而增加港口费用开支，又可能因航次时间延长而降低船舶的周转率。装卸时间的规定直接关系到船方和租方的切身利益。

规定装卸时间的方法有以下几种：

① 按日或连续日（Running Days; Consecutive Days）。所谓日，是指午夜至午夜连续24小时的时间，也就是日历日数，以“日”表示装卸时间时，从装货开始到卸货结束，整个经过的日数，就是总的装货或卸货的时间，在此期间，不论是实际不能进行装卸作业的时间（如雨天、施工或其他不可抗力），还是星期日或节假日，都应计为装卸时间。这种规定对租船人不利。

② 累计24小时晴天工作日（Weather Working Days of 24 Hours）。这是指在好天气情况下，不论港口习惯作业为几小时，均以累计24小时为一个工作日。如港口规定每天作业8小时，则一个工作日便跨及几天时间。这种规定对租方有利，而对船方不利。

③ 连续24小时晴天工作日（Weather Working Days of 24 Consecutive Hours）。这是指在好天气情况下，连续24小时算一个工作日，中间因坏天气影响不能作业的时间应予扣除。这种方法一般适用于昼夜作业的港口。当前，国际上采用这种规定的较为普遍，我国一般也采用此种规定办法。这种方法对船、租双方公平合理，被广泛采用。

④“一旦滞期，永远滞期”。滞期后，不论是否遇节假日以及雨天，均计为滞期时间。此处涉及滞期费、速遣费的概念。

滞期费（Demurrage）。在程租船合同规定的装卸时间内，如果租船人未能完成装卸作业，则针对许可装卸时间截止后到实际装卸完毕的时间，租船人需向船方支付一定的罚金，这项罚金叫滞期费。

速遣费（Dispatch Money）。租船人在合同规定的时间内提前完成了装卸任务，为船方节约了船期和港口开支，因而船方向租方支付一定的奖金，即为速遣费。按惯例，速遣费是滞期费的一半。

2. 程租船运输与期租船运输的区别

（1）船员和燃料的配备，前者由船方负责，后者由租方负责。

（2）船舶经营调度，前者由船方负责，后者由租方负责。

二、铁路运输

在国际货物运输中，铁路运输（Rail Transport）是一种仅次于海洋运输的主要运输方式，海洋运输的进出口货物，也大多是靠铁路运输进行货物的集中和分散的。

我国幅员辽阔，海运进口货物大部分利用铁路运往内地各用货单位，海运出口货物也多是通过铁路向港区集中，因此，铁路运输是我国国际贸易货物集散的重要工具。国内各省和地区调运外贸物资、各种原料、半成品和包装物料，也主要是依靠铁路运输来完成。我国国际贸易进出口货物运输一般都要通过铁路这一环节，铁路运输在国际货物运输中发挥着重要作用。

铁路运输具有运量大、速度快、风险小的特点。在国际货运总量中，铁路货运量仅次于海洋货运量。铁路运输可分为国际铁路货物联运和国内铁路货物运输两种。

（一）国际铁路货物联运

凡是使用一份统一的国际联运票据，由铁路部门负责经过两国或两国以上铁路的全程运送，并在一国铁路向另一国铁路移交货物时，不需要发货人和收货人参加的这种运输称为国际铁路货物联运。

国际铁路货物联运免除了货物在国境站重新办理托运的手续，火车可以直接过轨运输，有利于各国之间的国际贸易和经济交往，加速了经济一体化的发展。

（二）国内铁路货物运输

国内铁路货物运输是指仅在本国范围内按国内《铁路货物运输规程》的规定办理的货物运输。我国出口货物经铁路运至港口装船及进口货物卸船后经铁路运往各地，均属国内铁路运输的范畴。供应港、澳地区的物资经铁路运往香港、九龙，也属于国内铁路运输的范围。它的全过程由两部分组成，即内地段铁路运输和港段铁路运输，货车到达深圳后，要过轨至香港，继续运送至九龙车站，内地铁路与香港铁路不办理直通联运，因此，就形成了现行的这种运输方式：发送地以国内运输形式向铁路部门办理托运至深圳北站，收货人为深圳外运分公司，深圳外运分公司作为各外贸发货单位的代理向铁路部门办理租车手续，并付给租车费，然后租车去香港，货车过轨后，香港中国旅行社则作为深圳外运分公司的代理在港段重新起票托运至九龙。

由此可见，对香港地区的铁路运输的特色是租车方式两票运输。内地运单不能作为对外结汇的凭证，由各地外运公司以运输承运人的身份向外贸单位提供经深圳中转香港货物的承运货物收据，作为向银行结汇的凭证。

三、航空运输

航空运输（Air Transport）是一种现代化的运输方式。由于具有速度快、准确、安全、方便等优点，航空运输在世界范围内得到迅速发展。同时，国际贸易中适合于航空运输的货物大量增加，促进了航空事业的发展。航空事业的发展又给航空运输提供了现代化、大型化的飞机。机场规模宏大，设施完善，航空公司不断增加，通信手段不断现代化，这些都为国际贸易货物的空运提供了更为便利的条件，促进了国际贸易的发展。国际贸易与航空业务互相促进，航空技术与航运共同发展。目前，在整个国际贸易运输中，航空货物运输所占的比重不断增加，货运量也越来越大。

航空运输最适合急需物资、鲜活产品、精密仪器、贵重物品、易腐、鲜活、季节性强的物资的运输。

（一）航空运输的分类

航空运输主要分为以下几类。

1. 班机运输

班机运输（Scheduled Airline）是指在固定时间、固定航线、固定始发站和目的站航班的运输。班机通常是使用客货混合型飞机，一些大的航空公司也开辟定期全货机航班。班机因有定时、定航线、定站等特点，因此适用于运送急需物品、鲜活商品以及节令性商品。

2. 包机运输

包机运输（Chartered Carrier）是指包租整架飞机或由几个发货人（或航空货运代理公司）联合包租一架飞机来运送货物的运输方式。包机又分为整包机和部分包机两种形式，前者适用于运送数量较大的商品，后者适用于多个发货人，但货物到达站又是同一地点。

3. 集中托运

集中托运（Consolidation）是指航空货运公司把若干单独发运的货物（每一货主货物要出具一份航空运单）组成一整批货物，用一批总运单（附分运单）整批发运到预定目的地，由航空公司在那里的代理人收货、报关、分拨后交给实际收货人。集中托运的运价比国际空运协会公布的班机运价低 7%～10%。因此，发货人比较愿意将货物交给航空货运公司安排。

4. 航空急件传递

航空急件传递（Air Express Service）是目前国际航空运输中最快捷的运输方式。它不同于航空邮寄和航空货运，而是由一个专门经营此项业务的机构与航空公司密切合作，设专人用最快的速度在货主、机场和收件人之间传送急件，特别适用于急需的药品、医疗器械、贵重物品、图纸资料、货样及单证等的传送，被称为“桌到桌运输”(Desk to Desk Service)。

（二）航空运输承运人

1. 航空运输公司

航空运输公司是指航空运输的实际承运人，对全程运输负责。

2. 航空货运代理公司

航空货运代理公司既是货主代理，也是航空公司代理。接受收货人和发货人的委托，代办进出口货物的航空订舱、包机等业务，并代办发运、接交、制单、报关和报验等工作。

（三）航空运价

航空运输货物的运价是指从起运机场至目的机场的运价，不包括其他额外费用(如提货、仓储费等)。运价一般是按重量（千克）或体积重量（6 000 立方厘米折合 1 千克）计算的，并以两者中高者为准。空运货物是按一般货物、特种货物和货物的等级规定运价标准。

四、集装箱运输和国际多式联运

（一）集装箱运输

1. 集装箱运输的定义

集装箱（Container）又称“货箱”“货柜”。按原文字面的含义，它是一种容器。

具体而言，集装箱是一种具有一定的强度（现在集装箱多为钢制），专供周转使用，便于机械操作的大型货物容器。

集装箱运输（Container Transport）就是将一定数量的单件货物装入按标准规格特制的集装箱内，并以该箱作为运送单位的一种现代化的运输方式。它可适用于各种运输方式的单独运输和不同运输方式的联合运输。

2. 集装箱运输的优势

（1）提高装卸率，缩短船舶周转周期。集装箱运输大大缩短了船舶装卸时间，提高了船舶的周转率，提高了港口泊位的利用率。

（2）保护商品。由于货物装在钢制密封的集装箱内，在货物的运输转运过程中减少了装卸程序，极大地保护了货物的安全，减少了货损、货差。

（3）节省费用。

（4）便于装卸、防盗。

（5）简化货运手续。

3. 集装箱的种类、规格

目前，在国际航运上使用的集装箱多为20英尺和40英尺集装箱。但近年来，集装箱向大型化方向发展，如美国总统轮船公司采用53英尺型集装箱。我国通常采用的规格为：

8′×8′×20′　　　20英尺集装箱

8′×8′×40′　　　40英尺集装箱

换算为公制为：

（1）20英尺柜：（长）5.925m×（宽）2.34m×（高）2.379m＝33m^3

实际装箱时有效容积为25立方米。

箱门：（宽）2.286m×（高）2.278m

自重：1.9mt　载重：22.1mt

（2）40英尺柜：（长）12.043m×（宽）2.336m×（高）2.379m＝67m^3

实际装箱时有效容积为55立方米。

箱门：2.286m×2.278m

自重：3.48mt　最大载重：27.59mt

为了便于统计，目前国际上都以20英尺集装箱（简称20尺箱）作为计算单位，以TEU（Twenty-foot Equivalent Unit）表示，意即“相当于20尺单位”。在统计型号不同的集装箱时，按集装箱的长度一律换算成20尺单位（TEU）加以计算。

4. 集装箱运输货物的交接

集装箱货物可分为整箱货和拼箱货。

（1）整箱货（Full Container Load，FCL）

这种装箱方式是指货主自行将货物装满整箱后，以箱为单位向承运人进行托运。这种情况是货主有足以装满一个或几个整箱的货源时所采用的装箱方式。除有些较大的货主自己备有集装箱外，一般都是货主向承运人或集装箱租赁公司租用一定数量的集装箱，当空箱运到货主的工厂或仓库后，在海关人员的监督下，由货主把货物装入箱内，加锁铅封后交给承运人并取得场站收据（Dock Receipt，D/R），凭以换取提单或运单。

（2）拼箱货（Less Than Container Load，LCL）

这种装箱方式是指承运人（或其代理人）接受货主托运的数量不足装满整箱的小票货运后，根据货物性质和目的地进行分类整理，把去同一目的地的货物集中到一定数量，拼装入箱。由于箱内不同货主的货物拼装在一起，所以叫拼箱货。这种方式在一个货主的货物不足装满整箱的情况下采用。拼箱货的分类、整理、集中、装箱（拆箱）、交货等均由承运人在码头集装箱货运站或内陆集装箱转运站（Inland Container Depot）进行。

5. 在提单上注明集装箱货物装箱及交接方式的表述

FCL/FCL——整箱装，整箱交，发货人一个，收货人一个。

FCL/LCL——整箱装，拼箱接，发货人一个，收货人多个。

LCL/FCL——拼箱装，整箱接，发货人多个，收货人一个。

LCL/LCL——拼箱装，拼箱接，发货人和收货人都是多个。

6. 集装箱堆场与集装箱货运站

集装箱运输整箱货与拼箱货在不同的场地集中分拨。

集装箱堆场（Container Yard，CY）：整箱货直接运交集装箱堆场集中待运。

集装箱货运站（Container Freight Station，CFS）：专门集中分拨拼箱货的场所。

所以，上述 FCL/ FCL 也可表述为 CY/CY。LCL/LCL 也可写成 CFS/CFS。前者意为在出口国装运港整箱装，在目的地整箱交；后者意为在出口国拼箱装，在目的地拼箱接。

7. 集装箱的运费构成及计算

集装箱运输的费用构成和计算方法与传统的运输方式不同。它包括内陆或装运港市内运输费、拼箱费、堆场服务费、海运运费、集装箱及其设备使用费等。

集装箱海运费用是由船舶运费和一些有关的杂费所组成的。目前，有下列两种计费方式：

（1）按件杂货基本费率加附加费

这是按照传统的按件杂货计算方法，以每运费吨为计算单位，再加收一定的附加费。

（2）按包箱费率

这是以每个集装箱为计费单位，包箱费率视船公司和航线等不同而有所不同。

（二）国际多式联运

1. 国际多式联运的概念

国际多式联运（International Multi-modal Transport）是在集装箱运输的基础上发展起来的一种综合性的连贯运输方式，它把过去的那种海、陆、空、公路、江河等互不关联的单一运输有机地结合起来，以完成一票进口或出口货物在国家之间的运输。

2. 国际多式联运的具体做法

由多式联运经营人（Multi-modal Transport Operator，MTO）根据多式联运合同以至少两种不同的运输方式将货物从一国境内的接管地运至另一国境内指定的交货地点。

3. 国际多式联运的特点

不管路途多遥远、手续多复杂，货主只办理一次托运、支付一笔运费、取得一张联运单据，如货物在途中产生灭失、货损之类的问题，只需找一个多式联运经营人解决，其对全程负责（海运中联运提单只对第一程负责）。

4. 国际多式联运单据（M. T. D）

国际多式联运因为牵涉的运输方式较多，其单据的性质也较为复杂。视具体运输情况，有时是可转让提单，有时是不可转让单据（根据货主的要求，既可以做成记名提单，也可以做成不记名提单）。

五、大陆桥运输

使用横贯大陆的铁路（公路）运输系统，作为中间桥梁，把大陆两端的海洋连接起来的集装箱连贯运输方式就称为大陆桥运输（Land Bridge Transport）。世界上主要的大陆桥有以下几个。

（一）西伯利亚大陆桥

利用贯穿欧洲、亚洲东西的西伯利亚大铁路，沿途经过波罗的海的港口，最终到达荷兰鹿特丹，连接了大西洋和太平洋，是中国、日本、菲律宾进入欧洲的一条捷径，是利用较多同时也是世界上目前最长的大陆桥。

（二）新亚欧大陆桥

新亚欧大陆桥建成于 1992 年，东起我国连云港，经陇海线、兰新线、北疆铁路，由新疆阿拉山口出境至哈萨克斯坦，接西伯利亚大铁路，最终到达荷兰鹿特丹。

（三）北美大陆桥——小陆桥运输

利用横贯北美的铁路和公路运输系统，连接西部太平洋口岸至东部大西洋口岸。

六、OCP 运输条款

OCP 即 Overland Common Points，译为“内陆公共点”或“内陆地区”，以美国西部的洛基山脉为界，以东地区为内陆地区范围。海运货物到达美国太平洋西岸港口，最终目的地在内陆地区，如果采用 OCP 运输条款达成交易，出口商不仅可享受美国内陆运输优惠费率，而且可以享受 OCP 海运的优惠费率。

采用 OCP 运输条款必须具备以下条件：

（1）货物最终目的地必须属于 OCP 地区范围。

（2）货物必须经由美国西海岸港口中转。因此，签订 CFR 和 CIF 出口合同时，目的港必须是美国西海岸港口。

(3) 提单上必须标明“OCP”字样，并且在提单目的港一栏中除填明美国西部海岸港口名称外，还要加注内陆地区的城市名称，如 CIF San Francisco OCP New York。

第二节　国际货物买卖合同中的装运条款

装运条款包括装运时间、装运港和目的港、分批装运、转运、滞期、速遣等条款内容。

一、装运时间

装运时间也称装期，指卖方将合同规定的货物装上运输工具或交给承运人的时间。

(一) 装期与交货期的基本概念

装运期（Time of Shipment）与交货期（Time of Delivery）是两个不同的概念。但在 CIF、CFR 和 FOB 象征性交货的贸易术语中，两者是一致的，装运期也就是交货期，又由于买卖合同大部分使用这三个贸易术语，习惯上人们已经把装运期和交货期两者视为一体。

(二) 装运期的法律意义

英美法把品质条款、数量条款和交货期作为合同的要件，如违反这三个要件之一，买方有权拒收货物、解除合同，同时要求损害赔偿，后果是十分严重的。因此，卖方一定要严格按照合同规定的时间交货，也就是装船。

(三) 装运期的规定方法

1. 装运时间的一般规定方法

(1) 规定某年某月装运，如：Shipment during July 2014。

(2) 规定某年某月底前装运，如：Shipment before the end of July 2014。

(3) 规定某年某月某日前装运，如：Shipment before 15th July 2014。

(4) 规定跨月装运，如：某两个月或三个月内装运。例如，Shipment during July / August 2014，7/8，也就是 2014 年 7 月 1 日—8 月 31 日装运均可。注意：7/8 装运不等于 7 月、8 月各分批装运一批。

(5) 规定在收到信用证后若干天内装运，例如：Shipment within 30 days after Receipt of L/C。

2. 装运时间的错误规定方法

(1) 规定某年某月某日装运。具体到某日装运，这是卖方自缚手脚，是无法做到的。

(2) 笼统规定。例如：Immediate Shipment，Prompt Shipment，Shipment as soon as

Possible。究竟如何理解“立即装运”，各国商人解释不同，容易发生纠纷，耽误装运。

二、装运港和目的港

凡涉及运输的合同均需规定装运港和目的港，必须在交易磋商时就达成一致。一般来说，装运港由卖方提出，经买方同意后确认；目的港由买方提出，卖方确认。

（一）装运港

FOB、CIF 和 CFR 中卖方按合同规定在装运港将货物装上开往指定目的港的船舶并提交运输单据，就算完成了交货义务，因此，在买卖合同中必须明确规定装运港。

CIP、CPT 和 FCA 必须明确规定发货地，以便货交承运人。

（二）目的港

CIF、CFR 必须在贸易术语后规定目的港，CIP、CPT 规定发货后最终运达的目的地。

1. 规定目的港（地）的方法

出口合同中一般只规定一个目的港（地），如果买方需要，也可以规定两个或两个以上供选择，如 London/Liverpool。

2. 确定目的港（地）应注意的问题

（1）必须明确具体。忌用诸如“欧洲主要港口”（European Main Port，EMP）之类的笼统用语，究竟哪些是“主要港口”在国际上并无统一解释，所以我们尽量避免使用，以免引起误会。

（2）卖断港口。即在 CIF、CFR 贸易术语后必须规定海运港口作为目的港，不接受以内地城市作为目的港。这在我国外贸实践中，称为“卖断港口”。

（3）注意港口的装卸条件。如泊位情况，是否适合远洋货轮，是否有直达班轮，冬季装运时港口是否有冰封期等。

（4）注意港口有无重名。世界各国港口重名的很多，如维多利亚港，在世界上有30多个，美国、英国和中国香港都有此港口，再如奥克兰、波特兰这两个港口在许多国家也有重名。在签订合同时，为避免造成混乱，应在港口后注明国别。

（5）选择港不宜太多。一般是在同一航区同一航线上的港口。

三、分批装运和转运

能否分批装运和转运直接关系到买卖双方的切身利益，是买卖合同中的重要内容。买方希望直运，希望一次交货，降低成本，保护货物安全。卖方考虑生产周期和运输方便，希望是“允许分批，允许转船”。

（一）分批装运

分批装运（Partial Shipment）又称分期装运，是指一个合同项下的货物被分为若干批或若干期装运。凡数量较大，受货源、运输、销售、资金等条件限制，有必要分期分批发货的，通常在买卖合同中规定“允许分批”（Partial Shipment Allowed）。买方为了减少提货手续，节省费用开支，在进出口业务中往往要求出口人一次装运货物，则在合同中规定“不准分批装运”。一般来说，规定“允许分批装运”对卖方比较有利。

按某些国家的合同法规定，如合同中未对分批装运做出规定，买卖双方事先也没有特别约定或习惯做法，则卖方不得分批装运。

国际商会制定的《跟单信用证统一惯例》（UCP600）规定：

（1）除非信用证另有规定，允许分批装运。

（2）UCP600 第 31 条 b 款规定：“表明使用同一运输工具并经由同次航程运输的数套运输单据在同一次提交时，只要显示相同目的地，将不视为部分发运，即使运输单据上表明的发运日期不同或装运港、接管地或发送地点不同。”也就是说，装于同一航次同一条船上的同一合同项下的货物，即使装运的地点、时间不同，只要运往同一目的地，也不视为分批装运。

（3）UCP600 第 32 条规定：“信用证规定在指定的时间段内分期付款或分期发运，任何一期未按信用证规定期限支取或发运时，信用证对该期及以后各期均告失效。”也就是说，限期限量分批装运的货物只要其中有一批未按时装运，该批和以后各批均告无效。

例如，信用证规定：Shipment During May/June/July/First shipment 100MT second shipment 200MT third shipment 300MT。也就是说，受益人交货必须严格按照 5 月 100MT、6 月 200MT 和 7 月 300MT 装出，其中只要有一批未按时装运，则该批及以后各批均告无效。银行有权拒付货款。

（二）转运、转船

驶往目的港没有直达船或航班间隔太长，则在合同中应订明“允许转船”（Transshipment to be allowed）。UCP600 规定，除非信用证另有规定，否则准许转运。

货物在运输途中转运，容易受损或散失，而且会增加费用和支出，延迟到达目的地的时间。但在无直达运输工具的情况下，转运就不可避免。是否允许转运关系到买卖双方的切身利益，有必要在买卖合同中明确规定。

但是，随着运输工具的不断改进和大型化、集装箱化，集装箱船、滚装船、母子船的出现和广泛使用，以及各种新的运输方式，尤其是多式联运方式日益广泛运用，转运在实际业务中已成为经常发生甚至不可避免的事。UCP600 对转运做出新的规定：

“转运是指在信用证规定的装货港到卸货港之间的运输过程中，将货物从一船卸下并再装上另一船的行为。”

“提单可以表明货物将要或可能被转运，只要全程运输由同一提单涵盖。”

“即使信用证禁止转运，注明将要或可能发生转运的提单仍可接受，只要其表明货物由集装箱、拖车或母子船运输。”

简言之，真正被禁止的转运，仅指海运中港至港、非集装箱货物运输的转运。

第三节 运输单据

运输单据是指承运人收到货物后证明货物已装上运输工具，已发运或已由承运人接受监管的单据。它是交接货物、处理索赔与理赔及向银行结算货款的重要凭据。

一、海运提单

海运提单（Ocean Bill of Lading，B/L）简称提单，是目前海运业务使用最为广泛和主要的运输单据。它是由船长或船公司或其代理人签发的，证明已收到特定货物，允诺将货物运至指定的目的港，并交付给收货人的凭证。海运提单也是收货人在目的港据以向船公司或其代理提取货物的凭证。

（一）海运提单的性质和作用

1. 海运提单的性质

（1）海运提单是承运人或其代理人签发的货物收据，用来证明承运人已按提单所列内容收到货物。

（2）海运提单是物权凭证。海运提单是代表货物所有权的凭证。收货人或其他提单的合法持有人，有权凭提单向承运人提取货物。由于提单是一种物权凭证，因而在国际市场上，提单可以在载货船舶到达目的港交货之前办理转让，或凭以向银行办理押汇、议付或抵押贷款。

（3）海运提单是托运人和承运人之间运输契约的证明。海运提单是承运人和托运人之间运输合同的证明。提单的背面条款规定了双方的权利、义务和责任，作为双方处理纠纷的依据。

2. 海运提单的作用

海运提单是作为承运人收取运费的证明，也是在运输过程中办理货物装卸、转船、发运、交接以及最后索赔的依据。

（二）海运提单的格式和内容

1. 提单正面的内容

（1）提单左边第一栏为托运人栏（Shipper），也称为发货人栏（Consignor），一般填写出口商名称；

（2）第二栏为收货人栏（Consignee），也称为抬头，是提单的所有权人栏；

（3）第三栏为通知收货人栏，此栏注明买方名称、地址。

在上述三栏以下分别注明：

（4）收货地或装货港；

（5）目的地或卸货港；

（6）船名及航次；

（7）唛头及件号；

（8）货名及件数；

（9）重量和体积；

（10）运费已付或运费到付；

（11）正本提单的份数；

（12）船公司或其代理人的签章；

（13）签发提单的地点及日期。

2. 提单背面条款

提单背面印定的条款规定了承运人与货方之间的权利、义务和责任豁免，是双方当事人处理争议的主要法律依据。各航运公司的提单大都规定按承运人所在国家的法律处理。由于承运人包括船东和租船人，因此签发提单时使用法律条款都应具体规定国名。

确定承运人与托运人、持有人的权利、义务的依据主要有：

（1）《海牙规则》（The Hague Rules），即 1942 年签署的《关于统一提单的若干法律规则的国际公约》。

（2）《维斯比规则》（The Visby Rules），即 1968 年签署的《布鲁塞尔议定书》。

（3）《汉堡规则》（The Hamburg Rules），即 1978 年签署的《联合国海上货物运输公约》。

（三）海运提单的种类

1. 根据是否装船分类

（1）已装船提单

已装船提单（On Board B/L；Shipped B/L）是指承运人将货物装上指定船舶后所签发的提单。其特点是，提单上必须以文字表明货物已经装于某船上，并载有装船日期，同时还应由船长或其代理人签字。根据 UCP600 的规定，“提单，通过以下方式表明货物已在信用证规定的装货港装上具名船只：已装船批注注明货物的装运日期”。因为提单是代表货物所有权的凭证，所以卖方所提供的提单必须是已装船提单。

（2）备运提单

备运提单（Received for Shipment B/L）又称收讫待运提单，是指承运人已收到托运货物等待装运期间所签发的提单。在签发备运提单情况下，发货人可在货物装船后凭以调换已装船提单，也可经承运人或其代理人在备运提单上批注货物已装上某具名船舶及装船日期，并在签字后使之成为已装船提单。

2. 根据提单上有无不良批注分类

（1）清洁提单

清洁提单（Clean B/L）是指货物在装船时表面状况良好，船公司在提单上未加任何有关货物受损或包装不良等批注的提单。

根据 UCP600 规定，“银行只接受清洁运输单据。清洁运输单据指未载有明确宣称货物或包装有缺陷的条款或批注的运输单据”。

（2）不清洁提单

不清洁提单（Unclean B/L; Foul B/L）是指船公司在提单上对货物表面状况或包装加有不良或存在缺陷等批注的提单。例如，提单上批注“×件损坏”（... packages in damaged condition）、“铁条松散”（Iron strap loose or missing）等。银行不接受不清洁提单。

3. 根据提单抬头的不同分类

所谓提单的抬头，是指提单的收货人，也就是有权凭提单向承运人提货的人。因为提单的抬头做法不同，关系到物权和物权转移的方法问题，为了使货物安全交接，卖方安全收汇，就必须了解各种不同抬头提单的做法和本身的意义以及如何转让提单的所有权，并根据不同交易方式和付款方式选用不同做法的提单。

（1）记名提单

记名提单（Straight B/L）指在提单的收货人栏内（抬头人）直接打出收货人的名称。这表明该提单项下的货物只能由该特定收货人提取，不能用背书的方式转让给第三者，因此记名提单不能流通转让（Non-negotiable）。

记名提单避免了在转让过程中可能带来的风险，使货物始终掌握在货主手中。但这也失去了物权凭证可以流通转让的性质，即失去了在市场买卖单据就可以达到买卖货物的便利。因此在做议付时，银行也不愿意接受记名提单作为议付的单据。记名提单过去在国际贸易中较少使用，一般只在运送贵重物品、展品、援外物资时才用。但近年来，由于EDI技术在国际贸易中的发展，为了防止假单诈骗和便于进口商及时提货，不可转让海运单（记名提单）在近海运输的交易中有渐渐流行的趋势。

（2）不记名提单

不记名提单（Blank B/L，Bearer B/L，Open B/L）是指在提单的收货人栏内完全空白，不填写收货人的名称。

这种提单的特点：提单的持有人即收货人，不需要通过背书手续就可任意转让。提单的物权属于持有人，转手就意味着物权转移。所以，这种提单不安全，如果遗失或被盗，货物也就被人提走，因此这种提单较少被使用。

（3）指示提单

指示提单（Order B/L）是指提单的收货人栏内不写收货人的名称，只写“To Order”（凭指示）字样。

这种提单的特点：收货人尚待提单所有人（发货人）确定。发货人（出口人）可以通过背书转让提单的所有权，也就是转让提单的提货权，所以这种提单又称可转让提单，在国际贸易中被广泛使用。

“空白抬头，空白背书”的提单是在信用证方式下对形式要求最普遍、使用最广泛的一种提单。

背书是单据（或票据）的所有人转让单据所有权的一种法律手续。具体而言，就是单据的所有人，在提单的背面签名或盖章，他就被称为背书人，再写上受让人的名字。受让人称为被背书人，通过这种方式就把提单的所有权（具体地说是提货权）从背书人手中转移给被背书人（受让人），这也叫记名背书。如果只有背书人在提单背面签名，而不写受让人的名字，就称为“空白背书”。在国际贸易中，为了方便提单在各个环节的转让，比如提单先转让给议付行，通常采用空白背书。

“空白抬头”，也就是“凭指示”的指示提单，再加上空白背书，习惯上就把这种提单称为“空白抬头，空白背书”的提单。

凭指示提单在发货人（出口人）未指定收货人之前，卖方仍保有货物的所有权。如经发货人在提单上空白背书后，即成为凭单提货的单据，合法持有这种提单的人有权向船公司提货。

凡是以托收方式出口的提单必须坚持使用卖方背书的指示提单。

4. 根据提单的效力分类

（1）正本提单

正本提单（Original B/L）是指提单上有承运人、船长或其代理人签名盖章并注明签发日期的提单。这种提单在法律上是有效的单据。正本提单上必须标明“正本”（Original）字样。正本提单一般签发一式两份或三份，凭其中的任何一份提货后，其余的即作废。UCP600 规定：信用证规定的每一种单据须至少提交一份正本；如果信用证使用诸如“一式两份”（In Duplicate）、“两份”（In Two Fold）、“两套”（In Two Copies）等用语，要求提交多份单据，则提交至少一份正本，其余使用副本即可满足要求，除非单据本身另有说明。唯一的正本单据，或如果以多份正本出具，为提单中表明的全套正本。

（2）副本提单

副本提单（Copy B/L）是指与正本提单相对的提单，即提单上没有承运人签字盖章，只供参考使用。副本提单上一般都印有“Copy”或“Non-negotiable”字样，以示与正本提单的区别。

5. 根据运输方式分类

（1）直达提单

轮船从装运港装货后，中途不经过换船而直接驶往目的港卸货的称为直达。签发这种情况的提单叫作直达提单（Direct B/L）。

（2）转船提单

转船提单（Transshipment B/L）是指货运全程由至少两艘轮船承运。就是说，从装运港装货的轮船，不直接驶往目的港，需要在中途港换装另一只船运往目的港，甚至有换船不止一次。在这种情况下，就要签发“转船提单”。

（3）联运提单

联运提单（Through B/L）是指须经两种或两种以上的运输方式联运的货物，由第一程承运人所签发的，包括运输全程并能在目的港或目的地凭以提货的提单。

6. 根据提单内容繁简分类

（1）全式提单

全式提单（Long Form B/L）是指提单背面列有承运人和托运人的权利、义务条款的提单。

（2）略式提单

略式提单（Short Form B/L）也称简式提单，是指提单背面没有这些相关权利、义务条款的提单。

不管是全式提单还是略式提单，它们在法律上具有同等效力。

7. 根据船舶经营性质分类

（1）班轮提单

班轮提单（Liner B/L）是经营班轮运输的船公司或其代理人签发的提单，提单上列有详细的条款。在实际业务中，班轮公司出具的提单，除正面条款外，背面都列有详细的运输条款。

（2）租船提单

租船提单（Charter Party B/L）是船方根据租船合同签发的一种提单。提单上批注"根据××租船合同出立"字样，不另列详细条款。因此，这种提单要受到租船合同的约束，不成为一个完整独立的法律文件。所以，银行或买方在接受这种提单时，往往要求卖方提供租船合同副本，以了解提单和租船合同的全部情况。

8. 其他提单

（1）过期提单

过期提单（Stale B/L）是指错过规定的交单日期或者晚于货物到达目的港日期的提单。前者是指卖方超过提单签发日期后 21 天才交到银行议付的提单，后者是指货已到但提单未到。根据 UCP600 的规定，如信用证无特殊规定，银行将拒绝接受在运输单据签发日后超过 21 天才提交的单据。后者是在近洋运输时容易出现的情况，故在近洋国家间的贸易合同中，一般都订有"过期提单可以接受"（Stale B/L is Acceptable）的条款。

（2）倒签提单

货物实际装船的日期晚于信用证上规定的装运日期，但仍在信用证有效期内，如按实际装船的日期签署提单，势必不能议付。为了使提单日期与规定的装运日期相符，承运人应托运人的请求，便按信用证上规定的装运日期签署提单，这就叫作倒签提单（Back Dated B/L）。这对承运人来说有很大的风险。特别是在货价下跌时，收货人可以"伪造提单"为由，拒绝提货并向法院起诉。在国际航运界常因船舶脱期而倒签提单，但我们不能以此为据而无所顾忌，理应慎重行事，方保无虞。因为这也是一种隐瞒迟期交货的侵权行为。

二、铁路运单

（一）国际铁路联运运单

国际铁路联运运单，不是代表货物所有权的凭证，不可转让。铁路运单和运单副本是国际联运中铁路与货主之间的运输契约，对收货人、发货人和铁路都具有法律约束力。当发货人向始发站提交全部货物，始发站在运单和运单副本上加盖注明日期的印章证明货物已被接受承运，即认为运输契约已经生效。

铁路运单随同货物自始发站运送至终点站，最后在终点站由收货人付清应由收货人负担的运杂费后，连同货物由终点站铁路交给收货人。运单副本由始发站铁路签发给发货人作为货物已经交运的凭证和凭以向银行办理货款结算的主要单据。由于收货人向铁路提取货物时无须提交运单，因此，铁路运单并非物权凭证，也不能通过背书进行转让和作为抵押品向银行融通资金。

（二）承运货物收据

承运货物收据（Cargo Receipt）是在特定运输方式下所使用的一种运输单据，它是承运人出具的货物收据，也是承运人与托运人签订的运输契约。我国内地通过铁路运往港、澳地区的出口货物，一般多委托中国外运股份有限公司承办。当出口货物装车发运后，外运公司即签发一份承运货物收据给托运人，以作为对外办理结汇的凭证，它还是收货人凭以提货的凭证。

三、航空货运单

航空货运单（Air Waybill）不是代表货物所有权的凭证，不可转让。

航空货运单是承运人收取货物后签发的货物收据。货抵目的地后，承运人向收货人发出到货通知，收货人凭到货通知和身份证明提取货物。所以，航空货运单并非物权凭证，也不能转让和凭以向银行融通资金。但它是证明发货人业已交运货物的正式凭证，发货人可凭以向收货人结算货款。

四、不可转让海运单

不可转让海运单（Non-negotiable Sea Waybill）是近几年来欧洲、斯堪的那维亚半岛、北美和某些远东、中东地区开始使用的一种不可流通转让的海运单据。它也是由船长、船公司或其代理人签发的证明已收到特定货物（已接管或已装船）并保证将货物运至目的地交付给指定收货人的一种凭证。不可转让海运单与海运提单一样是船方出具的货物收据，也是海上货物运输契约的证明。但它不是货物所有权的凭证，收货人提货时无须出示不可转让海运单，承运人仅凭收货人提交的证明其为不可转让海运单上指定收货人的凭条交付货物。所以，使用不可转让海运单有利于进口商及时提货、简化手续、节省费用，并有助于减少欺诈现象。另外，由于EDI在国际贸易中的广泛运用，更适宜使用不可转让海运单。

五、多式联运单据

多式联运单据（Multimodal Transport Document，MTD）是适应广泛开展集装箱运输的需要而产生的，在使用多种运输方式联合运送货物时使用。就其在联运时使用而言，与上述联运提单有共同之处，但性质上却有较大的区别。两者的主要区别是：

（1）联运提单限于在由海运与其他运输方式所组成的联合运输时使用。多式联运单据使用范围较联运提单更广，它既可用于海运与其他运输方式的联运，也可用于不包括海运的其他运输方式的联运，但仍必须是至少两种不同运输方式的联运。

（2）联运提单由承运人、船长或承运人的代理人签发。多式联运单据则由多式联运经营人或经其授权的人签发。它可以做成可转让的，也可做成不可转让的。多式联运经营人也可以完全不掌握运输工具，如无船承运人（Non-Vessel Operating Common Carrier，NVOCC）。

（3）联运提单的签发人仅对第一程运输负责，而多式联运单据的签发人（多式联运经营人）则要对全程运输负责，货物在任何地方发生属于承运人责任范围的灭失和损坏，其都要对托运人负责。

《联合运输单据统一规则》（国际商会第298号出版物）和1980年5月通过的《联合国国际货物多式联运公约》规定，国际多式联运所使用的多式联运单据既可以是可转让的（做成“凭指示”或“凭来人”抬头，即列明按指示或向持单人交付货物），也可以是不可转让的（表面注明“不可转让”并做成记名抬头，即指明记名的收货人）。

目前在航运界，一些船公司如中国远洋海运集团有限公司使用“联合运输提单”（Combined Transport Bill of Lading，CTB/L），它既可以用于一般港到港的运输，也可用于海运与其他运输方式的联运。

思考题

1. 什么叫班轮运输？班轮运输有哪些特点？
2. 采用定程租船运送货物时，船方收取装卸费的办法有哪几种？
3. 什么叫国际铁路联运？参加国际铁路联运有何意义？
4. 什么叫国际多式联运？构成国际多式联运应具备什么条件？
5. 买卖合同中的装运期有哪些规定方法？
6. 买卖合同中的装运港和目的港有哪些规定方法？
7. 在买卖合同中，为什么要规定滞期、速遣条款？
8. 什么叫分批装运？《跟单信用证统一惯例》对分批装运有何规定？
9. 什么叫已装船提单和备运提单？
10. 什么叫清洁提单？
11. 什么叫记名提单？什么叫不记名提单？
12. 什么叫指示提单？

案例分析题

【案例 13-1】我国某外贸公司与美商按“CIF 纽约”出口运动鞋 10 000 双，合同与信用证规定装期 7/8 月份，每月装运 5 000 双，允许转船。我公司于 7 月 31 日将 5 000 双运动鞋装上“武夷号”轮，取得 7 月份的提单，又于 8 月 10 日将余下的 5 000 双装上“胜利号”轮，取得 8 月份的提单，两船均在中国香港转船，两批货均由马士基公司“贵族号”轮运至目的地。

请问：

（1）这种做法，是否属于分批装运？为什么？

（2）卖方能否安全收汇？为什么？

【案例分析】

（1）本例做法属于分批装运。《跟单信用证统一惯例》（UCP600）规定，“同一船只、同一航次中多次装运货物，即使提单表示不同的装船日期或表明不同的装船港口，只要运输单据注明的目的地相同，也不视为分批装运”。但本例中 7 月 31 日货装“武夷号”轮，8 月 15 日货装“胜利号”轮，非同一船只，所以应视作分批装运。

（2）卖方能安全收汇，因为符合信用证装运条款的要求。

【案例 13-2】我国某外贸公司向英国出口商品 30 000 箱，合同规定 3—8 月按月等量装运，每月装运 5 000 箱，凭不可撤销信用证付款。客户按时开来信用证，证上总金额与总数量均与合同相符，但装运条款规定为“最迟装运期 8 月 31 日，分数批装运”。我方 3 月份装出 5 000 箱，4 月份装出 6 000 箱，5 月份装出 10 000 箱，6 月份装出 9 000 箱。客户发现后向我方提出异议。我们这样做是否可以？为什么？

【案例分析】从信用证项下我方能否如期收回货款考虑，这样做是可以的。

原因：信用证一经开立就成为独立于合同之外的法律文件，只要单证一致，即可收取货款。信用证中笼统规定“最迟装运日期 8 月 31 日，分数批装运”，所以我方的做法是可以的，但为防日后纠纷，我方应争取等量分批的做法，这既符合了合同规定，又满足了信用证的要求。

【案例 13-3】我国某外贸公司对美出口 1 000 公吨钨砂，国外来证规定，“不允许分批装运”。结果我方在规定的期限内分别在福州、厦门各装 500 公吨于同一航次的同一船上，提单上也注明了不同的装货港和不同的装货日期，问这是否违约？

【案例分析】根据 UCP600 第 31 条 b 款规定：“表明使用同一运输工具并经由同次航程运输的数套运输单据在同一次提交时，只要显示相同目的地，将不视为部分发运，即使运输单据上表明的发运日期不同或装货港、接管地或发送地点不同。”因此，上述做法不被视为违约，银行不得拒绝议付。

【案例 13-4】 我国某外贸公司对西班牙按 CIF 价格出口树脂工艺品一批。合同规定装运期为 5/6 月，国外开来的信用证“Shipment during May /June 2006”。我方在租船订舱时发生困难，一时租不到足够的仓位，要分两到三次装运，这种情况是否构成违反信用证的条款？

【案例分析】 不构成违反信用证条款。只要信用证未禁止分批，则卖方可以分批。只要能在 5/6 月将货装运完毕，可以不要求国外修改信用证。UCP600 第 31 条 a 款规定：“除非信用证另有规定，否则允许分批支款及/或分批装运。”

第十四章 国际货物运输保险

保险是一种经济补偿制度，它按科学的方法计收保险费，集中多数单位和个人的保险金建立保险基金，"利用分散危险来分摊损失"的办法对参加保险的少数被保险人由于特定灾害事故所遭受的损害或责任给予经济补偿或对人身伤亡给付保险金。

保险是一种组织经济补偿的互助行为。通过参加保险，投保各种保险的人既帮助了他人，也保障了自己的经济利益，充分体现了"一人为众，众人为一"的精神，即"取之于面，用之于点"。

保险是一种经济补偿制度，从法律角度看，它是一种补偿性契约行为，即被保险人向保险人提供一定的对价（保险费），保险人则对被保险人将来可能遭受的承保责任范围内的损失负赔偿责任。

第一节 海上货物运输保险承保范围

保险公司保障的范围包括三个方面：风险、损失及发生的费用。保险公司按照不同险别所包含的风险所造成的损失承担赔偿责任。风险、损失和险别三者有着紧密的联系。风险引起损失，险别则是保险公司对风险和损失的承保责任范围，也就是说，保险公司并不是对所有的风险、所有的损失都承担赔偿责任，而是根据不同险别，决定保险公司责任的大小。

一、风险

风险包括两大类（见表14-1）：海上风险和外来风险。海上风险又分为自然灾害和意外事故两类。

表 14-1 风险的分类

风险	海上风险	1. 自然灾害：恶劣气候、雷电、海啸、地震、洪水等
		2. 意外事故：搁浅、触礁、沉没、互撞、失火、失踪、爆炸等
	外来风险	1. 一般原因：偷窃、雨淋、短量、渗漏等
		2. 特殊原因：战争、罢工、交货不到、拒收等

意外事故（Fortuitous Accidents）指由于偶然的非意料之中的原因造成的事故。海上保险业务中的意外事故，并不局限于发生在海上，也包括发生在陆地上的意外事故。

外来风险（Extraneous Risks）是指海上风险以外的其他外来原因所造成的风险。外来原因是指事先难以预料的、致使货物受损的某些外部因素。外来风险分为一般外来风险和特殊外来风险。

1. 一般外来风险

（1）偷窃（Theft，Pilferage）；

（2）沾污（Contamination）；

（3）渗漏（Leakage）；

（4）破碎（Breakage）；

（5）受潮受热（Sweating Heating）；

（6）串味（Taint of Odour）；

（7）生锈（Rusting）；

（8）钩损（Hook Damage）；

（9）淡水雨淋（Fresh and Rain Water Damage）；

（10）短量（Shortage in Weight）；

（11）碰撞（Clashing）。

2. 特殊外来风险

（1）战争（War）；

（2）罢工（Strikes）；

（3）拒收（Rejection）；

（4）交货不到（Failure to Delivery）；

（5）黄曲霉菌（Aflatoxin）；

（6）其他。

二、损失

这里主要指海上损失（Marine Losses），简称为“海损”（Average），指被保险货物在海洋运输途中，因遭遇海上风险所引起的损坏或灭失，它还包括在与海运连接的陆上运输和内河运输过程中遭受的损坏或灭失，如表14-2所示。

表14-2 海上损失的分类

<table>
<tr><td rowspan="4">海上损失</td><td rowspan="2">全部损失（按程度分）</td><td>实际全损</td></tr>
<tr><td>推定全损</td></tr>
<tr><td rowspan="2">部分损失（按性质分）</td><td>单独海损</td></tr>
<tr><td>共同海损</td></tr>
</table>

（一）全部损失

全部损失（Total Loss）简称全损，是指被保险货物由于承保风险造成的全部灭失或完全变质或不可能归还被保险人的损害。全损分为实际全损和推定全损两种。

1. 实际全损

实际全损（Actual Total Loss）是指货物完全灭失或变质而失去原有用途，即货物的全部损失已经发生或不可避免。具体包括：

（1）标的完全灭失；

（2）使用价值完全丧失；

（3）被抢劫、丧失和扣押；

（4）船舶失踪达半年以上。

2. 推定全损

推定全损（Constructive Total Loss）是指货物受损进行施救、整理和恢复原状所需要的费用，或者再加上续运至目的地的费用，费用总和估计要超过货物在目的地的完好状态的价值。

委付（Abandonment）是指被保险人将保险货物的一切权利转让给保险人，并要求保险人按全损给予赔偿的行为。如果被保险人不提供委付通知，保险人只能按部分损失给予赔偿。被保险人拥有残余物所有权。

（二）部分损失

部分损失（Partial Loss）是指被保险货物的损失没有达到全部损失的程度，包括共同海损和单独海损。

1. 共同海损

共同海损（General Average）是指载货船舶在海运途中遇到危难，船长为了维护船舶和所有货物的共同安全或使航程得以继续完成，有意并且合理地做出某些牺牲或支出的特殊费用。

构成共同海损的条件包括：

（1）船方在采取紧急措施时，必须确有危及船、货共同安全的危险存在。

（2）船方所采取的措施必须是有意识的、合理的。所谓有意识的，是指共同海损的发生必须是人为的、有意识行为的结果，而不是一种意外的损失。

（3）所做出的牺牲或支出的费用必须是非常性质的。所谓非常性质是指这种牺牲或费用不是通常业务中所必然会遇到或支出的。

（4）构成共同海损的牺牲和费用支出，最终还必须是有效的。共同海损的牺牲和费用应由船、货或运费三方按最后获救的价值共同按比例分摊，即为共同海损的分摊，对个别有关当事人而言，分摊到的金额均小于船、货、运费的本身价值，因此从这个意义上说，共同海损属于部分损失。

2. 单独海损

单独海损（Particular Average）是指货物受损未达到全损程度，而是单独一方的利益受损并只能由该利益所有者单独负担的一种部分损失。如瓷器碰撞、破碎，与其他货主、船东无关，而损失又未达到全损程度，称为单独海损。

单独海损与共同海损的区别如下：

(1) 前者是风险直接导致的损失，后者是为了解除或减轻这些风险而人为造成的损失。

(2) 前者的损失由受损方自己承担，后者由受益各方按受益大小的比例分摊。

三、费用

可承担的费用指保险标的发生保险事故后，为减少货物的实际损失而支出的费用可由保险公司承担。由保险公司承担的费用有施救费用和救助费用两种。

（一）施救费用

施救费用是指，在遭遇保险责任范围内的灾害事故时，被保险人或其代理人、雇用人员和保险单证的受让人等为抢救保险标的物，以防止其损失扩大所采取的措施而支出的费用。

（二）救助费用

救助费用是指保险标的物遇到上述灾害事故时，由保险人和被保险人以外的第三者采取救助行为后向其支付的报酬。

第二节　我国海运货物保险条款

中国人民保险公司根据我国保险业务的实际需要并参照国际保险市场的习惯做法制订了各种不同运输方式的货物运输保险条款以及附加险条款，总称“中国保险条款”(China Insurance Clause，C. I. C)。保险险别是保险人对风险和损失的承保责任范围，它是保险人与被保险人履行权利与义务的基础，也是保险人承保责任的大小和被保险人缴付保险费多少的依据。

本节主要介绍中国人民保险公司制定的《海洋运输货物保险条款》(2009年修订本)(The People's Insurance Company of China Ocean Marine Cargo Clause，P. I. C. C 2009)。

我国保险条款将保险险别分成基本险和附加险两大类。

一、基本险

（一）平安险

平安险（Free from Particular Average，FPA）旧译为“单独海损不赔”，其责任范围包括自然灾害导致的全部损失和意外事故造成的全部损失或部分损失。平安险对自然灾害造成的部分损失不赔，实际上，部分损失中的共同海损以及共同海损的牺牲和分摊及救助费用以及对受损保险货物进行施救的费用等，属于保险公司的赔偿责任范围，也就是说，平安险只是对自然灾害造成的“单独海损不赔”。

投保了平安险，保险公司对下列损失负赔偿责任：

（1）被保险的货物在运输途中由于恶劣气候、雷电、海啸、地震、洪水等自然灾害造成整批货物的全部损失或推定全损。若被保险的货物用驳船运往或运离海轮，则每一驳船所装的货物可视作一个整批。

（2）由于运输工具遭到搁浅、触礁、沉没、互撞，与流冰或其他物体碰撞以及失火、爆炸意外事故所造成的货物全部或部分损失。

（3）在运输工具已经发生搁浅、触礁、沉没、焚毁等意外事故的情况下，货物在此前后又在海上遭受恶劣气候、雷电、海啸等自然灾害所造成的部分损失。

（4）在装卸或转船时由于一件或数件货物整件落海所造成的全部或部分损失。

（5）被保险人对遭受承保责任内的危险货物采取抢救、防止或减少货损的措施而支付的合理费用，但以不超过该批被救货物的保险金额为限。

（6）运输工具遭遇海难后，在避难港由于卸货引起的损失，以及在中途港、避难港由于卸货、存仓以及运送货物所产生的特别费用。

（7）共同海损的牺牲、分摊和救助费用。

（8）运输契约订有“船舶互撞责任”条款的，根据该条款规定应由货方偿还船方的损失。

需要注意的是，在运输过程中，如果运输工具发生搁浅、触礁、沉没、焚毁等意外事故，则由于自然灾害所造成的单独海损，不论发生在事故之前还是之后，保险公司都要负赔偿责任。

（二）水渍险

水渍险（With Particular Average，W. P. A. 或 W. A.）直译为“单独海损也赔”，水渍险的责任范围包括平安险的责任范围，外加由于自然灾害造成的部分损失（平安险不赔）。

（三）一切险

一切险（All Risks，A. R.）的责任范围：水渍险的各项责任再加 11 种一般附加险。也就是说，一切险是平安险、水渍险、一般附加险的总和。

（四）三种基本险的除外责任

（1）被保险人的故意行为或过失所造成的损失；

（2）属于发货人的责任所造成的损失；

（3）在保险责任开始前，被保险货物已存在的品质不良或数量短差所造成的损失；

（4）被保险货物的自然损耗、本质缺陷或本身特性以及市场跌落、运输延迟所引起的损失或费用；

（5）属于海洋运输货物战争险和罢工险条款规定的责任范围和除外责任。

（五）保险期限（保险责任的起讫）

我国采用国际保险市场上有关保险责任起讫规定的惯例：仓至仓条款（Warehouse to Warehouse，W/W）。

1. 仓至仓条款的概念

仓至仓条款是保险责任起讫的条款。它是指自被保险货物运离保险单所载明的起运地发货人的仓库时生效，包括正常的运输过程，直至该货物运交保险单所载明的目的地收货人的仓库时为止。货物一进入收货人的仓库，保险责任即行终止。

如果货物卸离海船后，没有马上进收货人仓库，则：

（1）保险公司的责任延续60天。如果在60天内某日进入仓库，保险责任也即行终止。

（2）如在上述60天内被保险货物需转运至非保险单所载明的目的地时，则以该项货物开始转运时终止。

2. 仓至仓条款的例外

在国际保险业务中，保险公司并不是对所有保险合同都承担仓至仓责任的。因为由于海上货物运输保险本身的特殊性质，货物的所有权是在不断的转让之中，它仅要求在保险标的发生损失，买方索赔时必须具有保险利益。此时保险单的求偿权已转移给买方。具体到贸易术语，如：采用FOB、CFR、FCA和CPT术语订立的买卖合同，卖方在装运港船上交货前，仅卖方有保险利益，买方并无保险利益，买方在装船前是无权投保的，买方在装船后投保时取得保险单，实际上保险公司承担的保险责任仅从装运港装上船后才开始，尽管保险单也载明适用仓至仓条款，但保险公司的责任实际上是限于“船至仓”。

二、附加险

由于附加险承保的是外来风险造成的损失，而外来风险又有一般外来风险和特殊外来风险之分，所以附加险也可分为一般附加险和特殊附加险。

一般附加险不能作为一个单独的项目投保，而只能在投保平安险或水渍险的基础上，根据货物的特性和需要加保一种或若干种。如加保所有的一般附加险，就叫投保一切险。可见，一般附加险被包括在一切险的承保范围内，故在投保一切险时，不存在再加保一般附加险的问题。

（一）一般附加险（11种）

（1）偷窃、提货不着险（Risk of Theft，Pilferage & Non-delivery）；

（2）淡水雨淋险（Risk of Fresh Water Rain Damage；FWRD）；

（3）短量险（Risk of Shortage）；

（4）混杂、沾污险（Risk of Intermixture & Contamination）；

（5）渗漏险（Risk of Leakage）；

(6) 碰撞、破碎险 (Risk of Clash & Breakage);

(7) 串味险 (Risk of Odour), 如茶叶、药材、香料等容易发生串味;

(8) 受热、受潮险 (Risk of Damage Caused by Heating & Sweating);

(9) 钩损险 (Risk of Hook Damage);

(10) 包装破裂险 (Risk of Loss or Damage Caused by Breakage of Packing);

(11) 锈损险 (Risks of Rust), 必须在运输过程中发生锈损, 对于原装时就已发生的, 不予赔偿。

这些附加险都不能单独投保, 只能在投保一种基本险别的基础上加保一种或若干种附加险。

一切险已包含所有 11 种一般附加险, 所以不需要再加保一般附加险。

(二) 特殊附加险

特殊附加险不包括在一切险范围内, 目前共有 8 种, 战争险和罢工险是其中最主要的 2 种。

1. 战争险

战争险 (War Risk) 不能单独投保, 必须在投保一种基本险别的基础上加保。

战争险是特殊附加险的主要险别之一, 它虽然不能独立投保, 但对其他附加险而言又有很强的独立性, 其内容包括承保责任范围、除外责任、责任起讫等。

(1) 战争险的承保责任范围

① 直接由于战争、类似战争行为、敌对行为、武装冲突或海盗行为等所造成运输货物的损失。

② 由于上述原因所引起的捕获、拘留、扣留、禁制、扣押等所造成的运输货物的损失。

③ 各种常规武器 (水雷、炸弹等) 所造成运输货物的损失。

④ 由本险责任范围所引起的共同海损牺牲、分摊和救助费用。

(2) 战争险的除外责任

由于使用原子弹或热核制造的武器导致的被保险货物的损失和费用保险公司不负责赔偿。

例外条款: 原子弹、氢弹, 或执政当局、武装集团的命令、扣押、拘留引起的损失。

起讫范围: 不采用仓至仓条款, 仅限于水上危险或运输工具上的危险。货物一卸离水上运输工具, 保险责任即终止。

(3) 战争险的责任起讫

战争险的责任起讫与基本险所采用的仓至仓条款不同, 而是采用"水面"条款, 以"水上危险"为限, 是指保险人的承保责任自货物装上保险单所载明的起运港的海轮或驳船开始, 到卸离保险单所载明的目的港的海轮或驳船为止。如果货物不卸离海轮或驳船, 则从海轮到达目的港当日午夜起算满 15 日之后责任自行终止; 如果中途转船, 不论货物在当地卸货与否, 保险责任以海轮到达该港可卸货地点的当日午夜起算满 15

天为止，等再装上续运海轮时，保险责任才继续有效。

战争险的保险责任起讫，不适用仓至仓条款，而是从装运港装上船，保险责任开始生效，到目的港卸离海轮终止。

2. 罢工险

罢工险（Strikes Risk；Strike Riots and Civil Commotions，S. R. C. C.）是指对罢工人员行为所造成的损失进行保险，但对由于罢工劳力不足或不能运用劳力而造成的货物受损则不赔，例如，货物因无人加油、空调不工作无法冷冻而致使货物受损，则不能赔偿。

根据国际保险业的惯例，保险公司在承保这一险别时，只要投保人已投保战争险就不再另收保险费，而且一般都是与战争险同时承保。

第三节　其他运输方式下的货运保险

一、陆上运输货物保险

中国人民保险公司《陆上运输货物保险条款》规定，陆上运输货物保险责任范围仅限于火车和汽车运输，也采用仓至仓条款。

（一）陆上运输货物保险的承保责任范围

陆上运输货物保险（简称“陆运险”）的承保责任范围与海洋运输货物保险条款中的水渍险相似。保险公司负责赔偿被保险货物在运输途中遭受暴风、雷电、洪水、地震等自然灾害，或由于运输工具遭受碰撞、颠覆、出轨，或在驳运过程中因驳运工具遭受搁浅、触礁、沉没、碰撞，或由于遭受隧道坍塌、崖崩或失火、爆炸等意外事故所造成的全部或部分损失。此外，被保险人对遭受承保责任内危险的货物采取抢救、防止或减少货损的措施而支付的合理费用，保险公司也负责赔偿，但以不超过该批被救货物的保险金额为限，在投保陆运险的情况下，被保险人可根据需要加保一种或数种一般附加险。

陆运一切险的承保责任范围与海上运输货物保险条款中的“一切险”相似。保险公司除承担上述陆运险的赔偿责任外，还负责保险货物在运输途中由于一般外来原因所造成的全部或部分损失。

陆上运输货物保险的除外责任与海洋运输货物保险的除外责任相同。

（二）陆上运输货物保险责任的起讫期限

陆上运输货物保险的责任起讫也采用仓至仓条款。保险人负责自被保险货物运离保险单所载明的起运地仓库或储存处所开始运输时生效，包括正常运输过程中的陆上和与其有关的水上舶运在内，直至该货物运达保险单所载目的地收货人的最后仓库或储存处所或被保险人用作分配、分派的其他储存处所为止。如未运抵上述仓库或储存处所，则以被保险货物运抵最后卸载的车站满 60 天为止。

（三）陆上运输货物附加险

陆上运输货物附加险包括陆运一般附加险和特殊附加险。需要注意以下问题：

（1）在投保陆运险的基础上可加保一种或若干种一般附加险和特殊附加险。

（2）投保陆运一切险时，如加保战争险则仅以铁路运输为限，其责任起讫不是仓至仓条款，而是以货物置于运输工具时为界。

（3）附加险责任期限从货物装上车开始至卸车时为止。如果不卸车，则从货物到站当日午夜起满 48 小时为止，如中途转车，不论卸车与否以 10 天为限，装上车续运则继续有效。

二、航空运输货物保险

（一）中国人民保险公司规定的航空运输货物保险基本险别

1. 航空运输险的承保责任范围

航空运输险的承保责任范围与海洋货物运输保险条款中的水渍险相似，包括被保险货物在运输途中遭受雷电、火灾、爆炸或由于飞机遭受恶劣气候或其他危难事故而被抛货，或由于飞机遭受碰撞、倾覆、坠落或失踪等自然灾害和意外事故，所造成的全部或部分损失。

2. 航空运输一切险的承保责任范围

航空运输一切险的承保责任范围与海洋运输保险条款中的一切险相似，除包括航空运输险的各项责任外，还包括被保险货物由于一般外来原因所造成的全部或部分损失。

（二）航空运输货物保险的责任起讫

虽然也是仓至仓条款，但不同的是，如果货物运达保险单所载明的目的地而货物未进仓，以货物在最后卸载地卸离飞机后满 30 天为止。如在上述 30 天内，该保险货物需转运到非保险单所载明的目的地时，保险责任以该项货物开始转运时终止。

（三）航空运输货物战争险的承保责任范围

航空运输货物战争险是航空运输货物险的一种特殊附加险，只有在投保了航空运输险或航空运输一切险的基础上方可加保。

加保航空运输货物战争险后，保险公司赔偿在航空运输途中由于战争、敌对行为或武装冲突以及各种常规武器和炸弹所造成的货物损失，但不包括因使用原子弹或热核反应制造的武器所造成的损失。

（四）航空运输货物战争险的责任起讫

航空运输货物战争险的责任从被保险货物装上飞机开始，直到卸离保险单所载明的目的地的飞机时为止。如不卸机，则以载货飞机到达目的地的当日午夜起计算满 15 天为止。如被保险货物在中途转机，保险责任以飞机到达转运地当日起满 15 天为止。重新装上飞机，保险责任恢复。

三、邮政包裹保险

邮政包裹保险包括邮包险和邮包一切险，可加保一种或若干种附加险（自然灾害、意外事故、外来原因）。

（一）邮包险的承保责任范围

邮包险的承保责任范围是被保险邮包在运输途中由于恶劣气候、雷电、海啸、地震、洪水等自然灾害，或由于运输工具遭受搁浅、触礁、沉没、碰撞、倾覆、出轨、坠落、失踪，或由于失火、爆炸等意外事故所造成的全部或部分损失；另外，还负责被保险人对遭受保险责任范围内风险的货物采取抢救、防止或减少货损的措施而支付的合理费用，但以不超过被救货物的保险金额为限。

（二）邮包一切险的承保责任范围

邮包一切险的承保责任范围除包括上述邮包险的各项责任外，还包括被保险邮包在运输途中由于一般外来原因所致的全部或部分损失。

（三）邮政包裹险的责任起讫

邮政包裹险的责任起讫是从邮包离开保险单所载起运地寄件人处所运往邮局开始，直至被保险邮包运达保险单所载明的目的地邮局，自邮局签发到货通知书当日午夜起算满 15 天终止，但在此期限内邮包一经递交至收件人的处所，保险责任即行终止。

第四节　伦敦保险协会海运货物保险条款

英国的保险业历史悠久而且很发达，对世界各国影响很大。英国伦敦保险协会的“协会货物条款”（Institute Cargo Clause，ICC）最早制定于 1912 年，最近的一次修订完成于 2009 年，并于 2009 年 1 月 1 日起开始实行。

一、伦敦保险协会修订的海运货物保险条款种类

条款主要有以下 6 种：

（1）协会货物保险条款（A）[ICC 2009（A），Institute Cargo Clause（A）]；

（2）协会货物保险条款（B）[ICC 2009（B），Institute Cargo Clause（B）]；

（3）协会货物保险条款（C）[ICC 2009（C），Institute Cargo Clause（C）]；

(4) 协会战争险条款 (Institute War Clause) (Cargo);

(5) 协会罢工险条款 (Institute Strike Clauses) (Cargo);

(6) 恶意损害险条款 (Malicious Damage Clauses)。

前5种险别可以单独投保。另外，ICC (A) 险中包括恶意损害险，但在投保ICC (B) 险或ICC (C) 险时，应另行投保恶意损害险。

二、伦敦保险协会海运货物保险条款的特点

(1) ICC条款的各种险别取消了按全部损失与部分损失区分险别的规定。

(2) ICC条款的各种险别在赔偿时不计免赔率。

(3) ICC条款规定的保单是一种空白格式的保险单，其内容简单、明确，不包括保险条件，也取消了附注。

(4) ICC条款新增加了可保利益条款、续运费条款、增值条款、放弃条款和法律与惯例条款等5个条款。

三、伦敦保险协会货物保险条款规定保险责任的方法

(一) ICC (A)

ICC (A) 相当于我国海洋货物运输保险条款的一切险。

1. ICC (A) 承保的责任范围

ICC (A) 采取"一切风险减除外责任的方法"，即除了"除外责任"项下所列的风险保险人不予负责外，其他风险均予负责。而ICC (B)、ICC (C) 险为"列明风险"(Named Peril)。

2. ICC (A) 的除外责任

ICC (A) 险的除外责任包括下列几个方面：

(1) 归因于被保险人故意的不法行为造成的损失或费用；自然渗漏、重量或容量的自然损耗或自然磨损；包装或准备不足或不当所造成的损失或费用；保险标的内在缺陷或特性所造成的损失或费用；由于迟延所引起的直接损失或费用；由于船舶所有人、经理人、租船人或经营破产或不履行债务造成的损失或费用；由于使用任何原子或热核武器所造成的损失或费用。

(2) 被保险人或其受雇人已经知道船舶不适航，以及船舶、装运工具、集装箱等不适货，如违反适航、适货的默示保证为被保险人或其受雇人所知晓。

(3) 由于战争、内战、敌对行为等造成的 (直接或间接) 损失或费用；由于捕获、拘留、扣留等 (海盗除外) 所造成的损失或费用；由于漂流水雷、鱼雷等造成的损失或费用。

(4) 由于罢工者、被迫停工工人等造成的损失或费用；任何恐怖主义者或出于政治动机或宗教信仰而行动的人所造成的损失或费用。

（二）ICC（B）

ICC（B）相当于我国保险条款的水渍险。

1. ICC（B）规定保险责任的方法

ICC（B）规定保险责任的方法可以概括为四个字："列明风险"。

列明风险，即将承保范围内的风险一一列举出来，便于投保人选择险别，又便于保险公司处理损害赔偿。一律按损失程度给予赔偿，不因险别不同而对部分损失赔偿，无免赔率的规定。

2. ICC（B）险具体承保的风险

（1）灭失或损害合理归因于下列原因者

火灾、爆炸；船舶或驳船触礁、搁浅、沉没或倾覆；陆上运输工具倾覆或出轨；船舶、驳船或运输工具同水以外的外界物体碰撞；在避难港卸货；地震、火山爆发、雷电。

（2）灭失或损害由于下列原因造成者

共同海损牺牲；抛货；浪击落海；海水、湖水或河水进入船舶、驳船、运输工具、集装箱、大型海运箱或储存处所；货物在装卸时落海或摔落造成整件的全损。

3. ICC（B）的除外责任

ICC（B）的除外责任包括了ICC（A）除外责任的内容，另外加上对海盗造成的损失和对第三方的恶意损害，都是ICC（B）险的除外责任，也就是说，ICC（B）都不予赔偿。

（三）ICC（C）

ICC（C）相当于我国海洋货物运输保险的平安险。

1. ICC（C）规定保险责任的方法

ICC（C）只赔偿重大意外事故造成的损失，对非重大意外事故和自然灾害造成的损失都不予赔偿。对浪击落海，海水、湖水进入船舱和集装箱以及货物装卸时单件或数件落海都不予赔偿。

2. ICC（C）的除外责任

ICC（C）的除外责任包括了ICC（B）的除外责任范围。

ICC（A）和ICC（B）比我国海洋货物运输的一切险和水渍险的范围要大。ICC（A）增加了对第三方恶意损害的赔偿和对由于海盗造成的损失进行赔偿。另外，对浪击落海，海水、湖水进入船舱给予赔偿。这两个条款是我国海洋货物运输保险条款所没有的。

四、ICC（A）、ICC（B）和ICC（C）三种险别的差别

ICC（A）、ICC（B）和ICC（C）三种险别的差别如表14-3所示。

表 14-3　　ICC（A）、ICC（B）和 ICC（C）三种险别的差别

责任范围	A	B	C
1. 火灾、爆炸	√	√	√
2. 船舶、驳船触礁、搁浅、沉没、倾覆	√	√	√
3. 陆上运输工具的倾覆或出轨	√	√	√
4. 船舶、驳船或运输工具或除水以外的任何外界物体碰撞	√	√	√
5. 在避难港卸货	√	√	√
6. 地震、火山爆发或雷电	√	√	×
7. 共同海损牺牲	√	√	√
8. 抛货	√	√	√
9. 浪击落海	√	√	×
10. 海水、湖水或河水进入船舶、驳船、运输工具、集装箱、大型海运箱或储存处所	√	√	×
11. 货物在船舶或驳船装卸时落海或跌落，造成任何整件的全损	√	√	×
12. 由于被保险人以外的其他人（如船长、船员等）的故意违法行为所造成的损失或费用	√	×	×
13. 海盗行为	√	×	×
14. 下列“除外责任”范围以外的一切风险	√	×	×
除外责任	A	B	C
1. 被保险人的故意违法行为所造成的损失和费用	×	×	×
2. 自然渗漏，重量或容量的自然海损或自然磨损	×	×	×
3. 包装或准备不足或不当造成的损失或费用	×	×	×
4. 保险标的的内在缺陷或特征造成的损失或费用	×	×	×
5. 直接由于迟延引起的损失或费用	×	×	×
6. 由于船舶所有人、经理人、租船人或经营人破产或不履行债务所造成的损失或费用	×	×	×
7. 由于使用任何原子或核子裂变和（或）聚变或其他类似反应或放射性作用或放射性物质的战争武器造成的损失或费用	×	×	×
8. 船舶不适航，船舶、装运工具、集装箱等不适货	×	×	×
9. 战争险	×	×	×
10. 罢工险	×	×	×

注：“√”代表承保风险；“×”代表免责风险或不承保风险。

第五节　合同中的保险条款

保险条款是国际货物买卖合同的重要组成部分之一，它涉及买卖双方的利益。保险条款包括的内容有保险金额、投保险别、保险费、保险单证和保险适用条款等。

一、进出口合同中的保险条款

进出口合同中的保险条款，因采用不同的贸易术语而有所区别。如按 FOB、CFR、FCA 和 CPT 条件成交，合同中只需规定："保险由买方办理"（Insurance to be covered by the buyers）。如按 CIF、CIP 术语成交，出口合同则需具体规定保险金额、保险险别，例如："由卖方按发票金额的 110% 投保一切险加战争险，按 2009 年《中国人民保险公司海洋运输货物保险条款》修订本"（Insurance is to be covered by the sellers for 110% of the invoice value against All risks and War risks as per Ocean marine Cargo Clause of the People's Insurance Company of China 2009）。

二、我国外贸企业办理货物运输保险的做法

（一）出口货物运输保险——逐笔投保

外贸企业在装船前根据出口合同或信用证的规定，在备妥货物、确定运输工具和装运日期后即可申请投保，填写投保单：列明被保险人名称，保险标的物的名称、数量、包装方式、运输标志、起止地点、船名、航次、开航日期、保险金额、险别、投保日期和赔款地点等。

保险费的计算方法有以下几种：

1. 保险金额——投保金额

保险金额（Amount Insured）是保险公司可以赔偿的最高金额，也是核算保险费的基础。保险金额习惯上按发票金额加一成（即 10%）计算，即投保加成，其含义包含预期利润和业务费用。

$$保险金额 = CIF(总值) \times (1+10\%)$$

2. 保险费

保险人因承担特定的赔偿或给付责任而向投保人或被保险人收取的费用，称为保险费（Premium），这也是保险公司所掌握的保险基金主要来源。保险费是投保人给保险人的对价，是保险人承担保险责任的前提条件。

3. 保费率——计收保险费的依据

保险人交纳保险费的多少主要取决于保险金额和保费率，保费率是根据保险险别、风险大小、损失率高低制定的。

保险费的计算公式：

保险费=保险金额×保费率=[CIF(总值)×(1+10%)]×保费率

例如：某商品出口美国，共 10 000 件，每件 10 美元。CIF New York。投保一切险加战争险，保费率分别为 0.6% 和 0.4%。试计算保险费。

答：保险费=[CIF×(1+10%)]×保费率

=[10×10 000×(1+10%)]×(0.6%+0.4%)=110 000×1%

=1 100（美元）

（二）进口货物运输保险

进口货物运输保险分为进口预约保险合同（Open Cover）和预约保单（Open Policy）。

凡按 FOB、CFR、CPT 和 FCA 签订的进口合同，由进口方投保。我国外贸企业为了简化手续，大多采用预约保险的做法，也就是由我国外贸企业与保险公司签订各种不同运输方式的进口预约保险合同。按照预约保险合同的规定，外贸企业无须逐笔填写投保单，只需将国外出口商的装运通知送交保险公司，即为办妥了进口保险手续。

三、保险单据

（一）保险单据的定义

保险单据是保险公司在接受投保后签发的承保凭证，是保险人和被保险人之间订立的保险合同，在被保险货物产生保险合同责任范围内的损失时，它是被保险人索赔和保险人理赔的主要依据。在 CIF、CIP 合同中，保险单据是卖方必须向买方提供的主要单据之一。保险单是可以背书转让的。

在 CIF 或 CIP 价格条件下，被保险人即为卖方（出口商）；信用证方式下指的是受益人（卖方）；托收方式下为委托人（卖方）。

UCP600 第 28 条 e 款规定：“保险单据日期不得晚于发运日期，除非保险单据表明保险责任不迟于发运日生效。”

（二）保险单据的种类

1. 保险单

保险单（Insurance Policy）俗称大保单，它是一种正规的保险合同，保险单除载明被保险人名称，被保险货物名称、数量、重量、运输标志、运输工具、航次、起讫地点、承保险别、保险币别和保险金额、保费是否已付、赔偿地点、出具保单日期外，在背面还印有保险人的责任范围以及保险人与被保险人各自的权利、义务等内容的详细条款。

2. 保险凭证

保险凭证（Insurance Certificate）俗称小保单，除正面内容与大保单相同外，背面未印有详细条款。在法律上，与保险单具有同等的法律效力。

3. 批单

保险单出具后，如需要补充或变更，保险公司可应投保人的请求修改保险内容的凭证，该凭证就称为批单（Endorsement）。

保险单一经批改，保险公司就要对批单的内容负责。批单被贴在保险单上，加盖骑缝章，作为保险单不可分割的一部分，在法律上有同等效力。

4. 联合凭证

联合凭证是简化的保险凭证，在企业的商业发票上加盖保险编号、险别、金额、印戳，即作为保险凭证。这种凭证不能转让。

5. 保险通知书

在按 FOB、CFR、FCA 和 CPT 方式进行的出口交易中，由买方自费办理投保，买方与国外保险公司订有预保合同，卖方装船以后直接向进口商指定的保险公司发出保险通知，自动承保。

保险通知副本作为卖方向买方议付单据之一。此项业务实际上是卖方向买方提供的装运后服务。

思考题

1. 在海运货物保险中，保险公司承保哪几类损失？
2. 构成共同海损应具备哪些条件？
3. 按 CIF 条件出口的货物，其保险金额如何确定？保险费如何计算？
4. 中国人民保险公司对海运货物规定有哪些基本险别？对它们的责任范围是怎样规定的？
5. 中国人民保险公司对海运货物战争险条款的承保责任范围和保险责任起讫是怎样规定的？
6. 中国人民保险公司对基本险的责任起讫是怎样规定的？
7. 中国人民保险公司的海运货物保险中有哪些一般附加险别？

案例分析题

【案例 14-1】我国某外贸公司按 CIF 条件向中东某国出口一批货物，根据合同投保了水渍险附加“偷窃、提货不着险”（TPND），但在海运途中，因两伊战争船被扣押，进口商因提货不着向保险公司索赔。问：是否能得到赔偿？

【案例分析】“偷窃、提货不着险”是指被保货物整件被偷或从整件中窃取一部分，以致货到目的地后收货人提取不着整件的货物。从本例来看，显然不是属于这种情况，所以保险公司将不予赔偿。

【案例 14-2】上例应保什么险，保险公司方予赔偿？

【案例分析】应保“交货不到险”。因“交货不到险”是指从货物装上船开始，6个月内不能运到目的地，不论什么原因，保险公司要按全部损失赔偿。不过，被保险人要向保险人办理权益转让手续，否则保险人不予赔偿。

【案例 14-3】我国某外贸公司向澳大利亚出口坯布 1 000 包，投保水渍险，货在海运途中因船舱使用水管漏水，致使该批货中 100 包遭水浸。问：保险公司是否赔偿？

【案例分析】不赔，应加保淡水雨淋险。

【案例 14-4】有一货轮在海中与流冰相撞，船身一侧裂口，海水涌进，舱内部分货物遭浸泡，船长不得不将船就近驶上浅滩，进行排水，修补裂口，而后为了起浮又将部分笨重货物抛入海中。问：哪些是单独海损？哪些是共同海损？

【案例分析】单独海损：船体撞裂和部分货物遭受浸泡。共同海损：船只驶上浅滩并由此产生的一系列损失。

【案例 14-5】某货轮在航行途中机舱发生火灾，船上有甲乙两舱，火灾蔓延到甲舱。船长误以为甲乙两舱都着火，命令对两舱同时进行高压水龙灭火施救，损失情况：(1) 主机烧坏；(2) 甲舱两批货，A 批货物部分被火烧毁，B 批灭火时遭水浸。

问：哪些是单独海损？哪些是共同海损？

【案例分析】主机烧坏、甲舱 A 批货属单独海损。B 批货遭水浸为共同海损。

【案例 14-6】一货轮在航行途中，遇风暴，船上货舱进水，一批货投保平安险，共 18 000 美元，棉坯布部分遇水浸。损失 6 000 美元左右，三天后船又遭受火灾。问：该批货 6 000 美元损失保险公司是否赔偿？

【案例分析】平安险对自然灾害引起的单独海损不赔，但本案中在发生自然灾害之前之后又发生意外事故，根据 PICC 平安险责任范围第 3 款，保险公司应该赔偿。

【案例 14-7】某公司进口瓷器一批，为防碰撞、破碎，投保了一切险另加碰撞险。问：这样投保是否正确？

【案例分析】错误。投保一切险已包含碰撞险，不应再投保碰撞险。

【案例 14-8】我国某外贸公司向某英商按 CFR 术语出口货物一批，我方于 9 月 8 日下午 2:00 电报通知买方已装××轮，买方翌日上午 10:00 收到我电报装船通知后即向保险公司投保了一切险，不料投保当日下午 5:00 买方又收到船方电称货轮于 9 月 8 日晚上 11:00 时着火，货物被焚。问：被保险人可否向保险公司索赔？

【案例分析】根据 ICC 2009（A）条款第 11.2 条的规定，被保险人对在保险期限内发生的承保损失有权获得赔偿，即使损失发生在保险契约之前。据此，买方应立即通知保险公司被保货物的遇险情况并提出赔偿要求。不过投保人在投保时对“货物已发生损失”应该是确不知情。因此，投保人事后要对“不知情”这一事实提供证据。否则保险公司将不予赔偿。

【案例 14-9】我国某外贸公司向某英商出口糖果一批，投保一切险，由于货轮破旧，加上到处揽载，结果航行三个月后才到达目的港，卸货时发现糖果全部软化，无法销售。问：保险公司是否赔偿？

【案例分析】尽管该批货物投保了一切险，但并非一切损失保险公司都负责赔偿。本案即属于“除外责任”。PICC“除外责任”第 4 条规定：“被保险货物的自然损耗、本质缺陷、特性及市价跌落、运输迟延所引起的损失或费用。”据此，糖果之所以软化，是因为运输延迟造成的，所以保险公司将不予赔偿。

【案例 14-10】我国某外贸公司以“CFR 上海”从国外进口一批货物，并据卖方提供的装船通知及时向中国人民保险公司投保水渍险，后来由于国内用户发生变更，我进口公司通知承运人货改卸黄埔港。货由黄浦装火车运往南京途中遇到山洪，部分货物受损，我国进口公司据此向保险公司索赔但遭拒绝。问：保险公司拒赔有无道理？说明理由。

【案例分析】保险公司可以拒赔。因为根据仓至仓条款的规定，保险货物转运时，保险公司的承保责任从开始转运时终止。

第十五章

商品的价格

买卖合同中的价格条款是合同中的核心条款，其内容直接对合同中的其他条款产生重大影响，关系到买卖双方切身利益以及双方能否成交的实质问题。正确掌握成交价格，合理采用各种作价方法，订好合同中的价格条款，对贯彻外贸政策、完成进出口任务、提高外贸经济效益有重大意义。

第一节　价格的掌握

一、正确贯彻作价原则

确定进出口商品价格必须遵循下列三项原则：

（1）按照国际市场价格水平作价，结合我们的购销意图确定适当的价格。国际市场价格是以商品的国际价值为基础，并在国际市场竞争中形成的，它是交易双方都能接受的价格，是我们确定进出口商品价格的客观依据。

（2）外贸配合外交——结合国别、地区政策等作价。

（3）结合购销意图——可略高或略低于国际市场价格。

作价的核心原则是：按国际市场价格水平确定价格。对作价原则的错误认识包括：① 按国内批发价作价。② 按收购价加有关费用作价。③ 按核定的大宗商品的换汇成本作价。

二、出口商品价格构成

（一）出口商品单价的四个组成部分

出口商品单价由四个部分组成，缺一不可：① 计价货币；② 计量单位；③ 单位金额（单价）；④ 贸易术语。例如：USD100/MT CIF Hamburg。

国际市场价格因受供求关系的影响而上下波动，有时甚至瞬息万变，因此，在确定成交价格时，必须注意市场供求关系的变化和国际市场价格涨落的趋势。

（二）FOB、CFR 和 CIF 三种贸易术语的价格构成

FOB 价 = 进货成本价 + 国内费用 + 净利润

CFR 价=进货成本价+国内费用+国外运费+净利润

CIF 价=进货成本价+国内费用+国外运费+国外保险费+净利润

（三）FOB、CFR 和 CIF 三种贸易术语的换算

1. FOB

FOB=CFR-F（国外运费）

FOB=CIF-F-I（保险费用）

FOB = CIF×[1-(1+投保加成率)×保费率]-F(国外运费)

2. CFR

CFR=FOB+F

CFR = CIF×[1-(1+投保加成率)×保费率]

3. CIF

CIF=CFR+I

CIF=FOB+F+I

$$CIF=\frac{CFR}{1-(1+投保加成率)\times保费率}$$

三、出口作价时要注意的问题

影响国际市场上商品价格的因素有很多，包括周期性因素、偶然性因素、政治形势、自然形势等。国际市场上的价格形势瞬息万变，但是最主要的因素还是供求关系的变化。作为一个国际贸易的工作者，要时刻注意观察各种形势，掌握第一手的信息，注意国际市场上商品的价格行情，才能够正确把握商品的价格。

另外，作价时还应考虑以下因素：

（1）商品的质量和档次；

（2）交货地点和交货条件；

（3）运输距离；

（4）季节性需求的变化；

（5）成交数量；

（6）支付条件和汇率变动的风险。

四、出口换汇成本

（一）定义

出口换汇成本指某商品出口净收入一个单位的外汇所需要的人民币成本。一个单位

的外汇通常按美元计。

(二) 计算公式

$$出口商品换汇成本=\frac{出口总成本（人民币）}{出口销售外汇净收入（美元）}$$

1. 出口总成本

出口总成本包括进货成本（购货成本）、国内费用和出口税，是外贸企业为出口商品支付的国内总成本。

出口成本价格是以企业出口总成本为基础计算出来的单位价格，并不涉及国外任何费用，它包括单位商品的国外运费、保险费、佣金等。

国内费用包括流通费用、加工整理费用、包装费用、保管费用（仓租、火险等）、国内运输费用（仓库至码头）、证件费用（商检费、公证费、领事签证费、原产地证书费、许可证费、海关规费）、装船费（装集装箱费、起吊费和轮船费）、银行费用（贴现利息、手续费用）、邮电费等。

2. 出口销售外汇净收入

出口销售外汇净收入是指出口外汇总收入扣除劳务费用等非贸易外汇（运费、保险费、银行费用）后的收入。

按 FOB 价格术语，出口销售外汇净收入就是外汇净收入；按 CIF 价格术语，出口销售外汇净收入就是扣除运费、保险费、佣金得出的外汇净收入。

3. 国外费用

国外费用主要包括：

(1) 国外运费（装运港至目的港运费）；

(2) 国外保险费；

(3) 佣金。

4. 各变量之间的关系

出口换汇成本与出口总成本成正比，与出口外汇净收入成反比。出口换汇成本越低越好，与中国银行外汇牌价相比，能直接反映出口商品是否盈利。如：在一笔出口交易中，计算出的出口换汇成本为 5.96（人民币元），外汇牌价为 1 美元兑换 6.31 元人民币，那么意味着每收入 1 美元，盈利 0.35 元人民币。换汇成本得出的数值为人民币，其越低说明成本越低。

例 15-1：我国某公司出口工艺品一批，人民币收购价 30 万元，每件 30 元，共 10 000 件。国内其他费用为 8 000 元人民币。预期利润 10%。每箱 10 件，共 1 000 箱，箱规为 56′×32′×25′，毛重（G. W.）32kg，净重（N. W.）30kg，到欧洲每运费吨 120 美元，按 W/M 计费，40′货柜到欧洲价格 3 500 美元。保费：按发票金额 110% 投保一切险，保费率 0.8%，对外销售价 USD5.95/PC CIF London。试按集装箱运输和按件杂货分别计算该笔交易的出口换汇成本。

解：(1) 按集装箱运输计算成本

出口总成本：300 000+8 000=308 000（元人民币）

保费=CIF×(1+10%)×保费率=5.95×10 000×110%×0.8%=523.60（美元）

出口外汇净收入：5.95×10 000-3 500-523.60=55 476.40（美元）

$$出口换汇成本=\frac{308\ 000}{55\ 476.40}=5.55（元人民币）$$

即每5.55元人民币换1美元外汇。

提示：若中国银行美元外汇牌价USD1=￥6.31（买入价），这笔交易每净收入1美元盈利人民币0.76元。

（2）按运费吨计算（不走集装箱/按件杂货计算）

积载系数=M/W=0.56×0.32×0.25/0.032=0.045/0.032>1，属于轻货，应按体积计费。

运费=0.56×0.32×0.25×1 000×120=5 376.00（美元）

$$出口换汇成本=\frac{300\ 000+8\ 000}{59\ 500-5\ 376.00-523.60}=\frac{308\ 000}{53\ 600.40}=5.75（元人民币）$$

五、出口商品盈亏率

（一）定义

出口商品盈亏率是指出口盈亏额与出口总成本的比例，出口盈亏额是指出口销售的人民币净收入与出口总成本的差额。如果差额是正数，为盈余。如果是负数，就是亏损。它是衡量出口盈亏程度的一项重要指标。

（二）公式

$$出口商品盈亏率=\frac{出口销售人民币净收入-出口总成本}{出口总成本}\times100\%$$

出口销售人民币净收入=外汇销售净收入（FOB）×外汇牌价（买入价）

例15-2：接上例，计算出口商品盈亏率。

出口商品人民币净收入=55 476.40美元×6.31=350 056.08（元人民币）

出口总成本=308 000元人民币

盈亏额=350 056.08-308 000=42 056.08（元人民币）

出口商品盈亏率=42 056.08/308 000×100%=13.65%

六、出口创汇率（外汇增值率）

出口创汇率是指出口成品外汇净收入减去原料外汇成本后与原料外汇成本的比率。它可以用于在进料加工、来料加工中计算外汇增值率。

$$出口商品创汇率（外汇增值率）=\frac{出口商品外汇净收入-原料外汇成本}{原料外汇成本}\times100\%$$

通过外汇增值率的计算，可看出成品出口的创汇情况，即出口原料有利还是出口成品有利。

例 15-3：我国某外贸公司用 CIF 贸易术语进口 100 000 美元的布料，加工成成衣 20 000 件，价格 USD9/PC CIF Hamburg，已知出口运费共计 8 000 美元，保费共计 2 000 美元，求该商品的出口创汇率。

$$出口商品创汇率=\frac{出口商品外汇净收入-原料外汇成本}{原料外汇成本}\times100\%$$

$$=\frac{9\times20\ 000-8\ 000-2\ 000-100\ 000}{100\ 000}\times100\%$$

$$=70\%$$

第二节　实际业务出口报价核算

1994 年，国家进行税制改革，而出口产品按国际惯例对商品免征增值税，我国实行先征后退政策，增值税率为 17%；不同商品的出口退税率不同，那么我们在计算出口产品的实际成本时，就是要从收购价（也称为含税价）中减去国家的退税额，求出实际成本。外贸公司在向工厂收购出口产品时，是根据企业的增值税发票进行付款的，所以我们称采购货款为含税价，在出口以后，由国家税务部门按各商品的退税率给予退税。

一、我国外贸实际工作中计算出口换汇成本的方法

在出口总成本中，要减去出口退税，从而得出一个新的概念——实际成本。

具体的计算方法如下：

$$\begin{array}{c}出口换汇成本\\（退税后）\end{array}=\frac{出口商品购货成本(含税价)+国内费用-出口退税额}{出口销售外汇净收入}$$

也就是：

$$\begin{array}{c}出口换汇成本\\（退税后）\end{array}=\frac{出口商品实际成本+国内费用}{出口销售外汇净收入}$$

说明：

$$国内费用=出口商品购货成本\times国内费用定额率$$

国内费用一般包括公司工资支出、邮电通信费用、交通费用、仓储费用、码头费用、银行利息等。

退税额=出厂价(货价)×出口退税率

退税额=出口商品购货成本(含增值税)÷(1+17%)×出口退税率

因为：出口产品的购货成本(含税价)=出厂价(货价)×(1+17%)

即：

$$货价（出厂价）=\frac{购货成本（含税价）}{1+17\%}$$

实际成本=购货成本-出口退税额

$$退税额=出厂价×出口退税率=\frac{购货成本（含税价）}{1+17\%}×出口退税率$$

所以：

$$实际成本=购货成本-\frac{购货成本}{1+17\%}×出口退税率$$

例 15-4：我国外贸公司出口一批运动鞋到美国，每双运动鞋向工厂的收购价为 50 元人民币（含税），已知运动鞋的退税率为 13%，外贸公司的费用为 5%，公司的预期利润为 10%，中国银行外汇牌价为 1 美元=6.31 元人民币，试计算该笔交易的 FOB 报价。

答：实际成本=50-50/(1+17%)×13% =44.44（元人民币）

$$FOB（美元）=\frac{44.44+50×5\%}{(1-10\%)×6.31}=8.27（美元）$$

例 15-5：某公司出口运动鞋 10 000 双，每双运动鞋购进价人民币 70 元（含税），出口退税率 11%，公司定额费用 5%，对外出口价 USD9.68/双 CIF New York，其中运费 4 350 美元，保险费 1 100 美元，试计算该笔交易的出口换汇成本。

答：$$出口换汇成本=\frac{70-70÷(1+17\%)×11\%+70×5\%}{9.68-4\,350÷10\,000-1\,100÷10\,000}=7.33（元人民币）$$

二、出口报价核算

掌握出口换汇成本是我们核算进出口报价的基础，在和工厂商定好采购价后，根据商品的退税率计算出公司的实际成本，据此即可计算对外报价。

FOB=(实际成本+国内费用+预期利润)/外汇买入价

CFR=(实际成本+国内费用+出口运费+预期利润)/外汇买入价

CIF=(实际成本+国内费用+出口运费+出口保险费+预期利润)/外汇买入价

例 15-6：我国某外贸公司出口英国雨衣一批，装一 20 英尺集装箱，该外贸公司向工厂收购雨衣，采购价（含税）每件人民币 50 元，出口增值税率 17%，出口退税率 9%，公司定额费率（国内费用）5%，公司预期利润 10%，20 英尺集装箱到英国伦敦包箱费为USD2 100。每 40 件装一纸箱，箱规：46′×38′×26′，G.W.：26kg，N.W.：

20kg。买方要求加一成投保一切险，查一切险保费率为 0.6%，中国银行外汇牌价为 1 美元=6.31 元人民币（买入价）。客户佣金为 3%。该外贸公司按 10% 利润对英商报价 USD9.04/PC CIFC3 London。

计算过程如下：

实际成本=采购成本-退税额=50-50/(1+17%)×9%=46.15（元人民币）

国内费用=采购成本×5%=50×5%=2.5（元人民币）

国外运费：20 英尺集装箱有效容积为 25 立方米，可装雨衣数量：

25/(0.46×0.38×0.26)=550(箱),共 550×40=22 000(件)

每件雨衣国外运费为 2 100×6.31/22 000=0.60（元人民币）

$$\text{CIFC3}=\frac{\text{实际成本}+\text{国内费用}+\text{国外运费}+\text{预期利润（报价}\times10\%\text{）}+\text{客户佣金（报价}\times3\%\text{）}+\text{海运保险（报价}\times110\%\times0.6\%\text{）}}{6.31}$$

$$=\frac{46.15+2.5+0.60}{(1-3\%-110\%\times0.6\%-10\%)\times6.31}$$

$$=9.04\text{（美元）}$$

第三节　作价办法

所谓作价办法，就是在进出口合同中关于价格条款的规定方法。价格条款通常包括单价和总值两部分。单价中又包括四个组成部分，即计价货币、计量单位、单位金额和贸易术语，如对外报价 USD1 100/ MT CIF Hamburg。

一、固定价格

固定价格（Fixed Price）是指在买卖合同中规定了具体价格，这是国际上的习惯做法。

按各国法律规定，买卖双方应按约定的价格支付货款，合同价格一经确定就必须严格执行。即使约定价格与履行交货付款时的市场价格相差很大，任何一方都无权要求变更原定价格。这就意味着买卖双方要承担从订约到交货付款相当长一段时间国际市场价格变动的风险。因此，要对客户的资信有所了解，选择资信好的客户。

二、暂不固定价（非固定价格）

暂不固定价（Unfixed Price）也称为“活价”，买卖双方在洽商交易时，如果对价格变动趋势一时难以看准，可签订活价合同，即只约定成交数量、品种和交货期，具体价格则留待以后定价时和定价方法一并订明。

采用这种作价方法的规定形式包括：

（1）明确规定作价时间和定价方法；

（2）如规定在装船月份前×天作价，或按提单日期的国际市场价格作价等；

（3）只规定作价时间。

这种方法的优点是双方都不承担价格变动的风险，缺点是容易给合同造成不稳定性，只适用于双方长期交往、信誉较好的客户。

三、部分固定价格，部分暂不定价

在大宗交易商品和分批交货的情况下，对近期交货部分，规定具体的价格，而对于远期交货部分，买卖双方为了避免承担远期交货部分价格波动风险采取上述暂不固定价。这样做的好处是，既可保持合同的稳定，又可避免价格波动的风险。

四、暂定价格

买卖双方在签订合同时，先规定一个初步价格，作为开立信用证和初步付款的依据，待双方确定正式价格后，再根据多退少补的原则进行最后清算。这种方法的优点是：既有利于促成交易，又不承担风险。

五、滑动价格（价格调整条款）

在某些生产周期长的商品交易（如机器设备、大型船舶、飞机、原料性大宗商品交易）中，买卖双方在约定初步价格的同时，还规定价格调整条款，即按原材料价格和工资变化水平来计算和确定最后价格。也有以物价指数作为调整价格的依据，即约定如交货时的物价指数变动超过一定范围，价格则要做相应调整。

第四节　佣金和折扣

一、佣金

（一）含义

佣金（Commission）指代理人或经纪人为委托人服务而收取的报酬。在货物买卖中，佣金常常表现为交易一方支付给中间商的报酬。例如，出口商支付佣金给销售代理人，或进口商支付佣金给采购代理人。因此，它适用于进出口商与代理人或佣金商签订的合同。有些交易是通过中间商、代理商进行的，这就要向其支付一定的酬金——佣金。凡货价中包含佣金的即为含佣价。如在合同中明确规定佣金的百分比，则为明佣；如不标明佣金的百分比，甚至连佣金字样也不标示出来，则为暗佣，中间商可两头签佣。

佣金的规定方法有如下几种：

（1）文字说明，如 This price is including 5 percent commission。
（2）在贸易术语上表示，如 CIFC2 San Francisco。
（3）用绝对数表示，如 Commission：USD 25 Per Metric Ton。

（二）佣金的计算与支付方法

1. 计算方法：按成交金额计算

（1）按 FOB 值还是 CIF 值计算佣金的基数应在合同中订明。按 FOB 值的基数计算佣金，这种计算方法比较合理，但是中间商往往不同意。按习惯做法，如果是 CIF 合同就以 CIF 总值作为佣金计算的基数。如合同中未订明，通常按发票金额计算。

（2）佣金公式：佣金额＝含佣价×佣金率

净价＝含佣价－单位货物佣金额＝含佣价×（1－佣金率）

$$含佣价=\frac{净价}{1-佣金率}$$

例 15-7：净价为 USD100，CIF London 佣金为 3%，则含佣价为：

USD100/(1-3%)= USD 103.09

2. 支付方法
（1）中间商直接从货价扣除；
（2）委托人收清货款后再按约定佣金比率，另行汇付。

二、折扣

（一）定义

折扣（Discount，Rebate）是指为了调动买方的积极性，在合同中订明卖方按原价给买方一定百分比的减让。

佣金与折扣的区别在于：佣金为卖方给第三者的手续费，折扣为卖方直接给予买方的减让。

（二）种类

（1）数量折扣：如买方购买达到一定的数量时给予折扣。
（2）特别折扣：对于长年购买的老顾客给予价格优惠。
（3）年终回扣。
（4）明扣——在合同中明确规定折扣率。
（5）暗扣——在合同中不标示出来，另有协议规定。

（三）折扣的规定方法

1. 用文字明确表示

在价格条款中，一般用文字明确表示给予折扣的比例。

例 15-8：CIF 香港，每公吨 1 000 美元，折扣 2%（USD1 000 per metric Ton CIF Hong Kong including 2% discount）或者写成：CIF 香港，每公吨 1 000 美元，减 2% 折扣（USD1 000 per metric Ton CIF Hong Kong less discount 2%）。

2. 在贸易术语中表示

例如：CIFD5 London。

3. 用绝对数表示

例如：每公吨 1 000 美元，折扣 5 美元（USD1 000.00/MT less discount USD 5.00）。

（四）折扣的计算与支付方法

以成交额或发票金额为基础

单位货物折扣额=原价×折扣率

卖方净收入=原价×(1-折扣率)

例 15-9：原价 USD100.00/PC CIF HK，折扣为 2%，则卖方给买方的折扣为 USD100.00×2% = USD2.00，卖方的净收入为 USD100.00×(1-2%) = USD98.00。

折扣的支付方法：可在开证中直接扣除金额或者是开证为原价，卖方在发票中扣除折扣额。

思考题

1. 我国进出口商品的作价原则是什么？
2. 什么是出口外汇净收入？
3. 什么是出口换汇成本？
4. 什么是出口盈亏率？
5. 换汇成本和盈亏率如何计算？
6. 对外报价如何计算？
7. 合同中的单价应包括哪几个部分？试举例说明。

案例分析题

【案例 15-1】 某公司出口货物一批，原报价为每公吨 2 000 美元 CIFC3% London，客户要求改报 CFRC5% London 价。查原报价保险险别为一切险加战争险，其费率分别为 0.8% 和 0.6%，按 CIF 价加一成投保。试计算 CFRC5% London 价。

【案例分析】

（1） CIF = 2 000×(1-3%) = 2 000×0.97 = 1 940（美元）

（2） CFR = CIF-I

因为 I = 1 940×(1+10%)×(0.008+0.006) = 1 940×1.1×0.014 = 29.88（美元）

则 CFR = 1 940-29.88 = 1 910.12（美元）

或：$CFR=1\ 940\times[1-(1+10\%)\times(0.008+0.006)]$

$=1\ 940\times(1-1.1\times0.014)=1\ 940\times(1-0.015\ 4)$

$=1\ 940\times0.984\ 6$

$=1\ 910.12$（美元）

（3）$CFRC5\%=1\ 910.12\div(1-5\%)=1\ 910.12\div0.95=2\ 010.65$（美元）

因此，应报 CFRC5% London 价每公吨 2 010.65 美元。

【案例 15-2】我国某外贸公司收到英国某客户来电，询购 1 000 只旅行包，要求按下列条件报出每只旅行包 CIFC3% 利物浦的美元价格。条件：旅行包国内购货成本为每只 50 元人民币，国内其他费用总计为 5 000 元人民币，该外贸公司的预期利润为 10%。该旅行包为纸箱装，每箱 20 只。从装运港至利物浦的海运费为每箱 20 美元。海运出口保险按 CIF 价加一成投保一切险、战争险，费率为 0.8%（注：人民币对美元汇率为 6.31 元人民币兑换 1 美元）。

【案例分析】

FOB 价 = 成本 + 费用 + 利润 = $(50+5\ 000\div1\ 000)\times110\%$

$=60.5/6.31=9.59$（美元/只）

运费（F）$=20\div20=1$（美元/只）

CFR 价 $=FOB+F=9.59+1=10.59$（美元/只）

CIF $=CFR\div(1-110\%\times$保险费率$)=10.59\div(1-110\%\times0.8\%)$

$=10.68$（美元/只）

CIFC3% $=CIF$ 单价 $\div(1-3\%)=10.68\div0.97=11.01$（美元/只）

因此，每只旅行包的 CIFC3% 利物浦价为 11.01 美元。

【案例 15-3】我国某外贸公司以每公吨 7 000 美元 CFR 厦门口岸价进口澳大利亚羊毛 500 包，每包 300 磅（1 磅 = 0.453 6 千克）。按发票金额向中国人民保险公司投保一切险及战争险，合计费率 1%，加工成羊毛地毯出口 8 300 平方米，外销价每平方米 90 美元 CIF 汉堡。查该货按 M13 级收运费，每运费吨 130.00 美元。总体积 75 立方米，保险费率合计 1.1%，按发票金额 110% 投保，试计算外汇增值率。

【案例分析】

$$外汇增值率=\frac{出口成品外汇净收入-原料外汇成本}{原料外汇成本}\times100\%$$

（1）出口成品外汇净收入 $=CFR-F=8\ 300\times(1-110\%\times1.1\%)\times90-130\times75=728\ 211.30$（美元）

（2）原料外汇成本 $=CIF\times$货量 $=7\ 000\div(1-110\%\times1\%)\times\dfrac{0.453\ 6\times300\times500}{1\ 000}$

$=7\ 077.86\times68.04=481\ 577.59$（美元）

（3）外汇增值率 $= \dfrac{出口成品外汇净收入-原料外汇成本}{原料外汇成本} \times 100\%$

$= \dfrac{728\ 211.3-481\ 577.59}{481\ 577.59} \times 100\%$

$= 51.21\%$

因此，该商品的外汇增值率为 51.21%。

【案例 15-4】 某英商向我国某公司求购牛仔服 10 000 件，要求报 CIFC5 London 每件美元价，投保一切险。我国该公司向工厂收购牛仔服每件 30 元人民币，公司流通费用为 15 000 元人民币，预期利润为 10%，我国中国银行外汇牌价 1 美元 = 6.29 元人民币，商品增值税率 17%，出口退税率 13%，试计算我国该公司应报多少？

（注：已知牛仔服每 25 件装一纸箱，箱规：45′×36′×25′，毛重 35kg，净重 32kg。某装运港到伦敦运费，每运费吨 USD150.00，计费标准为 W/M，投保一切险，保费率为 0.6%）

【案例分析】

$$FOB(美元) = \frac{[30-30\div(1+17\%)\times13\%+15\ 000\div10\ 000]\times(1+10\%)}{6.29}$$

$$= \frac{(26.67+1.5)\times(1+10\%)}{6.29}$$

$$= 4.93\ （美元）$$

S. F. = M/W

$= 0.45\times0.36\times0.25\div0.035 = 0.040\ 5\div0.035>1$，属轻货

$F = 0.45\times0.36\times0.25\times150\div25 = 0.24$（美元）

$$CIF = \frac{CFR}{1-(1+投保加成率)\times保费率}$$

$$= \frac{4.93+0.24}{1-110\%\times0.6\%}$$

$$= 5.20\ （美元）$$

$$含佣价 = \frac{净价}{1-佣金率} = \frac{5.20}{1-5\%} = 5.47\ （美元）$$

因此，我某公司向英商应报 USD 5.47/ PC CIFC5 London。

第十六章 国际货款的收付

第一节 支付工具

票据是一种可以代替现金流通的有价证券，国际贸易中使用的票据主要有汇票、本票和支票。

一、汇票

（一）汇票的定义与基本内容

1. 定义

（1）《英国票据法》对汇票的定义

汇票（Bill of Exchange，Draft，Bill）是一个人向另一个人签发的，要求见票时或在将来的固定时间或可以确定的时间，对某人或其指定的人或持票人支付一定金额的无条件的支付命令。

（2）《中华人民共和国票据法》（以下简称《票据法》）对汇票的定义

汇票是出票人签发的，委托付款人在见票时或者在指定日期应无条件支付确定金额给收款人或持票人的票据。

2. 基本内容

（1）一般应载明“汇票”字样，以示与其他票据（本票、支票）的区别，但《英国票据法》无此要求。

（2）表现为无条件支付命令，支付不受限制，不附带条件。

（3）确定的金额，表明以一定的货币表示的确切数目，不能用大约或模棱两可的描述，要用文字大写、数字小写分别列明金额。

（4）出票人（Drawer），即签发汇票的人（债权人）。出票人不同，汇票的性质不同。商业汇票的出票人为出口人，银行汇票的出票人为银行。

（5）受票人（Drawee），即付款人，即出票人命令付款的人。商业汇票的受票人可以由两种人承担，即买方（进口人）或银行，银行汇票的受票人为银行。

（6）受款人（Payee），又称收款人，也就是汇票的抬头，即受领汇票所规定金额的人。在进出口业务中可以是：① 出口人、卖方；② 指定的银行；③ 正当持票人。

受款人根据抬头的不同，有三种做法：

① 限制性抬头（Restrictive）。在汇票上注明："仅付××公司"（Pay ×× co. only），"付××公司，不准流通"（Pay ×× co. not negotiable）。此种汇票不能流通转让，仅限××人或××公司收取货款。

② 指示式抬头（Demonstrative Order）。付××公司或其指定的人（记名抬头）；除××公司可以收取货款外，也可以经过自己背书转让给第三者。

③ 持票人或来人抬头（Payable to Bearer）。无须背书，仅交付汇票即可转让。

(7) 付款期限（即付款到期日）。

1) 规定付款期限的方法

① 见票即付（At sight）。又称即期付款，即付款人见票即付，受款人向付款人提示汇票的当天作为到期日。

② 见票后××天付（Payable ×× days after sight）。持票人向付款人提示付款，要求承兑，根据承兑日确定付款到期日，提示见票日为依据。

③ 出票后××天付（Payable ×× days after date）。从出票之日的第二天起算直至第××天付款。

④ 提单日后××天付（Payable 30 days after B/L）。

⑤ 指定日期付款（Fixed Date）。

2) 我国《票据法》规定的付款期限

① 见票即付；

② 定日付款；

③ 出票后定期付款；

④ 见票后定期付款。

付款时间的计算均不包括见票日、出票日或提单日，算尾不算头。付款日期不确定或需根据某种条件付款则视为无效汇票。我国《票据法》规定：汇票上未记载付款日期的，为见票即付。

(8) 出票日期和地点。

汇票上必须记载出票日期，以便凭以确定出票人在签发汇票时有无行为能力，出票公司是否成立，以出票日作为计算付款日。

出票地点：与日期连在一起。载明出票地点可以确定以哪个国家的法律为依据，是必须具备齐全的项目。我国《票据法》规定：汇票上未记载出票地的，出票人的营业场所、住所或经常居住地为出票地。

(9) 付款地点，即汇票金额支付地。我国《票据法》规定：汇票上未记载付款地的，付款人的营业场所、住所或经常居住地为付款地。

(10) 出票人签字。出票人签字后，承担汇票的责任，成为主债务人。仿造签字或未经授权人同意的签字均视为无效。

(11) 任意记载事项：

①"付一不付二"。汇票一般做成两张，受票人对其中一张付款，另一张自动作废。

② 对价条款，对价收讫。

（12）根据我国《票据法》，下述规定事项未记载的，汇票无效：① 表明“汇票”字样；② 无条件支付委托；③ 确定的金额；④ 付款人的名称；⑤ 收款人的名称；⑥ 出票日期；⑦ 出票人签章。

（二）汇票的种类

1. 按出票人不同分类

（1）银行汇票

银行汇票（Banker's Draft）是一种汇款凭证，由银行签发，出票人为银行，通常交由汇款人寄给受款人或亲自交给受款人，凭票向付款人（银行）兑取票款。

银行汇票的特点：出票人和受票人都是银行。

（2）商业汇票

商业汇票（Trader's Bill）是由一国的卖方（出口人）向另一国的进口人或委托银行开出，通常是通过出口地银行或其在进口地的代理行向进口人或其委托银行（L/C开证行）收取票款。

商业汇票的特点：出票人是企业或个人，付款人（即受票人）可以是企业、个人，也可以是银行。

2. 按流通转让时有无随附单据分类

（1）光票

光票（Clean Bill）为不附带货运单据的汇票，银行汇票多为光票。

（2）跟单汇票

跟单汇票（Documentary Bill）是指随附货运单据的汇票，这种汇票既有人的信用担保，又有物的担保。商业汇票多为跟单汇票。

3. 按付款时间不同分类

（1）即期汇票

即期汇票（Sight Draft）为见票提示即付。

（2）远期汇票

远期汇票（Time Bill or Usance Bill）为在一定期限或特定日期付款的汇票。

4. 按承兑人不同分类

（1）商业承兑汇票

商业承兑汇票（Trader's Acceptance Bill）为由进口人承兑的汇票，属商业信用。

（2）银行承兑汇票

银行承兑汇票为由银行承兑的远期汇票，也是一种商业汇票，其建立在银行信用基础上，易于在市场上流通。

（三）汇票的使用

1. 出票（Issue）

（1）书面汇票做成后，出票人在汇票上填写付款人、付款金额、付款日期、地点、受款人等项目，最后由出票人签字。

（2）将汇票交给受票人，只有经交付才算完成出票行为。

2. 提示

提示（Presentation）是指持票人将汇票提交付款人，要求承兑或付款的行为。

（1）付款提示（Presentation for Payment）。持票人向付款人提交汇票，要求付款（即期付款）。

（2）承兑提示（Presentation for Acceptance）。持票人向付款人提交汇票，付款人见票后办理承兑手续，到期时付款。

3. 承兑

承兑（Acceptance）是指远期汇票的付款人对远期汇票表示承担到期付款责任的行为。

付款人在汇票上写明“承兑”字样，注明承兑日期，并签字，交还持票人。付款人对汇票做出承兑，即成为承兑人。汇票在付款人承兑前，主债务人是出票人，在付款人承兑后，主债务人是付款人。出票人成为第二债务人。因为出票人可转让其汇票，在付款人承兑前，所有后手都可以向出票人追索。

4. 付款

对即期汇票，在持票人提示汇票时，付款人即应付款（Payment）；对远期汇票，付款人经过承兑后，在汇票到期日付款，付款后，汇票的一切债务即告终止。

5. 背书

汇票的背书（Endorsement）包括两个方面：（1）在汇票背面背书；（2）交付给被背书人，只有通过交付，才算完成背书。

在国际市场上，汇票是一种流通工具，可以在票据市场上流通转让。背书是转让汇票权利的一种法定手续，就是由汇票持有人在汇票背面签上自己的名字，或再加上受让人（被背书人）的名字，并把汇票交给受让人的行为。经背书后，汇票的收款权利便转移给受让人。

汇票可以经过背书不断转让下去。对于受让人来说，所有在他以前的背书人以及原出票人都是他的前手；对于出让人来说，所有在他让与以后的受让人都是他的后手。前手对于后手负有担保汇票必被偿付的责任。

6. 贴现

贴现（Discount）是指远期汇票承兑后，尚未到期，由银行或贴现公司从票面金额中扣除按一定贴现率计算的贴现息后，将余款付给持票人的行为。

在国际市场上，一张远期汇票的持票人如想在付款人付款前取得票款，可以通过背书转让汇票，即可将汇票进行贴现。

7. 拒付

持票人提示汇票要求承兑时，遭到拒绝承兑（Dishonor by Non-acceptance），或遭到拒绝付款（Dishonor by Non-payment），均称为拒付（Dishonor）。退票、付款人避不见票、死亡、破产，也称拒付。

汇票在合理时间内提示，遭拒绝承兑，或到期日提示，遭拒付，持票人立即产生追索权，他有权向背书人和出票人追索票款。

8. 追索权

汇票遭到拒付，持票人对其前手（即背书人、出票人）有请求其偿还汇票金额及费用的权利，称为追索权（Right of Recourse）。

在行使追索权时，持票人必须提供拒绝（Protest）证书。拒绝证书可以由付款地法定公证人，如银行、商会、法院制作，以证明拒付事实，这是持票人凭以向其前手进行追索的法律依据。如被拒付的汇票已经承兑，出票人可凭以向法院起诉，要求承兑人付款。

“不受追索权”的汇票：这种汇票的出票人或背书人为了避免承担被追索的责任，在出票时或背书时加注“不受追索”字样，这种汇票在市面上难以贴现或转让。

按各国票据法，汇票的付款人一经付款，即使付款有误，也不能向受款人追索。

二、本票

（一）定义

1.《英国票据法》对本票的定义

本票（Promissory Note）是一个人向另一个人签发的，保证即期或定期或在可能确定的将来时间，对某人或其他持票人支付一定金额的无条件承诺，即本票是出票人对受款人承诺无条件支付一定金额的票据。

本票必须记载下列事项：

（1）表明“本票”的字样；

（2）无条件支付的承诺；

（3）受款人或其指定的人；

（4）出票人；

（5）出票日期、地点；

（6）付款期限；

（7）确定的金额；

（8）付款地点。

2. 我国《票据法》对本票的定义

本票是出票人签发的、承诺自己在见票时无条件支付确定的金额给收款人或者持票人的票据。我国《票据法》规定：“本法所称本票，指银行本票。”我国只有银行本票，没有商业本票。

我国《票据法》规定的本票要项包括：

（1）表明“本票”字样；

（2）无条件支付的承诺；

（3）确定的金额；

（4）收款人名称；

（5）出票日期；

（6）出票人签章。

（二）本票的种类

1. 商业本票

商业本票也称为一般本票，由工商企业签发。一般本票可分为：① 即期一般本票；② 远期一般本票。

2. 银行本票

银行本票是由银行签发的本票。银行本票都是即期的。国际贸易中使用的本票大都是银行本票。

（三）本票的当事人

本票当事人主要有两个：出票人和收款人。本票的付款人即出票人本人。远期本票不需承兑。

有的银行发行见票即付、不记载受款人的本票或来人抬头的本票，这种本票相当于纸币在市场上流通。

（四）本票与汇票的区别

（1）本票是出票人承诺自己向持票人付款，汇票是一个人向另一个人发出的支付命令。

（2）本票只有两个当事人，汇票有三个当事人。

（3）本票的出票人即是付款人，远期本票不需承兑；汇票的受票人是付款人。

（4）本票在任何情况下，出票人都是主债务人；汇票在付款人承兑前，出票人是它的主债务人，在承兑后，承兑人是主债务人，出票人成为次债务人。

（5）本票只能开出一张，汇票可开出两张。

三、支票

（一）定义

《英国票据法》规定：支票（Check、Cheque）是以银行为付款人的即期汇票，即存款人对银行无条件支付一定金额的委托或命令。

我国《票据法》规定：支票是出票人签发的，委托办理支票存款业务的银行或者其他金融机构在见票时无条件支付确定的金额给收款人或持票人的票据。

我国《票据法》规定的支票要项包括：

（1）表明“支票”的字样；

（2）无条件支付的委托；

（3）确定的金额；
（4）付款人名称；
（5）出票日期；
（6）出票人签章；
（7）支票未记载规定事项之一的支票无效。

出票人在支票上签发一定的金额，要求受票的银行见票即付一定金额给特定人或持票人。出票人在签发支票后，应负票据上的责任和法律上的责任。前者是指出票人对收款人担保支票的付款；后者是指出票人签发支票时，应在付款的银行存有不低于票面金额的存款。如存款不足，支票持有人在向付款银行提示支票要求付款时，就会遭到拒付。这种支票叫空头支票。开出空头支票的出票人要负法律上的责任。支票只有即期，没有远期。

（二）支票的种类

我国《票据法》规定：支票可分为现金支票和转账支票。

在其他国家，支票可分为划线支票和未划线支票。划线支票在支票左上角被划上两道平行线，受款人只能通过银行代为收款转账，不能提取现金。未划线支票既可转账也可提取现金。

第二节 汇　付

一、汇付的定义

汇付（Remittance）是指付款人主动通过银行或其他途径将款项汇交收款人。

国际贸易货款采用汇付，一般是由买方按合同约定条件（如收到单据或货物）和时间，将货款通过银行汇交给卖方。

二、汇付当事人

（1）汇款人（Remitter），即汇出款项的人，一般为进口人、买方。

（2）收款人（Payee，Beneficiary），即为收取款项的人，在进出口业务中一般为卖方。

（3）汇出行（Remitting Bank），即接受买方的委托汇出款项的银行，通常是进口地银行。

（4）汇入行（Paying Bank），即解付汇款的银行，一般是出口地银行。

汇款申请书是买方与汇出行之间的一项合同，汇出行与汇入行是代理合同，承担解付汇款的义务。

三、汇付的种类

（一）信汇

1. 定义

信汇（Mail Transfer，M/T）是指汇出行应汇款人申请，将信汇委托书寄给汇入行，授权解付一定金额给收款人。

2. 特点

优点是费用低廉，缺点是收取汇款时间长。

（二）电汇

1. 定义

电汇（Telegraphic Transfer，T/T）是指汇出行应汇款人的申请，拍发加押电报或电传（目前世界各国银行都以 SWIFT 方式电汇）给在另一个国家的分行或代理行（汇入行），指示解付一定金额给收款人的付款方式。

2. “SWIFT”方式的特点

“SWIFT”是环球银行金融电讯协会（Society for Worldwide Interbank Financial Telecommunication）的简称。电汇申请人在电汇时填写收入行 SWIFT 码（Code）能保证汇款快速准确地到达受款人账户。电汇的费用高，但速度快，卖方能尽快收到货款，有利于卖方资金周转。

（三）票汇

1. 定义

票汇（Remittance by Banker's Demand Draft，D/D）是汇出行应汇款人的申请，在汇款人向汇出行交款并支付一定费用的条件下，代替汇款人开立的以其分行或代理行为解付行，支付一定金额给收款人的银行即期汇票，寄交收款人，由收款人凭以向汇入行取款。

2. 票汇与信汇、电汇的区别

（1）票汇的汇入行无须通知收款人，而是由收款人自行持票到银行取款；而电汇、信汇需要通过银行转账通知收款人。

（2）票汇的汇票除有限制转让和流通的规定外，经收款人背书，可以转让、流通；而电汇、信汇的收款人不能转让收款权。

（四）汇付的应用

汇付还可分为货到付款和预付货款两种。

1. 货到付款

货到付款（Cash on Delivery，COD）是指买方在收到卖方的单据或货物后再付款。

实际上，这是卖方向买方提供的一种信用，也是一种赊销（Open Account Transaction），对卖方来说，风险最大，卖方交货以后，能否得到偿付，全凭买方个人信用，也称为商业信用。

2. 预付货款

预付货款（Payment in Advance）是指在卖方还未生产交货时，买方预付货款，这种方式是买方向卖方提供了信用，买方存在一定的风险，这种做法也称随订单付现（Cash with Order）；或者在合同签订后若干天，买方即将货款电汇或信汇给卖方。

第三节 托　　收

一、托收的概念

托收（Collection）是指债权人（卖方）出具汇票，委托银行向债务人（买方）收取货款的一种支付方式。

国际商会“托收统一规则”（URC522 号）对托收的定义为：托收是指由接到托收指示的银行根据所收到的指示处理金融单据以便取得付款或承兑，或凭付款或承兑交付商业单据，或凭其他条款或条件交出单据。

二、托收的性质

（一）商业信用

托收是一种商业信用，也就是商人之间互相提供的信用。托收通过银行办理，银行属于代办性质，对买方是否付款不承担责任。卖方交货后能否收回货款，完全要看买方个人的信誉。托收虽然通过银行办理，但银行只是代收代付，并不承担付款责任，所以托收对卖方仍然存在较大的风险。

（二）逆汇法

托收是一种逆汇法，所谓逆汇法就是支付工具（汇票）传递的方向与资金流动的方向相反。

三、托收的程序

在买卖合同中规定的支付方式用托收，卖方与所在地银行以托收委托书的形式签订委托代理合同，约定由当地银行（托收行）通过其在进口国的往来银行（代收行）向买方收取货款，然后交单（见图 16-1）。

（1）买卖双方签订国际贸易的买卖合同，规定采用即期付款交单方式付款。

（2）出口人委托当地银行代收货款，将全套单据和汇票交托收行。

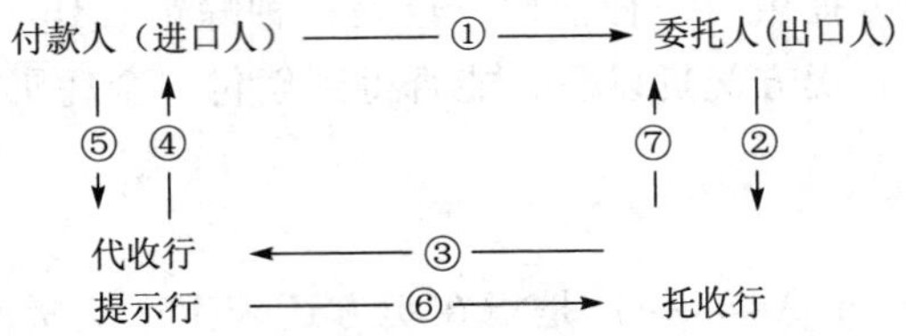

图 16-1 托收的程序

(3) 托收行将汇票和货运单据寄交进口地银行（代收行），并说明托收委托书上的各项指示。

(4) 提示行向买方做付款提示。

(5) 进口人付清货款，赎取全套单据。

(6) 代收行电告托收行，款已收妥转账。

(7) 托收行将货款交出口人。

四、托收方式的当事人

(一) 委托人

委托人（Principal）也称本人，通常是卖方。

(二) 托收银行

托收银行（Remitting Bank）是指出口地银行（委托行）接受委托人委托，办理托收业务的银行。

(三) 代收行

代收行（Collecting Bank）是接受托收行的委托，向付款人收取货款的进口地银行，也即买方所在国银行。

(四) 付款人

付款人（Payer）即买方，受票人。

(五) 提示行

提示行（Presenting Bank）是指向付款人做出提示汇票和单据的银行。

五、托收的种类

托收可分为光票托收和跟单托收，跟单托收又可分为付款交单和承兑交单。

（一）付款交单

1. 定义

付款交单（Documents against Payment，D/P）是指卖方的交单是以买方（进口人）的付款为条件。先付款后交单，以付款作为交单的前提。

跟单托收中的单据很重要：在象征性交货的国际贸易中，货物的买卖实际上是一种单据的买卖，代表货物所有权的单据不能轻易脱手。国外代收行将托收行寄来的汇票和单据向进口人提示后，进口人必须先向代收行付款，付款后，代收行才可将单据交付进口人。

2. 付款交单的分类

（1）即期付款交单（D/P at sight）

卖方装运后开具即期汇票，随附全套单据，通过银行向买方提示，买方见票后立即付款。买方付清货款后取得全套单据。以买方先付款为条件，银行向其交单。

（2）远期付款交单（D/P after sight）

卖方装运后开出远期汇票，随附商业单据，通过银行向买方提示，买方审核无误后，即在汇票上承兑，于汇票到期日付清货款后，银行向其交单。

在远期付款交单中，如果买方想提前取得单据，通常有两种做法：① 付款到期日之前提前付款交单；② 凭借信托收据（Trust Receipt，T/R），即采用远期付款交单加T/R方式，在付款前向银行借出单据。信托收据是一种书面信用担保文件，代收行以受托人的身份，按照托收指示中的规定向买方提供单据。如代收行以信托收据的方式自行向买方借出单据，一旦买方不能付款，代收行承担赔偿责任。

以上说明，不论是即期付款交单还是远期付款交单，都是买方付清货款后才能取得代表货物所有权的单据，才能提货或转售货物。所以，与汇付相比，托收的风险对卖方来说略小。

（二）承兑交单

承兑交单（Documents against Acceptance，D/A）即卖方在装运后开出远期汇票，随附全套单据，通过银行向买方提示，买方承兑汇票后，代收行即将全套单据交给买方。在汇票到期后，买方再来履行付款义务，承兑交单实际上是买方先取得货物所有权后再来付款，所以对卖方来说风险非常大。一旦买方到期不付款，卖方就会遭到货款两空的损失。所以现在我国的外贸公司对使用承兑交单非常谨慎。

六、托收的性质及利弊

托收是一种商业信用，对买方有利，它不需要像信用证那样办理烦琐的手续，不需银行押金，减少费用支出。银行并不承担付款的责任，卖方能否收到货款完全依赖买方的个人信用。如买方破产或丧失清偿债务的能力或有意赖账，出口人则有可能收不回或延迟收回货款。虽然付款交单是以买方首先付款为条件，但在市场行情下跌时，信誉不好的买方可能溜之大吉，既不赎单，也不付款，那么卖方同样要遭受货款两空的损失。在这种情况下，银行没有义务代为保管或提取货物，出口人还要承担在进口地办理提货、缴纳进口关税、存仓、保险、转售以至于被低价拍卖或运回国内的损失。在承兑交单的情况下，卖方的损失会更大，风险也更大。

七、国际商会“托收统一规则”（URC522）的有关规定

（1）托收指示中注明遵循“URC522”，不提倡使用D/P远期。

（2）不应含有远期汇票，同时规定商业单据要在付款后才交付，如果是远期付款交单，应注明单据是付款后交单，还是仅凭承兑后交单。

（3）银行及其指定人不应为收货人，银行只管单不管货。

（4）银行不负责核实单据，只负责审核单据的所列份数是否与托收指示相符。

（5）托收如被拒付，或拒绝承兑，提示行应向托收行发出拒付通知。

八、使用托收方式应注意的问题

（1）在决定用托收付款方式前，卖方应对客户的资信做详细的调查和了解。资信确实可靠，才可采用。

（2）对于某些外汇管制较严的进口国，不宜采用托收的方式。

（3）要了解进口国的商业惯例。例如：某些拉美国家按当地的法律和习惯，对于远期付款交单，进口人承兑汇票后，即向买方交单，与D/A没有区别。对于这些国家，我们不宜接受远期付款交单的方式。

（4）如果采用托收的付款方式，签合同时应争取以CIF成交。因为用FOB或CFR，万一买方拒绝付款赎单，卖方手中没有掌握保险单，风险更大。如用FOB或CFR出口，卖方应投保出口信用险或卖方利益险。

（5）采用托收方式时，卖方要有健全的财务管理制度，定期检查，及时催收清理货款，以免发生损失。

九、合同中的托收条款

以下为合同中常见的几种托收条款。

（1）即期付款交单

“买方凭卖方开具的跟单汇票，于第一次见票时立即付款，付款后交单。”（Upon first presentation the Buyers shall pay against documentary drawn by the Sellers at sight. The shipping documents are to be delivered against payment only.）

（2）远期付款交单

“买方对卖方开具的见票后××天付款的跟单汇票，于第一次提示时即予承兑，并应于汇票到期日即予付款，付款后交单。”（The Buyers shall duly accept the documentary draft drawn by the Sellers at ×× days sight upon first presentation and make payment on its maturity. The shipping documents are to be delivered against payment only.)

（3）承兑交单

“买方对卖方开具的见票后××天付款跟单汇票，于第一次提示时即予承兑，并应于汇票到期日即予付款，承兑后交单。”（The Buyers shall duly accept the documentary draft drawn by the Sellers at ×× days sight upon first presentation and make payment on its maturity. The shipping documents are to be delivered against acceptance.)

思考题

1. 什么是汇票？什么是银行汇票？什么是商业汇票？商业汇票与银行汇票的区别是什么？
2. 汇票的当事人有哪些？为什么说出票人是主债务人（在汇票承兑前）？
3. 汇票、本票、支票的当事人中哪一个是付款人？
4. 什么是汇票的抬头？汇票抬头有哪几种做法？
5. 什么是汇票的背书？背书有几种类型？
6. 什么是提示？什么是拒付？
7. 规定远期汇票付款日期的方法有几种？
8. 汇票与票汇有何区别？
9. 汇付方式的性质是什么？在国际贸易中如何使用？
10. 什么是托收？什么是D/P？什么是D/A？两者有何区别？
11. D/P after 30 days sight 与 D/A after 30 days sight 有何区别？
12. D/P after sight、T/R 与 D/A 对卖方来说风险是否一样？

第十七章
信用证付款和银行保函

第一节　信用证付款

信用证是目前我国外贸进出口结算的一种主要方式，它以银行信用取代商业信用，以银行的付款责任取代买方的付款责任，在买卖双方缺乏信任、互不熟悉的情况下，信用证的付款方式很好地解决了支付中的难题，使卖方在交货以前就能得到银行付款的承诺，使交易得以顺利进行，有利于国际贸易的快速发展。

信用证交易使卖方收回货款得到安全保证，作为银行，开出信用证只是借助它的信誉，在开证时仅仅做出付款的承诺，并未动用银行的资金，但可以收取买方押金和手续费。银行在付款时，取得了单据所有权，在买方拒绝赎单或在破产的情况下，银行有权处置单据，没收买方的押金。银行在信用证交易中将自身风险降到了最低限度。

信用证交易并不单纯给买方造成不利因素。在信用证交易中，买方也有得天独厚的优势，它可以利用信用证条款约束卖方履行合同，保证所购买货物的品质、数量、交货期符合合同的规定，卖方如果违约将得不到偿付。

一、信用证的定义

信用证（Letter of Credit，L/C）是一种银行开立的、有条件的、承诺付款的书面文件。具体地说，就是银行（开证行）应进口人的请求和指示，向出口人开立的、一定金额的、在一定条件下保证付款的凭证。所谓“一定条件”，是指开证行的付款是以卖方提交符合信用证的单据为条件。

UCP600对信用证的定义是“一项不可撤销的安排，无论其名称或描述如何，该项安排构成开证行对相符交单予以承付的确定承诺”。

二、信用证的当事人

（一）开证申请人

开证申请人（Opener，Applicant）是指向银行申请开立信用证的人，即进口人、买卖合同中的买方。

（二）开证行

开证行（Issuing/Opening Bank）是指受开证人委托，向卖方开立信用证的银行，一般为进口人所在地银行。

（三）受益人

受益人（Beneficiary）是指信用证上所指定的有权使用该证得到偿付的人，一般为出口人。

（四）通知行

通知行（Advising/Notifying Bank）是指受开证行的委托，将信用证转交出口人的银行，出口地银行通常是开证行的代理行。

（五）议付行

议付行（Negotiating Bank）是指愿意买入或贴现受益人交来跟单汇票的银行，可以是开证行指定的银行，也可以是公开议付的银行。议付又称押汇、买单，是指议付行在审单无误的情况下，按信用证的条款贴现受益人的汇票，买入信用证项下的货运单据，从票面金额中扣除从议付日到估计收到票款之日的利息，将余款先行支付给受益人。议付实际上是银行向受益人先行垫付资金，银行在议付之后就成了汇票的正当持票人，具有追索权。

（六）付款行

付款行（Paying/Drawee Bank）是指信用证上指定的付款银行，一般是开证行，也可以是开证行以外的分行或代理行。由于资金调拨的原因，开证行指定另一家银行为付款银行。付款行与开证行具有同等的法律地位，都是终局性的，没有追索权。

（七）偿付行

偿付行（Reimbursing Bank）是指信用证指定的代开证行或付款行清偿货款的银行，其不负责审单，只根据开证行的授权付款，付款也是终局性的。偿付行的出现，往往是由于开证行的资金调度或集中在该第三国银行的缘故，要求该银行代为偿付信用证规定的款项。

（八）保兑行

保兑行（Confirming Bank）是指根据开证行的请求，在信用证上加具保兑的银行。保兑行在信用证上加具保兑后，即对信用证独立负责，承担必须付款或议付的责任。保兑行具有与开证行相同的责任和地位。保兑行可以由通知行兼任，也可由其他银行加具保兑。

三、信用证方式的性质和特点

（一）性质

1. 逆汇法

信用证付款方式是一种逆汇法，即资金的流向与支付工具的传递方向相反。

2. 银行信用

信用证把原来由进口人履行的凭单付款责任转由银行来履行，在商业信用之上加上银行信用，银行负绝对责任。

信用证交易的性质有三个非常重要的法律原则：

（1）银行承担的是绝对责任（Absolute Responsibility），超越担保原来的责任，银行承担第一位的责任。

（2）自足文件（Independence Instrument），信用证是独立于买卖合同的一种契约。

（3）严格相符原则（Strict Compliance），单据和信用证严格相符，这也是银行付款的依据。

（二）特点

1. 开证行承担第一付款人的责任

这种责任是一种绝对的责任、第一位的责任。也就是说，开证行在开出信用证后，只要卖方提交了符合信用证规定的单据，无论买方是否破产、是否有清偿能力、是否死亡都与卖方无关，开证行必须按照信用证的承诺向卖方付款，未经受益人同意，银行不得撤销或者更改信用证。

2. 信用证是一种自足文件

信用证是基于买卖合同开立的，但是其一旦开立就独立于买卖合同、独立于开证申请书，成为与买卖合同无关的另一个契约，信用证实际上是开证行与受益人之间的一个合同。信用证各方当事人的权利、义务都以信用证为准，不受买卖合同的约束。因此，一家银行做出付款、承兑的承诺，不受申请人与开证行或与受益人之间在已有关系上产生索偿或抗辩的制约。

UCP600 第 4 条 a 款规定："就其性质而言，信用证与可能作为其开立基础的销售合同或其他合同是相互独立的交易，即使信用证中含有对此类合同的任何援引，银行也与该合同无关，且不受其约束。因此，银行关于承付、议付或履行信用证项下其他义务的承诺，不受申请人基于与开证行或与受益人之间的关系而产生的任何请求或抗辩的影响。受益人在任何情况下不得利用银行之间或申请人与开证行之间的合同关系。"

3. 信用证业务是一种单据的买卖

在信用证项下，银行实行的是凭单付款的原则，银行付款的依据仅仅是单据和信用证的规定表面相符，银行与货物无关，与买卖合同无关，与单据的真假无关。

UCP500 第 34 条规定："银行对任何单据的形式、充分性、准确性、内容真实性、虚假性或法律效力，或对单据中规定或添加的一般或特殊条件，概不负责；银行对任何单据所代表的货物、服务或其他履约行为的描述、数量、重量、品质、状况、包装、交付、价值或其存在与否，或对发货人、承运人、货运代理人、收货人、货物的保险人或其他任何人的诚信与否、作为或不作为、清偿能力、履约或资信状况，也概不负责。”

在信用证条件下实行严格相符的原则，不仅要做到单证一致，还要做到单单一致。在信用证项下，只要交单正确，即使货物有假，银行也必须付款。如果单据有错误，即使货物正确，银行也可以拒付。如果发现货物有假或者卖方存在欺诈行为，买方如果想让银行拒付，唯一的办法就是寻找单据的不符点。

（三）信用证的形式

1. 信开本

信开本（By Airmail）是指开证银行采用印就的信函格式的信用证，开证后以航空邮寄通知行。

2. 电开本

电开本（Open by Cable）是指开证行使用电报、电传、传真、SWIFT 等各种电信方法将信用证条款传达给通知行。

3. SWIFT 信用证

目前，在国际贸易中以 SWIFT 传递信用证是一种主要形式。“SWIFT”（又称 BIC）是全球银行金融电讯协会（Society for Worldwide Interbank Financial Telecommunication）的简称。该组织是一个国际银行同业间非营利性的国际合作组织，于 1973 年 5 月在比利时成立，采用会员制，目前已有 200 多个会员国家（地区）、3 000 多个会员银行、8 000 多个站点。凡该协会的成员银行都有自己的代码，即 SWIFT Code，相当于银行的身份证。电汇申请人在电汇时填写收入行代码能保证汇款快速准确地到达受款人账户。如不清楚对方银行的代码，可上网查询。我国的主要银行大都是该协会会员。采用 SWIFT 信用证，必须遵守 SWIFT 使用手册的规定，使用 SWIFT 手册规定的代号（Tag），信用证必须按国际商会制定的 UCP600 的规定，在信用证中可以省去银行的承诺条款（Undertaking Clause），但不能免去银行所应承担的义务。

以往采用全电开证时，都采用电报或电传开证，各国银行标准不一，条款格式也各不相同，而且文字烦琐；采用 SWIFT 开证后，信用证具有了标准化、固定化、统一格式的特性，而且传递速度快、成本低，现在已被西北欧、美洲、亚洲等国家的银行广泛使用。

目前，开立的 SWIFT 信用证格式代号为 MT700 和 MT701，如对开出的 SWIFT 信用证进行修改，则采用 MT707 标准格式传递信息。

四、信用证的内容

（一）对信用证本身的说明

对信用证本身的说明主要包括：① 信用证是否可保兑、是否可转让，UCP600 取消了可撤销信用证的概念，所有信用证都是不可撤销的；② 编号；③ 金额、货币、大小写；④ 有效期及到期地点；⑤ 是否有境外有效期。

信用证的有效期是卖方向银行交单的最后期限，也是开证行保证付款的期限。一份信用证可以没有装期，但不能没有有效期；一个信用证没有有效期则本身无效。UCP600 第 6 条中规定："信用证必须规定一个交单的截止日。规定的承付或议付的截止日将被视为交单的截止日。"

按照惯例，信用证有效期的到期日是装船后的 15 天，也可规定为 21 天。信用证有效期的到期地点在信用证中必须明确规定，一般是受益人所在国为信用证的有效期到期地点。可接受的信用证规定的到期地点如 "at Beneficiary' s country" "at your country" "in China'，不接受境外有效期。

如果信用证的有效期规定不明确，如开证行注明信用证的有效期为"1 个月"、"6 个月"或类似规定，但未指明从何日起算，那么开证行开立信用证的日期即视为起算日。银行应避免用此种方式注明信用证的到期日。

（二）对汇票的要求

在信用证项下，如使用汇票，要明确其出票人、受票人、受款人、汇票金额、主要条款等内容。UCP600 第 6 条 c 款规定："信用证不得开成凭以申请人为付款人的汇票兑用。"

信用证中对汇票通常是这样规定的："We hereby open our irrevocable letter of credit in your favor which is available by your drafts at sight drawn on us for full invoice value accompanied by the following documents."（我行兹开出以你方为受益人的不可撤销信用证，本证凭你方按发票金额全额开出的以我行为受票人的即期汇票付款。）

（三）对货物的要求

信用证中要注明货物的名称、品种、规格、数量、包装、价格，并注明根据××买卖合同。

（四）对装运的要求

在信用证中应列明装运港（地）、目的港（地）、装运期限以及可否分批、转运等项内容。

（五）对单据的要求

在信用证中应列明所需的各种货运单据，主要有以下几种：

1. 货物单据

货物单据包括发票、装箱单（包装清单）、产地证、商检证明书等。

UCP600 规定："商业发票必须看似由受益人出具"，"必须出具成以申请人为抬头"，"必须与信用证的货币相同"，"商业发票上的货物、服务或履约行为的描述应该与信用证中的描述一致"。

2. 运输单据

运输单据中最重要的是海运提单，它是货物所有权的凭证。

通常对提单的描述为：“Full set clean on board ocean bills of lading, made out to order, blank endorsed marked freight prepaid notify applicant.”（全套清洁已装船海运提单，做成空白抬头、空白背书，注明运费已付，通知开证申请人。）

3. 保险单据

UCP600 规定：“保险单据，例如保险单或预约保险项下的保险证明书或者声明书，必须看似由保险公司或承保人或其代理人或代表出具并签署。”“如果保险单据表明其以多份正本出具，所有正本均须提交。”“暂保单将不被接受。”“可以接受保险单代替预约保险项下的保险证明书或声明书。”“保险单据日期不得晚于发运日期，除非保险单据表明保险责任不迟于发运日生效。”“保险单据必须表明投保金额并以与信用证相同的货币表示。”“如果信用证对投保金额未做规定，投保金额须至少为货物的 CIF 或 CIP 价格的 110%。”

（六）特殊条款

银行对议付或付款路线或是否保兑，做出特别指示或特别要求。

（七）银行保证付款的承诺

如：We hereby agree with the drawers, endorsers and bona fide holders of drafts drawn under and in compliance with the terms of this credit that such drafts will be duly honored on due presentation to the drawee if negotiated on or before expiry date and paid on maturity.

意为：我们兹向根据本证开出并符合本证条款的汇票的出票人、背书人和正当持票人承诺，只要你们在本证的有效期内向付款行提示或议付（远期汇票在汇票的到期日前向付款行提示），将立即得到付款。

（八）声明本证遵循惯例 UCP600

如：This credit is subject to the Uniform Customs and Practice for Documentary Credit 2007 Revision by ICC（International Chamber of Commerce）and Publication No. 600.

意为：本证遵循《跟单信用证统一惯例》，国际商会 2007 年修订本第 600 号出版物的规定。

五、信用证的种类

（一）不可撤销信用证

在 UCP600 之前，信用证还区分为可撤销信用证和不可撤销信用证。在 UCP600 于 2007 年 7 月 1 日生效之后，已经没有了可撤销信用证的概念：“凡是信用证都是不可撤销的，即使未如此表明。”

不可撤销信用证（Irrevocable L/C），是指开证行自开立信用证之时起即不可撤销地承担承付责任。也就是说，未经信用证的有关当事人同意，开证行不得片面修改和撤销信用证，只要受益人提交了符合信用证的单据，开证行必须履行付款义务。

（二）即期信用证

1. 定义

即期信用证（Sight L/C）是指开证行或付款行收到符合 L/C 条款的跟单汇票或装运单据后，立即履行付款义务的信用证。这种方式收汇迅速、安全，有利于资金周转。

在即期信用证中，有时还加列电汇索偿条款（T/T Reimbursement Clause），指开证行允许议付行用电报或电传通知开证行或指定付款行，说明各种单据与信用证要求相符，开证行接到电报或电传通知后，有义务立即用电汇将货款拨交议付行。

2. 即期付款信用证

即期付款信用证（Sight Payment L/C）是指采用即期兑现方式的信用证，证中通常注明“付款兑现”（Available by Payment）字样，一般不要求受益人开立汇票。即期付款信用证的付款行可以是开证行本身，也可以是出口地的通知行或指定的第三国银行。

以出口地银行为付款人的即期付款信用证的交单到期地点在出口地，可以及时得到偿付，对受益人最为有利。付款行为开证行本身或第三国银行，交单也是通常规定在付款行所在地。

（三）远期信用证

远期信用证（Usance L/C）是指开证行或付款行收到信用证的单据时，在规定期限内履行付款义务的信用证。受益人开出的是远期汇票，主要包括：

1. 承兑信用证

承兑信用证（Acceptance L/C）是指由某一银行承兑的信用证，即当受益人向指定银行开具远期汇票并提示时，指定行即行承兑，并于汇票到期日前付款。

这种信用证项下的汇票，在承兑前，银行对出口商的义务权利以信用证为准；在承兑后，银行作为汇票承兑人对出票人、持票人、背书人承担付款责任。这种信用证也称为银行承兑信用证。

2. 延期付款信用证

延期付款信用证（Deferred Payment L/C）是指开证行在信用证中规定，货物装船后若干天付款或开证行收到单据后若干天付款的信用证。这种信用证不要求出口商开立汇票，所以出口商不能利用其贴现市场资金，只能自己垫付或向银行借款。在出口业务中，使用这种信用证的货价应比银行承兑信用证高些，以便拉平利息率与贴现率之间的差额。成交金额较大时，要与政府的出口信贷结合起来使用。

3. 假远期信用证

假远期信用证（Usance L/C Payable at Sight）也称“买方远期信用证”，是指在信用证中规定受益人开立远期汇票，由付款行负责贴现，并规定一切利息由进口人承担。这种信用证表面上看是远期信用证，但从上述条款规定来看，出口人可以即期收到十足的货款，因此被称为“假远期信用证”。

（四）可转让信用证和不可转让信用证

根据受益人对信用证的权利可否转让，信用证分为可转让信用证（Transferable L/C）和不可转让信用证（Non-transferable L/C）。

可转让信用证是指信用证的受益人（第一受益人）可以要求授权付款、承担延期付款责任、承兑议付的银行（统称“转让银行”），或当信用证是自由议付时，可以要求信用证中特别授权的转让银行，将信用证全部或部分转让给一个或数个受益人（第二受益人）使用的信用证。UCP600 规定：“可转让信用证系指特别注明‘可转让’字样的信用证。可转让信用证可应受益人（第一受益人）的要求转为全部或部分由另一受益人（第二受益人）兑用。”

根据 UCP600 的规定，唯有开证行在信用证中明确注明“可转让”时，信用证方可转让。可转让信用证只能转让一次，即只能由第一受益人转让给第二受益人，第二受益人不得要求将信用证转让给其后的第三受益人。

信用证只能按原证规定条款转让，但信用证金额、商品的单价、到期日、交单日及最迟装运日期可以减少或缩短，保险加保比例可以增加。信用证在转让后，第一受益人可在信用证项下取得自身的发票（和汇票）替换第二受益人的发票（和汇票），其金额不得超过信用证规定的原金额。如信用证规定了单价，应按原单价开立。在替换发票（和汇票）时，第一受益人可在信用证项下获得自身发票和第二受益人发票之间的差额。

在实际业务中，要求开立可转让信用证的第一受益人，通常是中间商人。为了赚取差额利润，中间商可将信用证转让给实际供货人，由供货人办理出运手续。但信用证的转让并不等于买卖合同的转让，如第二受益人不能按时交货或单据有问题，第一受益人（即原出口人）仍要负买卖合同上的卖方责任。

（五）循环信用证

循环信用证（Revolving L/C）是指信用证被全部或部分使用后，其金额又恢复到原金额，可再次使用，直到达到规定的次数或规定的总金额为止。

循环信用证又分为按时间循环的信用证和按金额循环的信用证。按时间循环的信用证是受益人在一定的时间内可多次支取信用证规定的金额；按金额循环的信用证是信用证金额议付后，仍恢复到原金额可再次使用，直到用完规定的总额为止。

（六）对开信用证

对开信用证（Reciprocal L/C）是指两张信用证的开证申请人互以对方为受益人而开立的信用证。对开信用证的特点是第一张信用证的受益人（出口人）和开证申请人（进口人）就是第二张信用证的开证申请人和受益人，第一张信用证的通知行通常就是第二张信用证的开证行。两张信用证的金额相等或大体相等，两证可同时互开，也可先后开立。对开信用证多用于易货贸易或进料加工贸易方式，交易的双方都担心对方凭第一张信用证出口或进口后，另外一方不履行进口或出口的义务，于是采用这种互相联系、互为条件的开证办法，彼此得以约束。

（七）背对背信用证

背对背信用证（Back to Back L/C）又称转开信用证，是指受益人要求原证的通知行或其他银行以原证为基础，另开一张内容相似的新信用证。背对背信用证的受益人可以是国外的，也可以是国内的。背对背信用证的开证银行只能根据不可撤销信用证来开立。

背对背信用证的开立通常是当中间商转售他人货物以从中图利，或两国不能直接办理进出口贸易时，通过第三者以此种方法来沟通贸易。这种贸易由三方即出口商、中间商、进口商签订两份买卖合同。按照中间商与进口商签订的第一份合同开出的信用证称为原信用证（Original L/C）；按照中间商与出口商签订的第二份合同开出的第二张信用证，称为背对背信用证，也称从属信用证（Subsidiary L/C）。原信用证的受益人就是背对背信用证的开证申请人。新证开出后，原证仍然有效。

背对背信用证的内容除开证人、受益人、金额、单价、装运期限、有效期限可有变动外，其他条款一般与原证相同。原信用证价格高于背对背信用证的价格，高低的差额就是中间商赚取的利润或佣金。关于装运期限，背对背信用证的装运期应早于原信用证的规定。背对背信用证的受益人按规定履行交单义务，开证行对受益人付款后，便立即要求原证的受益人提供符合原证条款的商业发票和汇票，以便调换背对背信用证受益人提供的商业发票及汇票，然后附上货运单据寄往原证的开证行收汇。

（八）预支信用证

预支信用证（Anticipatory L/C）是指开证行授权代付行（通常是通知行）向受益人预付信用证金额的全部或一部分，由开证行保证偿还并负担利息。预支信用证与远期信用证相反，开证行付款在先，受益人交单在后。预支信用证可分全部预支或部分预支。预支信用证凭出口人的光票付款，也有要求出口人附一份负责补交信用证规定单据的声明书的。如出口人以后不交单，开证行和代付行并不承担责任。当交单后，付款行在付给出口人剩余货款时，将扣除预支货款的利息。为引人注目，这种预支货款的条款常用红字，故习惯上称“红条款信用证”（Red Clause L/C）。现今，信用证的预支条款并非都用红色表示，但效力相同。

（九）备用信用证

备用信用证（Standby L/C）又称商业票据信用证（Commercial Paper L/C）、担保信用证或保证信用证（Guarantee L/C），是指开证行根据开证申请人的请求对受益人开立的承诺承担某项义务时，受益人只要凭备用信用证的规定向开证行开具汇票（或不开汇票），并提交开证申请人未履行义务的声明或证明文件，即可取得开证行的偿付。

备用信用证属于银行信用，开证银行保证在开证申请人未履行其义务时，即由开证银行付款。因此，备用信用证对受益人来说是备用于开证申请人发生违约时取得赔款的一种方式。备用信用证下，银行承担的也是第一位的责任。

（十）保兑信用证和不保兑信用证

信用证按是否有另一家银行加保兑，可以分为保兑信用证和不保兑信用证。

1. 保兑信用证

保兑信用证（Confirmed L/C）是指开证行开出的信用证，由另一家银行保证对符合信用证条款规定的单据履行付款义务。对信用证加保兑的银行，叫作保兑行（Confirming Bank）。

UCP600 规定：“只要规定的单据提交给保兑行，或提交给其他任何指定银行，并且构成相符交单，保兑行必须承付”；“保兑行自对信用证加具保兑之时起即不可撤销地承担承付或议付的责任”。

UCP600 对修改信用证时保兑行的性质有新的规定：“开证行自发出修改之时起，即不可撤销地受其约束。保兑行可将其保兑扩展至修改，并自通知该修改时，即不可撤销地受其约束。但是，保兑行可以选择将修改通知受益人而不对其加具保兑。若然如此，其必须毫不延误地将此告知开证行，并在其给受益人的通知中告知受益人。”

保兑行以独立的“本人”（Principal）身份对受益人独立负责，并对受益人负首先付款责任。也就是说，保兑行同开证行一样，承担第一性的付款责任。这是一种双重保证的信用证，对出口商最为有利。保兑行通常可以由通知行来承担，也可以是出口地的其他银行或第三国银行。保兑的手续一般是由保兑行在信用证上加列保兑文句。

2. 不保兑信用证

不保兑信用证（Unconfirmed L/C）是指开证银行开出的没有经另一家银行保兑的信用证。当开证银行资信较好或成交金额不大时，一般都使用这种不保兑的信用证。

（十一）软条款信用证

软条款信用证（Soft Clause L/C）是指由于信用证的开证申请人在信用证中加列了某些特殊条款，使受益人无法利用信用证，表面上的不可撤销信用证实际上是无效的信用证。

从法律上说，软条款信用证从根本上违反了信用证的性质和原则，带有某些欺诈性质，有人把它称为陷阱信用证。我们在实际业务中，要仔细地审证，如遇到信用证中某些加列的条款是受益人主观努力所无法做到的，对这样的条款要坚决要求开证人删除，不要轻易接受这类信用证。

六、国际商会《跟单信用证统一惯例》

1930 年，国际商会拟订了《商业跟单信用证统一惯例》（Uniform Customs and Practice for Commercial Documentary Credits），并于 1933 年正式公布，建议各国银行采用。之后，随着国际贸易的变化，国际商会于 1951 年、1962 年和 1974 年曾先后对该惯例进行修订。1983 年，对该惯例又再次进行修订，称为《跟单信用证统一惯例》，即国际商会第 400 号出版物。

近年来，随着国际上运输工具和运输方式的发展变化，通信工具的电子化、网络化和电脑的广泛使用，国际贸易、运输、保险、单据处理和结算工作也发生了巨大的变化。为了适应时代的发展，国际商会于 1993 年又着手对现行的《跟单信用证统一惯例》进行修订，称为国际商会第 500 号版物（简称 UCP500），并于 1994 年 1 月 1 日实行。最新颁布的《跟单信用证统一惯例》（简称 UCP600）于 2007 年 7 月 1 日生效。为了减少因解释不同而引起的争端，调和各有关当事人之间的矛盾，国际商会于 2007 年修订时基本保留了 UCP500 相较于 UCP400 所做的修改。

UCP600 共 39 条，包括总则和定义、解释、信用证与合同、责任与义务、单据、可转让信用证和款项让渡等。

UCP600 不是一个国际性的法律规章，但它已为各国银行普遍接受，成为一种国际惯例。在我国对外出口业务中，如采用信用证支付方式，国外来证绝大多数均加注："除另有规定外，本证根据国际商会《跟单信用证统一惯例（2007 年修订）》即国际商会 600 号出版物办理。"（Except so far as otherwise expressly stated, this credit is subject to Uniform Customs and Practice for the Documentary Credits (2007 Revision) International Chamber of Commerce Publication No. 600.）

UCP500 中条款的变化主要有以下几点（UCP600 条款保留了这些规定）：

（1）在 UCP500 条款中，信用证未注明是可撤销还是不可撤销，即认为是不可撤销信用证。UCP600 条款就完全取消了可撤销信用证这个概念，规定信用证都是不可撤销的。

（2）明确规定汇票的受票人必须做成开证行。

（3）全套正本提单包括一份以上正本提单，也即提交一份正本提单即被认为符合全套正本提单的要求。

（4）除了商业发票上商品的名称必须与信用证完全一致外，其他单据，如提单、商检证书、保单都可以使用统称，只要不和信用证规定的名称相矛盾。

（5）如果信用证中未规定商业发票须"已签署"，则商业发票不必签名。

（6）关于信用证的修改，做了对受益人更有利的规定：对信用证进行审核以后，如发现有问题或发现有卖方不能接受的条款，应及时向开证申请人提出进行修改。

修改信用证条款涉及有关当事人权利、义务的改变，所以凡是对不可撤销信用证的修改，必须得到有关各当事人的同意。在出口业务中，如发现来证条款必须修改，应由卖方向国外进口人（开证人）提出，征得其同意后，由进口人通过开证行办理修改手续。修改通知书的转递同信用证的转递一样，需通过通知行办理，即由开证行航寄修改通知书或以电报、电传等电信工具通知通知行，由通知行转交受益人，而不能由开证行直接通知或由进口人径寄受益人。UCP600 第 9 条 d 款规定："经由通知行或第二通知行通知信用证的银行必须经由同一银行通知其后的任何修改。"在出口业务中，如遇此种情况，应将修改通知书提交原证通知行核实。修改信用证的要求，除由出口人（受益人）提出外，有时也由进口人主动向开证行提出。对此，也需开证行同意后，由开证行经通知行转告出口人，并经出口人同意接受后，方为有效。

在办理改证工作中，凡需要修改的各项内容，应做到一次性向国外客户提出，尽量避免由于考虑不周而多次提出修改要求。否则，不仅会增加双方的手续和费用，而且会对外造成不良影响。

第二节 银行保函

在国际经济贸易中，交易双方往往缺乏了解和信任，因而给达成交易和履行合同造成一定障碍。为了解决这些问题，就出现了由信誉卓著的银行以及其他金融机构办理的保函业务，担保人保证申请人履行双方签订的有关商务合同或其他经济合同项下的某种责任或义务，从而有利于交易的顺利进行。

一、银行保函的含义及其性质

保函（Letter of Guarantee，L/G）又称保证书，是指银行、保险公司、担保公司或个人（保证人）应申请人的请求，向第三方（受益人）开立的一种书面信用担保凭证。保证在申请人未能按双方协议履行其责任或义务时，由担保人代其履行一定金额、一定期限范围内的某种支付责任或经济赔偿责任。银行保函（Banker's L/G）是由银行开立的、承担付款责任的一种担保凭证。银行根据保函的规定承担绝对付款责任。所以，银行保函大多属于见索即付保函。

在保函项下，受益人在什么条件下才能取得保证人的偿付，按索偿条件，通常可分为两种。

（一）见索即付保函

国际商会《见索即付保函统一规则》（UDG458）第 2 条规定，见索即付保函（Demand L/G）意指任何保证、担保或其他付款承诺，这些保证、担保或付款承诺是由银行、金融公司或其他组织或个人出具的、以书面形式表示在交来符合保函条款的索赔书或保函中规定的其他文件（如工艺师或工程师出具的证明书、法院的判决书或仲裁机构的裁定书）时，承担付款责任的承诺文件。据此，见索即付保函又称无条件保函（Unconditional L/G），银行承担的是第一性的责任。

见索即付保函就其性质而言，与其能依据的合约或投标条件为不同的交易，即使在保函中提及此合约或投标条件，担保人也与该合约与投标条件完全无关（UDG458 第 2 条 b 款）。由此可见，见索即付保函是一种与基础合同相脱离的独立性担保文件，受益人的权利与担保人的义务完全以保函所载内容为准，不受基础合同的约束，即使保函中包含有对基础合同的援引，担保人也与该合同无关，受益人只要提交了符合保函要求的单据，担保人就必须付款。所有保函均为不可撤销的文件。保函必须是书面的，“书面”包括有效的电信信息加密押的 EDI 信息。

（二）有条件保函

有条件保函（Conditional L/G）是指保证人向受益人付款是有条件的，只有在符合保函规定的条件下，保证人才予以付款。可见，有条件保函的担保人承担的是第二性的、附属的付款责任。

二、银行保函的种类

银行保函在实际业务中的使用范围很广，它不仅适用于货物的买卖，而且广泛适用于其他国际经济领域，例如，在国际工程承包、招标与投标以及借贷业务中都有使用。银行保证书按其用途可分为投标保证书、履约保证书和还款保证书。

（一）投标保证书

投标保证书（Tender Guarantee）是指银行、保险公司或其他当事人（保证人）向受益人（招标人）承诺，或按照担保申请人所授权的银行的指示向受益人（招标人）承诺，当申请人（投标人）不履行其投标所产生的义务时，保证人应在规定的金额限度内向受益人付款。

投标保证书主要担保投标人在开标前不撤销投标和片面修改投标条件，中标后要保证签约和交付履约金。否则，银行负责赔偿招标人的损失。

（二）履约保证书

履约保证书（Performance Guarantee）是指保证人承诺，如果担保申请人（承包人）不履行其与受益人（业主）之间订立的合同，应由保证人在约定的金额限度内向受益人付款。

履约保证书的适用范围很广泛，在一般货物进出口交易中也有使用。履约保证书可分为进口履约保证书和出口履约保证书。

1. 进口履约保证书

进口履约保证书是指保证人（银行）应进口人的申请开给出口人（受益人）的保证书。保证书规定，如出口人按合同交货后，进口人未能按期付款，由银行负责偿还。这种履约保证书对出口人来说，是一种简便、及时和确定的保障。

2. 出口履约保证书

出口履约保证书是指保证人（银行）应出口人的申请开给进口人（受益人）的保证书。保证书规定，如出口人未能按期交货，银行负责赔偿进口人的损失。这种履约保证书对进口人是有保障的。

（三）还款保证书

还款保证书（Repayment Guarantee）是指银行、保险公司或其他当事人应合同一方当事人的申请，向合同另一方当事人开立的保证书。保证书规定，如申请人不履行其与受益人订立的合同的义务，不将受益人预付、支付的款项退还或还款给受益人，银行则向受益人退还或支付款项。还款保证书在国际承包业务中使用时，由承包人通过银行向业主提供。

还款保证书除在国际工程承包项目中使用外，也适用于货物进出口、劳务使用和技术贸易等业务。例如，在成套设备及大型交通工具的合同中，通常采用带有预付性质的分期或延期支付部分价款的规定。在这种交易中，进口人在签订合同后，向出口人开立履约保证书，由银行保证进口人按合同规定按期支付价款，同时，出口人也向对方开立还款保证书。如出口人不能按期交货，银行保证及时偿还进口人已付款项的本金及所产生的利息。

除上述几种保函外，还可以根据其他功能和应用的不同，分为技术引进保函、来料加工保函、投标保函、补偿贸易保函、融资租赁保函、借款保函、贸易项下的延期付款保函等。

第三节 各种支付方式的选用

选择和运用各种不同的支付方式，应在贯彻我国外贸方针政策的前提下，从保障外汇资金安全、加速周转、扩大贸易往来等因素来考虑。为了适应我国外贸发展的需要，必须在认真研究国际市场各种惯用的支付方式的基础上，灵活运用各种支付方式。

在出口业务中，一般情况下，采用即期信用证收汇比较迅速、安全。如果需要采用远期信用证，则在计算价格时，应将利息因素考虑在内。为了促进某些商品出口，可针对有些地区的特点，对某些资信较好的客户采用付款交单（D/P）作为竞争的手段，但采用承兑交单（D/A）时应慎重。

在实践中，有时为了促成交易，在双方未能就某一种支付方式达成协议时，也可以采用两种或多种方式结合使用的方法，常见的有以下几种。

一、信用证与汇付相结合

这种方式是指部分货款用信用证支付，余数用汇付方式结算。例如，对于矿砂等初级产品的交易，双方约定信用证规定凭装运单据先付发票金额的若干成，余数待货到目的地后，根据检验的结果按实际品质或重量计算出确切的金额，另用汇付方式支付。

二、信用证与托收相结合

这种方式是指部分货款用信用证支付，余数用托收方式结算，也称为“部分信用证，部分托收”。一般做法是，信用证规定出口人开立两张汇票，属于信用证部分的货款凭光票付款，而全套单据附在托收部分汇票项下，按即期或远期付款交单方式托收。但信用证上必须订明“在发票金额全部付清后才可交单”的条款，以确保安全。

三、托收与备用信用证或银行保函相结合

托收是一种商业信用，对卖方来说风险较大。但是，托收对买方而言费用较低、手续简便。卖方为了推销商品可以采用托收和银行保函相结合的方法，既给予买方优惠，

又避免了风险。其具体做法是，出口人在收到符合合同规定的备用信用证或银行保函后，就可凭光票与声明书向银行收回货款。

在卖方交货前，买方先开立一份备用信用证或保函。如托收项下，买方不能够履行付款义务，则由银行承担付款义务。使用这种结算方式，备用信用证或保函的有效期应当迟于托收付款期限的一定时间，以便托收被拒付后，卖方有足够的时间向银行追偿货款。

四、汇付、托收、信用证三者相结合

在成套设备、大型机械产品和交通工具的交易中，因为成交金额较大，产品生产周期较长，一般采取按工程进度和交货进度分若干期付清货款，即分期付款和延期付款的方法，采用汇付、托收和信用证相结合的方式。

（一）分期付款

采用分期付款，卖方在交货时，买方的货款基本付清。这种交易不涉及利息，在某种意义上，卖方甚至利用了买方的资金。其具体做法是：

买卖双方在合同中规定，在产品投产前，买方可采用汇付方式，先交部分货款作为定金，卖方在买方付出定金前，应向买方提供出口许可证影印本和银行开具的保函。除定金外，其余货款可按不同阶段分期支付，买方开立不可撤销的信用证即期付款，但最后一笔货款一般是在交货或卖方承担质量保证期满时付清。货物所有权则在付清最后一笔货款时转移。在分期付款的条件下，货款在交货时付清或基本付清。因此，按分期付款条件签订的合同是一种即期合同。

（二）延期付款

采用这种支付方式，在卖方交货时，买方大部分货款要在将来若干年或相当长的一段时间分期摊付，属于一种赊销性质的交易。买方实际上是占用了卖方的资金，卖方可在货价中加上利息的成本。在成套设备和大宗交易的情况下，由于成交金额较大，买方一时难以付清全部货款，可采用延期付款的办法。具体做法是：

买卖双方签订合同后，买方一般要预付一小部分货款作为定金。有的合同还规定，按工程进度和交货进度分期支付部分货款，但大部分货款是在交货后若干年内分期摊付，即采用远期信用证支付。这种支付方式等于是卖方给买方提供的商业信贷，因此，买方应承担延期付款的利息。在延期付款的条件下，货物所有权一般在交货时转移。

采用延期付款时，其做法虽与分期付款类似，但两者性质有所不同，主要区别在于：

1. 货款清偿程度不同

采用分期付款时，其货款是在交货时付清或基本付清；而采用延期付款时，大部分货款是在交货后一段相当长的时间内分期摊付。

2. 所有权转移时间不同

采用分期付款时，只要付清最后一笔货款，货物所有权即行转移；而采用延期付款时，货物所有权一般在交货时转移。

3. 支付利息的费用不同

采用分期付款，买方没有利用卖方的资金，因而不存在利息问题；而采用延期付款，由于买方利用卖方的资金，所以买方需向卖方支付利息。

延期付款是买方利用外资的一种形式，一般货价较高。因此，在使用延期付款条件签订合同时，应结合利息、费用和价格等因素进行考虑，权衡得失，然后做出适当选择。

附：信用证中英对照翻译

MSGACK DWS765I Auth OK, key B004121903FOE71E, BKCHCNBJ SHBK **** record

Basic Header F 01 BKCHCNBJA720 1325 634817

<银行密押>

Application Header O 700 1755 051116 SHBKKRSEAXXX 7103 891281 051116 1655 N

开证行	<银行代码>	
		* SHINHAN BANK
		* SHINHAN 银行
		* SEOUL
		* 首尔
User Header	Service Code	103:
<银行代码>	Bank. Priority	113:
	Msg User Ref.	108: 0001598759
	Info. From CI	115:
Sequence of Total	*27:	1/1
报文页次	*27: 1/1	
Form of Doc. Credit	*40A: IRREVOCABLE	
信用证的形式	*40A: 不可撤销	
Doc. Credit Number	*20: M42V5511RS150	
信用证号	*20: M42V5511RS150	
Date of Issue	31C: 151115	
开证日期	31C: 2015 年 11 月 15 日	
Expiry	*31D: Date 160214 Place IN THE BENEFICIARY COUNTRY	
有效期	*31D: 2016 年 2 月 14 日 在受益人国家到期	
Applicant	*50: GANIL MANPOWER CO., LTD. 950-1 DOGOK-DONG KANGNAM-GU SEOUL KOREA	
开证申请人	*50: GANIL MANPOWER 有限公司. 950-1 DOGOK-DONG KANGNAM-GU 韩国首尔	
Beneficiary	*59: FUJIAN ZHONGYI IMPORT AND EXPORT CO., LTD. F. 18 FuXiang Building NO. 119 WuSi Fuzhou Fujian P. R. China	
受益人	*59: 福建中亿进出口股份有限公司	

中国福建省福州市五四路 119 号
福祥大厦18层

Amount	*32B：CURRENCY USD AMOUNT 11772，00
总金额	*32B：11 772.00 美元
Available with/by	*41D：ANY BANK BY NEGOTIATION
指定的有关银行及信用证兑付的方式	*41D：任何银行议付
Drafts at...	42C：AT SIGHT
汇票付款日期	42C：见票即付
Drawee	42D：SHINHAN BANK，SEOUL
汇票付款人	42D：SHINHAN 银行，首尔
Partial Shipments	43P：ALLOWED
分批装运	43P：允许
Transshipment	43T：ALLOWED
转船	43T：允许
Loading in Charges	44A：CHINESE PORT
装运港	44A：中国港口
For Transport to...	44B：JAPANESE PORT
转运港	44B：日本港口
Latest Date of Ship.	44C：160204
最迟装运日期	44C：2016 年 2 月 4 日
Descript of Goods	45A：
货物描述	45A：

GENERAL MERCHANDISE
一般商品
03-3205 CUTE FLOWER POT（BOAT SHAPE）
03-3205 精美花瓶（船形）
5 400PCS USD0.70/PC USD3 780.00
5 400 个 USD0.70/个 USD3 780.00
03-3206 CUTE FLOWER POT（SQUARE SHAPE）
03-3206 精美花瓶（方形）
5 400PCS USD0.68/PC USD3 672.00
5 400 个 USD0.68/个 USD3 672.00
03-3204 CUTE FLOWER POT（BASKET SHAPE）
03-3204 精美花瓶（花篮形）
5 400PCS USD0.80/PC USD4 320.00
5 400 个 USD0.80/个 USD4 320.00
—— USD11 772.00

ORIGIN CHINA 中国原产地
FOB CHINESE PORT 价格条件：FOB 中国港口

Documents required 46 A：
要求的单据 46 A：
+SIGNED COMMERCIAL INVOICED IN 2 FOLD
+已签署的商业发票一式两份

+FULL SET AND 1 COPY OF CLEAN ON BOARD OCEAN BILLS OF LADING MADE OUT TO THE ORDER OF SHIPPER AND BLANK ENDORSED MARKED FREIGHT COLLECT AND NOTIFY APPLICANT

+全套正本（另加一份副本）清洁已装船的海运提单，做成托运人抬头，空白背书，并注明“运费到付”，通知开证申请人

+PACKING LIST IN 2 FOLD

+装箱单一式两份

+G. S. P CHINA CERTIFICATE OF ORIGIN FORM - A 1 COPY ISSUED TO CONSIGNEE: DAISO INDUSTRIES CO. , LTD. 1 - 4 - 14 SAIJYO YOSHIYUKIHIGASHI HIGASHIHIROSHIMA - CITY 739 - 8501 JAPAN

+普惠制原产地证书格式 A 一份，做成以“DAISO INDUSTRIES CO. , LTD. 1 - 4 - 14 SAIJYO YOSHIYUKIHIGASHI HIGASHIHIROSHIMA-CITY 739-8501 JAPAN”为抬头

+ONE COPY OF RECEIPT FOR SENDING ORIGINAL G. S. P AND SHIPPING DOCUMENTS COPY TO THE GANIL MANPOWER SHANGHAI OFFICE DIRECTLY

+一份直寄给 GANIL MANPOWER SHANGHAI 的正本普惠制原产地证书和副本装运单据的收据副本

+A COPY OF THE FINAL SHIPPING NOTICE (FSN) ISSUED BY GANIL MANPOWER

+一份由 GANIL MANPOWER 签发的最后装运通知的副本

Additional Cond. 47A:

特别条款 47A:

PLEASE SEND ORIGINAL G. S. P FORM-A AND COPY OF SHIPPING DOCUMENTS TO THE GANIL MANPOWER SHANGHAI OFFICE (ROOM B, GF, BLDG, 8, FOURTUNE GARDEN NO. 1369 SUNFANG ROAD, PUDONG, SHANGHAI, CHINA) BY COURIER SERVICE WITHIN 3 DAYS AFTER SAILING DIRECTLY

在开船后三天内，请将一份正本普惠制原产地证书格式 A 和一份副本的装运单据以快件方式直接寄给 GANIL MANPOWER 驻上海办事处（中国上海浦东尚芳路 1369 号温泉花园 8 号楼 B 室）。

THE NUMBER OF CARTONS PER ITEM PER CONTAINER NUMBER SHALL BE SHOWN ON THE BILL OF LADING.

每个货号的箱数和集装箱号必须在提单上显示。

Details of Charges 71B: ALL BANKING CHARGES OTHER THAN ISSUEING CHARGES ARE FOR ACCOUNT OF BENECIFIARY

费用情况　　71B: 所有开证行以外的费用由受益人承担

Presentation　　Period 48: DOCUMENTS TO BE PERSENTED WITHIN 21DAYS AFTER SHIPMENT DATE BUT PRIOR TO CREDIT EXPIRY

交单期限　　48: 所有的单据必须在装运后的 21 天内提交银行，同时必须在信用证的效期内

Confirmation　　*49: WITHOUT

保兑　　*49: 不需要

Instructions　　78:

指示　　78:

T/T REIMBURSEMENT NOT ALLOWED

不允许 T/T 电汇索偿

THE DISCREPANCY FEE OF USD 70.00 (OR EQUIVALENT) SHOULD BE DEDUCTED FROM YOUR REIBMURSEMENT CLAIM TO THE REIBMURSING BANK OR WILL BE DEDUCTED FROM PROCEEDS BY US IF DOCUMENTS ARE PRESENTED WITH DISCREPANCY (IES).

如交单时单据存在不符点，每一笔不符点的费用 70 美元或等值 70 美元将在你们向偿付行索偿时扣除，或者是向我们提交单据（含不符点）时，在索偿时从金额中扣除（不符点费用）。

UPON RECEIPT OF ALL DOCS AND DRAFTS IN CONFORMITY WITH TERMS AND CONDITIONS OF THIS CREDIT WE SHALL REMIT THE PROCEEDS TO THE BANK DESIGNATED BY NEGOTIATING BANK.

一俟收到与本信用证规定相符的单据和汇票，我们将立即把信用证的款项汇入议付行指定的银行(账户)。

ALL DOCUMENTS MUST BE DESPATCHED BY COURIER IN ONE LOT TO SHINHAN BANK, TRADE SERVICE OFFICE, 2ND FL., 120, 2-KATAEPYUNG-RO, SHUNG-KU, SEOUL 100-724, KOREA.

所有的单据必须一次性以快件形式寄交 SHINHAN 银行，地址是 TRADE SERVICE OFFICE, 2ND FL., 120, 2-KATAEPYUNG-RO, SHUNG-KU, SEOUL 100-724, KOREA。

REIBMURSEMENT IS SUBJECT TO ICC URR525。

我们将根据国际商会 URR525 惯例进行付款。

思考题

1. 信用证支付方式的当事人有哪些？
2. 信用证中的主要内容有哪些？
3. 什么是保兑信用证？
4. 什么是即期信用证？什么是远期信用证？
5. 什么是延期付款信用证？
6. 什么是循环信用证？按金额分，循环信用证有哪几种循环方式？
7. 什么是对开信用证？它在什么情况下使用？
8. 什么是背对背信用证？它与可转让信用证有什么区别？
9. 什么是备用信用证？备用信用证与跟单信用证的区别是什么？
10. 什么是软条款信用证？应如何防范？
11. 什么是信用证与 D/P 方式相结合？50% L/C、50% D/P 应当怎么办理？单据、汇票应怎么开？
12. 什么是 D/P 与备用信用证、银行保函相结合？
13. 什么是分期付款？什么是延期付款？两者之间的区别是什么？
14. 什么是假远期信用证？假远期信用证与远期信用证的区别是什么？
15. 什么是银行保函？银行保函按索偿条件可分为哪几种？它们的性质有何不同？
16. 银行保函有哪几种？它们的含义和作用是什么？

案例分析题

【案例 17-1】 我国天津某外贸公司接到香港地区某客户采购猪肠衣的一笔大订单，金额达上百万美元，该外贸公司对猪肠衣的品质要求及购货渠道不熟悉，但港商承诺由自己负责收购猪肠衣，由外贸公司办理出口手续，并承诺开来某知名大银行的不可撤销信用证。合同签订后，港商通过某知名大银行开来了不可撤销信用证，在信用证中，除了规定卖方应提供的单据外，还要求受益人在交单时提供一份由港商签署的猪肠衣质量合格证明。对此要求，外贸公司未加注意。根据港商的内地公司提供的货源，外贸公司收购并准备出运，制单时，发现要有一份港商签署的质量合格证书，便致电港商要求提供，港商开始借故拖延，最后销声匿迹。该外贸公司花巨资大量收购的猪肠衣无法出运和结汇，给我公司造成巨额损失。请说明，在此案例中，我方应接受的教训是什么？

【案例分析】这是典型的利用信用证软条款诈骗的案例。港商诈骗的手段，其所谓的“不可撤销”信用证实则为“软条款”信用证，而该外贸公司未加警惕。因为该证中要求该外贸公司在交单时需提供由港商签署的质量合格证书，这实际上就是一个陷阱。只要港商不签署该证书，该外贸公司就无法利用该信用证。该案的诈骗手段是：诱骗该外贸公司采购了一批港商指定的供货单位提供的大批猪肠衣，最后根本无法出口，从而损失惨重。

【案例 17-2】我国某外贸公司收到国外开来的不可撤销信用证一份，由设在我国境内的某外资银行通知并加保兑。我方在货物装运后，正拟将有关单据交银行议付时，忽接该外资银行通知，由于开证行已宣布破产，该行不承担对该信用证的议付或付款责任，但可接受我出口公司委托向买方直接收取货款的业务。对此，你认为我方应如何处理为好？简述理由。

【案例分析】我方应按规定交货并向该保兑外资银行交单，要求付款。因为根据《UCP600》的规定，信用证一经保兑，保兑行与开证行同为第一性付款人，对受益人就要承担保证付款的责任，未经受益人同意，该项保证不得撤销。只要受益人在信用证的有效期内将符合 L/C 规定的单据递交保兑行，保兑行必须议付、付款。

【案例 17-3】我国某外贸公司与英商就某商品按 CIF、即期信用证付款条件签订一份数量较大的出口合同，合同规定 11 月装运，但未规定具体开证日期，后因该商品市场价格趋降，外商便拖延开证。我方为防止延误装运期，从 10 月中旬起多次电催开证，终于使该商在 11 月 8 日开来了信用证。但由于该商品开证过晚，使我方安排装运发生困难，遂要求对方对信用证的装运期和议付有效期进行修改，分别推迟一个月。但英商拒不同意，并以我方未能按期装运为由单方面解除合同，我方也就此作罢。试分析我方如此处理是否适当，应从中吸取哪些教训？

【案例分析】我方处理不恰当，应吸取的教训有：（1）在合同中未规定信用证开到日期不妥；（2）按惯例即使合同未规定开证期限，买方也应于装运月前开到信用证，买方未及时开到信用证，我方应保留索赔权；（3）对于外商以我方未能按时装运为由，单方面宣布解除合同，我方不能就此作罢。

【案例 17-4】我国某公司向日本某外商 D/P 见票即付式推销某商品，对方答复：如我方接受 D/P 见票后 90 天付款，并通过其指定的 A 银行代收则可接受。请分析日方提出此项要求的出发点。

【案例分析】日商提出将 D/P 即期改为 90 天远期，很显然旨在推迟付款，以利其资金周转。而日商指定 A 银行作为该批托收业务的代收行，则是为了便于向该银行借单，以便早日获取经济利益。在一般的远期付款交单托收业务中，代收行在未经授权的情况下通常是不会轻易同意付款人的借单的。该日商之所以提出通过 A 银行代收货款，肯定是该商与 A 银行有既定融资关系，从中可取得提前借单的便利，以达到进一步利用我方资金的目的。

【案例 17-5】 我国内地某出口企业在交易会与某港商洽谈一批运动鞋出口，港商声明该批运动鞋最终目的地为美国，需用配额。港商手中的配额为 6 月底到期，如该出口企业要接受订单，要保证在 6 月底前交货。如不能按期交货，港商也无法出口至美国，内地出口企业要承担违约责任。作为签约时的条件，要求该出口企业先交 30 万元的保证金，客户承诺开来香港某知名银行的不可撤销信用证，出口企业在收到信用证时，未察觉到交单时应提交“由开证申请人签署的允许装船的批准书”的条款。出口企业在生产完毕制单结汇时，发现了这一条款，要求港商删除该条款或出具批准书，但港商百般推脱。最后出口企业无法出运并结汇，损失了保证金。请说明，在此案例中，该出口企业应接受的教训是什么？

【案例分析】 这是买方骗取保证金的案例。在收到信用证时，必须谨慎审核信用证，港商先是骗出口企业保证金，后又在信用证中设入“由开证申请人签署的允许装船的批准书”的软条款，使得出口企业无法获得该批准书，也就无法向银行交单结汇。卖方的装船行为完全是按照买卖合同的一种义务，无须通过买方允许，所以出口企业的装船以买方批准为前提是无理的要求，并且不能同意交纳保证金。

【案例 17-6】 我国内地某外贸公司在广交会遇到某港商，港商声称接到美国采购一批运动鞋的大订单，时间较紧，如果可以按照对方要求的时间交货，可以和该外贸公司签署买卖合同。前提是该外贸公司首先提交银行保函，如不能按时交货，由银行赔偿港商。该外贸公司签署合同后，首先按客户的样品打样，并快件寄港商确认，港商以种种理由声称该外贸公司的样品不合格，以拖延时间，最后交货期将近，该外贸公司已无时间生产，港商终没确认样品。最终该外贸公司面临没有按期交货，由银行赔偿港商的不利局面。经查，该港商以此手法诈骗了多家外贸公司。请说明，在此案例中，该外贸公司应接受的教训是什么？

【案例分析】 这是买方利用银行保函进行诈骗的案例。对于买方对卖方的交货期限有苛刻条件的情况，卖方应在买卖合同中对买方履约的时间有所规定，如对确认样品的时间等应有所规定。以便卖方有足够的时间生产，另外对开出银行保函的要求，卖方一般不应接受。

第十八章 商品检验和索赔

第一节 商品检验

一、概述

（一）定义

国际贸易的买卖双方大都远隔重洋，与国内买卖不同的是，他们不能当面交接货物，商品在长途运输途中，发生残损也难以避免。为了便于查明事故的起因，分清各方当事人的责任，在长期的贸易实践中形成了一种习惯做法，即由一有资格的、与有关当事人无任何利害关系的第三方对商品的质量、数量、重量、包装等方面进行检验并出具证书，作为交接货物、结算货款、处理索赔、理赔的依据。这就是商品检验，简称商检。商检已成为国际贸易中不可缺少的环节，也是合同中品质条款的延续，是品质条款的保证。

（二）买方对货物的检验权

1. 英国《1893 年货物买卖法》（1979 年修订本）的规定

凡是事先未经过检验的货物，买方都不能认为是已经接受了货物，因而他没有丧失拒收货物的权利，直至有合理的机会检验货物为止。

2.《联合国国际货物销售合同公约》的规定

买方必须在按情况实际可行的最短时间内检验货物或由他人检验货物。如果合同涉及货物的运输，检验可推迟到货物到达目的地后进行。

上述有关法律和公约都体现了一个共同的原则：除非买卖双方另有约定，买方在接受货物之前应享有对货物进行检验的权利。

二、我国进出口商品实施检验的规定

（一）《中华人民共和国进出口商品检验法》（简称《商检法》）

该法规定了我国商检机构的任务和法定检验的实施范围。商品检验体现了国家对进

出口商品的生产、销售和进口商品按规定实施检验和监管权力。

（二）我国商检机构的任务

我国商检机构担负着对重要进出口商品实行法定检验、办理鉴定业务、对商检工作进行监督管理的任务。

实施商检的范围包括：商品的品质、规格、数量是否符合合同规定，明确运输过程中发生货损的性质、程度和责任归属。

（三）我国商检机构实施法定检验的范围

国家检验机构根据有关的法律、法规，对关系国计民生的重要进出口商品实施强制性检验。未经检验或检验不合格的商品，海关不予放行，出口商品不得出口，进口商品不得进口。

我国商检机构并不是对所有的进出口商品都进行法定检验，国家对必须进行法定检验的商品做了明确的规定，主要有以下几种：

（1）列入《出入境检验检疫机构实施检验检疫的进出境商品目录》（以下简称《目录》）的商品；

（2）对出口食品的卫生检验；

（3）对出口危险货物包装容器的性能鉴定和使用鉴定；

（4）对装运出口易腐烂变质食品、冷冻品的船舱、集装箱等运输工具的适载检验；

（5）对有关国际条约规定须经商检机构检验的进出口商品的检验；

（6）对其他法律、行政法规规定必须经商检机构检验的进出口商品的检验。

三、检验条款的主要内容

检验条款主要包括：（1）检验时间、地点；（2）检验机构；（3）检验证书；（4）检验方法、内容、依据；（5）商品复验。

（一）合同中的检验条款

在买卖合同中，检验条款通常是这样规定的：

It is mutually agreed that the Inspection Certificate of quality and quantity (weight) issued by the China customs at the port of shipment shall be part of the documents to be presented for negotiation under the relevant L/C. The buyers shall have the right to reinspect the quality and quantity (weight) of the cargo. The reinspection fee shall be borne by the buyers. Should the quality and /or quantity (weight) be found not in conformity with that of the contract, the buyers are entitled to lodge with the sellers a claim, which should be supported by survey reports, issued by a recognized surveyor approved by the sellers. The claim, if any, shall be lodged within ×× days after arrival of the cargo at the port of destination.

“双方同意在装运港由中国海关签发的品质和数（重）量检验证书作为信用证项下

议付单据的一部分。买方有权对货物的品质、数（重）量进行复验。复验费由买方负担。如发现品质和/或数（重）量与合同不符，买方有权向卖方索赔。索赔期限为货到目的港××天内。”

在进口合同中的检验条款通常做如下规定：

“商品检验：双方同意以制造厂出具的品质及数量或重量证明书作为有关信用证项下付款的单据之一。但是，货物的品质及数量或重量检验应按下列规定办理：货到目的港××天内，经中国进出口商品检验机构复验，如发现品质或数量或重量与本合同规定不符时，除属保险公司或船公司负责者外，买方凭中国进出口商品检验机构出具的检验证明书，向卖方提出退货或索赔。所有因退货或索赔引起的一切费用（包括检验费）及损失均由卖方负担。在此情况下，凡货物适于抽样者，买方可应卖方要求，将货物的样品寄交卖方。”

（二）检验的时间和地点

检验的时间和地点是指在何时、何地行使对货物的检验权。所谓检验权，是指买方或卖方有权对所交易的货物进行检验，其检验结果即作为交付与接受货物的依据。确定检验的时间和地点，实际上就是确定买卖双方中的哪一方行使对货物的检验权，也就是确定检验结果以哪一方提供的检验证书为准。

关于检验的时间和地点的规定有以下四种方法：

1. 在出口国检验

这种方法又分为在产地（工厂）检验和在装运港检验两种。

在装运港检验，也称为“离岸品质，离岸重量”（Shipping Quality, Shipping Weight），是指货物在装运港或装运地交货前，由买卖合同中规定的检验机构对货物的品质、重量（数量）等项内容进行检验鉴定，并以该机构出具的检验证书作为最后依据。卖方对交货后货物所发生的变化不承担责任。因此，这种规定办法从根本上否定了买方的复验权，对买方极为不利。

2. 在进口国检验

这种方法又分为在目的港检验和在买方营业处所或最终用户所在地检验。

在目的港/地卸货后检验，也称为“到岸品质，到岸重量”（Landed Quality, Landed Weight），是指货物运达目的港或目的地时，由合同规定的检验机构在规定的时间内，就地对商品进行检验，并以该机构出具的检验证书作为卖方所交货物品质、重量（数量）的最后依据。采用这种方法时，买方有权根据货物运抵目的港或目的地时的检验结果，对属于卖方责任的品质、重量（数量）与合同不符的，向卖方索赔。

这种规定方法对卖方不利。因为在使用CIF（CIP、CFR、CPT）术语的情况下，虽然卖方要负责把货运到目的地，但按照《2020年国际贸易术语解释通则》的解释，卖方的交货义务实际上是在出口国装运港装上船（或交承运人）时即完成，风险在装运港货物装上船时转移至买方。这种检验时间、地点的规定方法以最后到目的港的检验为准，实际上运输途中产生的货损、货差的风险由卖方承担。在运输途中，货物已经脱离了卖方的监管，是在承运人的监控之下，这对卖方极不公平，违反了上述贸易术语有关卖方义务的规定。

3. 出口国检验，进口国复验

以出口国检验机构出具的检验证书，作为卖方向银行议付货款的单据之一，不作为最后的依据。货到目的港后，以进口国检验机构出具的检验证书，作为卖方交货品质数量合格与否的最后依据，也是买方索赔的依据。

这种检验时间、地点的规定方法对买卖双方公平合理，因而它是国际贸易中目前最常用的一种规定方法，符合国际惯例。

4. 出口国检验重量，进口国检验品质

这种检验方法也称为“离岸重量，到岸品质”（Shipping Weight, Landed Quality），是指在大宗商品交易的检验中，为了调和买卖双方在商品检验问题上存在的矛盾，常将商品的重量检验和品质检验分开进行，即以装运港或装运地检验后检验机构出具的重量检验证书，作为卖方所交货物重量的最后依据，以目的港或目的地检验机构出具的品质检验证书，作为商品品质的最后依据。

（三）检验机构

检验机构的类型大体可归纳为官方检验机构、半官方检验机构和非官方检验机构三种。

官方检验机构如美国的食品药品监督管理局（FDA）、美国动植物检疫署、美国粮谷检疫署、日本通商省检验所等，它们是按照国家有关法律法令对出入境商品实施强制性检验、检疫和监督管理的机构。

半官方检验机构是指一些有一定权威的、由政府授权、代表政府行使某项商品检验或某一方面检验管理工作的民间机构。例如，根据美国政府的规定，凡是进口与防盗信号、化学危险品以及与电器、供暖、防水等有关的产品，必须经美国担保人实验室（Underwriter's Laboratory）这一半官方检验机构检验认证合格，并贴上该实验室的英文缩写标志“UL”，方可进入美国市场。

非官方检验机构主要是指由私人创办的、具有专业检验、鉴定技术能力的公证行或检验公司，如英国劳埃氏公证行（Lloyd's Surveyor）、瑞士日内瓦通用鉴定公司（Societe Generale de Surveilance S. A, SGS）等。

根据我国《商检法》的规定，海关总署主管全国进出口商品检验工作，各地海关管理其所辖地区内的进出口商品检验工作。

（四）检验证书

检验证书（Inspection Certificate）是检验机构对进出口商品进行检验、鉴定后签发的书面证明文件。

1. 检验证书的种类

（1）品质检验证书（Inspection Certificate of Quality），即证明进出口商品品质、规格的证书。

(2) 重量检验证书 (Inspection Certificate of Weight), 即证明进出口商品重量的证书。

(3) 数量检验证书 (Inspection Certificate of Quantity), 即证明进出口商品数量的证书。

(4) 兽医检验证书 (Veterinary Inspection Certificate), 即证明动物产品在出口前已经过兽医检验、符合免疫要求的证书, 适用于冻畜肉、皮张、毛类、绒类、猪鬃及肠衣等商品。

(5) 卫生检验证书 (Sanitary Inspection Certificate), 即证明食用动物产品、食品在出口前已经过卫生检验、可供食用的证书, 适用于出口食用动物产品, 如肠衣、罐头食品、蛋品、乳制品等。

(6) 价值检验证书 (Inspection Certificate of Value), 即证明出口商品价值的证书。

(7) 消毒检验证书 (Disinfection Inspection Certificate), 即证明出口动物产品经过消毒的证书, 适用于猪鬃、马尾、羽毛、人发等商品。

(8) 产地检验证书 (Inspection Certificate of Origin), 简称原产地证, 是证明出口商品原产地的证书。有关国家以此作为实行外贸管制政策、进口配额、征收差别关税、反倾销关税的依据。

(9) 残损检验证书 (Inspection Certificate on Damaged Cargo), 即对进口货物的残、渍、短、损、生锈、发霉、串味、污染、火损、灭失等实际情况估定残损贬值程度, 判断致损原因, 以及证明曾经有过修理、加工、改装等补救措施, 签发该项证书, 供申请人作为索赔的凭证。

(10) 集装箱检验证书 (Inspection Certificate of Container), 即检验集装箱内外部情况, 审核拟装货物的体积、重量、数量、包装, 指导与监视装货及封签, 出具该项证书; 对于装运进口货物的集装箱, 检查箱号封识是否完好, 监视卸货, 确定货损货差, 签发拆箱检验鉴定证书。

2. 检验证书的作用

(1) 检验证书是证明卖方所交货物的品质、数量、包装以及卫生条件等是否符合合同规定的依据。如买卖合同或信用证中规定, 卖方交货时必须提交相关的检验证书, 以证明所交货物与合同规定相符。如卖方无法提交证书或提交的检验证书与合同或信用证的规定不符, 银行有权拒付货款。

(2) 检验证书是海关验关放行的依据。如属于法定检验的商品, 在办理进出口清关手续时, 必须向海关提供商检机构签发的检验证书, 否则海关不予放行。

(3) 检验证书是卖方办理货款结算的依据。凡在合同中规定卖方需提交检验证书, 则在卖方向银行交单议付时, 必须提交相关的检验证书, 否则卖方不能得到偿付。

(4) 检验证书是办理索赔和理赔的依据。如买方所收到的货物经指定的商检机构检验与合同规定不符, 买方必须在合同规定的索赔期限内凭指定的商检机构签发的检验证书, 向有关责任人提出索赔或要求解除合同, 有关的责任方也根据检验证书办理理赔。

（五）检验依据和检验方法

1. 检验依据

检验依据是检验进出口商品的根据，也是据以衡量进出口货物是否合格的标准。检验进出口商品，首先要明确检验依据，进而按照检验依据实施检验，对符合检验依据规定要求的评定为合格，对不符合检验依据规定要求的评定为不合格。

凡我国法律、行政法规所规定的强制性检验标准或其他必须执行的检验标准，或对外贸易合同所约定的检验标准，均构成进出口商品的检验依据。

在进口业务中，商品的检验依据主要有成交样品、买卖合同、信用证、有关标准等。

检验标准是指检验机构从事检验工作在实体和程序方面所遵循的尺度和准则，它是评定检验对象是否符合规定要求的准则。

根据《商检法》的规定，凡列入《目录》的进出口商品，按照国家技术规范的强制性要求进行检验；没有国家技术规范强制性要求的，可以参照国家商检部门指定的国外有关标准进行检验。法律、行政法规规定由其他检验机构实施检验的进出口商品或者检验项目，依照有关法律、行政法规的规定办理。

2. 检验方法

进出口商品用什么方法进行检验是个重要问题。因为同一商品用不同的方法进行检验可以得出完全不同的结果。

商品检验的方法主要有感官检验、化学检验、物理检验、微生物检验等。采用的方法不同，结果不同，最好在合同中明确规定用哪种方法进行检验，以免事后发生纠纷。

在进出口业务中，一般按以下检验标准进行：

（1）按进口合同中对品质、规格、包装、抽样检验的规定办理。

（2）合同未规定标准的一般按生产国标准、进口国标准，或按国际上的通用标准，无国际标准的按进口国标准。

（3）有国家法规、国际惯例的，按法规、惯例优先于合同进行检验。

（4）是否采用某些国际标准，由买卖双方自愿决定。

（六）复验

（1）买方对到货的复验权不是强制性的，也不是接受货物的前提条件，由买方自行决定，如进行复验，买方必须在合理的时间内完成。合理时间的期限由买卖双方在合同中规定。

（2）要在合同中规定复验时间的长短，并根据货物性质的不同来规定具体的时间。

第二节　索　　赔

涉及国际货物买卖的索赔，一般有三种情况，即货物买卖索赔、运输索赔和保险索赔。本节讲述的是第一种情况，即货物买卖的索赔。

一、货物买卖争议

交易中双方引起争议的原因很多，大致可归纳为以下几种情况。

（一）卖方违约

卖方违约主要包括不按合同规定的交货期交货，或不交货，或所交货物的品质、规格、数量、包装等与合同（或信用证）规定不符，或所提供的货运单据种类不齐、份数不足等。

（二）买方违约

买方违约主要包括在信用证支付条件下不按期开证或不开证，或不按合同规定付款赎单，或无理拒收货物等。

（三）合同规定欠明确

合同规定欠明确主要表现在：合同条款规定不明确，致使双方理解或解释不统一，造成一方违约，引起纠纷；或在履约过程中，双方均有违约行为。

从违约性质看，争议产生的原因：一是当事人一方的故意行为导致违约而引起争议；二是当事人一方的疏忽、过失或业务生疏导致违约而引起争议。此外，对合同义务的重视不足，往往也是导致违约、发生纠纷的原因之一。

二、合同中的索赔条款

进出口合同中的索赔条款有两种规定方式：一种是异议和索赔条款，另一种是罚金条款。一般在买卖合同中，多数只订立异议和索赔条款，只有在大宗商品和机械设备一类商品的买卖合同中，除订明异议与索赔条款外，再另订罚金条款。

（一）异议与索赔条款

异议与索赔条款的内容，除规定一方违反合同，另一方有权索赔外，还包括索赔依据、索赔期限、索赔损失的办法和赔付金额等内容。

索赔依据主要规定索赔必需的证据和出证机构。索赔依据包括法律依据和事实依据两个方面。前者是指贸易合同和有关的国家法律规定，后者则指违约的事实真相及其书面证明，以证实违约的真实性。

索赔期限是指索赔方向违约方提出赔偿要求的有效期限，逾期提出赔偿要求，违约方可不予受理。因此，关于索赔期限的规定必须根据不同种类的商品做出合理安排，对有质量保证期限的商品合同应加订保证期。保证期可规定一年或一年以上。总之，除一些性能特殊的产品（如机械设备）外，索赔期限一般不宜过长，以免使卖方承担过重的责任，也不宜规定得太短，以免使买方无法行使索赔权，要根据商品性质及检验所需时间长短等因素而定。

规定索赔期限，需对索赔期限的起算时间做出具体规定，通常有以下几种起算方法：

（1）货物到达目的港后××天起算。

（2）货物到达目的港卸离海轮后××天起算。

（3）货物到达买方营业处所或用户所在地后××天起算。

（4）货物经检验后××天起算。

处理索赔的办法和索赔金额通常在合同中只做一般规定。因为违约的情况比较复杂，究竟在哪些业务环节上违约和违约的程度如何等，订约时难以预计，因此对于违约的索赔金额也难以预知，所以在合同中不做具体规定。

异议与索赔条款不仅是约束卖方履行合同义务的条款，同时也对买方起约束作用。不论何方违约，受害方都有权向违约方提出索赔。

（二）罚金条款

此条款一般适用于卖方延期交货或买方延期接运货物、拖延开立信用证、拖欠货款等情形。当一方未履行合同时，应向对方支付一定数额的约定金额，以补偿对方的损失。罚金亦称“违约金”或“罚则”。罚金的数额大小以违约时间的长短为依据，并规定最高限额。

违约金的起算日期有两种：一种是合同规定的交货期或开证期终止后立即起算；另一种是规定优惠期，即在合同规定的有关期限终止后再宽限一段时间，在优惠期内免于罚款，待优惠期届满后起算罚金。卖方支付罚金后并不能解除继续履行合同的义务。

关于合同中的罚金条款，各国在法律上有不同的解释和规定。例如，俄罗斯、东欧国家都承认和执行该项条款，而英国、美国、澳大利亚、新西兰等国家的法律则有不同的解释，如英国的法律把合同中的固定赔偿金额条款按其性质分为两种：一是“固定的损害赔偿金额”，这种赔偿金额是当事人双方在订立合同时，根据预计未来违约造成的损失而估定的；二是罚款，这种罚款是当事人为了保证合同的履行而对违约方收取的罚金。

我国2021年1月1日开始施行的《民法典》第585条对违约金的规定是：“当事人可以约定一方违约时应当根据违约情况向对方支付一定数额的违约金，也可以约定因违约产生的损失赔偿额的计算方法。约定的违约金低于造成的损失的，人民法院或者仲裁机构可以根据当事人的请求予以增加；约定的违约金过分高于造成的损失的，人民法院或者仲裁机构可以根据当事人的请求予以适当减少。当事人就迟延履行约定违约金的，违约方支付违约金后，还应当履行债务。”

在一般情况下，我国的进出口合同中只订立异议与索赔条款，而对于连续分批交货的大宗货物买卖合同和机械设备一类商品的合同，才同时订立罚金条款。

思考题

1. 什么是法定检验？哪些进出口商品必须经过法定检验？
2. 在国际贸易合同中关于商品检验的时间和地点是怎样规定的？
3. 法定检验与鉴定业务的基本内容与区别是什么？
4. 进出口商品检验条款包括哪些内容？进出口商品有哪些检验依据？
5. 我国进出口商品实施检验的范围是什么？
6. 怎样规定合同中的异议与索赔条款？
7. 什么是罚金条款？其性质与运用是什么？

案例分析题

【案例 18-1】进口方委托银行开出的信用证上规定：卖方需提交“商品净重检验证书”。进口商在收到货物后，发现除品质不符外，卖方仅提供重量单。买方立即委托开证行向议付行提出拒付，但货款已经押出。事后，议付行向开证行催付货款，并解释卖方所附的重量单即为净重检验证书。问：（1）重量单与净重检验证书一样吗？（2）开证行能否拒付货款给议付行？

【案例分析】（1）商品净重检验证书是由商检机构签发的关于货物重量的公证文件，而重量单为发货人所出具的货物重量说明文件，两者是不同的。（2）信用证中要求卖方提供商品净重检验证书，而议付行误以为重量单即商品净重检验证书，则议付行必须为此过失承担责任。按照《跟单信用证统一惯例》的规定，开证行有权对议付行拒付，而议付行可向出口商追索押汇款项。

【案例 18-2】我国某进出口公司以 CIF 鹿特丹条件出口食品 1 000 箱，并向中国人民保险公司投保一切险。货到目的港后，经进口人复验发现下列情况：（1）该批货物共 10 个批号，抽查 20 箱，发现其中 1 个批号，即 100 箱内出现沾污现象；（2）收货人实收 998 箱，短少 2 箱；（3）有 15 箱货物外表良好，但箱内货物共短少 60 千克。根据以上情况，进口人应当分别向谁索赔？

【案例分析】（1）属于一般附加险，包含在一切险范围，应向保险公司索赔；（2）因签发清洁提单属于短量险，应向保险公司索赔；（3）由于外表良好，应为出口商所装食品量不足，是交货以前发生的，应向出口商索赔。

【案例 18-3】2003 年 4 月，我国某外贸公司与加拿大进口商签订一份茶叶出口合同，并要求采用合适的包装运输，成交术语为 CIF 渥太华，向中国人民保险公司投保一切险。生产厂家在最后一道工序将茶叶的湿度降低到了合同规定值，并用硬纸筒盒作为容器装入双层纸箱，在装入集装箱后，货物于 2003 年 5 月到渥太华。检验结果表明：全部茶叶变质、湿霉，总共损失价值达 10 万美元。但是，当时货物出口地温度与湿度适中，进口地温度与湿度也适中，运输途中并无异常发生，完全为正常运输。试问以上货物的损失该由谁来赔偿，为什么？

【案例分析】尽管属于一切险赔偿范围，但是应当找到主要责任者。由于运输过程正常，因此船方无责任；另外，由于茶叶包装并不能满足其一般运输防潮要求，因此货物问题应当是由于包装不能满足基本运输要求所引起的，这是在运输交货前发生的，所以责任应当是在生产厂家，货物损失应当由厂家赔偿。

【案例 18-4】我国某公司在国外承包一项工程，由于业主修改设计，造成部分工程量增加、部分工程量减少的事实，为此，该公司决定向业主索赔。在索赔内容上出现两种意见：第一种认为增加工程量部分应索赔，而减少工程量部分不应索赔，索赔费用仅低于直接费用部分；第二种认为增加和减少工程量都应索赔，索赔费用既应包括直接费用，也应包括间接费用。哪种意见正确？为什么？

【案例分析】第二种意见正确。理由：

（1）在工程承包合同签订以后，业主单方面修改设计属于违约行为，必须承担由此引起的一切法律后果。

（2）本案中，部分工程量增加、部分工程量减少都属于违约行为，都可能给我方带来损失，因此我方均应索赔。

（3）索赔的费用包括直接费用和间接费用。

【案例 18-5】外国某贸易商以 FOB 价向我国某厂订购一批货物，在买卖合同中订明若工厂未能于 7 月底之前交运，则工厂应赔付货款 5% 的违约金。后工厂交运延迟 5 天，以致贸易商被其买方索赔货款的 3%。在这种情况下，贸易商是否可向工厂索赔，索赔 5% 还是 3%？

【案例分析】因合同规定工厂如未能于 7 月底之前交运则应赔付货款 5% 的违约金，并且工厂交运延迟 5 天，造成违约，故该贸易商可向工厂索赔，索赔 5%。

【案例 18-6】有一美国公司 A 向外国一贸易商 B 购买一批火鸡，供应圣诞节市场。合同规定卖方应在 9 月底以前装船。但是卖方违反合同，推迟到 10 月 7 日才装船。结果圣诞节销售时机已过，火鸡难以销售。因此，买方 A 拒收货物，并主张撤销合同。在这种情况下，买方有无拒收货物和撤销合同的权利？

【案例分析】根据《联合国国际货物销售合同公约》，贸易商违反的合同条件构成根本性违约，A 公司有权拒收货物和撤销合同。

第十九章

不可抗力和国际贸易仲裁

第一节 不可抗力

一、不可抗力的含义

不可抗力（Force Majeure）又称人力不可抗拒，它是指在买卖合同签订后，不是由于合同当事人的过失或疏忽，而是由于发生了合同当事人无法预见、无法预防、无法避免和无法控制的事件，以致不能履行合同或不能如期履行合同，发生意外事件的一方可以免除履行合同的责任或推迟履行合同。

不可抗力是合同中的一项免责条款，也是一项法律原则。对此，在国际贸易中，不同的法律、法规等各有自己的规定。1980 年《联合国国际货物销售合同公约》（以下简称《公约》）在其免责一节中做了如下规定："如果他能证明此种不履行义务，是由于某种非他所能控制的障碍，而且对于这种障碍，没有理由预期他在订立合同时能考虑到或能避免或克服它或它的后果"（"他"指当事人）。该《公约》指明了一方当事人不能履行义务，是由于发生了他不能控制的障碍，而且这种障碍在订约时是无法预见、避免或克服的，可予以免责。

国际贸易中不同法律、法规对不可抗力的确切含义在解释上并不统一，叫法也不一致，但其精神原则大体相同，主要包括以下几点：

（1）意外事故必须发生在合同签订以后；

（2）不是因为合同当事人双方自身的过失或疏忽而导致的；

（3）意外事故是当事人双方所不能控制的、无能为力的。市场风险、商品价格波动、汇率变化等均不能视为不可抗力事件。

二、约定不可抗力的意义

为避免因发生不可抗力事件而引起不必要的纠纷，防止合同当事人对发生不可抗力事件的性质、范围做任意的解释，或提出不合理的要求，或无理拒绝对方的合理要求，故有必要在买卖合同中订立不可抗力条款，明确规定不可抗力的性质、范围、处理原则和处理办法，以利于合同的履行。

三、不可抗力条款的规定

（一）不可抗力的范围

不可抗力的范围包括：由自然力量引起的，如水灾、火灾、冰灾、暴风雨、大雪、地震等；由社会力量引起的，如战争、罢工、政府禁令等。

其规定方法主要有：

1. 概括规定

“由于不可抗力的原因，卖方不能全部或部分装运或延迟装运合同货物，卖方对于这种不能装运或延迟装运本合同货物不负有责任。但卖方须用电传或电报通知买方并必须在 15 天内以航空挂号信件向买方提交由中国国际贸易促进会出具的证明此类事故的证明书。”

上述规定只笼统地指出“由于不可抗力的原因”，至于不可抗力的具体内容和范围如何，并未予以说明，难以作为解决问题的证据，也容易被对方曲解、利用；同时，由于这种规定过分空泛，缺乏确定含义，一旦发生争议而诉诸司法机构时，该机构也仅能凭当事人的意见进行解释，任意性较大，不利于问题的正确解决。

2. 具体规定

例如：“人力不可抗拒：由于战争、地震、水灾、火灾、暴风雨、雪灾的原因，致使卖方不能全部或部分装运或延迟装运合同货物，卖方对于这种不能装运或延迟装运本合同货物不负有责任。但卖方须用电传或电报通知买方并必须在 15 天内以航空挂号信件向买方提交由中国国际贸易促进会出具的证明此类事故的证明书。”

上述规定方法，虽然对于不可抗力事故的范围做出具体规定，但是由于不可抗力事故很多，合同中难以全部涵盖，一旦遇到未列明的事故时，仍有可能发生争执。

3. 综合式规定

这种方式避免了上述两种方式的缺点，把两者结合起来，比较完善、周全，是目前国际贸易中采取的正确方法。

例如：“人力不可抗拒：如因战争、地震、水灾、火灾、暴风雨、雪灾或其他不可抗力的原因，致使卖方不能全部或部分装运或延迟装运合同货物，卖方对于这种不能装运或延迟装运或不能履行合同的情形均不负责任。但卖方须用电传或电报通知买方并必须在 15 天内以航空挂号信件向买方提交由中国国际贸易促进会出具的证明此类事故的证明书。”（Force Majeure：If the shipment of the contracted goods is prevented or delayed in whole or in part by reason of war，earthquake，flood，fire，storm，heavy snow or other causes of force majeure，the seller shall not be liable for non-shipment or late shipment of the goods or non-performance of this contract. However，the seller shall notify the Buyer by cable or telex and furnish the latter within 15 days by registered airmail with a certificate issued by the China Council for the Promotion of International Trade attesting such event or events.）

上述规定方法，既列明了双方当事人已经取得共识的各种不可抗力事故，又加列上

“其他不可抗力原因”这一句，这就为将来如果发生合同未列明的意外事故，双方当事人共同确定是否作为不可抗力事故提供了便利。因此，这种规定方法既明确具体，又有一定的灵活性，比较科学实用。在我国的业务实践中，多采用这一种规定形式。

（二）不可抗力事件的处理

不可抗力引起的法律后果有两种：（1）解除合同；（2）延期履行合同。

至于什么情况下可以解除合同，什么情况下只能延期履行合同，要看不可抗力事故对履行合同的影响程度。

（三）不可抗力事件的通知和证明

例如，“一方遭受不可抗力事故后，应以电报通知对方，并应在15天内以航空挂号信提供事故的详情及影响合同履行程度的证明文件”。

四、援引不可抗力条款应注意的事项

（1）任何一方发生不可抗力事故后，应按规定立即通知对方。

（2）一方接到另一方关于不可抗力事故的通知和证明文件后，应按规定及时答复对方。

（3）不可抗力事故成立后，处理问题应按合同规定办理。

第二节 国际贸易仲裁

一、仲裁的含义和特点

仲裁（Arbitration）是解决对外贸易争议的一种重要方式。所谓仲裁，又称公断，是指买卖双方在争议发生之前或发生之后，签订书面协议，自愿将争议提交双方所同意的第三者予以裁决，以解决争议的一种方式。由于仲裁是依照法律所允许的仲裁程序裁定争端，因而仲裁裁决具有法律约束力，当事人双方必须遵照执行。

在国际贸易中，当双方发生争议时，一般通过友好协商解决。如协商得不到解决，则根据不同情况采取调解（Conciliation）、仲裁或诉讼（Litigation）等方式进行处理。但是，仲裁和诉讼是不一样的，仲裁同诉讼方式相比，具有以下特点：

（1）受理争议的仲裁机构属于由贸易界的知名人士或专家组成的、为解决贸易纠纷而设立的民间组织，不是国家政权机关，不具有强制管辖权。

（2）对争议案件的受理，以当事人自愿为基础。

（3）当事人双方通过仲裁解决争议时，必须先签订仲裁协议。

（4）当事人有在仲裁机构中推选仲裁员以裁定争议的自由。

（5）仲裁的程序较简单，处理问题比较迅速及时，费用也较为低廉。

(6) 仲裁机构或仲裁员审理案件，必须以争议双方同意的仲裁协议为依据，这就排除了争议双方去法院诉讼的可能，排除了法院对有关争议的管辖权，同时也使仲裁机关和仲裁员获得了有关争议案件的管辖权。

(7) 仲裁结果具有法律效力，是终局性的，对双方都有约束力。

二、仲裁协议的作用和形式

仲裁协议是买卖双方在争议发生之前或争议发生之后自愿将他们的争议交付仲裁解决的一种书面协议，是申请仲裁的必备材料。作为双方当事人的协议，必须是建立在自愿、协商、平等互利的基础之上，不允许一方强加于另一方。仲裁协议是仲裁机构和仲裁员受理争议案件的依据，仲裁机关不受理没有仲裁协议的争议纠纷。

（一）仲裁协议的作用

(1) 双方当事人均须受仲裁协议的约束，如果发生争议，应以仲裁的方式解决，而不向法院起诉，如一方去法院起诉，另一方有权要求法院停止审理，并将有关争议案件发还给仲裁庭审理。

(2) 排除法院对有关案件的管辖权，如果一方违背仲裁协议，自行向法院起诉，另一方可根据仲裁协议要求法院不予受理，并将争议案件退交仲裁庭裁断。有了仲裁协议，可以有效地排除法院对有关争议案件的管辖权。

(3) 使仲裁庭或仲裁员取得对有关争议案件的管辖权。

上述三项作用的中心是第二项，即排除法院对争议案件的管辖权。因此，双方当事人不愿将争议提交法院审理时，就应在争议发生前在合同中规定仲裁条款，以免将来发生争议后，由于达不成仲裁协议而不得不诉诸法庭。这反映出在买卖合同中订立仲裁条款的重要性。

（二）仲裁协议的形式

仲裁协议有两种形式：一种是由双方当事人在争议发生之前订立的，表示同意把将来可能发生的争议提交仲裁解决的协议。这种协议一般都已包含在合同内，作为合同的一项条款，即我们所说的仲裁条款（Arbitration Clause）。另一种是由双方当事人在争议发生之后订立的，表示同意把已经发生的争议交付仲裁的协议，这种协议称为提交仲裁的协议。这两种仲裁协议的形式虽然不同，其法律作用与效力是相同的，大多数国家认为，如果合同中已订有仲裁条款，争议发生后提交仲裁时无须再订立提交仲裁的协议。但也有个别国家认为，即使有仲裁条款，双方当事人在将争议提交仲裁之前，还得再签订和提交仲裁协议。

三、合同中的仲裁条款

（一）仲裁地点的规定

仲裁地点是仲裁条款的主要内容，是一个关键问题。因为在什么地点仲裁就适用哪个国家的仲裁规则或有关法律。国际上对仲裁地点的选择与安排，一般有以下几种情形：在买方所在国、在卖方所在国、在第三国、在被告所在国、在原告所在国、在货物所在地。我国对仲裁地点有以下三种规定。

1. 规定在我国仲裁

例如："由于本合同或者由于违背合同、终止合同或者合同无效而发生的或与此有关的任何争端、争议或要求，双方应通过友好协商解决；如果协商不能解决，应提交北京中国国际贸易促进委员会对外经济贸易仲裁委员会，根据该会仲裁程序暂行规则进行仲裁。仲裁裁决是终局性的，对双方都有约束力。"

2. 规定在被诉人所在国仲裁

例如："由于本合同或者由于违背合同、终止本合同或者本合同无效而发生的或与此有关的任何争端、争议或要求，双方应通过友好协商解决；如果协商不能解决，应提交仲裁。仲裁在被诉人所在国进行。如在中国，由中国国际贸易促进委员会对外经济贸易仲裁委员会根据该会仲裁程序暂行规则进行仲裁。如在____（对方所在国名称），由____（对方所在国仲裁机构名称）根据该仲裁机构的仲裁程序规则进行仲裁。仲裁裁决是终局的，对双方都有约束力。"

3. 规定在双方同意的第三国进行仲裁

例如："由于本合同或者由于违背本合同、终止本合同或者合同无效而发生的或与此有关的任何争端、争议或要求，双方应通过友好协商解决；如果协商不能解决，应提交____（某第三国某地名称及仲裁机构名称），根据该仲裁机构的仲裁程序规则进行仲裁。仲裁裁决是终局的，对双方都有约束力。"

在国际贸易发生纠纷时，买卖双方都希望采用在本国仲裁的规定，因为在本国仲裁可按本国法律处理和进行裁决；但是，根据业务需要，买卖双方往往同意采用在被告所在国或第三国仲裁的规定。

（二）仲裁机构的选择

目前，国际上进行仲裁的机构有以下几种。

1. 常设仲裁机构

常设仲裁机构有国际性的和区域性的，有全国性的，还有附设在特定行业内的专业性仲裁机构。它们都有一套机构和人员，负责组织和管理有关仲裁事务，可为仲裁的进行提供各种方便，所以大多数仲裁案件都被提交在常设仲裁机构进行审理。著名的常设仲裁机构有国际商会仲裁院、英国伦敦仲裁院、瑞士苏黎世商会仲裁院、日本国际商事仲裁协会、美国仲裁协会、瑞典斯德哥尔摩商会仲裁院、中国国际贸易促进委员会对外经济贸易仲裁委员会等。

2. 临时仲裁机构

它是由双方当事人指定仲裁员自行组成的一种仲裁庭，案件处理完毕即自动解散。

3. 附设在特定行业内的专业性仲裁机构

这类仲裁机构包括伦敦羊毛协会、伦敦黄麻协会、伦敦油籽协会、伦敦谷物商业协会等行业设立的仲裁机构。

当事人双方选用哪种或哪个国家（地区）的仲裁机构审理争议，应在合同中做出具体说明。

四、仲裁程序

所谓仲裁程序，是指双方当事人将所发生的争议根据仲裁协议的规定提交仲裁时应办理的各项手续。仲裁程序一般包括仲裁的申请、仲裁庭的组织与仲裁员的指定、仲裁案件的审理、做出裁决、仲裁裁决的执行、仲裁费用的支付等，以下介绍程序的前四个环节。

（一）提出仲裁申请

这是仲裁程序开始的首要手续，各国法律对申请书的规定并不一致。

（二）仲裁庭的组织与仲裁员的指定

关于仲裁员人数和选定办法，各国法律规定不同，多数国家规定为三人制，但英、美等国一般为一人独任制，少数国家也允许二人或采用双数制。在临时仲裁中，独任仲裁员都是由双方当事人在仲裁协议中指定。三人仲裁制则是由双方当事人各指定一名仲裁员，再由这两名仲裁员指定第三名首席仲裁员。如当事人不指定，也可委托仲裁委员会主席指定。首席仲裁员由仲裁委员会主席在仲裁员名册中另行指定。由当事人双方分别指定一名仲裁员，目的在于使争议案件能得到公平合理的裁决，而被指定的仲裁员并非是指定一方的代理人。被指定的仲裁员如果与案件有利害关系，应当自行向仲裁委员会请求回避。回避的决定由仲裁委员会做出，仲裁员回避或因其他原因不能履行其职责时，则应按照原指定仲裁员的程序重新指定。当事人所指定的仲裁员，并不代表当事人的利益。

（三）审理案件

仲裁庭审理案件的形式有两种：一是不开庭审理。一般是经当事人申请，或由仲裁庭征得当事人同意，只以书面文件进行审理并裁决。二是开庭审理。这种审理按照仲裁规则的规定，采取不公开审理，如果双方当事人要求进行公开审理时，由仲裁庭做出决定。

（四）做出裁决

裁决是仲裁程序的最后一个环节，裁决做出后，审理案件的程序即告终结，因而这种裁决被称为最终裁决。根据我国仲裁规则的规定，除最终裁决外，仲裁庭认为有必要接受当事人之提议，在仲裁过程中，可就案件的任何问题做出中间裁决或者部分裁决。中间裁决是指对审理清楚的争议所做的暂时性裁决，以利于对案件的进一步审理；部分裁决是指仲裁庭对整个争议中的某些问题已经审理清楚，而先行做出的部分终局性裁决，这种裁决构成最终裁决的一部分。

仲裁裁决必须于案件审理终结之日起 45 天内以书面形式做出，仲裁裁决除由于调解达成和解而做出的裁决书外，应说明裁决所依据的理由，并写明裁决是终局的和做出裁决书的日期与地点，以及仲裁员的署名等。

当事人对于仲裁裁决书，应依照其中所规定的期限自动履行。裁决书未规定期限的，应立即履行。一方当事人不履行的，另一方当事人可以根据中国法律的规定，向中国法院申请执行，或者根据有关国际公约或中国缔结或参加的其他国际条约的规定办理。

在买卖合同的仲裁条款中，还应订明采用哪个国家（地区）和哪个仲裁机构的仲裁规则进行仲裁，适用我国的仲裁程序规则时，是指适用《中国国际经济贸易仲裁委员会仲裁规则》。其他国家的仲裁机构也都有自己的仲裁程序规则，应注意的是，所采用的仲裁程序规则与仲裁地点并非绝对一致，按照国际仲裁的一般做法，原则上采用仲裁所在地的仲裁规则，但在法律上也允许根据双方当事人的约定，采用仲裁地点以外的其他国家（地区）仲裁机构的仲裁规则进行仲裁。按照各国仲裁规则的一般规定，在以下情况做出的仲裁裁决无效：

（1）在无仲裁协议的情况下做出的裁决；

（2）以无效（或过期）的仲裁协议为据做出的裁决；

（3）仲裁员的行为不当或越权所做出的裁决；

（4）以伪造证据为依据所做出的裁决；

（5）裁决的事项是属于仲裁地法律规定不得提交仲裁处理的裁决等，当事人可在法定期限内，请求仲裁地的管辖法院撤销仲裁裁决，并宣布其为无效。

此外，在仲裁费用的负担问题上，通常在仲裁条款中明确规定仲裁费用由谁承担。一般规定由败诉方承担，也有的规定由仲裁庭酌情决定。

五、仲裁裁决的承认与执行

仲裁裁决的承认与执行（Recognition and Enforcement of Arbitral Award）涉及一个国家的仲裁机构所做出的裁决要由另一个国家的当事人去执行的问题。各国法律规定，仲裁裁决应由败诉方自动执行，仲裁机构无强制执行裁决的权利和义务。如果败诉方不愿执行裁决，胜诉方只能求助于本国或败诉方所在国的法院，请其协助强制败诉方执行。一般情况下，如果仲裁地和败诉方是在同一个国家，则能够比较顺利地解决；但如果仲裁地和败诉方不是在同一个国家，因许多国家对执行国外仲裁裁决规定有种种限制，问题就会比较复杂和困难。

为了解决仲裁裁决的顺利执行问题，国际上曾签订了一些国际仲裁公约，如 1923 年的《关于仲裁条款的日内瓦议定书》、1927 年的《关于执行国外仲裁裁决的公约》。1958 年 6 月 10 日，联合国在纽约召开了国际商事仲裁会议，签订了《承认和执行外国仲裁裁决公约》(Convention on the Recognition and Enforcement of Foreign Arbitral Award)，简称《纽约公约》。《纽约公约》实际上已取代了前两个公约，成为当前国际上关于执行国外仲裁裁决的最主要公约。该公约强调了两点：一是承认双方当事人所签订的仲裁协议有效；二是对于根据仲裁协议所做出的仲裁裁决，缔约方应承认其效力并有义务执行。我国和许多国家（地区）参加了这个公约。公约规定，凡在缔约方领土内做出的仲裁裁决，都可以运用本公约予以执行；在非缔约方领土内做出的裁决，只要执行地不认为这完全属于其本国仲裁，也可以运用本公约加以执行。但该公约又规定，允许缔约方在批准参加时，可提出某些保留，例如声明以互惠作为承担和执行外国裁决的条件。我国在被批准参加《纽约公约》时，曾做了以下声明：

（1）中华人民共和国只在互惠的基础上对在另一缔约国领土内做出的仲裁裁决适用该公约；

（2）中华人民共和国只对根据中国法律认定为属于契约性和非契约性商事法律关系所引起的争议适用该公约。

思考题

1. 什么是不可抗力？其三个特征是什么？范围是怎样的？
2. 不可抗力的法律后果及其处理原则是什么？
3. 在买卖合同中，如何规定不可抗力条款？
4. 什么是不可抗力的时效？
5. 仲裁协议的形式有哪些？其作用如何？
6. 仲裁裁决在什么情况下可以撤销？
7. 简述仲裁裁决的种类和内容。

案例分析题

【案例 19-1】我国某外贸公司与外商订立一份化工产品进口合同，订约后，由于该产品的国际市场行情上扬，外商亏本，于是其以不可抗力为由要求撤约。问：进口人应如何对待此问题？

【案例分析】外商的撤约要求不能成立。因为合同货物市价上扬属商业风险，不构成不可抗力事故。故此，我方应拒绝外商撤约要求，催促对方按时发货。

【案例 19-2】我国某研究所与某日商签订了一份进口合同，欲引进一台精密仪表。合同规定 9 月份交货，但到 9 月 7 日，日本政府宣布该仪表属高科技产品，禁止出口，自宣布之日起 7 天后生效。后日方来电，以不可抗力为由要求解除合同。问：日方的要求是否合理？我方应如何处置较为妥当？

【案例分析】日方的要求是不合理的。日本政府颁布的禁令的生效日是在合同规定的最后交货日之后，因此，不构成履约的“不可抗力”。日方完全可以在 9 月份装船发货，履行合同。因此，日本政府的禁令对本合同不构成不可抗力条款的规定，日方要求不合理，我方可向日方回电拒绝其无理要求，敦促其尽快履约。

【案例 19-3】 我国某外贸公司于 1990 年 11 月 2 日与伊朗签订了一份进口合同，交易条件为 FOB。后因海湾战争爆发，我方接货货轮无法驶抵伊朗，到 1991 年 4 月海湾战争结束后，我方方能派船接货，而外商以我方未能按时派船接货为由，要求我方赔偿其仓储费。外商这一要求是否合理？

【案例分析】 不合理。因为我方未能按时派船接货是由于不可抗力事件的发生。但是，我方有按约定的通知期限和通知方式通知对方的义务，并与对方商定是解除合同还是延期履行合同。如果没有按时通知，我方对卖方应收到通知而造成的损害应负赔偿责任。

【案例 19-4】 某年我国某外贸公司出口 1 500 公吨某种农产品给英国某公司，货价为每公吨 348 英镑 CFR LONDON，总货款为 522 000 英镑，交货期为当年 5—9 月。订立合同后，我国发生自然灾害（水灾），于是，我方以发生不可抗力为由，要求豁免合同责任，但对方回电拒绝，并称该商品市价上涨 8%，由于我方未交货，使其损失 15 万英镑，并要求我方公司赔偿其损失，我方未同意。最后，双方协商同意仲裁解决。问：结果会怎样？

【案例分析】 自然灾害属不可抗力，我方可以以不可抗力为由要求豁免责任。对于因我方未交货造成的损失，对方可要求合理补偿。

【案例 19-5】 某英国商人向中国出口原料 2 万吨，价格条件为 CIF 上海。合同适用的法律为英国法。交货前，海湾战争发生，英国商人如交货就要通过南非好望角航线，不能走苏伊士运河，故要求中方或提高价格或解除合同。问：中方应如何处理？

【案例分析】（1）合同未规定运输走什么航线，走好望角也属可行的航线；（2）英国已有判例，认为在此情况下卖方如不交货应负违约责任；（3）中方应坚持卖方交货，不同意提价，如卖方拒不交货，可要求卖方赔偿损失。

【案例 19-6】 某奥地利商人向中国出口化工原料一批，价格条件为 CIF 天津，合同订有不可抗力条款。1991 年，由于海湾战争，石油价格暴涨，奥商成本增加 28%，便向中方提出，要求提高出口价，否则拒绝交货，因为可做不可抗力处理。问：中方如何处理？

【案例分析】（1）这属于正常商业风险，不构成不可抗力；（2）中方不应同意提价，应坚持对方履行合同。

【案例 19-7】 我国某外贸公司与澳大利亚商人签订 200 万吨小麦的进口合同，交货期为某年 5 月份，但澳大利亚在交货期年度遇到干旱，不少小麦产区歉收 20%，而且当年由于苏联严重缺粮，从美国购买大量小麦，导致世界小麦价格上涨，澳商提出推迟到下一年度履行合同，中方是否可以同意？

【案例分析】（1）澳商实际是在以不可抗力为由要求推迟履行合同，故关键要看是否构成不可抗力；（2）从以上情况分析，尚构不成不可抗力，况且小麦为种类货物，澳商如不能供应可从他国购入交货，不能因世界市场价格上涨而拒绝履约；（3）我国外贸公司应坚持澳商按合同履约，否则要求其承担赔偿责任。

【案例 19-8】 我国从阿根廷进口普通豆饼 2 万吨，交货期为 8 月底，拟转售欧洲。然而，4 月份阿商原定的收购地点发生百年未遇的洪水，收购计划落空。阿商要求按不可抗力处理，免除交货责任。问：中方怎么办？

【案例分析】（1）合同如无特殊约定，应适用《联合国国际货物销售合同公约》。（2）依《公约》有关规定，阿方发生的事件不构成不可抗力，因为事件的后果不是不可克服的。豆饼属种类货，可以替代，合同不要求特定的产地，阿商可以从其他地区或国家购买货物交货，尤其是从发生洪水到交货尚有 4 个月时间可供阿方购货。（3）阿方如拒不履约，中方可在阿商交货时从国际市场上补进，然后向阿商索取差价和损害赔偿金。

【案例 19-9】 日本某商人在广交会上向我国天津某公司以 CIF 条件出口仪器一批，合同中未规定任何日方履行合同义务的先决条件，中方 5 月开出 L/C 后被日方告知，该仪器为“巴黎统筹委员会”出口管制产品。日方因无法获取许可证，要求解除合同，按不可抗力请中方免责。问：中方应如何处理？为什么？

【案例分析】（1）该仪器须领出口许可证的情况不是在订约后出现的，日方在订约前理应知道这一法律要求，它不是不可预见的，因此，就本案具体情况来说，不能构成不可抗力；（2）在 CIF 条件下，申领出口许可证是卖方的义务，卖方对未能领到许可证应承担责任；（3）中方应坚持日方负责损害赔偿的责任。

【案例 19-10】 1976 年 7 月，我国唐山发生地震，在此之前，某外贸企业与日本商人订有三份煤炭出口合同，合同的商品名称分别为：“开滦煤”（没有存货），“在某堆场存放的开滦煤”，“中国煤”。试就以上情况分别说明该外贸企业如何向日方提出免责要求。

【案例分析】 第一个合同，开滦煤矿区被毁，无煤可产，可要求解约免除全部交货义务；第二个合同，存放在某堆场的开滦煤，未受地震破坏，但交通受阻，可要求推迟交货时间；第三个合同，未指定产地，应以其他产地的煤交付，原则上不能要求免责。

【案例 19-11】 我国某外贸公司与英商签订一份服装合同。合同按 CIF 伦敦即期 L/C 方式付款，合同和信用证中均规定不允许分批装运和转船。我方按时将货物装上直达轮，并凭直达提单在信用证有效期内向银行议付货款。该轮船中途经过某港时，船公司为了接载其他货物，擅自将我方服装卸下，换装其他船舶继续运往伦敦。由于换装的船舶设备陈旧，该批服装比原定时间晚了 2 个月到达。为此，英商向该外贸公司提出索赔，理由是该外贸公司提交的是直达提单，而实际是转船运输，是弄虚作假行为。

问：我方应否赔偿？应如何处理？请说明原因。

【案例分析】 我方不应赔偿。应让买方凭直达提单向承运人交涉，凭保险单向保险公司交涉。因为按 CIF 条件成交，买卖双方的风险转移以货物装上船为界，货物在装运港装上船后的风险应由买方承担，所以，船方擅自转船造成的损失也应由买方承担。另外，CIF 属象征性交货，只要卖方按合同规定在装运港将货物装船并提交全套合格单据，就算完成了交货义务，而无须保证到货。

【案例 19-12】 我国某外贸公司与英国商人订立合同，出口农产品 3 000 公吨，共分 3 批装运，其中第一批为 1 000 公吨，由于我方未能按时装运，英商要求我方赔偿损失，金额与我方所能接受的差距太大，双方协商无效，英商便提出仲裁申请。问：仲裁委员会会如何裁决？

【案例分析】 我国外贸公司没有按时交货，应予以赔偿，但不是按照英商提出的金额。仲裁委员会应按照国际惯例，要求我国外贸公司按照合同价格与国际市场价格之间的差价数额进行赔偿。

第二十章

国际货物买卖合同的订立

第一节 国际贸易磋商的基本过程

国际贸易买卖双方进行的商务活动归根结底就是国际贸易的双方签订买卖合同、履行国际贸易买卖合同的过程。在国际贸易中，交易磋商是指贸易双方为买卖某种商品，通过面谈或信函、传真或电子数据交换等方式，对交易的各项条款进行讨价还价、最终达成一致意见并签订合同的国际商务谈判。

交易磋商活动表面看是一种经济行为，实质上是一种法律行为。买卖双方通过磋商和谈判取得一致，双方交易达成，合同成立。合同的成立有四个法律步骤：询盘(Inquiry)、发盘（Offer)、还盘（Counter Offer）和接受（Acceptance)。其中，发盘和接受是达成交易、使合同成立不可缺少的两个基本环节和必经的法律步骤。

一、合同的定义

“合同是两个或两个以上的当事人，以发生、变更或者消灭民事法律关系为目的所达成的协议。”按照英美法给合同下的定义，合同是双方的一种合意。

法国《民法典》的定义：“合同为一种合意，依此合意，一人或数人对于其他一人或数人负担给付、作为或不作为的债务。”

采用英美法的国家认为合同的实质在于双方当事人之间所做出的一项允诺(Promise)。违反该允诺，将由法律给予救济，履行该允诺是法律所确认的义务。虽然各国的法律有不同的表述，但有一个共同点，认为合同的实质是双方当事人的一种合意、一种允诺。合同是双方当事人意思表示一致的结果。这种意思表示是法律行为的基本要素。

西方国家的法律赋予了合同很高的地位，把“契约自由、契约至上”作为一项重要原则。法国《民法典》规定，“依法订立的合同，在缔结合同的当事人之间具有相当于法律的效力”。

“意思表示”是法律行为的基本要素，如果没有“意思表示”合同就不能成立。“意思表示”包含两层含义：① 当事人内在的意思；② 表明这种意思的行动。

合同是当事人之间意思表示一致的结果。换言之，只有当事人之间意思表示一致，合同才可以成立。法律上的“意思表示”分为一方的要约和对方的承诺。在国际贸易中，我们把要约称为发盘。

用精炼的话可概括为“要约一经承诺，合同即告成立”或“发盘一经接受，合同即告成立”或“接受生效的时间即是合同成立的时间”。

二、发盘

（一）定义

发盘（Offer）是指一方当事人以缔结合同为目的，将交易的全部条件十分明确、肯定地向另一方所做的一种意思表示，只要对方表示接受，合同即告成立，这种意思表示即称为发盘。发盘在国际商法中也称为要约或发价。

《联合国国际货物销售合同公约》（以下简称《公约》）对发盘的定义为：“凡向一个或一个以上的特定的人提出的订立合同的建议，如果其内容十分确定并且表明其发盘人有在其发盘一旦接受就受其约束的意思，即构成发盘。”

发出要约的人称为发盘人（Offerer），接受发盘的人称为受盘人（Offeree）。发盘既可以由卖方提出，也可以由买方提出。由买方提出的发盘，称为递盘（Bid）。

（二）构成一项法律上有效的发盘必须具备的条件

1. 发盘必须向一个或一个以上特定的人提出

发盘应向特定的人提出，即是向有名有姓的个人或公司提出。普通商业广告及向国外客商寄发的商品目录、价目单等行为一般不能构成发盘，通常只能视为邀请发盘。

2. 发盘的内容必须十分确定

一项有效的发盘，其内容必须是确定的，即发盘中的交易条件必须是完整的、确定的和终局性的。《公约》第14条规定，一项订立合同的建议“如果写明货物并且明示或暗示地规定数量和价格或规定如何确定数量和价格，即为十分确定（Sufficiently Definite）”。

可见，在提出的订约建议中，至少应包括下列三个基本要素：

（1）标明货物的名称；

（2）明示或默示地规定货物的数量或规定数量的方法；

（3）明示或默示地规定货物的价格或规定确定价格的方法。

凡包含上述三项基本因素的订约建议，即可构成一项有效的发盘。如该发盘被受盘人接受，买卖合同即告成立。

但在实际业务中，一项发盘往往不是以上述所订的主要交易条件出现的，有时发盘条件表面上不完整，而实际上是完整的。例如，双方一般事先订有一般交易条件的协议，援引来往函电和先前合同及买卖双方的先前业务中已形成的习惯做法等。

有些国家的法律要求对合同的主要条件，如品名、品质、数量、包装、价格、交货时间与地点以及支付办法等，都要有完整、明确、肯定的规定，并不得附有任何保留条件，以便受盘人一旦接受即可签订一项对买卖双方均有约束力的合同。

《公约》关于发盘内容的上述规定，只是对构成发盘的起码要求。虽然这种做法在法律上可行，但在实际业务中，容易出现因买卖双方对发盘中没有列出的交易条件看法不同而引发争议。因此，在对外发盘时，最好明确规定品名、品质、数量、包装、价格、交货时间与地点和支付办法等主要交易条件，有利于交易的顺利进行。

3. 表明发盘对发盘人有约束力

发盘人在发盘中应表明，自己有责任在受盘人对发盘做出有效接受时与其订立合同。如发盘人只是就某些交易条件建议同对方进行磋商，而根本没有受其建议约束的意思，则此项建议不能被认为是一项发盘。例如，发盘人在其提出的订约建议中加注诸如“仅供参考”“须以发盘人的最后确认为准”或其他保留条件，这样的订约建议就不是发盘，而只是邀请对方发盘。如果受盘人不能肯定发盘人是否在发盘中表示了这种含意，应向发盘人提出，不能随意猜测。

4. 发盘必须送达受盘人才能生效

一项发盘在送达特定的受盘人时才有效。即使受盘人在此之前已通过其他途径知道了发盘的内容，也不能在收到发盘前主动对该发盘表示接受。

在这里需要特别指出的是，订约建议中虽然没有提到交货时间、地点及付款时间、地点等其他内容，但并不妨碍它作为一项发盘，因而也不妨碍合同的成立。因为发盘中没有提到的其他条件，在合同成立后，可以双方当事人建立的习惯做法及采用的惯例加以补充，或者按《公约》中关于货物销售部分的有关规定予以补充。

构成一项发盘应包括的内容，各国的法律规定不尽相同。有些国家的法律要求对合同的主要条件，如品名、品质、数量、包装、价格、交货时间与地点以及支付办法等，都要有完整、明确及肯定的规定，并不得附有任何保留条件，以便受盘人一旦接受即可签订一项对买卖双方均有约束力的合同。《公约》关于发盘内容的上述规定，只是对构成发盘的起码要求。在实际业务中，如发盘的交易条件太少或过于简单，会给合同的履行带来困难，甚至容易引起争议。因此，在对外发盘时，最好将品名、品质、数量、包装、价格、交货时间与地点和支付办法等主要交易条件一一列明。

例如：发盘“Offer firm metal silicon 98% 500 MT. Price：USD1150-/per metric ton. CIF London export standard packing shipment：During July /August 2006 payment：irrevocable L/C sight. Subject to your reply to reach here before 20th June. Beijing time.”

（三）发盘的有效期

通常发盘都有一个有效期限，只有在有效期内，受盘人对发盘的接受才有效，发盘人也才承担按发盘条件与受盘人成交的责任。当发盘未具体列明有效期时，受盘人应在合理时间内接受才能有效。何谓“合理时间”，需根据具体情况而定。

对发盘有效期的规定有以下几种情况。

1. 受盘人接受须在发盘规定的有效期内

如果发盘中明确规定了有效期限，受盘人必须在规定的期限内接受才有效。超过发盘规定的时限，发盘人即不受约束。

（1）规定最迟接受的期限。例如，“本发盘限5月3日复到，以我方时间为准”。当规定限5月3日复到时，按有些国家的法律解释，受盘人只要在当地时间5月3日24点以前将表示接受的通知投邮或向电报局交发即可。但在国际贸易中，由于交易双方所在地的时间大多存在差异，所以发盘人往往采取以接受通知送达发盘人为准的规定方法。按此规定，受盘人的接受通知不得迟于5月3日送达发盘人。我国外贸企业在对外发盘时，一般都采用这种方法规定发盘有效期，发盘送达受盘人时生效，至规定的有效期满为止。

（2）规定一段接受的期限。

例如，“本发盘有效期为4天，或本发盘限4天内复”（This offer is valid for 4 days or reply for 4 days.）。按《公约》规定，这个期限应从电报交发时刻或信上载明的发信日期起算，如信上未载明发信日期，则从信封所载日期起算。采用电话、电传发盘时，则从发盘送达受盘人时起算。如果有效期的最后一天是发盘人营业地的正式假日或非营业日，则发盘有效期可顺延至下一个营业日。

这种方式起算日很不明确，尽量不要采用。此外，当发盘规定有效期时，还应考虑因交易双方营业地点不同而产生的时差问题。

2. 在发盘中对有效期不做明确规定

当发盘未具体列明有效期时，按国际惯例，受盘人应在合理时间内接受才能有效。关于“合理时间”，国际上并没有统一规定，一般要根据商品的特点和行业习惯做法来决定，对于市场行情稳定的商品，有效期通常可以规定得较长，反之则较短。由于这种规定具有很大的不确定性，容易导致纠纷，因此，在进出口业务中一般较少采用这种形式的发盘。

3. 口头方式的发盘

根据《公约》的规定，采用口头发盘时，除发盘人在发盘时另有声明外，受盘人只能当场表示接受，方为有效。

（四）发盘生效的时间

发盘生效的时间有各种不同的情况：以口头方式做出的发盘，自对方了解发盘内容时生效；以书面形式做出的发盘，必须到达受盘人时才生效。根据《公约》规定，发盘送达受盘人时生效。我国《民法典》关于发盘生效时间的规定同上述《公约》的规定是一致的，即也采取到达主义。此外，《民法典》第137条还同时对采用数据电文方式的到达时间如何确定作出了具体规定：“以非对话方式作出的意思表示，到达相对人时生效。以非对话方式作出的采用数据电文形式的意思表示，相对人指定特定系统接收数据电文的，该数据电文进入该特定系统时生效；未指定特定系统的，相对人知道或者应当知道该数据电文进入其系统时生效。当事人对采用数据电文形式的意思表示的生效时间另有约定的，按照其约定。”

（五）发盘的撤回与撤销

在法律上，发盘的撤回与撤销属于两个不同的概念。发盘的撤回是指发盘尚未生效，发盘人采取某种方式，阻止它生效；发盘的撤销是指在发盘生效后，发盘人以一定方式解除发盘的效力。

1. 发盘的撤回

根据《公约》的规定，一项发盘（包括注明不可撤销的发盘），只要在其尚未生效以前，都是可以修改或撤回的。因此，如果发盘人在发出发盘后发现发盘内容有误，或由于其他原因想取消发盘，可以在发盘生效前将其撤回，撤回发盘的通知应赶在受盘人收到该发盘之前或同时送达受盘人。如果想撤回已经发出的发盘，要有准确的时间概念，必须预计发盘何时可送达对方，然后再考虑采取何种最快的通信方法可以撤回或修改发盘。

不论是英美法还是大陆法及《公约》，在发盘的撤回立场上都是一致的，都“允许一项发盘在生效之前可以撤回”。

2. 发盘的撤销

所谓发盘的撤销，实质上是针对一项在法律上已经生效的发盘而言，也就是发盘对发盘人有无约束力的问题，是发盘人在做出要约后能否反悔，能否把发盘的内容加以变更或取消。关于这一问题，英美法与大陆法存在着严重的分歧。英美法认为，发盘原则上对发盘人没有约束力，发盘人在受盘人对发盘表示接受之前的任何时候，都可撤销发盘或变更其内容。在受盘人表示接受之前，即使发盘中规定了有效期，发盘人也可以随时予以撤销，这显然对发盘人有利，对受盘人极为不利。这种原则在英美法国家中也不断受到责难。例如，美国在制订或修改《美国统一商法典》时，实际上已在不同程度上放弃了这一原则，规定如果一项发盘是由商人做出的，那么它就是不可撤销的。大陆法系国家对“一项发盘是否可以撤销”的看法相反，认为发盘人原则上应受发盘的约束，不得随意将其发盘撤销。例如，德国法律规定，发盘在有效期内，或没有规定有效期，则依通常情况在可望得到答复之前不得将其撤销。法国的法律虽规定发盘在受盘人接受之前可以撤销，但若撤销不当，发盘人应承担损害赔偿责任。

《公约》采取了折中的办法，其第 16 条规定，在发盘已送达受盘人，即发盘已经生效，但受盘人尚未表示接受之前这一段时间内，只要发盘人及时将撤销通知送达受盘人，仍可将其发盘撤销。一旦受盘人发出接受通知，则发盘人无权撤销该发盘。这实际上是肯定了英美法的观点。《公约》第 16 条第 2 款又规定在下列情况下发盘不得撤销：① 发盘写明接受发盘的期限或以其他方式表示发盘是不可撤销的；② 被发盘人有理由信赖该项发盘是不可撤销的，而且被发盘人已本着对该项发盘的信赖行事。

这实际上是肯定了大陆法的原则，一项发盘在规定的有效期内是不能撤销的。即使没有规定有效期，只要受盘人有理由相信该项发盘是不可撤销的并且已经本着对该项发盘的信赖行事，那么该项发盘仍然是不可撤销的。

（六）发盘的失效

发盘的失效是指发盘由于种种原因而失去法律效力。任何一项发盘，其效力遇到下列情况之一都会终止，发盘人将不再受该发盘的约束。

（1）过期

发盘在规定的有效期内未被接受，或虽未规定有效期，但在合理时间内未被接受，则该发盘自动失效。

（2）拒绝

如果受盘人对一项发盘明确表示拒绝，该项发盘立即失效。

（3）还盘

如果受盘人对发盘做出某些更改的还盘表示，便构成对原发盘的实质上的拒绝，当还盘通知送达发盘人时，原发盘随之失效。

（4）不可抗力

发盘人发盘之后，发生了不可抗力事件，如所在国政府对发盘中的商品或所需外汇发布禁令等。在这种情况下，按出现不可抗力可免除责任的一般原则，发盘的效力即告终止。

（5）如果发盘人或受盘人在发盘被接受前丧失行为能力（如精神失常、死亡等），则该发盘失效。

三、询盘

询盘（Inquiry）在法律上称为邀请发盘（Invitation to Offer），在商法上称为要约引诱，我国外贸实践中把它称为虚盘，是指交易的一方打算购买或出售某种商品，向另一方询问该项商品的有关交易条件，或者就该项交易提出带有保留条件的建议。邀请发盘可有不同的形式，其中最常见的是询盘。它不具有法律上的约束力。

对价格的询问是询盘的主要内容，因此在实际业务中，也有人把询盘称作询价。有时在询盘中也会涉及商品的品质、规格、数量、包装、价格和装运等成交条件，也可以索取样品。

邀请发盘是当事人订立合同的准备行为，其目的在于使对方发盘，询盘本身并不构成发盘。

询盘时一般不直接用“询盘”的术语，通常词句是：

买方询盘：PLS QUOTE LOWEST PRICE CIF NEWYORK FOR 10000PCS JEANS SEVEN WOLVES BRAND JULY SHIPMENT REPLY IMMEDIATELY。

卖方询盘：WE MAY SUPPLY TIN INGOT 98 PCT AUGUST SHIPMENT PLS CABLE IF INTERESTED.

四、还盘

还盘（Counter Offer）又称还价，在法律上称为反要约。还盘是指受盘人不同意或不完全同意发盘提出的各项条件，并提出了修改或变更的表示。

还盘是对发盘条件进行添加、限制或其他更改的答复。还盘实际上构成了对原发盘的拒绝，使原发盘失效，原发盘人就不再受其约束。根据《公约》的规定，受盘人对货物的价格、付款、品质、数量、交货时间与地点、一方当事人对另一方当事人的赔偿责任范围或解决争议的办法等条件提出添加或更改，均为实质性变更发盘条件。

此外，对发盘表示有条件地接受，也是还盘的一种形式。例如，受盘人在答复发盘人时，附加有“以最后确认为准”“未售有效”等规定或类似的附加条件，这种答复只能视作还盘或邀请发盘。还盘的内容，凡不具备发盘条件，即为“邀请发盘”。如还盘的内容具备发盘条件，就构成一个新的发盘，还盘人成为新发盘人，原发盘人成为新受盘人，其有对新发盘做出接受、拒绝或再还盘的权利。

五、接受

（一）接受的含义

接受（Acceptance）在法律上称为“承诺”，是指受盘人在发盘的有效期内，无条件地同意发盘中提出的各项交易条件，愿意按这些条件和对方达成交易、订立合同的一种表示。发盘一经接受，合同即告成立。双方均应履行合同所规定的义务并拥有相应的权利。

（二）构成接受的要件

根据《公约》的解释，构成有效的接受必须具备以下几个条件。

1. 接受必须由特定的受盘人做出

其他人对发盘表示同意，不能构成接受，只能视为一项新的发盘。

2. 接受的内容必须与发盘相符（即接受必须是同意发盘提出的交易条件）

接受的内容如果与发盘不一致，也就是对发盘的条件做出了修改，在一般的情况下，正如前面所述，应被视为一项还盘。

《公约》第19条第1款和第2款把对发盘表示接受但附有添加、限制、更改或不同条件的答复分为实质性变更发盘条件的接受和非实质性变更发盘条件的接受两种情况。前者视同还盘，是一项无效的接受，合同不能成立；后者仍然是一项有效的接受。合同成立的条件是，只要发盘人不表示反对，合同仍然成立。如果发盘人在“不过分迟延的时间内以口头或书面通知，反对其间的差异”，则这项接受就是无效的接受，合同不成立。

《公约》关于区分实质性和非实质性变更发盘条件的规定：“有关货物的价格、付款、货物质量和数量、交货地点和时间、一方当事人对另一方当事人的赔偿责任范围或解决争议的方法等的添加或不同条件，均视为在实质上变更发盘的条件。”

如果受盘人对发盘的内容提出非实质性变更的修改意见，这里所说的非实质性的变更，如增加合同的副本数、要求签订确认书、建议对合同进行公证等（如前所述），在这种情况下，除非发盘人及时表示反对或者在发盘中明确表示不得对发盘的内容做出任何变更，否则该接受构成一项有效的接受。

3. 接受必须在发盘的有效期内表示并送达发盘人

（1）如果是以对话方式做出发盘，那么除非发盘人与受盘人另有约定接受的具体期限，否则，受盘人应立即做出接受与否的意思表示。

（2）如果是以书面（电报、传真、信函等）的非对话方式做出的发盘，接受应当在规定的有效期内或合理的期限内到达发盘人。

4. 接受通知的传递方式应符合发盘的要求

发盘人发盘时，有的具体规定接受通知的传递方式，也有未做规定的。如发盘没有规定传递方式，则受盘人可按发盘所采用的，或采用比其更快的传递方式将接受通知送达发盘人。

在这里需要强调的是，接受通知在规定期限内到达发盘人，对于合同的成立具有重要作用。因此，各国法律通常都对接受到达发盘人的期限做出了规定。我国《民法典》第 481 条也对此做了明确规定，即：承诺应当在要约确定的期限内到达要约人。要约没有确定承诺期限的，承诺应依照下列规定到达：（1）要约以对话方式做出的，应当及时做出承诺，但当事人另有约定的除外；（2）要约以非对话方式做出的，承诺应在合理期限内到达。

5. 接受必须表示出来

受盘人表示接受的方式有两种：

（1）用声明（Statement）来表示，即受盘人用口头或书面形式向发盘人同意发盘。

（2）以行为（Performing an Act）来表示，通常指由卖方发运货物或由买方支付价款来表示。

《公约》第 18 条第 1 款规定：被发盘人声明或做出其他行为表示同意一项发盘，即是接受，缄默或不行动本身不等于接受。

（三）接受生效的时间

发盘一经接受，合同即告成立。接受生效的时间关系到合同的成立与否。

在接受生效的时间问题上，英美法和大陆法存在严重分歧。英美法采用投邮生效的原则，即接受通知书一经投邮或发出，立即生效；而大陆法采用到达生效的原则，也称为到达主义，即接受通知书必须在到达发盘人时才生效。《公约》则明确规定，接受在送达发盘人时生效，支持了大陆法的立场。我国《民法典》也采取了到达生效的原则。

（四）逾期接受

逾期接受又称为迟到的接受（Late Acceptance），是指接受通知到达发盘人的时间已经超过了发盘所规定的有效期，或者在发盘未规定有效期时，已超过了合理的时间。按照各国的法律，逾期的接受不能认为是有效的接受，而只是一项新的发盘。《公约》亦认为逾期的接受原则上是无效的，但为了有利于双方合同的成立，《公约》对逾期的接受亦采用了一些灵活的处理方法，使它在符合某些条件的情况下，仍然具有接受的效力，合同仍得以成立。

(1) 逾期接受原则上无效。但如发盘人毫不迟延地口头或书面通知受盘人，其认为逾期接受仍然有效，则逾期接受仍具有接受的效力。该种情况下逾期接受是否有效的决定权在发盘人手中。

(2) 如果载有逾期接受的信件或其他书面文件表明它是在传递正常、能及时送达发盘人的情况下寄发的，则该项逾期接受具有接受的效力，除非发盘人毫不迟延地口头或书面通知受盘人其发盘已经失效。

（五）接受的撤回

接受的撤回也就是受盘人在对原发盘人发出接受通知时，采取某种方式阻止该接受生效的行为。

《公约》第 22 条规定，如果撤回通知于接受生效之前或同时送达发盘人，接受得以撤回。由于接受在送达发盘人时才产生法律效力，故撤回或修改接受的通知，只要先于原接受通知或与原发盘接受通知同时送达发盘人，则接受可以撤回或修改。如接受已送达发盘人，即接受一旦生效，合同即告成立，就不得撤回接受或修改其内容，因为这样做无异于撤销或修改合同。例如，一项发盘规定接受于 3 月 15 日复到有效，受盘人于 3 月 2 日发出接受通知，预计 3 月 10 日接受通知可送达发盘人，如受盘人欲阻止合同的成立，他可在 3 月 10 日前用电传等更快捷的通信手段将接受撤回通知送达发盘人，该撤回通知也可与接受通知同时送达发盘人以撤回接受，阻止合同的成立。

《公约》采取了大陆法“送达生效”的原则。但英美法系国家遵循的是“投邮原则”，认为接受在发出时即生效，因此接受不能撤回。在实际业务中，一定要注意法律规定的这种差别。

需要注意的是，在当前通信设施非常发达和各国普遍采用现代化通信的条件下，当发现接受中存在问题而想撤回时，往往已来不及了。为了防止出现差错和避免发生不必要的损失，在实际业务中，应当审慎行事。

第二节 国际贸易合同的签订

依法成立的国际货物买卖合同不仅体现了买卖双方的经济关系，还体现了他们之间的法律关系。只有符合法律规范的合同才能在法律的约束下顺利履行。依法成立的合同，也才具有法律约束力，当一方当事人的利益受到损害时，其才能依据合同得到法律的保护。

合同自成立时生效。但是，合同成立与合同生效是两个不同的概念。合同成立的判断依据是接受是否生效；而合同生效是指合同是否具有法律上的效力。在通常情况下，合同成立之时，就是合同生效之日，两者在时间上是同步的。但有时，合同虽然成立，却不立即产生法律效力，而是需要其他条件成立时，合同才开始生效。

一、合同的成立

（一）合同成立的时间

根据《公约》的规定，受盘人接受发盘并在发盘有效期内将接受送达发盘人，合同即告成立。在实际业务中，合同成立的时间以订约时合同上所写明的日期为准，或以收到对方确认合同的日期为准。

（二）合同生效的要件

根据各国相关法规规定，一项合同，除买卖双方就交易条件通过发盘和接受达成协议后，还需具备以下要件，才是一项具有法律约束力的有效的合同。

1. 合同当事人必须具有签订合同的行为能力

签订买卖合同的当事人应是自然人或法人。自然人必须是精神正常的成年人，未成年人、精神病人等订立合同必须受到限制；如果当事人是法人，各国法律一般认为，必须通过其代理人，在法人的经营范围内签订合同，即越权的合同不能发生法律效力。

2. 合同必须有对价或约因

对价（Consideration）是英美法的概念，是合同成立的一个重要因素，英美法称之为对价，法国法称之为约因。所谓对价是指当事人为了取得合同利益所付出的代价。“合同一方得到的某种权利、利益、利润或好处，或是他方当事人克制自己不行使某项权利或遭受某项损失或承担某项义务。”

约因（Cause）是指当事人签订合同所追求的直接目的。按照英美法和大陆法的规定，合同只有在有对价或约因时，才是法律上有效的合同。

3. 合同的标的物必须合法

合同涉及的货物必须合法。货物应是政府允许自由进出口的商品，如果属于政府管制的，应先取得有关许可证或配额；合同内容必须合法，包括不得违反法律、不得违反公共秩序或公共政策，以及不得违反公序良俗。

4. 合同必须符合法律规定的形式

《公约》原则上对国际货物买卖合同的形式不加以限制，但《公约》允许缔约方对此提出声明予以保留。

5. 合同当事人的意思表示必须真实

在国际贸易中，买卖双方必须在自愿和真实的基础上达成协议。任何一方采取欺诈、威胁或暴力行为与对方订立的合同无效。

二、签订书面合同的意义

在交易磋商过程中，一方发盘经另一方接受以后，交易即告成立，买卖双方就构成了合同关系。双方在磋商过程中的往返函电，即是合同的书面证明。但根据国际贸易习惯，买卖双方还要签订书面合同（Written Contract），以进一步明确双方的权利和义务。

签订书面合同不是合同有效成立的必要条件。《公约》规定："销售合同无须以书面订立或书面证明，在形式方面也不受任何其他条件的限制。销售合同可以用包括人证在内的任何方法证明。"但是，在国际贸易实践中，在当事人双方经过磋商一致，达成交易以后，一般均须另行签订一份具有一定格式的书面合同。因此，签订书面合同具有以下三个方面的重要意义。

（一）作为合同成立的证据

根据法律要求，凡是合同必须能得到证明，提供证据，包括人证和物证。在用信件、电报或电传磋商时，书面证明当然不成问题。但是，通过口头磋商成立的合同，举证就难以做到。因此，口头磋商成立的合同，如不用一定的书面形式加以确定，就将由于不能被证明而不能得到法律的保障，甚至在法律上无效。尤其是口头磋商达成的协议，签订一份书面合同是必不可少的。

（二）作为合同生效的条件

如果在买卖双方磋商时，一方曾声明以签订书面合同为准，那么即使双方已对交易条件全部协商一致，也必须在正式签订书面合同后，合同才能成立。在此情况下，签订书面合同就成为合同生效的条件。

（三）作为履行合同的依据

不论通过口头形式还是书面形式磋商达成的交易，均须把协商一致的交易条件综合起来，全面、清楚地列明在一份有一定格式的书面合同上，这对进一步明确双方的权利和义务，以及为合同得到准确履行提供更好的依据，具有重要意义。

三、书面合同的形式

关于书面合同的形式，并无特别限制，从事进出口贸易的买卖双方，可采用正式合同（Contract）、确认书（Confirmation）、协议（Agreement）形式，也可采用备忘录（Memorandum）形式。此外，还有意向书、订单和委托订购单等。

在我国进出口贸易实践中，采用“合同”和“确认书”两种形式的居多。这两种形式的书面合同的法律效力是一样的，但格式和内容的繁简有所不同。

合同又可分为销售合同（Sales Contract）和购买合同（Purchase Contract）。销售合同是卖方草拟提出的合同，购买合同是买方草拟提出的合同。

确认书是合同的简化形式，它又分为销售确认书（Sales Confirmation）和购买确认书（Purchase Confirmation）。销售确认书是卖方出具的确认书，购买确认书是买方出具的确认书。

在我国对外贸易业务中，合同或确认书通常一式两份，由双方合法代表分别签字后各执一份，作为合同订立的证据和履行合同的依据。

四、书面合同的基本内容

书面合同不论采取何种形式，一般由约首、基本条款和约尾三个部分组成。

（一）约首

约首，即合同的首部，一般包括合同名称、合同编号、缔约双方名称和地址、电传号码等内容。

（二）基本条款

这是合同的主要组成部分，是对各项交易条件的具体规定，包括品名、品质、规格、数量或重量、包装、价格、交货条件、运输、保险、支付、检验、索赔、不可抗力和仲裁等项内容。

（三）约尾

约尾，即合同的尾部，一般包括合同的份数、订约日期、订约地点和双方当事人签字盖章等项内容。

书面合同的内容应考虑周全，条款明确、具体、严密和相互衔接，且与交易磋商的内容一致，以利合同的履行。

销售确认书样式如下：

福建中亿进出口股份有限公司
FUJIAN ZHONGYI IMPORT & EXPORT CO., LTD

Add: F. 18 FuXiang Building NO. 119
WuSi Fuzhcu Fujian P. R. China
中国福建福州五四路 119 号福祥大厦 18 层
FAX 传真: 86-591-87218888
TEL 座机: 86-591-87218878

S/C NO. 合同号: ZYE 12002
Date 日期: May 5, 2012
Place 签署地: FUZHOU, CHINA

Sales Confirmation (销售确认书)

TO: NISSHA LIGHTING AND TECHNOLOGY CORPORATION
JN BLDG3-13, MINAMISHINAGAWA
2-CHOME SHINAGAWA-KU, TOKYO 140-8680, JAPAN
PHONE: (03) 5479-3156 FACSIMILE: (03) 5463-8833

We hereby confirm having sold to you the following goods on the terms and conditions as specified below:

Marks and No.	1. No. and kind of packages; Description of goods	2. Quantity	3. Unit Price	4. Amount
唛头	货物名称、包装及描述	数量	单价	总价
	Lamp Head			
N/M			FOB FUZHOU	
	10Q-M-K-1	330. 00kpc	JPY 5 528. 05	JPY 1 824 256. 50
	10Q-M-K-1	200. 00kpc	JPY 5 058. 35	JPY 1 011 670. 00
	10Q-M-K (zl) -2	430. 00kpc	JPY 3 708. 10	JPY 1 594 483. 00
	10Q-M-K-2	100. 00kpc	JPY 3 583. 80	JPY 358 380. 00
	TOTAL:	1 060kpc	530CTNS	JPY4 788 789. 50

Total Amount in Words: (Quantity allowance 允许溢短装± %)

SAY JP YEN FOUR MILLION SEVEN HUNDRED AND EIGHTY-EIGHT THOUSAND SEVEN HUNDRED AND EIGHTY-NINE POINT FIFTY ONLY

5. Time of Shipment: Before the end of June, 2012. Partial shipment allowed.
   装运期限: 在 2012 年 6 月 30 日前装运, 允许分运。
6. Port of Loading: FUZHOU CHINA.
   装运口岸: 中国福州。
7. Port of DestinationL: YOKAHAMA, JAPAN.
   目的港: 日本横滨。

8. Terms of Payments：T/T IN 60 days after B/L DATE
付款条件：在装船后 60 天内电汇。

9. Insurance：To be effected by the Buyers.
保险：由客户自理。

10. General Terms & Conditions：(If anything contained in the above printed clause is inconsistent with the provisions stipulated below, the above printed Clause (s) shall automatically be null and void to the extend of such inconsistency.)
一般条款：(任何上述条款如与下列规定不符，上述条款的不符部分即自动失效。)

(1) The Buyers shall have the covering Letter of Credit reached the Sellers (or notify the Sellers of the Import License Number) before ＿＿＿＿＿ failing which the Sellers reserves the right to rescind the Sales Confirmation without further notices or to accept whole or any part of this sales Confrimation not fulfilled by the Buyers, or to lodge claim for loser thus sustained, if any.
买方须于＿＿年＿＿月＿＿日前开到本批交易的信用证（或通知售方进口许可证号码），否则，售方有权不经通知取消本确认书，或接受买方对本约未执行的全部或一部分，或对因此遭受的损失提出索赔。

(2) For transactions concluded on C. I. F. basis, it is understood that the insurrance amount will be for 110% of the invoice value against the risks specified in the Sales Confirmation. If additional insurrance amount or coverage is required, the Buyers must have consent of the Sellers before shipment, and the additional premium is to be born by the Buyers.
凡以 CIF 条件成交的业务，保额为发票价的 110%，投保险别以本销售确认书中所开列的为限，买方如要求增加保额或保险范围，应于装船前经售方同意。因此而增加的保险费由买方负责。

(3) QUALITY/QUANTITY DISCREPANCY：In case of the quality discrepancy, claim should be filed by the Buyers within 3 months after the arrival of the goods at port of destination while for quantity discrepancy, claim should be filed by the Buyers within 15 days after the arrival of the goods at port of destination. It is understood that the Sellers shall not be liable for any discrepancy of the goods shipped due to cause for which the insurance company, shipping company other transportation orgainzation/or post office are liable.
品质／数量异议：如买方提出索赔，凡属品质异议须于货到目的口岸之日起 3 个月内提出，凡属数量异议须于货到目的口岸之日起 15 天之内提出，对所装货物所提任何异议属于保险公司、轮船公司，其他有关运输机构或邮递机构的责任者，售方不负任何责任。

(4) The Sellers shall not be held responsible for failure or delay in delivery of the entire lot or a portion of the goods under this Sales Confirmation in consequence of Force Majeure Incidents.
本确认书内所述全部或部分商品，如因不可抗力事故，以致不能履约或延迟交货，售方概不负责。

(5) Any dispute arising from or in connection with this Contract shall be submitted to China international Economic and Trade Arbitration commission for arbitration which shall be conducted by the Commission in Beijing or by its Shenzhen Sub-Commission in Shenzhen or by its Shanghai Sub-Commission in Shanghai at the Claimant's option in accordance with the Commission's arbitration rules in effect at the time of applying for arbitration. The arbitral award is final and binding upon both parties.
凡因本合同引起的或与本合同有关的任何争议，均应提交中国国际经济贸易仲裁委员会，按照申请仲裁时该会现行有效的仲裁规则，由申诉一方选择由该会在北京或由该会深圳分会在深圳或由该会上海分会在上海进行仲裁。仲裁裁决是终局的，对双方均有约束力。

11. Special Clause：
附加条款：

买方确认签署：　*NISSHA*	卖方确认签署：**陈天成**
THE BUYERS：	THE SELLERS：
(Signature)	(Signature)
FUJIAN ZHONGYI IMPORT & EXPORT CO., LTD	NISSHA LIGHTING AND TECHNOLOGY CORPORATION

进口合同样式如下：

CONTRACT

Contract NO. 合同号：ZYI13309

Date 日期：Mar. 30, 2013

Place of Signature 签约地点：FUZHOU CHINA

The Buyers：FUJIAN ZHONGYI IMPORT AND EXPORT CO., LTD

The Sellers：NISSHA LIGHTING AND TECHNOLOGY CORPORATION

Add：F. 18 FuXiang Building NO. 119 WuSi Fuzhou Fujian P. R. China

FAX 传真：86-591-87218888

TEL 座机：86-591-87218878

Add：Jn Bldg3-13，Minamishinagawa，2-Chome Shinagawa-Ku，Tokyo140-8680，Japan

FAX 传真：(03) -5479-3156

TEL 座机：(03) -5463-8833

本合同由买卖双方订立，根据本合同规定条款，买方同意购买，卖方同意出售下列商品：

We hereby confirm having sold to you the following goods on the terms and conditions as specified below：

(1) COMMODITY AND SPECIFICATIONS 货名及规格	UNIT 单位	(2) QUANTITY 数量	(3) UNIT PRICE 单价	(4) AMOUNT 总价
			CFR FUZHOU	
铜钉 PIN 10q-3H-U	kps	5 000.00	JPY 450.00	JPY 2 250 000.00
TOTAL VALUE 总值：SAY JP YEN TWO MILLION TWO HUNDRED AND FIFTY THOUSAND ONLY				

(5) COUNTRY OF ORIGIN AND MANUFACTURERS：JAPAN　生产国别和制造商：日本。

(6) TIME OF SHIPMENT：Before the end of NOV，2013　装运期限：2013 年 11 月底之前。

(7) PORT OF SHIPMENT：YOKAHAMA，JAPAN　装运口岸：日本横滨。

(8) PORT OF DESTINATION：FUZHOU，CHINA　目的口岸：中国福州。

(9) INSURANCE：To be effected by the Buyers for 110% of invoice value against All Risks and War Risks.
保险：由买方按发票金额 110% 投保一切险及战争险。

(10) PACKING：To be packed in new strong carton (s) suitable for long distance ocean transportation and well protected against dampness. moisture，shock，rust and rough handling. The Sellers shall be liable for any damage to the goods on account of improper packing，and in such case or cases any and all losses and or expenses incurred in consequence thereof shall be borne by the Sellers.
包装：需用坚固的纸箱包装，适合长途海运、防湿、防潮、防震、防锈、耐粗暴搬运。由于包装不良所发生的损失，卖方应负担由此而产生的一切费用和损失。

(11) SHIPPING MARK 唛头：　NLT
FUZHOU CHINA

ZYI13309

C/NO. 1-2

MADE IN JAPAN

(12) TERMS OF PAYMENT: Payment by T/T in 30 days after B/L DATE. 付款条件：在装船后30天内电汇。

(13) DOCUMENTS: The Sellers shall present the following documents to the paying bank for negotiation/collection, or directly to the Buyers in case of payment by T/T.

单据：卖方应将下列单据提交付款银行议付或托收货款，如为信汇付款，下列单据应该寄买方：

① Full set of negotiable Clean on Board Ocean Bill of lading marked "FREIGHT PREPAID" and made out to order, bank endorsed and notify FUJIAN ZHONGYI IMPORT & EXPORT CO., LTD at the port of destination.

全套清洁已装运海运提单，注明"运费已付"并通知到货口岸，福建中亿进出口股份有限公司。

② Invoice in quintuplicate, indicating the Contract number and shipping mark.

发票一式五份，注明合同号和唛头。

③ Packing List in quintuplicate, with indication of both gross and net weights, measurements and quantity of each item packed.

装箱单一式五份，注明毛重、净重、尺码和所装货物每项品名、数量。

(14) TECHNICAL DOCUMENTS: 技术资料。

(15) TERMS OF SHIPMENT: In case by sea on CFR or CIF terms. The Sellers shall be liable to arrange shipment of the Contract goods from the port of the shipment to the port of destination within the shipping time as stipulated in Clause 6 hereof.

装运条款：基于CFR或CIF条款，卖方应负责在本合同第6条规定的发运期限内将货物由装船口岸运往到货口岸。

(16) SHIPMENT ADVICE: Immediately the goods are completely loaded, the Sellers cable to notify the Buyers of the Contract no., name of commodity, quantity, gross weight, invoice value, name of the carrying vessel and the date of sailing.

装运通知：货物全部装船后，卖方应立即将合同编号、商品名称、数量、毛重、发票金额、船名、提单号和开航日期电告买方。

(17) GUARANTEE OF QUALITY: The Sellers shall guarantee that the goods are made of best materials, with first class workmanship, brand new, unused and correspond in all respects with the quaility, specification and performances as stipulated in this Contract. The Sellers shall also guarantee that the goods when correctly mounted and properly operated and maintained will give saitisfactory performances for a period of 12 months starting from the date on which the goods arrived on the port of destinations are installed tested and accepted.

质量保证：卖方保证订货是用最上等的材料和头等工艺制成、全新、未曾用过，并完全符合本合同规定的质量、规格和性能。卖方并保证本合同订货在正确安装、正常使用和维修的情况下，自货物到达到货口岸，安装调试合格之日起12个月内运转良好。

(18) INSPECTION AND CLAIMS:

① The manufacturers shall before making delivery, make a precise and comprehensive inspection of the goods as regards their quality, specification, performance and quantity/weight, and issue certificates certifying that the goods are in comformity with the stipulations of this Contract. The certificates together with the certificates of preshipment inspection issued by CCIB or by the surveyors shall form an integral part of the documents to be presented to the paying bank for negotiation/collection of payment but shall not be considered as final in respect of quality, specification, performance and quantity/weight. Particulars and result of the test carried out by the manufactures must be shown in a statement to be attached to the said Quality Certificates.

检验和索赔：在交货以前，制造厂应就订货的质量、规格、性能、数量、重量做出准确和全面的检验，并出具货物和本合同规定相符的证明书，以及由 CCIB 或其指定公正检验机构签发证书，该证书为议付/托收货款而应提交银行的单据的组成部分，但不得作为货物的质量、规格、数量和重量的最后依据，制造厂应将记载试验细节和结果的书面报告附在质量证明书内。

② After arrival of the goods at the port of destination, the Buyers shall apply to the China commodity inspection bureau, for a preliminary inspections of the goods in respect of their quality, specification and quantity/weight. If any discrepancise are found by the bureau regarding the specification or the quality/weight or both, except those for which either the insurance company or the shipping company is responsible, the Buyers shall, within 120 days after discharges of the goods at the port of destination, have the right either to reject the goods or to claim against the Sellers on the strength of the inspection certificate issued by the bureau.

货物到达到货口岸后，买方应申请中国商品检验局就货物质量、规格、和数量/重量进行初步检验，如发现到港货物的规格和数量/重量与合同不符，除应由保险公司或船公司负责者外，买方于货物在到货口岸卸货后 120 天内凭商检局出具之检验证书有权拒收货物或向卖方索赔。

③ Within the guarantee period stipulated in Clause 17 hereof should the quality and/or the specifications of the goods be found not in conformity with the contracted stipulations, the Buyers shall arrange for an inspection carried out by the bureau and have the right to claim against the Sellers on the strength of the inspection certificate issued by the bureau.

在合同第 17 条规定的保证期限内，如发现货物的质量或规格与本合同规定不符，买方应申请商检局检验，并有权根据商检证明向卖方索赔。

④ Any and all claims shall be regarded as accepted if the Sellers fail to reply within 30 days after receipt of the Buyers' claim.

卖方收到索赔通知后，如果在 30 天内不答复，应视为卖方同意买方提出的一切索赔。

(19) SETTLEMENT OF CLAIM: In case the Sellers are liable for the discrepancies and a claim is made by the Buyers within the period of claim or quality guarantee period as stipulated in clauses 17 and 18 of this Contract, the Sellers shall settle the claim upon the agreement of the Buyers in the following ways:

索赔解决办法：如货物不符合本合同规定应由卖方负责。买方可按照本合同第 17 条和第 18 条的规定在索赔期限或质量保证期内提出索赔，卖方在取得买方同意后，应按下列方式理赔。

① Agree to the rejection of the goods and refund to the Buyers the value of the goods so rejected in the same currency as contracted herein, and to bear all direct losses and expenses in connection therewith including interest occured, banking charges, freight, insurance premium, inspection charges, storage, stevedore charges and all other necessary expenses required for the custody and protection of the rejected goods.

同意买方退货，并将退货金额以成交原币偿还买方，并负担因退货而发生的一切直接损失和费用，包括利息、银行费用、运费、保险费、商检费、仓租、码头装卸费以及为保管退货而发生的一切其他费用。

② Devaluate the goods according to the degree of inferiority, extent of damage and amount of losses suffered by the Buyers.

按照货物的疵劣程度、损坏的范围和买方所遭受的损失，将货物贬值。

③ Replace the defective goods with new ones which conform to the specifications, quality and performance as stipulated in this Contract, and bear all expense incurred to and direct losses sustained by the Buyers. The Sellers shall at the same time guarantee the quality of the replacement goods for a further period of 12 months.

调换有瑕疵的货物，换货必须全新并符合本合同规定的规格、质量和性能。卖方并负担由此而产生的一切费用和买方所遭受的一切损失，对换货的质量，卖方仍应按本合同的规定保证 12 个月。

(20) FORCE MAJEURE : Any party of the contract who due to force majeure accidents, such as flood, fire, storm snow disasters, earthquake and war, shall cable immediately the other party of such occurrence and within 14 days thereafter, shall send by airmail the detailed information of the accident and a certificate issued by the competent government authorities of the place where the accident occurs. The other party shall not claim any penalty for the losses suffered therefrom, but the party who encounters the accident shall still be liable to execute the Contract according to the actual time of Affecting the execution of the Contract as agreed upon by both parties. In case the accident lasts for more than 10 weeks, the other party shall have the right to cancel the Contract.

人力不可抗拒事故：由于严重的水灾、火灾、风灾、雪灾、地震和战争行为等不可抗力事故，致使任何一方不能履行合同时，遇有事故的一方应立即将事故情况用电报通知对方，并应在 14 天内将事故详情及发生地政府主管机关出具的影响合同履行程度的证明文件用航空邮寄对方，对方对由此而产生的损失不得提出赔偿要求，但事故的一方在与对方协商同意仍负有按实际影响时间延期履约的责任，延期如超过 10 个星期时，对方有权撤销本合同。

(21) LATE DELIVERY AND PENALTY: In case of delayed delivery, except for force majeure cases, the Sellers shall pay to the Buyers for every week of delay a penalty amounting to 0.5% of the total value of the goods whose delivery has been delayed. Any fractional part of a week is to be considered a full week. The total amount of penalty shall not, however, exceed 5% of the total value of the goods involved in late delivery and is to be deducted from the amount due to the Sellers by the paying bank at the time of negotiation, or by the Buyers direct at the time of payment. In case the period of delay exceeds 10 weeks after the stipulated delivery date the Buyers have the right to terminate this Contract but the Sellers shall not thereby be exempted from the payment of penalty.

迟交和罚款：如延迟交货除人力不可抗拒者外，卖方应付给买方每一星期按迟交货物总值的 0.5% 计算的迟交罚款，不足一星期的迟交日数作为一星期计算，此项罚款金额不超过全部迟交货物总额的 5%，在议付货款时由银行代为扣除，或由买方在付款时进行扣除。如延迟交货超过原定期限 10 个星期时，买方有权停止本合同，但卖方仍应向买方缴付以上规定之罚款，不得推诿或延迟。

(22) ARBITRATION: Any disputes arising from or in connection with this Contract shall be submitted to China International Economic and Trade Arbitration Commission for arbitration which shall be conducted by the Commission in Beijing or by its Shenzhen Sub-Commission in Shenzhen or by its Shanghai Sub-Commission in Shanghai at the Claimant's option in accordance with the Commission's arbitration rules in effect at the time of applying for arbitration. The arbitral award is final and binding upon both parties.

仲裁：凡因本合同引起的或与本合同有关的任何争议，均应提交中国国际经济贸易仲裁委员会，按照申请仲裁时该会现行有效的仲裁规则，由申诉一方选择由该会在北京或由该会深圳分会在深圳或由该会上海分会在上海进行仲裁。仲裁裁决是终局的，对双方均有约束力。

(23) REMARKS: This Contract is made out in two original copies, one copy to be held by each party in witness thereof.

附注：本合同一式两份，买卖双方各执一份为证。

The Buyers: 陈天成 The Sellers : NISSHA

FUJIAN ZHONGYI IMPORT AND EXPORT CO., LTD NISSHA LIGHTING AND TECHNOLOGY CORPORATION

思考题

1. 磋商交易中可能出现哪些环节？为什么发盘和接受是其不可缺少的基本环节？
2. 什么是发盘？构成一项有效发盘的条件是什么？
3. 在发盘生效问题上，国际上有哪些不同的规定？明确发盘生效的时间有何意义？
4. 发盘能否撤回和撤销？《联合国国际货物销售合同公约》关于发盘的撤回与撤销问题是怎样规定的？
5. 什么是接受？构成一项有效接受的条件是什么？
6. 什么是逾期接受？逾期接受的法律后果如何？
7. 接受能否撤回？
8. 一项有法律约束力的合同应具备哪些条件？

案例分析题

【案例 20-1】 英国 A 商于 5 月 3 日向德国 B 商发出一项要约，供售某商品一批，B 商于收到该要约的次日（5 月 6 日）上午答复 A 商，表示完全同意要约内容。但 A 商在发出要约后发现该商品行情趋涨，遂于 5 月 7 日下午致电 B 商，要求撤销其要约。A 商收到 B 商承诺（接受）通知的时间是 5 月 8 日上午。试简要回答：（1）若按英国法律，A 商提出撤销要约的要求是否合法？（2）若此案适用《公约》，A、B 双方是否存在合同关系？

【案例分析】（1）按英国法律，A 商提出撤销要约的要求不合法，英国法律规定：承诺一经发出，立即生效。本案 B 商 5 月 6 日上午做出承诺，A、B 两商之间的合同已经成立。（2）根据《公约》，A、B 双方存在合同关系。按《公约》规定：一项发盘在被发盘人发出承诺通知前通知被发盘人，发盘可以撤销。但本案 A 商做出撤销要约通知前，B 商已做出承诺，A 商撤销不能成立，B 商承诺于 5 月 8 日下午到达 A 商时生效，合同成立。

【案例 20-2】 一法国商人于某日上午走访我国外贸企业洽购某商品。我方口头发盘后，对方未置可否，当日下午法商再次来访表示无条件接受我方上午的发盘，那时，我方已获知该项商品的国际市场价格有趋涨的迹象。对此，你认为我方应如何处理为好，为什么？

【案例分析】 中国与法国均系《公约》缔约国，因此，双方当事人均应受该《公约》约束。按《公约》规定：对口头要约，须立即接受方能成立合同。上午我方发盘后，法商未置可否，也未提出任何要求，则合同没有成立。据此，我方鉴于市场有趋涨迹象，可以予以拒绝或提高售价并另行报价。

【案例 20-3】 我国某出口企业对意大利某商人发盘限 10 日复到有效，9 日意大利商人用电报通知我方接受该发盘，由于电报局传递延误，我方于11日上午才收到对方的接受通知，而我方在收到接受通知前获悉市场价格已上涨。对此，我方应如何处理？

【案例分析】中国与意大利均系《公约》缔约国，该案双方在洽谈过程中，均未排除或做出任何保留，因此，双方当事人均应受《公约》约束。按《公约》规定，如果载有逾期接受的信件或其他书面文件表明它是在传递正常能及时传达到发盘人的情况下寄发的，则该项逾期接受具有接受效力，除非发盘人毫不迟延地口头或书面通知受盘人，他认为发盘已经失效。据此，我方于11日收到意商的接受电报属因传递延误而造成的逾期接受。因此，如我方不同意此项交易，应即复电通知对方：我方原发盘已经失效。如我方鉴于其他原因，愿按原发盘达成交易，订立合同，可回电确认，也可不予答复，予以默认。

【案例20-4】我国某外贸C公司于2009年7月16日收到法国巴黎D公司发盘："马口铁500公吨，每公吨540美元CFR中国口岸，8月份装运，即期信用证支付，限20日复到有效。"我方于17日复电："若单价为500美元CFR中国口岸可接受500公吨马口铁，履约中如有争议，在中国仲裁。"法国D公司18日复电："市场坚挺，价格不能减，仲裁条件可接受，速复。"此时马口铁价格确实趋涨。我方于19日复电："接受你16日发盘，信用证已由中国银行开出，请确认。"但法商未确认并退回信用证，试问：合同是否成立？我方有无失误？说明理由。

【案例分析】合同不能成立。理由是D公司16日发盘，经我公司17日还盘已失效。我方有失误，具体失误有两点；（1）我国某出口企业不应接受D公司16日发盘，而应接受其18日发盘；（2）在做"接受"时，不应用"请确认"字样或文句。

【案例20-5】我国某出口企业根据某法商询盘，发盘销售某货物，限对方5日复到有效。法商于4日发电表示接受，由于电报局投递延误，该电报通知于6日上午始送达该出口企业。此时，我方由于市价上升，当即回电拒绝。但法商认为接受通知迟到不是他的责任，坚持合同有效成立，而我方则不同意达成交易，于是诉诸法院。你认为法官应如何判决？如果我方在接电后未拒绝，法官该如何判决？说明理由。

【案例分析】我国与法国均为《公约》缔约国。按《公约》规定，如传递正常能及时送达发盘人的情况下，寄发的逾期接受具有接受效力，除非发盘人毫不迟延口头或书面通知被发盘人，认为他的发盘已失效。据此，我方在接到该项逾期接受，立即回电拒绝，应认为合同未达成。但如我方在接电后未予以拒绝，则应认为合同成立。

【案例20-6】北京某公司向巴黎某公司发盘，其中规定有效期到3月10日为止。该发盘是3月1日以特快专递寄出的，3月2日北京公司发现发盘不妥，当天即用电传通知巴黎公司宣告撤回该项发盘。这样做是否可以？发盘是否可以撤回？根据是什么？

【案例分析】可以。该发盘可以撤回，其根据有：

（1）中、法两国均为《公约》缔约国，适用《公约》。

（2）根据《公约》规定，一项发盘，即使是不可撤销的发盘，亦可撤回，只要撤回通知于发盘送达受盘人之前或同时送达被受盘人即可。

（3）上述发盘就是属于《公约》规定的“不可撤销的发盘”中的一种，只要它尚未送达被发盘人，就是可以撤回的。3 月 1 日的特快专递件，3 月 2 日不可能送达巴黎公司，故 3 月 2 日发出的电传撤回通知能早于该发盘到达受盘人。

【案例 20-7】我国某对外工程承包公司于 5 月 3 日以电传请意大利某供应商发盘出售一批钢材。我方在电传中声明：要求这一发盘是为了计算一项承造某幢大楼的标价和确定是否参加投标之用；我方必须于 5 月 15 日向招标人送交投标书，而开标日期为 5 月 31 日。意大利供应商于 5 月 5 日用电传就上述钢材向我方发盘。我方据以计算标价，并于 5 月 15 日向招标人递交投标书。5 月 20 日，意大利供应商因钢材市价上涨，发来电传通知撤销其 5 月 5 日的发盘。我方当即复电表示不同意撤盘。于是，双方为能否撤销发盘发生争执。5 月 31 日招标人开标，我方中标，随即电传通知意大利供应商我方接受该商 5 月 5 日的发盘。但意商坚持该发盘已于 5 月 20 日撤销，合同不能成立。而我方则认为合同已经成立。对此，双方争执不下，遂协议提交仲裁。试问，如你为仲裁员，将如何裁决？说明理由。

【案例分析】本案裁决：合同已成立，理由是：

（1）意大利与中国均为《公约》缔约国，双方当事人交换的电传也未排除《公约》，因此本案应受《公约》制约。

（2）意方发盘是不可撤销的。

① 我方询盘中已明确告知对方我方邀请发盘的意图。

② 意方知悉我方意图后向我方发盘，我方有理由相信该项发盘不可撤销的，并已本着该项信赖参与了投标。

③ 该项发盘未规定有效期，应视为合理时间有效，本案合理时间应为开标后若干天。

（3）意商 5 月 20 日来电撤销发盘，我方立即拒绝，撤销不能成立。《公约》规定，一项发盘，受盘人有理由信赖该项发盘不可撤销并已本着该项信赖行事，该项发盘不能撤销。

（4）我方中标后立即通知意方接受，接受生效，双方合同成立。

【案例 20-8】我国某外贸公司从国外进口一批农产品转售美国一公司，该外贸公司向美国商人发盘，美商第二天来电完全接受我方的发盘。并在来电中附加我方提供原产地证书的要求。两周后，美国商人向该外贸公司开来信用证。该外贸公司正准备按信用证发货，获商检机构通知，因该货非本国产品，不能签发产地证。遂电请美商取消信用证中要求提供产地证的条款，遭到拒绝，于是引起争议。该外贸公司提出，其对提供产地证的要求从未表示同意，依法无此义务，而美商坚持该外贸公司有此义务。试根据《公约》（双方所在国均为缔约国）的规定，对此案做出裁决。

【案例分析】我国该外贸公司违约，应当负责赔偿。

（1）中国与美国均为《公约》缔约国，案例中，由于双方对《公约》的适用未做排除和保留，因而本案应按《公约》规定办理。

（2）外贸公司在收到美商对外贸公司发盘做出附加条件的接受时，未提任何异议，即接受有效，外贸公司应负有提供原产地证的义务。

（3）美商已根据其接受条件开立信用证，外贸公司接受信用证后，又未提出异议，并准备履行信用证的规定交货，后因商检机构不能出证，这与美商无关，外贸公司构成违约。

【案例 20-9】我国某出口公司于2月1日向美国某商人电报出口某农产品，在发盘中除列明必要条件外，还表示“Packing in sound bags”。在发盘有效期内，美商复电称“Refer to your telex first accepted，packing in new bags”。出口公司收到上述复电后，未提出异议，即着手备货，数日后，该农产品国际市场价格猛跌，美商来电称：“我方对包装条件做了变更，你方未确认，合同并未成立。”而我国该出口公司则坚持合同已经成立，于是双方对此发生争执。此案应如何处理？

【案例分析】合同成立。该案例中美商对包装的变更属于非实质性变更，我国出口公司未做反对的表示，所以美商的复电仍构成了有效接受，而使合同得以成立，并且合同的条件以该项发盘的条件以及在接受中所载的更改为准，即该合同除包装条款改为“in new bags”外，其他仍按我国该出口公司在发盘中列明的条款执行，双方应按此合同承担义务与责任。

第二十一章

进出口合同的履行

在国际贸易中，买卖合同一经依法有效成立，有关当事人就必须履行合同规定的义务。履行合同是当事人双方共同的责任，按时、按质、按量履行合同的规定，不仅关系到买卖双方行使各自的权利和履行相应的义务，而且关系到企业、国家的对外信誉。因此，买卖双方必须本着“重合同、守信用”的原则，严格履行合同。在进出口贸易活动中，履行合同包括出口合同的履行和进口合同的履行。

第一节　出口合同的履行

在我国的出口业务中，采用 CIF 或 CFR 贸易术语，并且采用信用证付款方式的出口合同较为常见，履行出口合同的程序一般包括催证、审证、改证、备货、租船订舱、报验、报关、投保、装船和制单结汇等环节的工作。其中，以货（备货、报检）、证（催证、审证和改证）、船（租船订舱、办理货运手续）、款（制单结汇）四个环节的工作最为重要，它们是出口合同履行的必要程序。图 21-1 是以信用证为例的海运出口业务流程。

如采用非信用证的支付方式，则交易程序有所不同。目前，在实际业务中，T/T（电汇）付款方式的使用越来越普遍。T/T 付款方式的一般业务流程如图 21-2 所示。

当我方处于优势地位，商品比较紧俏，即处于卖方市场时，我们可以争取到对我方更有利的付款方式，如在签订合同后，即可要求买方预付 30%～50% 的定金，在出运装船前取得全部的余款。

一、落实信用证

落实信用证，主要包括催证、审证和改证三项内容。

（一）催证

在按信用证付款方式成交时，买方按约定的时间开证是卖方履行合同的前提条件。尤其是大宗交易或按买方要求而特制的商品交易，买方及时开证更为重要，否则卖方无法安排生产和组织货源。但在实际业务中，有时经常遇到国外进口商拖延开证，或者在行市发生变化或资金发生短缺时故意不开证的情况。对此，卖方应结合备货情况，及时提醒买方开立信用证，以保证合同的顺利执行。

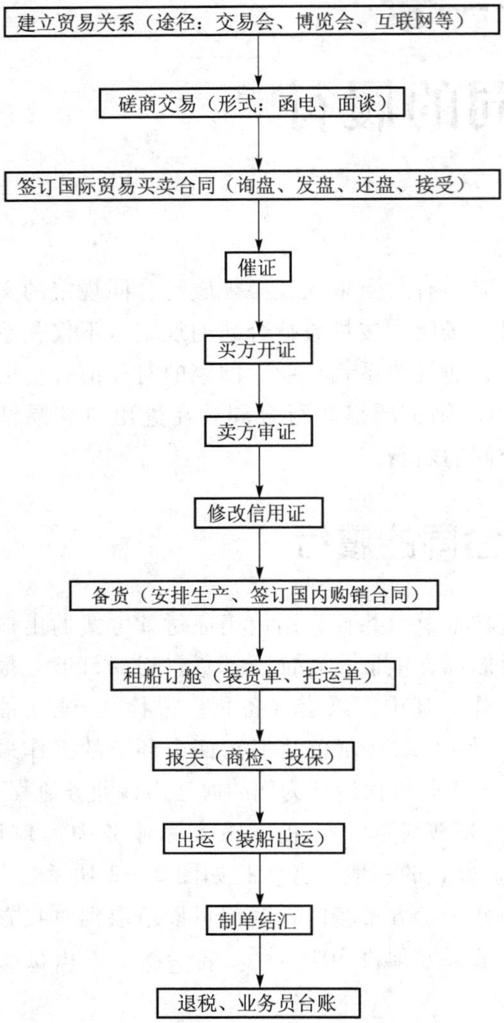

图 21-1　信用证的海运出口业务流程

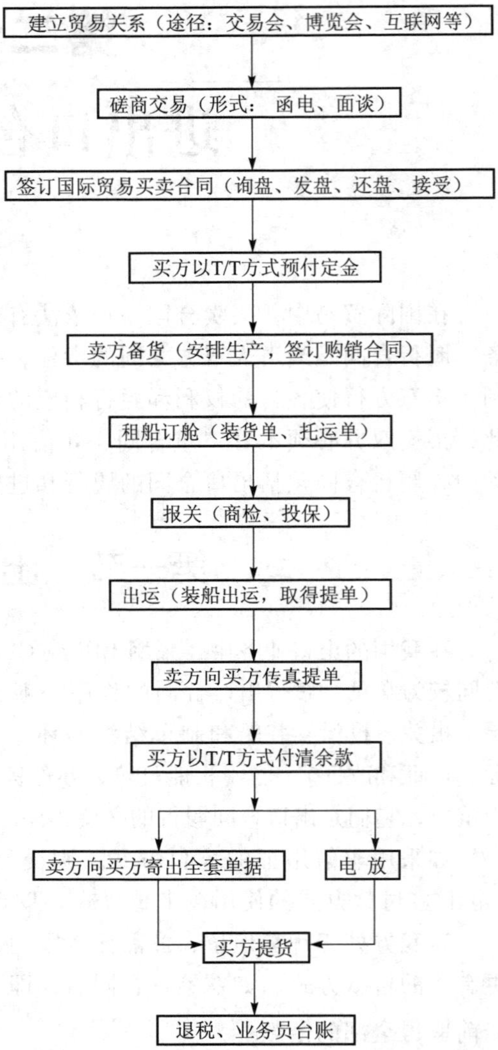

图 21-2　T/T 付款的海运出口业务流程

（二）审证

审证是审核所收到的信用证是否与合同规定一致。在实际业务中，由于种种原因，如工作的疏忽、电文传递的错误、贸易习惯的不同、市场行情的变化或进口商有意利用开证的主动权加列对其有利的条款，往往会出现开立的信用证条款与合同规定不符，或者在信用证中加列一些对于出口商而言看似不重要但实际无法满足的信用证付款条件（在业务中也被称为“软条款”）等情形，使得出口商无法按该信用证收取货款。为确保收汇安全和合同顺利执行，防止给我方造成不应有的损失，我们应当认真谨慎地审核信用证。

审核的项目一般包括：

1. 根据信用证的种类进行相应审核

信用证种类繁多，根据《跟单信用证统一惯例》第600号出版物的规定，信用证都是不可撤销的。信用证按照不同的功能，其种类有：

（1）按照银行的付款期限，可分为即期信用证（Sight L/C）、远期信用证（Usance L/C）和假远期信用证。

即期信用证和远期信用证只需要查看信用证中注明的汇票付款方式，如：

即期信用证：Draft at... 42C：AT SIGHT

远期信用证：Draft at... 42C：90 DAYS AFTER SIGHT

为了应付某些外汇短缺的国家限制开出即期信用证，银行以远期信用证的形式开出，而从受益人可即期收到货款而又不承担利息的角度来看，其实质是即期信用证，所以又称为假远期信用证。

（2）按照受益人对信用证的权利可否转让，分为可转让信用证（Transferable L/C）和不可转让信用证（Non-transferable L/C）。可转让信用证，在信用证的行头就会注明"Transfer of a Documentary Credit"。

（3）按照是否有第三方的银行对原开证行的付款行为加以担保，可分为保兑信用证（Confirmed L/C）和不保兑信用证（Unconfirmed L/C）。

（4）在进料加工和易货贸易方式中，双方互为买方卖方，所以双方都必须向对方开出信用证，产生了对开信用证（Reciprocal L/C ）。对开信用证现已很少使用。

（5）背对背信用证（Back to Back L/C），适用于中间商介绍生意，为了隐去原有母证的信息，在原证的基础上，略加修改，由原证的通知行开出新的信用证，此新的信用证即为背对背信用证。背对背信用证可以从信用证的条款中看出，如：信用证的开证申请人是在香港，但信用证的最终收货人是在美国，香港中间商手中持有的是"母证"，开给供货商的便是"子证"，"子证"其实就是背对背信用证。

（6）循环信用证（Revolving L/C）。在分批交货、历时较长的情况下，为了避免信用证的金额过大，采用小面额不断循环再生方式，降低交易成本且方便交易的各方，从而产生了循环信用证。

（7）备用信用证（Standby L/C）。备用信用证其实质不属于跟单信用证的范畴，而是开证行为某些履约行为进行担保的信用证，其前身是银行保函。从UCP400开始，备用信用证被列为信用证家族的一员。信用证是开证行替进口商付款担保的备用信用证。

2. 审核开证申请人和受益人

要仔细审核开证申请人的名称和地址，以防错发错运。受益人的名称和地址也必须正确无误，不能有错别字，否则容易出现纠纷，而且也会造成单据上受益人的行头和印鉴与信用证不符合，从而无法制作出口单证，影响收汇。

3. 审核信用证中规定的货物数量与金额及币种

核对货物数量和总金额是否相符。实际业务中常有部分预付款、部分信用证结算的操作，这时候往往出现货物数量和信用证金额不一致，信用证只显示部分金额的情况，因而在单据中要做必要的说明。信用证采用的支付货种应与合同规定的货种一致。如果不一致，应按中国银行外汇牌价折算成合同货币，在不低于或相当于原合同货币总金额时方可接受。信用证的金额与合同金额一致，总金额的小写数字和大写数字必须一致。如果合同订有溢短装条款，那么信用证金额还应包括溢短装部分的金额。

4. 审核信用证有关货物的记载

审核货物品名描述是否过于简单。客户常常在信用证中简化品名，有时候过于笼统，会影响到相关商检单证的出具。审核来证中有关品名、质量、规格、数量、包装、单价金额、港口、保险等是否与合同规定一致，有无附加特殊条款及保留条款，如指定由某轮船公司的船只运输，或者商业发票、产地证书须由国外的领事签证等。这些都应慎重审核，视具体情况做出是否接受或提请修改的决策。

5. 审核信用证的有效期

信用证的有效期是卖方向银行交单的最后期限，也是开证行保证付款的期限。一个信用证可以没有装运期，但不能没有有效期；一个信用证没有有效期则本身无效。UCP600 第 6 条规定："信用证必须规定一个交单的截止日。规定的承付或议付的截止日将被视为交单的截止日。"

6. 审核信用证的装运期

一般来说，装运期就是卖方的交货期，这是合同的要件条款。装运期是对货物装运时间的规定，必须与合同规定一致。如信用证到达太晚，不能如期装运，应及时电请国外买方延展装运期限；如由于生产或船舶等原因，不能在装运期限内装运，也可要求对方延展装运期。信用证的有效期与装运期应有一定的合理间隔，以便卖方在货物装船后有足够的时间进行制单和结汇等工作。如信用证有效期与装运期规定在同一天，习惯上叫"双到期信用证"，这种规定方法不太合理，受益人应视具体情况提请对方修改。

还有一个特别容易犯的错误，就是要求客户修改交货期或交单期的时候，没有相应修改信用证有效期。比如规定 10 月 10 日船期，12 天交单期，信用证有效期是 10 月 22 日，现在更改交单期为 15 天，如忘记相应更改信用证有效期，就会导致"虽然在交单期内交单，却仍逾过信用证有效期"的后果。

7. 审核转船和分批装运条款

一般情况下，买方都不愿意接受对其进口的货物在运输中可以转船的条款，因为货物中途转船，不仅延误时间、增加费用开支，还有可能出现货损货差。卖方在审核有关条款时，应注意它与合同的规定是否一致。合同中如允许转船，还应注意在允许转船的内容后面有无加列特殊限制或要求，如指定转运地点、船名或船公司。对这些特殊限制应考虑是否有把握办到，否则应及时通知对方改证。

合同中如规定分批、定期、定量装运，那么在审核来证时，应注意每批装运的时间是否留有足够的间隔。因为按照惯例，对于分批装运合同，若任何一批未按期装运，则信用证中的该批和以后各批均告无效。所以审证时要认真对待。

8. 审核信用证的付款方式

银行的付款方式有四种：即期付款、延期付款、承兑汇票到期付款和议付。所有的信用证都必须清楚地表明付款属于哪一类。

根据 UCP600 第 6 条 b 款：信用证必须规定其是以即期付款、延期付款、承兑还是议付的方式兑用。

9. 审核要求提交的单据

要仔细审核来证要求提供的单据种类、份数及填制方法等，如发现不适当的要求和规定，应做出适当处理。

如："COPY OF CARGO RECEIPT ISSUED, DATED AND SIGNED BY THE AUTHORIZED SIGNATORY（IES）OF THE APPLICANT CERTIFYING THAT THE GOODS HAVE BEEN RECEIVED IN GOOD ORDER, SHOWING THE QUANTITY, VALUE OF GOODS, DATE OF RECEIPT OF THE GOODS AND THIS CREDIT NUMBER." 意为："一份由经开证申请人授权签名的承运货物收据，注明收到货物状况良好并标注货物的数量、总值、收到货物的日期以及本信用证号。"

该条款对卖方极为不利。如果买方拒不签名，卖方将无法交单议付。

2/3 提单在信用证中经常可见，如："2/3 original clean on board ocean bill of lading dated no later than August 31, 2009 made out to order, blanked endorsed, notify applicant marked freight prepaid." 意为："全套 3 份正本提单，卖方只需提交 2 份给银行。"

信用证条款中往往还紧跟着另一个条款：另外 1 份提单，买方往往要求卖方在取得提单后直接寄给买方，目的是尽快提货，掌握货物的所有权。条款描述如："Beneficiary's certificate stated that 1/3 set of original bill of lading has been airmailed directly to applicant within 48 hours after shipment." 意为："受益人的一份证明：3 份正本提单中的一份已经在装船后的 48 小时内以航空邮件直寄开证申请人。" 有些外贸公司为了争取客户，也勉强接受这一条款。但是这一条款对卖方极为不利，其实际上违背了信用证交易的根本原则。如果接受这样的条款，在买方对开证行付款赎单前，买方实际已控制了货物，获得了货物的所有权。因为 3 份正本，只要其中任何 1 份用于提货，其余的就自动失效。这样，开证行对其中的 2 份提单付款后，作为质押的货物所有权单据实际上对买方没有任何意义了。在市场行情发生变化的情况下，信誉不好的买方，提货后往往借故拖延或拒绝付款，甚至逃之夭夭。所以，这一条款也可以视为"软条款"，我们在审证时发现这一条款，应当拒绝接受。曾有某外贸公司业务员长期以来按照这样的条款向客户交单，在金融形势不好的大环境下，该客户背信弃义，取得提单后，以种种借口拒绝付款，给我外贸公司造成极大的损失。因为很多银行并不真正按照信用证的原则，对相符交单见单即付，而是先征求买方的意见，待买方同意付款，开证行才对外付款。

10. 审核信用证上的特殊条款

除非出口企业确有把握做到，否则，我方一般不接受信用证特殊条款中的各种规定。如下条款，我们应要求删除。

+Applicant's fax approval to beneficiary confirming shipment of goods. 意为：开证申请人同意卖方装船的批准书的传真件。(卖方向银行提交的单据之一)。

+Inspection Certificate issued and signed by Mr. P. V. Mirani or Mr. Vijay Sharma of Mansfield Export [whose signature (s) and any seal or chop required by the issuing bank's mandate must be in conformity with the record held in the issuing bank's file]. 意为：检验证书，由曼斯菲尔德公司的 Mr. P. V. Mirani 或 Mr. Vijay Sharma 所签署的检验证书［在证书上此二人的签名或印章（开证行认可的）必须和开证行存档的签名相一致］。

11. 审核费用分摊问题

查看费用分摊是否合理。71B 条款是专门规定信用证操作手续费用分摊的。一般公平些的做法是“申请人境外的费用由受益人承担”，但目前有些苛刻的客户会要求“除开证费外所有费用均由受益人承担”。

Details of Charges 71B: All banking charges including advising and negotiation commission are for the account of beneficiary.（费用详情 71B：所有银行费用包括通知费、议付手续费由受益人承担。）

Details of Charges 71B: All banking charges outside of opening bank are for beneficiary's account.（费用详情 71B：所有开证行以外的费用由受益人承担。）

12. 审核信用证是否生效

有的信用证开出来了，但实质是未生效，规定信用证生效需满足一定条件，而往往是否满足此类条件又是掌握在买方手上，这样的信用证对我方非常不利，这样的条款就是“软条款”。可要求对方删除该条款。

如以下信用证中的语句：

This credit is non-operative unless carrying vessel has been approved by applicant and to be advised by L/C issuing bank in form of an L/C amendment to beneficiary. 意为：本证未生效，除非开证申请人通过开证行以信用证修改书的形式通知受益人同意载货船舶（装船）。

以上是银行和出口企业审证的要点。总之，审查信用证要以买卖双方签订的合同为准，对信用证进行逐字审核。只要发现我方不能接受的不符点，就应要求对方修改信用证。

（三）改证

信用证修改有两个原因。一是受益人的原因，凡是发现有不符合买卖合同或不利于出口方安全收汇的内容，就应立即要求进口商向原开证行申请修改信用证；二是开证申请人的原因，因为情况的变化迫使开证申请人认为有必要修改信用证条款。

在改证时应注意以下几点：

（1）发现同一张信用证中有多处需要修改之处，应尽量做到一次性向国外客户提出，以节约时间与费用。因为每次修改，国外客户都要向开证行缴纳一定的手续费，受益人也要向通知行缴纳一定的修改通知费，它不仅增加了双方的手续和费用，而且多次修改的对外影响也不好，也会影响及时履约。

（2）对于开证行根据客户申请发出的修改通知的内容，也仍然要认真地进行审核，一旦发现修改后的内容仍不能接受时，应及时向客户声明表示拒绝，并再次提请修改。

（3）根据 UCP600 的规定，对同一修改的内容不允许部分接受，因而对修改内容的部分接受当属无效。国外开证行发来的修改通知中如果包括两项或两项以上的内容，我们对此通知要么全部接受，要么全部拒绝，不能只接受其中一部分而拒绝另一部分。

对国外来证的审核和修改，是保证顺利履行合同和安全、迅速收汇的重要前提，我们必须给予足够的重视，认真做好审证工作。

二、备货

备货是出口企业根据合同或信用证规定，向有关工厂企业或部门采购和安排生产的过程，按质、按量地准备好应交的货物。这是卖方履行合同的基本义务。

出口企业性质不同，备货的形式也不同。对于外贸出口公司，就要向国内有关生产企业联系货源，订立国内采购合同。对于自营出口的生产型企业，备货是向生产加工或仓储部门下达联系单，要求该部门按联系单的要求，对应交的货物进行清点、加工整理、包装、刷制运输标志以及办理申报检验和领证等项工作。联系单是进出口企业内部各个部门备货、出运、制单结汇的共同依据。在出口备货时，要注意以下几个问题。

（1）货物的品质、规格。应按合同的要求核实，必要时应进行加工整理，以保证货物的品质、规格与合同或信用证规定一致。

（2）货物的数量。应保证满足合同或信用证对数量的要求，备货的数量应适当留有余地，万一装运时发生意外或损失，以备调换和适应舱容之用。

（3）备货时间。应根据信用证规定，结合船期安排，以利于船货衔接。

（4）货物包装应与合同或信用证的要求一致。在备货过程中，要对货物的内外包装和装潢（包括商标、贴头、标签）均进行认真核对和检查，如发现包装不良或有破损的情况，应及时进行修整或换装，以免在装运时拿不到清洁提单，造成收汇损失。

三、报检

报检是指出口方向商品检验机构申报检验。凡属国家规定法检的商品，或合同规定必须经海关总署检验出证的商品，在货物备齐后，应向其申请检验。只有取得合格的检验证书，海关才予以放行。经检验不合格的货物，一般不得出口。

报检的程序一般是：

（一）申请

凡需要法定检验出口的货物，应填制出口商品检验申请单，向商检部门办理申请报验手续。

申请报验后，如出口公司发现申请单内容填写有误，或因国外进口人修改信用证以致货物规格有变动时，应提出更改申请，说明更改事项和更改原因，并更改申请单。

（二）检验

商检机构对出口商品的抽样检查，应当按照法律或合同规定的检验标准进行。检验的内容包括商品的质量、规格、数量、重量、包装以及是否符合安全、卫生要求等。

（三）出证

商品检验合格后，即由商检部门发给检验证书，出口公司应在检验证书规定的有效期内将货物出运。如超过有效期装运出口，应向商检部门申请展期，并由商检部门进行复验，经复验合格货物才能出口。关于检验证书的有效期，一般货物是从发证起2个月内有效，鲜果、鲜蛋类为2～3个星期内有效，植物检验为3个星期内有效。如果超过有效期，装运前应向商检部门申请复验。

四、办理货运、投保和报关

出口企业在备货的同时，还必须及时办理运输、投保和报关等手续。

（一）办理货运的步骤

1. 租船订舱

在CIF或CFR条件下，租船订舱是出口方的责任之一。

如果出口货物数量较大，需要整船运输，则需要办理租船手续；如果出口货物数量不大，不需要整船运输，则可由外运公司代为洽订班轮舱位。

2. 订舱的基本程序

（1）查看船期表，外贸公司填写托运单（Booking Note，B/N）作为订舱依据；

（2）船公司或其代理人在接受托运人的托运单后，发给托运人装货单（Shipping Order，S/O）；

（3）货物装船以后，由船长或大副签发收货单（Mate's Receipt）；

（4）托运人到船公司换取正式提单（Bill of Lading，B/L）。

（二）投保

对于按CIF条件成交的出口合同，出口商应在货物装运前，及时向保险公司办理投保手续。出口公司填制投保单，列明货物名称、保险金额、运输路线、船名、航次、开航日期、投保险别等，办理保险手续，缴纳保险费。保险公司接受投保后，即签发保险单或保险凭证。

（三）报关

1. 报关的含义

报关是指进出口商品装船出运之前向海关申报的手续。

2. 报关企业的类型

报关企业的类型有三种：专业报关企业、代理报关企业和自理报关企业。

3. 报关的程序

出口公司在装船前，必须填写出口货物报关单，向海关申报，并应随附商业发票、装货单、商检证书、出口许可证等，必要时提供合同、信用证副本。海关对货、证核查无误后，在装货单上加盖“放行”章，即可凭以装船。出口公司可以自行办理报关手续，也可以委托专业的报关行和国际货运代理公司办理。

从以上出口合同履行的环节可以看出，在出口合同履行过程中，货、证、船的衔接是一项极其细致而又复杂的工作。因此，进出口企业必须加强对出口合同的科学管理，建立起能反映出口合同执行情况的进程管理制度，尽力避免交货期不准、拖延交货期或不交货等现象的发生，力求做到证、货、船三方面的衔接和平衡。

五、出口业务的制单结汇

制单结汇是指出口货物装运之后，进出口公司即应按照信用证的规定，正确缮制各种结汇单据，在信用证规定的交单期内，递交给银行办理议付结汇手续。

UCP600 规定，银行必须合理小心地审核信用证规定的一切单据，以确定是否表面与信用证条款相符，如单据表面与信用证条款不符，银行可以拒绝接受。因此，对各种结汇单据的缮制是否正确完备，对安全迅速收汇有着特别重要的意义。

出口结汇单据要正确、完整、及时、简明、整洁。

（一）出口单据的制作

1. 汇票

在出口贸易中，汇票（Bill of Exchange，Draft）通常使用的是随附单据的跟单汇票。

（1）缮制汇票应注意的问题

1）付款人。采用信用证支付方式时，汇票的付款人应按信用证的规定填写，一般是开证行或付款行。信用证规定付款人的专业术语为“Drawn on ×××”，意为“以×××为付款人”，所以介词 on 后的宾语即为付款人。UCP600 规定：“信用证不得形成凭以申请人为付款人的汇票兑用。”这个规定使得开证行承担信用证下第一性付款的责任，与其最终汇票付款人地位更为一致。

2）受款人。受款人也称为抬头。通常采用指示性抬头，例如“付给背书人（卖方）或其指定人”（Pay to the order of ×××）。

3）出票依据。也就是汇票的“出票条款”（Drawn Clause）。如属于信用证方式，应按照来证的规定文句填写。如信用证内没有规定具体文句，可在汇票上注明开证行名称、地点、信用证号码及开证日期。例如：“凭××银行×××号××××年××月××日不可撤销信用证开立”（Drawn Under ×× Bank Irrevocable L/C NO. ××× DATED ××××）。如属于托收方式，汇票上应注明有关买卖合同号码。

4）汇票到期日，无论用 after 还是 from，一律从第二天起算；而以运输单据日（有装运日记载的依记载，没有记载的依出单日）为依据计算交单日，用 from 的从当天起算。汇票中以运输单据日为基准日按规定天数计算汇票到期日的，不管用 from 还是 after，均从第二天起算。

5）汇票一般开具一式两份，两份具有同等效力，其中一份付讫，另一份自动失效。

（2）汇票的填制（见表 21-1）

表 21-1 汇票的填制

BILL OF EXCHANGE

No. ①________

For ②________ ③________

(Amount in figure) (Place and date of issue)

At ④________ sight of this FIRST Bill of exchange (SECOND being unpaid)

Pay to ⑤________ of order the sum of

②________

(Amount in words)

value received for ⑥________ of ⑥________

(Quantity) (Name of commodity)

Drawn under ⑦________

L/C No. ⑦________ dated ⑦________

To: ⑧________

For and on behalf of ⑨

(Signature)________

1）No. ________汇票号码

通常与此笔交易的发票号码一致，以便核对。

2）Amount in figure 汇票小写金额，Amount in words 汇票大写金额

依信用证的规定，按发票金额填写。大小写必须一致。货币的种类应与信用证的货币种类相同。例如：小写金额为 USD8 765.45，大写有以下两种表示方法：

方法一：US DOLLARS EIGHT THOUSAND SEVEN HUNDRED SIXTY FIVE AND FORTY CENTS ONLY.

方法二：US DOLLARS EIGHT THOUSAND SEVEN HUNDRED SIXTY FIVE AND 45/100 ONLY.

3）Place and date of issue 汇票的出票地点和日期

一般是提交议付行的日期，该日期必须在信用证的有效期之内。

4）At ________ sight 汇票付款期限

① 即期汇票“At sight...”，只需在横线上用“＊＊＊＊＊＊”或“----------”表示，也可以直接打上“At sight”（不要留空）。

② 远期汇票。按信用证汇票条款的规定填入相应的付款期限。

如：“30 days after sight”，见票后 30 天付款。

“45 days after date”，汇票出票日后 45 天付款。

“60 days after the B/L date”，提单日后 60 天付款（注意：此时应在“B/L date”后加注实际的提单日期）。

5）Pay to________受款人

在汇票中一般用“Pay to the order of...”或“Pay to... or order”来表示。通常，在信用证支付条件下“受款人”填信用证受益人的名称，或者直接填写“Ourselves”

意指出票人本人。如：“Pay to the order of ABC CO., LTD”。ABC CO., LTD 为信用证受益人。

6）Value received for ________ 对价条款

应填入有关货物的数量、包装及品名。如：“Value received for 370 Cartons of Plush Toys”。

7）Drawn under ________ 出票依据

应填写相关信用证开证行、信用证号码及开证日期。

如：“Drawn under The National Bank of Kuwait S. A. K. Head Office L/C No. 02/419456/6 Dated 3rd Feb., 2012”。

8）To ________ 付款人（Payer）即受票人（Drawee）

一般此栏在汇票中用“To”表示。汇票付款人的填写要按照信用证的要求，在信用证汇票条款中付款人往往是用“drawn on...”或直接用“on...”表示的。

例如：汇票条款中规定“... drawn on us”或“... on ourselves”，则付款人为开证行。

汇票条款中规定“... drawn on ×× bank”（非开证行），则付款人为该银行（即信用证的付款行）。

汇票条款中规定“... on yourselves”，则付款人为通知行，而此时通知行往往又是信用证的保兑行。

注意：在托收项下，汇票付款人也可以是买方或其他企业。在信用证项下，付款人应按受益人的规定填上详细的名称地址。UCP600 第 6 条 c 款规定：“信用证不得开成凭以申请人为付款人的汇票兑用。”

9）For and on behalf of ________ 出票人（Drawer）

在汇票右下角为出票人。一般填信用证受益人，并且受益人在出具汇票后必须签署。

2. 商业发票

发票（Invoice）种类很多，通常指的是商业发票（Commercial Invoice）（商业发票的式样见表 21-2），此外，还有海关发票、领事发票和厂商发票等。

（1）含义

商业发票是指卖方开立的载有货物名称、数量、价格等内容的清单，它是买卖双方交接货物和结算货款的主要单证，也是进出口申报关税必不可少的单证之一。

我国各进出口公司的商业发票没有统一格式，但主要项目基本相同，主要包括发票编号、填制日期、数量、单价、总值和支付方式等项内容。

（2）UCP600 对商业发票的规定

UCP600 第 18 条规定，商业发票：

a. i 必须看似由受益人出具；

ii 必须出具成以申请人为抬头；

iii 必须与信用证的货币相同，且无须签名。

表 21-2 商业发票

<table>
<tr><td colspan="3">Issuer:
FUJIAN TIANHUI IMPORT AND EXPORT CO., LTD.
NO. 245, GONGYE ROAD, FUZHOU
FUJIAN, 350004, CHINA</td><td colspan="2" rowspan="2">PAGE 1 OF 1
福建省天慧进出口公司
FUJIAN TIANHUI IMPORT
AND EXPORT CO., LTD.

(Original)
商业发票
COMMERCIAL INVOICE</td></tr>
<tr><td colspan="3">To:</td></tr>
<tr><td colspan="3" rowspan="3">Transport details:</td><td>No.</td><td>Date</td></tr>
<tr><td>S/C No.</td><td>L/C No.</td></tr>
<tr><td colspan="2">Terms of payment</td></tr>
<tr><td>Marks
and numbers</td><td>Number and kind of packages;
Description of goods</td><td>Quantity</td><td>Unit price</td><td>Amount</td></tr>
<tr><td></td><td></td><td></td><td></td><td></td></tr>
<tr><td colspan="5">FOB SHANGHAI, CHINA Total:
TOTAL QUANTITY: PACKING:
TOTAL WEIGHT: NET WT.: GROSS WT.:
TOTAL:</td></tr>
<tr><td colspan="5">WE CERTIFY THAT THE SUPPLIED GOODS ARE OF CHINESE ORIGIN.
THIS INVOICE IS IN ALL RESPECTS CORRECT AND TRUE.</td></tr>
<tr><td colspan="2">SIGNATURE:</td><td colspan="3">Bank Information:
Beneficiary Name: FUZHOU TRUST AND THRIVE IMPORT AND EXPORT COMPANY LIMITED
A/C No.: 591903147932606
Swift Code: CMBCCNBS×××
Bank Name: CHINA MERCHANTS BANK FUZHOU JIANGBIN SUB-BRANCH
Bank Address: NO. 2, QIULONG RD, TAIJIANG DISTRICT, FUZHOU, CHINA</td></tr>
</table>

商业发票中对货物的描述必须与信用证规定相符。其他一切单据可使用货物统称，但不得与信用证规定的货物描述有抵触。

b. 按指定行事的指定银行、保兑行（如有的话）或开证行可以接受金额大于信用证允许金额的商业发票，其决定对有关各方均有约束力，只要该银行对超过信用证允许金额的部分未做承付或者议付。

c. 商业发票上的货物、服务或履约行为的描述应该与信用证中的描述一致。

3. 海运提单

运输单据随不同的运输方式而各异：

海洋运输——海运提单（Marine/Ocean Bill of Lading，B/L），
　　　　　　不可转让海运单（Non-negotiable Sea Waybill）；
铁路运输——铁路运单（Rail Waybill）；
航空运输——航空运单（Air Waybill）；
邮包运输——邮包收据（Parcel Post Receipt）；
多式联运——多式联运单据（Multimodal Transport Document，MTD），
　　　　　　联合运输单据（Combined Transport Document，CTD）。

运输单据必须由承运人或其代理人签发，并分情况注明货物已装船或已收妥待运或已经接受监管。如信用证指定为海运提单，则必须是已装船提单。除非信用证另有规定，可以是包括全部航程的转船提单。对于任何“不清洁”或货物装于舱面的运输单据，除信用证特许外，银行均可拒绝接受。

其中，在国际贸易中，海运是最主要的运输方式，所以我们在此着重介绍海运提单（Bill of Lading；B/L）。

海运提单简称提单，是目前海运业务使用最为广泛和最主要的运输单据。它是由船长或船公司或其代理人签发的，证明已收到特定货物，允诺将货物运至指定的目的港，并交付给收货人的凭证。海运提单也是收货人在目的港据以向船公司或其代理提取货物的凭证。

（1）UCP600 第 20 条对海运提单的重要规定：

提单，无论其称谓如何，必须看似：

a.

i. 表明承运人名称，并由下列人员签署：

承运人或其具名代理人，或船长或其具名代理人。

承运人、船长或代理人的任何签字必须分别标明其承运人、船长或代理人的身份。

代理人的任何签字必须标明其系代表承运人还是船长签字。

ii. 通过下述方式表明货物已在信用证规定的装运港装载上具名船只：

预先印就的文字，或注明货物已装船并有装船日期的批注。

提单的出具日期将被视为装运日期，除非提单包含注明装运日期的装船批注，在此情况下，已装船批注中显示的日期将被视为装运日期。

如果提单包含“预期船”字样或类似有关限定船只的词语时，装上具名船只必须由注明装运日期以及实际装运船只名称的装船批注来证实。

iii. 标明装运从信用证中规定的装运港至卸运港。

如果提单未注明以信用证中规定的装运港作为装运港，或包含“预期”或类似有关限定装货港的标注者，则需要提供注明信用证中规定的装货港、装运日期以及船名的装船批注。即使提单上已注明印就“已装船”或“已装具名船只”措辞，本规定仍然适用。

iv. 系仅有的一份正本提单，或者如果以多份正本出具，为提单中显示的全套正本。

v. 未注明运输单据受租船合约约束。

b. 就本条款而言，转运意指在信用证规定的装货港到卸货港之间的海运过程中，将货物由一艘船卸下再装上另一艘船的运输。

c.

i. 只要同一提单包括运输全程，则提单可以注明货物将被转运或可被转运。

ii. 即使信用证禁止转运，注明将要或可能发生转运的提单仍可接受，只要其表明货物由集装箱、拖车或母子船运输。

d. 对于提单中包含的声明承运人保留转运权利的条款，银行将不予置理。

对于 c 款第 ii 条，简言之，真正被禁止的转运，仅指海运中港至港的转运，非集装箱货物运输的转运。

（2）提单的样式

提单是代表货物所有权的凭证，也是进出口业务中最重要的单据（见表 21-3）。

提单的填制：

① 托运人（Shipper）：通常是信用证的受益人，即买卖合同中的卖方。

② 收货人（Consignee）：这是提单中最重要的一栏，关系到货物的所有权的占有和转让，填制时应严格按照信用证的规定。

a. 空白抬头。

Made out to order，Blank endorsed（空白抬头，空白背书），本栏只填 To order。

b. 记名指示抬头。

Made out to shipper's order，本栏只填 To shipper's order；

Made out to order of issuing bank，本栏只填 To order of ×× issuing bank。

c. 记名收货人抬头。

在收货人栏直接填收货人的名称。

③ 通知收货人：通常是开证申请人。

④ 收货地：承运人的收货地。

⑤ 船名。

⑥ 航次。

⑦、⑧ 分别是装货港和卸货港，要与信用证规定的一致。

⑨ 交货地：填船公司或承运人的交货地。

⑩ 提单号码：按配舱回单上的 D/R 号码填写。

⑪ 唛头：同商业发票上的唛头一致。

⑫ 货物包装及件数：填写总外包装件数。

⑬ 货物描述：只要填写货物的总称即可。

表 21-3　　提单

BILL OF LADING

<table>
<tr><td colspan="3">① SHIPPER</td><td colspan="3" rowspan="6">⑩ B/L NO.
CARRIER:

SINOTRANS

中国外运福建公司
SINOTRANS FUJIAN COMPANY

OCEAN BILL OF LADING</td></tr>
<tr><td colspan="3">② CONSIGNEE</td></tr>
<tr><td colspan="3">③ NOTIFY PARTY</td></tr>
<tr><td>④ PLACE OF RECEIPT</td><td colspan="2">⑤ OCEAN VESSEL</td></tr>
<tr><td>⑥ VOYAGE NO.</td><td colspan="2">⑦ PORT OF LOADING</td></tr>
<tr><td>⑧ PORT OF DISCHARGE</td><td colspan="2">⑨ PLACE OF DELIVERY</td></tr>
<tr><td colspan="6">⑪ MARKS ⑫ NOS. &KINDS OF PKGS. ⑬ DESCRIPTION OF GOODS ⑭ G. W. (kg) ⑮ MEAS (m^3)</td></tr>
<tr><td colspan="6">⑯</td></tr>
<tr><td colspan="6">⑰ TOTAL NUMBER OF CONTAINERS
OR PACHAGES (IN WORDS)</td></tr>
<tr><td>FREIGHT&
CHARGES</td><td>REVENUE TONS</td><td>RATE</td><td>PER</td><td>PREPAID</td><td>COLLECT</td></tr>
<tr><td>PREPAID AT</td><td colspan="2">PAYABLE AT</td><td colspan="3" rowspan="2">㉑ PLACE AND DATE OF ISSUE</td></tr>
<tr><td>TOTAL PREPAID</td><td colspan="2">⑱ NUMBER OF ORIGINAL
B (S) L</td></tr>
<tr><td>LOADING ON</td><td colspan="2">BOARD THE VESSEL</td><td colspan="3" rowspan="2">㉒</td></tr>
<tr><td>⑲ DATE</td><td colspan="2">⑳ BY</td></tr>
</table>

⑭、⑮ 分别是货物的毛重、尺码，同装箱单上货物的毛重、尺码一致。

⑯ 按照信用证的规定加注运费条款。即“Freight Prepaid”（CIF）或“Freight to Collect”（FOB）。

⑰ 货物总包装件数的大写。

⑱ 正本提单份数。

⑲、⑳ 分别是装船批注的日期和签署，提单都必须要有已装船的批注。根据 UCP600 的规定，如果提单必须加注 On Board，批注中显示的日期就是货物的装运日期。

㉑ 提单的签发地点和签发日期（Shipped on Board...）字样称为已装船提单，已装船提单的签发日期视为装运日期。

㉒ 提单的签署。

提单的缮制中，最关键的是提单的抬头即收货人（Consignee）的填制，关系到提单所有权的转让方式，在信用证中，都会有明确的规定。

此外，提单的各项内容（如提单的种类、收货人、货物的名称和件数、目的港、有关收取运费的记载、提单的份数等）一定要与信用证相符。但其中货物的描述只要与信用证的货物描述不抵触，可使用统称。

提单的签发份数。根据 UCP600 的规定，银行接受全套正本仅有一份的正本提单，或一份以上正本提单。如提单正本有几份，每份正本提单的效力是相同的，但是，只要其中一份凭以提货，其他各份立即失效。因此，合同或信用证中规定要求出口人提供“全套提单”（Full Set or Complete Set B/L），就是指承运人在签发的提单上所注明的全部正本份数。

提单的运费项目，在 CIF、CFR、CPT 和 CIP 条件下，应注明“运费已付”（Freight Prepaid）；如为 FOB、FCA 条件，则应注明“运费到付”（Freight to Collect）。除信用证另有规定外，不必列出运费的具体金额。

4. 保险

保险单（Insurance Policy）是指保险人（即保险公司）与被保险人（即投保人，一般为进出口商）订立的保险合同的书面证明。当被保险货物遭受保险合同责任范围以内的损失时，保险单是被保险人向保险人提出索赔、保险人理赔的依据。在 CIF、CIP 合同中，出口商在向银行或进口商收款时，提交符合信用证规定的保险单据是其重要义务。

保险单的被保险人应是信用证上的受益人，并加空白背书，便于办理保险单转让。

保险险别和保险金额应与信用证规定一致。UCP600 规定，在单据的表面，当 CIF 和 CIP 的金额能够被确定时，保险单必须表明投保最低金额，该项金额应为货物的 CIF 或 CIP 的金额加 10%，否则，银行接受的最低投保金额，应为根据信用证要求而付款、承兑或议付金额的 110%，或发票金额的 110%，以两者之中较高者为准。保险单所使用的货币，应与信用证所规定的货币相符。

按惯例，保险单的签发日期要早于提单日期。在保险单上，除非表明保险责任最迟于货物装船或发运或接受监督之日起生效，银行将拒收出单日期迟于装船或发运或接受监督日期的保险单。

保险单样式如表 21-4 所示。

表 21-4　　保险单

中国人民财产保险股份有限公司
PICC
PICC Property and Casualty Company Limited

货物运输保险单　CARGO TRANSPORTATION INSURANCE POLICY

印刷号(Printed Number)No.00021908　　保险单号(Policy No.)
合同号(Contract NO.)　　ZY02TB08019
PYII20083501920003O219
发票号(Invoice No.) ZY07540
信用证号(L/C No.) 28010579268
被保险人(Insured):FUJIAN ZHONGYI IMPORT & EXPORT CO.,LTD

中国人民财产保险股份有限公司(以下简称本公司)根据被保险人要求,以被保险人向本公司缴付约定的保险费为对价,按照本保险单列明条款承保下述货物运输保险,特订立本保险单。
THE POLICY OF INSURANCE WITNESSES THAT PICC PROPERTY AND CASUALTY LIMITED (HEREINAFTEER CALLED "THE COMPANY") AT THE REQUEST OF THE INSURED, UNDERTAKES TO INSURE THE UNDERMENTIONED GOODS IN TRANSPORTATION SUBJECT TO THE CONDITIONS OF THIS POLICE AS PER THE CLAUSES PRINTED BELOW

标记 MARKS&NOS.	包装及数量 QUANTITY	保险货物项目 GOODS	保险金额 AMOUNT INSURED
AS PER INVOICE	550 CTNS	RUCKSACK (CANVAS & NYLON BAGS)	USD 107 750.00

总保险金额:　SAY U.S. DOLLORS ONE HUNDRED AND SEVEN THOUSAND
Total Amount Insured: SEVEN HUNDRED AND FIFTY ONLY.
保费(Premium): as arranged　　起运日期(Date of Commencement): AS PER B/L
装载运输工具(Per Conveyance): REDER/D33E
自:　　经:　　至:
From　FUZHOU　Via　　To　HAMBURG
承保险别(Conditions):

ALL RISKS FOR 110 % OF THE TOTAL INVOICE VALLUE AS PER THE RELEVANT OCEAN MARINE CARGO CLAUSE OF P.I.C.C.DATED JAN.1ST,1981.

PICC

所保货物如发生保险单项下可能引起索赔的损失,应立即通知本公司或下述代理人查勘。如有索赔,应向本公司提交正本保险单(本保险单共有一份正本)及有关文件。如一份正本已用于索赔,其余正本自动失效。
IN THE EVENT OF LOSS OR DAMAGE WHICHE MAY RESULT IN A CLAIM UNDER THIS POLICY, IMME DIATE NOTICE MUST BE GIVEN TO THE COMPANY OR AGENT AS MENTIONED. CLAIMS, IF ANY, ONE OF THE ORIGINAL POLICY WHICH HAS BEEN ISSUED IN ONE ORIGINAL(S) TOGETHER WITH THE RELEVENT DOCUMENTS SHALL BE SURRENDERED TO THE COMPANY. IF ONE OF THE ORIGINAL POLICY HAS BEEN ACCOMPLISHED, THE OTHERS TO BE VOID

ORIGINAL

IN THE EVENT OF LOSS/DAMAGE, THE LOCAL AUTHORIZED SURVEYORS TO BE APPLIED FOR SURVEY AND PAYMENT OF CLAIM TO BE OBTAINED

保险人:中国人民财产保险股份有限公司
Underwriter: PICC P&C FUZHOU
电话(TEL):086-591-87092342
传真(FAX):086-591-87092371
地址(ADD):2rd/F NO.213 PICC P&C BLDG., WUSI RD., FUZHOU, FUJIAN

赔款偿付地点
Claim Payable at　HUMBURG IN USD
签单日期(Issuing Date)　JULY-28-2008
核保人:陈　冰　　制单人:傅　瑾

授权人签字:　陈豪杰
Authorized Signature
经办人:　www.picc.com.cn

5. 原产地证书

原产地证书（Certificate of Origin；C/O）简称产地证书，是由出口国政府有关机构签发的一种证明货物的原产地或制造地的法律文件。它主要作为进口国海关实行差别关税，实施进口限制、不同进口税率和不同进口配额等不同国别政策的书面依据。

在我国，原产地证书可由国家主管部门或中国国际贸易促进委员会签发。

原产地证书主要分为一般原产地证书和普惠制原产地证书。

（1）一般原产地证书（Certificate of Origin of The Republic of China），简称“C/O原产地证书”，又称为“普通产地证书”，简称“原产地证”。一般原产地证书是证明本批出口商品的生产或制造符合《中华人民共和国出口货物原产地规则》的一种法律文件，由商务部统一规定格式并印制，通常用于不使用海关发票或领事发票的国家或地区，以确认对货物征税的税率。

（2）普惠制（Generalized System of Preferences，GSP）原产地证书。普惠制是工业发达国家对来自发展中国家的某些产品，特别是工业制成品和半制成品，给予一种普遍的、非互惠的、非歧视的关税减免优惠制度。普惠制原产地证书样式见表21-5。

6. 装箱单和重量单

装箱单和重量单（Packing List and Weight Memo）是对商业发票的补充，便于国外买方在货物到达目的港时，供海关检查和进口商核对货物。

装箱单又称码单，被出口企业用来说明商品包装的内在详细情况（见表21-6）；重量单则列明每件货物的毛重和净重。

在采用海运以外运输方式的情况下，如信用证要求重量证明，除非信用证明确对此项重量证明必须另行提供单据，银行将接受承运人或其代理人附加于运输单据上的重量戳记或重量声明。

7. 商检证书

商检证书（Inspection Certificate）用以证明货物的品质、数量、重量和卫生条件等方面的状况。在我国，这类证书一般由国家主管部门出具，如合同或信用证无特别规定，也可以根据不同情况，由进出口公司或生产企业出具。但需注意证书的名称及所列项目或检验结果，应与合同及信用证规定相同。出证日期迟于提单日期的商检证书无效。

表 21-5 **原产地证书**

ORIGINAL

① Goods consigned from (Exporter's business name, address, country)

FUJIAN ZHONGYI IMPORT & EXPORT CO., LTD
F. 18 FUXIANG BUILDING NO. 119 WUSI FUZHOU FUJIAN P. R. CHINA

Reference No:

GENERALIZED SYSTEM OF PREFERENCES
CERTIFICATE OF ORIGIN
(Combined declaration and certificate)
FORM A
Issued in **THE PEOPLE'S REPUBLIC OF CHINA**
(country)
See Notes overleaf

② Goods consigned to (Consignee's name, address, country)

STURM HANDELS GMBH
D-72108 ROTTENBURG. GARTENSTR. 88
GERMANY

③ Means of transport and route (as far as known)

FROM FUZHOU TO HAMBURG BY SEA

④ For official use

⑤ Item number	⑥ Marks and numbers of packages	⑦ Number and kind of packages; description of goods	⑧ Origin criterion (see notes overleaf)	⑨ Gross weight or other quantity	⑩ Number and date of invoices
01	**STURM** **ZY02TB08019** **HAMBURG** **C/No. 1-550**	**550 CTNS (SAY FIVE HUNDRED AND FIFTY CARTONS)** **3 ITEMS OF RUCKSACK (CANVAS & NYLON BAGS)** ***************	**"P"**	**14740.00 KGS**	**INVOICE NO.: ZY07540** **INVOICE DATE: JULY 20, 2018**

⑪ Certification

It is hereby certified, on the basis of control carried out, that the declaration by the exporter is correct.

中华人民共和国
福州海关
(盖章)

曾建雄

FUZHOU. 5-AUG-2018
Place and date, signature and stamp of certifying authority

⑫ Declaration by the exporter

The undersigned hereby declares that the above details and statements are correct; that all the goods were produced in

CHINA
(country)

and that they comply with the origin requirements specified for those goods in the Generalized System of Preferences for goods exported to

GERMANY
(importing country)

FUJIAN ZHONGYI IMPORT & EXPORT CO., LTD.

陈天成

FUZHOU, **5-AUG-2018**
Place and date, signature of authorized signatory

表 21-6 装箱单

Issuer： FUJIAN TIANHUI IMPORT AND EXPORT CO.，LTD. NO. 245，GONGYE ROAD，FUZHOU FUJIAN，350004，CHINA	PAGE 1 OF 1 福建省天慧进出口公司 FUJIAN TIANHUI IMPORT AND EXPORT CO. LTD. **（Original）** **装箱单** **RACKING LIST**
To：	No. Date S/C No. L/C No.

Marks and numbers	Number and kind of packages；Description of goods				
			Quantity	GROSS W · T.	NET W · T.

TOTAL：

PACKING：

TOTAL：

GROSS W. T.：

NET W. T.：

WE CERTIFY THAT THE SUPPLIED GOODS ARE OF CHINESE ORIGIN.

8. 装货单

装货单（Shipping Order，S/O）也称关单、下货纸，是船公司接受托运人的托船请求，配舱妥当后给托运人的反馈，是装运通知，也是托运人向海关办理出口申报手续，海关凭以验放货物的单据，还是命令船长接受该批货物装船的通知（见表 21-7）。

9. 托运单

托运单（Booking Note，B/N）是订舱的依据。所谓托运单，是指托运人（发货人）根据买卖合同或信用证条款内容填写的向承运人（货运服务机构、船公司或装运港的船方代理人）办理货物托运的单证。承运人根据托运单内容，并结合船舶的航线挂靠港、船期和舱位等条件考虑，认为合适后，即接受这一托运，并在托运单上签章，留存一份，退回托运人一份。至此，订舱手续即告完成，运输合同即告成立。托运单的样式见表 21-8。

随着信息技术的发展和人们对科学管理、现代化和标准化工作认识的加深，各国对传统的贸易程序和制单工作进行改革，简化了国际贸易的各种手续，取消了不必要的环节，减少了单证的种类和份数，统一了单证格式，改进了制单方法，实行了贸易信息的标准化、代码化以及应用自动化电子数据处理和交换贸易信息。这些变革，必将进一步推动国际贸易的发展。

（二）信用证下制单结汇的三种做法

1. 出口押汇

出口押汇又称买单结汇，是指议付行在审单无误的情况下，按信用证条款贴现受益人（出口公司）的汇票或者以一定的折扣买入信用证项下的货运单据，从票面金额中扣除从议付日到未来收到票款之日的利息和手续费，将货款的余款按议付日外汇牌价折成人民币，垫付给出口企业。议付行向受益人垫付资金、买入跟单汇票后，即成为汇票持有人，可凭票向付款行索取票款。这种结汇方式实际上是议付行向出口企业提供资金融通的便利，有利于加速出口企业的资金周转。

2. 收妥结汇

收妥结汇又称收妥付款，是指信用证议付行在审单无误的情况下，将单据寄交国外付款行索取货款的结汇做法。在这种方式下，议付行都是待收到付款行的货款后，即从国外付款行收到该行账户的贷记通知书（Credit Note）时，才按当日外汇牌价，根据出口企业的指示，将货款折成人民币拨入出口企业的账户。在这种方式下，银行不承担风险，不垫付资金，但出口企业却可能因为收汇较慢而遇到资金周转的困难。

3. 定期结汇

定期结汇是指议付行根据向国外付款行索偿所需时间，预先确定一个固定的结汇期限，并与出口企业约定：该固定的结汇期限到期后，无论是否已经收到国外付款行的货款，都会主动将票款金额折成人民币拨交出口企业。

（三）装船后单证不符的补救方法

在信用证项下的制单结汇中，议付银行要求“单、证表面严格相符”。但是，在实

表 21-7 **装货单**

Shipper （发货人）
FUJIAN ZHONGYI IMPORT & EXPORT CO.,LTD.
F.18 FUXIANG BUILDING NO.119 WUSI FUZHOU
FUJIAN P.R.CHINA
TEL：86-0591-87218878

D/R No.（编号）

装 货 单
SHIPPING ORDER
场 站 收 据

Received by the Carrier the Total number of containers or other packages or units stated below to be transported subject to the terms and conditions of the carrier's regular form of Bill of Loading(for Combilled Transport or port to Port Shipment) which shall be deemed to be incorporated herein.
Date(日期):

场站章

Consignee （收货人）
TO ORDER

Notify Party （通知人）
STURM HANDELS GMBH
D-72108 ROTTENBURG. GARTENSTR.88 GERMANY
TEL：07472-16088

Pre Carriage by （前程运输） Place of Receipt （收货地点）
FUZHOU

Ocean Vessel （船名） Voy. No.（航次） Port of Loading（装货港）
REDER/D33E V5594 FUZHOU

Port of Discharge（卸货港） Place of Delivery（交货地点） Final Destination for Merchant's References（目的地）
HAMBURG PORT CY HAMBURG CY

Particulars Furnished by Merchants

Container No.（集装箱号）	Seal No.（封志号） Mark & Nos.（标记与号码）	No.of Containers of P'kgs.（箱数或件数）	Kind of Packages; Description of Goods（包装种类与货名）	Gross Weight 毛重（千克）	Measurement 尺码（立方米）
TANG0613390	STURM ZY02TB08019 HAMBURG C/No.1-550	550 CTNS	FCL/FCL CY/CY SKSACKS(CANVAS BAGS) **FREIGHT PREPAID**	14740 KGS	23.93 CBM
TOTAL NUMBER OF CONTAINERS OR PACKAGES(IN WORDS) 集装箱数或件数合计(大写)	SAY TOTAL：FIVE HUNDRED FIFTY CTNS ONLY.				

Container No.（箱号） Seal No.(封志号) Pkgs.(件数) Container No.(箱号) Seal No.(封志号) Pkgs.(件数)

Received(实收) By Terminal Clerk(场站员签字)

FREIGHT & CHARGES	Prepaid at(预付地点) FUZHOU	Payable at (到付地点)	Place of Issue (签发地点) FUZHOU
	Total Prepaid(预付总额) FUZHOU	No.of Original B(s)/L (正本提单份数) THREE(3)	BOOKING (订舱确认) APPROVED BY

Service Type on Receiving □-CY,□-CFS,□-DOOR	Service Type on Delivery □-CY,□-CFS,□-DOOR	Reefer Temperature Required. (冷藏温度)	°F	°C
TYPE OF GOODS (种类)	□Ordinary,□Reefer,□Dangerous,□Auto. (普通) (冷藏) (危险品) (裸装车辆) □Liquid,□Live Animal,□Bulk,□______ (液体) (活动物) (散货)	危险品	Glass: Property: IMDG Code Page: UN NO.	

表 21-8　　　　　　　　**托运单**

福建中亿进出口股份有限公司

出口货物托运单

委托编号:　32250103　　　　　　　　日期:　22-July-08

经营单位 SHIPPER:	FUJIAN ZHONGYI IMPORT&EXPORT CO.,LTD. F.18 FUXIANG BUILDING NO.119 WUSI FUZHOU FUJIAN,P.R.CHINA
收货人或指示 CONSIGNEE OR TO ORDER: TO ORDER	
通知人 NOTIFY PARTY: **STURM HANDELS GMBH** D-72108　ROTTENBURG. GARTENSTR. 88 GERMANY TEL: 07472-16088　　FAX: (49) 7472-160809	
卸货港 DESTINATION PORT:	HAMBURG,GERMANY

可否分批	ALLOW		可否转运	ALLOW	
装运期限	JULY 25,2008 FROM FUZHOU, CHINA		有效期		
运费预付 PREPAID		×	运费到付 COLLECT		
正本提单	3　份		副本提单	份	

标记唛头 **MARKS & NOS.**	中英文货名(规格及货号) **DESCRIPTION OF GOODS** **(IN CHINESE & ENGLISH)**	件　数 包装式样 **PKGS**	毛重 **G.W.** **(KGS)**	净重 **N.W.** **(KGS)**	长宽高 **L×W×H (cm)** **=CBM**
STURM ZY02TB08019 HAMBURG C/NO.1-550	CANVAS BAGS:ART.NO.13995		28KGS	25KGS	
	NYLON BAGS:ART.NO.13996		26KGS	23KGS	
	NYLON BAGS:ART.NO.13999		26KGS	32KGS	
	TOTAL:		14740KGS	12900KGS	23.930CBM
	FREIGHT PREPAID				

随附单证:		**委托事项:**	
发票	1	散货	
装箱单	1	集装箱	×
报关单	1	报检	×
商检证	1	退税	×
核销单	1	提单快递	×
许可证		船龄证明	

要求事项:	1) 请尽快将进仓地址传真给我司 2) 货物出口后请快递提单
委托单位:	福建中亿进出口股份有限公司
联系人:	陈晨
电话:0591-87218878	FAX:　0591-87218888

际业务中，由于种种原因，单、证不符情况会时有发生。如果信用证的交单期允许，应及时修改单据，使之与信用证的规定一致。如果不能及时改证，进出口企业应视具体情况，选择如下处理方法。

1. 表提

当议付行审单发现不符点时，如情节不严重，在征得进口商同意后，出口商可向议付行出具担保书，要求凭担保议付。这时，议付行向开证行寄单时，在随单据的表盖（Covering Schedule）上注明单、证不符点和“凭保议付”字样。此种做法称为“担保议付”，也被称为“表盖提出”（简称“表提”）。

2. 电提

当出口商所交单据与信用证的规定存在不符的情况时，可由议付行先用电报或电传向开证行列明不符点，待开证行确认接受后，再将单据寄出。“电提”的目的是在尽可能短的时间内了解开证行对单、证不符的态度。

3. 改为跟单托收

如出现单、证不符，议付行又不愿采用“电提”或“表提”的做法，出口商只能采用托收方式，委托银行寄单收款。由于这种托收与原信用证有关，为了使进口商易于了解该项托收业务的来由，托收行仍以原信用证的开证行作为代收行，请其代为收款。

值得注意的是，以上三种处理办法实际上已将银行信用改为商业信用，开证行已不再承担信用证项下的付款责任，致使出口商完全陷于被动地位。因此，除非万不得已，不要轻易采用上述三种补救措施，而是应该认真缮制单据，仔细预审单据，将问题解决在货物出运之前。

第二节 进口合同的履行

进口合同签订以后，我国的进口企业一方面要履行付款、收货的义务，另一方面也要督促国外的出口商及时履行按合同规定交货的义务，防止因其违约而给我方造成损失。

在我国的进口交易中，进口合同多数是按 FOB 价格条件成交的，如果是采用即期信用证支付方式成交，履行这类进口合同一般要经过开立信用证、租船订舱、装运、办理保险、审单付款、报关接货、检验、拨交这些主要环节。这些环节的工作，是由进出口公司、运输部门、商检部门、银行、保险公司以及用货部门等各有关方面分工负责、紧密配合而共同完成的。

如果采用信用证支付方式，进口业务要涉及进出口企业、船公司、船代、货代、保险公司、海关、银行、商检机构以及最终用货部门，面广、环节多，要做到环环相扣，才能保证一票货物顺利完成。

一、开立信用证

及时对国外出口商开出信用证是进口企业在进口合同下的最主要义务之一。进口企业一定要保证在合同规定的期限内开出信用证，否则就构成违约，使自己陷于被动。如果合同规定在出口方领到出口许可证或支付履约保证金后开证，则进口方应在收到出口方已领到许可证的通知，或银行通知保证金已照收后开证。如果合同规定在出口方确定交货期后开证，进口方应在接到出口方上述通知后开证。

申请开立信用证的一般程序为：

1. 填写开证申请书，向银行办理开证手续

开证申请书（Application for Letter of Credit）是开证银行开立信用证的依据。进口企业在填写开证申请书时，应在其中列明各项交易条件，并应使这些条件与合同条款完全一致，例如品质、规格、数量、价格、交货期、装货期、装运条件及装运单据等。出口方收到信用证后，如果提出修改信用证的请求，经进口方同意后，进口方就要及时通知开证行办理改证手续。最常见的修改内容有展延装运期和信用证有效期、变更装运港口等。

2. 交付一定比率的押金和支付开证手续费

进口商申请开立信用证，应向开证银行交付一定比率的押金（Margin）或提供其他担保，开证人还应按规定向开证银行支付开证手续费。

二、派船接运货物

在 FOB 合同下，应由进口方负责派船到对方指定口岸接运货物。出口方在收到信用证后，应将预计装船日期通知进口方。进口方接到上述通知后，应及时向货运代理公司办理租船订舱手续。在运输手续办妥后，进口方应按规定的期限将船名及船期及时通知国外卖方，以便对方备货装船。

同时，为了防止卖方拖延交货，进口方还要注意做好催促工作，特别是对数量大或重要物资的进口，买方最好委托自己在出口地的代理督促外商履约，或派人员前往出口地点检验监督，以保证船货衔接。

进口企业为了防止出现船货脱节的情况，还应提醒出口商在货物装船后立即向进口企业发出装船通知，以便及时办理保险和做好接货等工作。

三、投保货运险

FOB 或 CFR 交货条件下的进口合同，保险由进口方办理。我国对进口货物运输投保一般采取逐笔投保和预约投保两种方式。

（一）逐笔投保

逐笔投保是指收货人在接到国外出口商发来的装船通知后，直接向保险公司填写投保单，办理投保手续。保险公司出具保险单，投保人缴付保险费后，保险单随即生效。

（二）预约投保

预约投保是进口商或收货人同保险公司签订预约保险合同，其中对各种货物应投保

的险别做了具体规定，故投保手续比较简单。有些外贸企业进口次数多，为了简化进口投保手续，这些外贸企业和保险公司签订了货物运输预约保险合同，按照预约保险合同的规定，所有预约保险合同项下按 FOB 及 CFR 条件进口货物的保险，都由该保险公司承保。因此，外贸公司接到外商的装运通知后，只要填制进口货物通知送保险公司（该通知上面列明合同号、起运口岸、船名、起运日期、航线、货物名称、数量、金额等内容），经保险公司审核签章，就办妥了保险手续，保险公司则对该批货物负自动承保责任。

四、审单和付款

银行收到国外寄来的汇票及单据后，对照信用证的规定进行审核。

如果开证行认为单据与信用证的规定相符，在向外付款前也要交进口企业复审。按照我国的习惯，如果进口企业在 3 个工作日内没有提出异议，开证行即按信用证的规定履行付款义务。开证行的付款是没有追索权的。同时，进口企业用人民币按照国家规定的有关外汇牌价向银行买汇赎单。进口企业凭银行出具的“付款通知书”向用货部门进行结算。

如果审核国外单据发现单、证不符时，可根据具体情况做出适当处理，例如：拒付；货到检验合格后再付款；凭卖方或议付行出具担保付款；要求国外改正单据；在付款的同时，提出保留索赔权等。

五、报关、纳税

进口报关是指进口货物的收货人或其代理人向海关交验有关单证，办理进口货物申报手续的法律行为。进口报关必须由在海关办理登记注册手续的有关企业实施。报关员须经海关培训和考核认可。办理报关的程序如下。

（一）填写进口货物报关单

进口货物运到后，由进出口公司或委托货运代理公司或报关行根据进口单据填具进口货物报关单向海关申报，并随附发票、提单、装箱单、保险单、许可证及审批文件、进口合同、产地证和所需的其他证件。如属法定检验的进口商品，还须随附商品检验证书。

根据《中华人民共和国海关法》（以下简称《海关法》）的规定，进口货物的收货人应当自运输工具申报进境之日起十四日内，出口货物的发货人除海关特准的外应当在货物运抵海关监管区后、装货的二十四小时以前，向海关申报。进口货物的收货人超过前款规定期限向海关申报的，由海关征收滞报金。

（二）查验

海关接受申报后，对进口货物进行检查，以核对货物与进口货物报关单及其他单据文件上所列是否一致，查验应在海关规定的时间和场所进行，即在海关监管区域内的仓库、场地进行。

（三）纳税

海关按照《中华人民共和国海关进口税则》的规定，对进口货物计征进口税。根据《海关法》的规定，进出口货物的纳税义务人，应当自海关填发税款缴款书之日起十五日内缴纳税款；逾期缴纳的，由海关征收滞纳金。

进口关税的计算方法是：首先，确定计算税额的价格，即完税价格；其次，按进口货物适应的进口税税率计算出税额。我国计算进口关税以货物到达我国口岸的 CIF 价格作为完税价格。

（四）放行

放行又称“结关”，进口货物经海关查验并纳税后，由海关在报送单和货运单上签字和加盖“验讫”章，进口企业持海关签字、盖章的货物提单提取进口货物，任何单位和个人都不得将未经海关放行的货物提走。但对于保税货物和加工贸易的进口货物，海关放行后，还要对其进行后续监管，直到办完海关手续为止，这批货物才能被提走。

六、检验

（一）验收货物

进口货物运达港口卸货时，如果港务局在卸货核对时发现货物短缺，应及时填制“短卸报告”交由船方签认，并向船方提出保留索赔权的书面声明。卸货时如发现残损，货物应存放于海关指定的地方，待保险公司会同商检机构检验后做出处理。

我国法律规定，凡属法定检验的进口商品，不经商检机构的检验不得销售和使用，同时如果商检不能在合同规定的检验期内进行，买方即被视为放弃索赔权。因此，凡是属于法定检验或合同规定在卸货港检验，或检验后付款或合同规定的索赔期较短，或卸离海轮时已发现残损或有异状或提货不着的商品，均应在卸货港进行检验；其他进口商品则可以在用货企业所在地，由当地商检机构进行检验。

对于法定检验的进口货物，必须向卸货地或到达地的商检机构报验，未经检验的货物不准投产、销售和使用。如进口货物经商检机构检验，发现有残损短缺，应凭商检机构出具的证书对外索赔。合同规定的卸货港检验的货物，或已发现残损短缺有异状的货物，或合同规定的索赔期即将届满的货物等，都需要在港口进行检验。

一旦索赔，有关的单证，如国外发票、装箱单、重量明细单、品质证明书、使用说明书、产品图纸等技术资料、理货残损单、溢短单、商务记录等都可以作为重要的参考依据。

（二）办理拨交手续

在办完上述手续后，如订货单位或用货单位在卸货港所在地，则就近转交货物；如订货或用货单位不在卸货地区，则委托货运代理将货物转运内地并转交给订货或用货单位。关于进口关税和运往内地的费用，由货运代理向进出口公司结算后，进出口公司再向订货部门结算。

七、进口索赔

进口索赔是指货物自出口方到进口方的过程中，由于人为、天灾或其他各种原因，进口方收到的货物不符合合同规定或货物有其他损害，进口方依责任归属，向有关方面提出赔偿要求，以弥补其所受的损失。

在进口索赔时应注意以下几个问题。

（一）索赔对象

1. 由卖方赔偿

如果是由于卖方的责任造成货物品质与合同规定不符、数量（重量）短少、包装不良、拒不交货或不按期交货，进口企业应要求对方履行合同或采取补救措施，同时提出损害赔偿条件。

2. 由承运人赔偿

如果卸货数量少于提单记载的数量，或由于承运人过失（包括开航前和开航时船舶不具备适航条件，积载不良、配载不当、装卸作业疏忽、货物在运输途中遗失等情况）导致货物残损，承运人应对货物的损失负责，进口企业应相应地向承运人索赔。

3. 由保险公司赔偿

如果自然灾害、意外事故或其他外来原因造成了货物在保险人承保范围内的损失，或在承保范围内承运人赔偿金额不足以抵补损失的部分，则进口企业应向保险公司索赔，由保险公司对其进行赔偿。

可见，在进口索赔时，一定要对货物损失的具体情况进行分析，明确索赔对象。在我国进口业务中，对船方或保险公司提出索赔一般由外运公司代办，而对卖方提出的索赔则由进口企业自行办理。

（二）索赔依据

索赔时需提交索赔清单和有关货运单据，如发票、提单（副本）、装箱单。在向卖方索赔时，应提交商检机构出具的检验证书；向承运人索赔时，应提交理货报告和货差证明；向保险公司索赔时，除上述各项证明外，还应附加保险公司出具的检验报告。

（三）索赔期限

向卖方索赔应在合同规定的索赔期限之内提出，如商检工作确有困难可能需要较长时间的，可在合同规定的索赔有效期内向对方要求延长索赔期限，或在合同规定索赔有效期内向对方提出保留索赔权。按《公约》规定，2 年是在合同未明确索赔期限情况下最长的、不得超过的索赔期限。

思考题

1. 履行出口合同包括哪些基本程序？

2. 审核国外开来的信用证时应注意什么问题？按国际惯例，出口企业应如何对待和处理开证行开来的信用证修改通知？

3. 修改信用证应注意哪些事项？

4. 什么是出口押汇？它与收妥结汇有什么区别？

5. 处理单、证不符点有哪些方法？

6. 出口结汇有哪些方法？

7. 什么是电提？电提对出口商有什么保障？

案例分析题

【案例 21-1】 我国某外贸公司与国外某客商成交货物一批，到证按合同规定 9 月装运，但计价货币与合同规定不符，加上备货不及时，直至 11 月对方来电催装时，我方才向对方提出按合同货币改证，同时要求展延装效期。次日对方复电“证已改妥”，我方据此将货物发运，但信用证修改书始终未到，致使货运单据寄达开证行时遭到拒付。我方为及时收回货款，避免在进口地的仓储费用支出，接受进口人改按 D/P、T/R 提货的要求。终因进口人未能如约付款使我方遭受重大损失。

试就我方在这笔交易中的处理过程进行评论。

【案例分析】（1）合同规定的装期过早；（2）要求改证过迟；（3）修改书未到，先行发货不妥；（4）进口人电告信用证已修改，但修改书迟迟未到，说明进口人有欺诈可能，在此情况下再同意改按 D/P、T/R 由进口人凭信托收据借单提货是不应该的。

【案例 21-2】 我国某外贸公司与国外某客商订立一份服装的出口合同，合同规定以不可撤销即期信用证为付款方式。买方在合同规定的开证时间内将信用证开抵通知银行，并经通知银行转交给外贸公司。外贸公司审核后发现，信用证上有关货物装运期限和不允许转运的规定与双方签订的合同不一致。为争取时间，尽快将信用证修改完毕，以便办理货物的装运，我方立即电告开证银行修改信用证，并要求开证银行修改完信用证后，直接将信用证修改通知书寄交我方。

问：（1）我方的做法可能会产生什么后果？（2）正确的信用证修改渠道是怎样的？

【案例分析】（1）我方的做法可能会产生：① 因有关方面不同意修改信用证或拖延修改信月证，导致我方无法凭证结汇的结果；② 无法辨别信用证修改通知书的真伪就办理装运，最后落得无法凭证结汇的后果。（2）正确的信用修改渠道是受益人—开证人—开证银行—通知银行—受益人。

【案例 21-3】 我国某外贸公司与国外某客商达成一笔圣诞节应季礼品的出口交易。

合同中规定，以 CIF 为交货条件，交货期为 2011 年 12 月 1 日以前，但合同中未对买方的开证时间予以规定。卖方于 2011 年 11 月上旬开始向买方催开信用证，经多次催证，买方于 11 月 25 日将信用证开抵我方，由于收到 L/C 的时间较晚，我方于 12 月 5 日才将货物装运完毕，当我方向银行提交单据时，银行以单证不符为由拒付。

问：(1) 银行的拒付是否有理？为什么？(2) 此案例中，我方有哪些失误？

【案例分析】(1) 银行的拒付是有理的。因为我方未能在信用证规定的装运期内完成装运，银行当然可以单证不符为由拒付货款。(2) 我方的失误主要是：① 在合同中未对买方的开证时间给予规定，以致买方未能及时开立信用证；② 催证的时间较迟，以致我方在收到信用证后，无法在规定的时间内完成装运。

【案例 21-4】我国某外贸公司凭即期不可撤销信用证出口马达一批，合同规定的装运期为 2013 年 9 月。签约后，对方及时开来信用证，我方则根据信用证的要求及时将货物装运出口。但在制作单据时，制单员将商业发票上的商品名称依信用证的规定缮制为“MACHINERY AND MILLWORKS，MOTORS”。而海运提单上填写该商品的统称“MOTORS”。

问：付款行可否以此为由拒付货款？为什么？

【案例分析】银行不可以此为由拒付货款。根据 UCP600 第 18 条 c 款的规定，商业发票上的货物、服务或履约行为的描述应该与信用证中的描述一致。根据 UCP600 第 14 条 e 款的规定，除商业发票外，其他单据中的货物、服务或履约行为的描述，如果有的话，可使用与信用证中的描述不矛盾的概括性用语。本案中，制单员将商业发票上的商品名称依信用证的规定缮制为“MACHINERY AND MILL WORKS，MOTORS”，而海运提单上仅填该商品的统称“MOTORS”与 UCP600 的规定相符，银行不可以此为由拒付货款。

【案例 21-5】我国某外贸公司收到国外买方通过开证行开来的即期跟单信用证，证中规定卖方不得迟于 2011 年 3 月 15 日装运。我方因港口舱位紧缺，无法如期装运，于 3 月 5 日电请买方将装运期延展至 4 月 15 日，信用证有效期同时延展。3 月 10 日接买方来电称：“同意你 3 月 5 日电，将装运期改为不得迟于 4 月 15 日，信用证有效期同样延展一个月。”接电后，我方立即组织出运，于 4 月 12 日装船完毕，于 15 日备齐全套结汇单据向银行交单议付，但银行拒绝收单。

问：银行的拒收是否有理？为什么？

【案例分析】银行拒绝收单是有理由的。UCP600 第 10 条 a 款规定，除第 38 条另有规定外，未经开证行、保兑行（如有的话）及受益人同意，信用证既不得修改，也不得撤销。本案中，我方因港口舱位紧缺，无法如期装运，向买方提出将装运期延展至 4 月 15 日，信用证有效期同时延展的要求，并得到了买方的同意。但我方未征得开证行的同意且未收到信用证修改通知书就装运，银行有权拒绝收单。

第二十二章
贸易方式

本章以前所讲授的内容称为逐笔售定，也就是一笔生意自始至终如何完成交易。本章我们要讲述如何从战略的高度进军国际市场。

第一节　包销和代理

采用逐笔售定的战术，往往形成多家经销商在一个国家或地区寻找销路、经营一种商品的格局，势必给卖方的商品造成自相竞争、互相压价的局面，最终伤害的是卖方。而包销方式是卖方在一个国家、一个地区只选择一个独家的买方，由其经销出口方的商品，在某个地区，在一定的时期内形成一种垄断的格局，使出口方商品可以处于一个比较好的价格地位，有利于开拓市场、占领市场。

一、包销

（一）包销的概念

包销是指卖方给予国外买方即包销人（Exclusive Distributor）在约定的地区和期限内，独家经营某种商品的权利，也就是对指定的商品享有独家专营权。

独家专营权包括：

1. 专卖权

在包销协议中约定，供货人在指定地区把货物卖给包销人，而不能再向当地其他客户供货，也就是赋予包销人指定商品的独占权。

2. 专买权

与以上相对应，专买权是供货人所享有的独占权，它是指包销人只可从供货人那里得到货源，而不能再经营其他人提供的同类商品。

（二）包销的性质和作用

包销人与供货人之间是一种买卖关系，也叫买断关系。从法律上说，包销人和买方是一种本人和本人（Principal to Principal）的关系，也就是货主对货主的关系。包销的买方以自己的名义买断货物的所有权，自筹资金，自行销售，自负盈亏，自担风险。

包销的作用主要有：

（1）有利于调动包销商的积极性，利用其销售渠道为推销出口商品服务。因为包销人独占经销权，所以其愿意花成本做广告、做宣传，利用各种促销手段，开拓市场，扩大销售。

（2）及时向供货人提供当地各种信息，以利改进商品。

（3）避免自相竞争带来的损失。同一市场、多个商号经营同一种商品，结果就会导致互相压价。

（4）有利于安排生产，均衡供应。

包销要避免的风险是：包销人利用专营权包而不销，垄断市场，限制卖方销售。

二、代理

（一）代理的概念

代理是指卖方（委托人）给予代理商（Agent）在特定地区和一定期限内享有代销指定商品的权利。

从法律上说，代理是指代理人按照委托人的授权代表本人从事授权范围内的法律行为，由此而产生的权利和义务直接对本人发生效力。

（二）代理的性质

委托人（出口商）与代理人之间存在着一种合同关系，但这种关系不是买卖关系，而是一种委托代理关系。代理与包销有根本性质的不同。包销是一种售定关系、卖断关系，而代理则是代理人为委托人在当地销售货物提供服务，代理人的行为不能超越授权范围。

代理人不筹资金，不自主经营，不负盈亏，不担风险。不论货价高低，代理人只收取佣金。

（三）代理的种类

1. 按职权范围的大小来分

（1）总代理

总代理是委托人在指定地区的全权代表。其除了有权代表委托人从事代理协议中规定的一般商务活动外，还有权进行某些非商务性活动。

（2）独家代理

独家代理是指在指定地区和期限内单独代表委托人行事、从事代理协议中规定的有关部门业务的代理人。

委托人在该地区内不委托其他代理人。委托人给予代理人在特定地区和一定期限内代销指定商品的独家专营权。

（3）一般代理

一般代理又称佣金代理，它是不享有专营权的代理，是指在一定地区和期限内，委托人可同时委派几个代理人，代表委托人行事。

2. 按行业性质来分

（1）销售代理（Selling Agent）

销售代理是在国际贸易中代表国外出口商或制造商，在当地销售出口产品、提供各种服务的代理。

（2）购货代理（Buying Agent）

购货代理是指受国外进口人的委托为其在当地采购商品提供服务的代理人。

（3）货运代理（Freight Forwarder）

在国际贸易中，有一些专门为买方或卖方办理货物托运、报关、交接等业务的代理，称为货运代理。在西方国家，不少货物运输行承担货运代理的职能。在现代出口业务中，货物运输行既可以作为代理人，又可以以委托人或承运人的身份行事。

（4）保险代理（Insurance Agent/Broker）

保险代理作为保险公司的代理，其根据代理合同的规定为保险公司所经营的保险业务提供服务，并从保险公司那里获得佣金。

第二节　来料加工和进料加工

20 世纪 70 年代末，对外加工装配业务在我国兴起，当时它与补偿贸易、租赁业务、招标投标及拍卖等方式一起被称作“灵活贸易”方式，以有别于传统的单一模式的外贸经营方式。由于对外加工装配业务适应了我国发展外向型经济的迫切需要，因此，它在广大沿海地区和一部分内地企业迅速开展起来，并取得了明显的经济效益。

一、来料加工

（一）来料加工的概念

所谓来料加工（Processing with Buyers' Materials），是指由外商提供一定的原材料、零部件、元器件，由我方的工厂按对方要求进行加工或装配，成品交给对方处置，我方按照约定收取工缴费作为报酬。

（二）对外加工装配业务的性质

来料加工和来件装配业务，我们统称为对外加工装配业务。对外加工装配业务属于劳务贸易范畴。它是一种简单的国际劳务合作的形式，与通常的国际货物买卖有着明显的区别。在加工装配业务中，虽然也存在货物在国家间的移动，即原材料的进口和成品的出口，然而，在“一进一出”中，并没有发生所有权的转移。我方企业只是作为受托人，按照外商的要求，将原材料、零部件等加工装配为成品。在加工装配过程中，我国企业付出了劳动，获取的工缴费是劳动的报酬。因此，可以说它是一种以商品为载体的劳务出口。

在对外加工装配业务中，有时为了使产品能够达到外商要求的品质标准，外商需要提供技术设备或先进技术，这种做法类似于补偿贸易。实际上，它是加工装配与补偿贸易相结合的一种方式。它与通常的产品补偿方式有所区别，其加工方不是以返销产品所得的货款来偿还设备款，而是以自己所提供的劳务所得——工缴费来偿还。

二、进料加工

（一）进料加工的概念

进料加工（Processing with Imported Materials）是指用自有外汇在国外购进原材料、元器件或零部件，按自己的设计加工生产出成品，再销往国外。由于进口原料的目的是扶植出口，所以我国又称其为以进养出。

（二）进料加工与来料加工的区别

进料加工与来料加工有相似之处，即都是“两头在外”的加工贸易方式，但两者又有性质上的不同：(1) 来料加工在加工过程中货物未发生所有权的转移，原料运进和成品运出属于同一笔交易，原料供应者即是成品接受者；而在进料加工中，原料进口和成品出口是两笔不同的交易，均发生了所有权的转移。进料加工是两笔业务，出口方要签订两个合同：第一个是进口原材料的合同，第二个是出口成品的合同。原料的出口方既可以是成品的采购方，也可以与最后的成品销售毫无关联。原料供应者和成品购买者之间也没有必然的联系。(2) 在来料加工中，我方不用考虑原材料的来源和成品的销路，不担风险，只收取工缴费；而在进料加工中，我方是赚取从原料到成品的附加价值，要自筹资金，自寻销路，自担风险，自负盈亏。

（三）进料加工业务的做法

进料加工业务的具体做法大致有以下三种：

(1) 先签订进口原料的合同，加工出成品后再寻找市场和买主。这种做法的优点是：进料时可选择适当时机，低价时购进，而且一旦签订出口合同，就可尽快安排生产，保证及时交货，交货期一般较短。但采取这种做法时，要随时了解国外市场动向，以保证所生产的产品能适销对路，否则产品无销路，就会造成库存积压。

(2) 先签订出口合同，再根据国外买方的订货要求从国外购进原料，加工生产，然后交货。这种做法包括来样进料加工，即由买方先提供样品，我方根据其样品进行生产，这样销路有保障，但要注意所需的原料来源必须落实，否则会影响成品质量或导致无法按时交货。

(3) 对口合同方式。即在与对方签订进口原料合同的同时签订出口成品的合同，原料的提供者也就是成品的购买者。但两个合同相互独立，分别结算。这样做，原料来源和成品销路均有保证，但适用面较窄，不易成交。在实际做法中，有时原料提供者与成品购买者多是不同的人。

思考题

1. 何谓包销？其性质是怎样的？
2. 包销方式对于出口商有何利弊？
3. 什么叫代理？国际贸易买卖中的代理有哪些主要形式？
4. 何谓独家代理？它与包销有何区别？
5. 什么是来料加工？什么是进料加工？来料加工和进料加工有什么区别？

参考文献

[1] 黎孝先．国际贸易实务［M］．7版．北京：对外经济贸易大学出版社，2020.

[2] 贾金思，郎丽华，姚东旭．国际贸易——理论·政策·实务［M］．3版．北京：对外经济贸易大学出版社，2013.

[3] 姚新超．国际贸易运输与保险［M］．4版．北京：对外经济贸易大学出版社，2016.

[4] 孟祥年．国际贸易实务操作教程［M］．3版．北京：对外经济贸易大学出版社，2002.

[5] 张亚芬．国际贸易实务与案例［M］．3版．北京：高等教育出版社，2013.

[6] 黎孝先，石玉川．国际贸易实务考试指南［M］．北京：对外经济贸易大学出版社，2003.

[7] 吴百福，徐小薇．进出口贸易实务教程［M］．6版．上海：上海人民出版社，2011.

[8] 姚新超．国际贸易惯例与规则实务［M］．4版．北京：对外经济贸易大学出版社，2016.

[9] 石玉川，张汉林．国际贸易理论与实务［M］．北京：中国建筑工业出版社，2001.

[10] 吴兴光．国际商法［M］．广州：中山大学出版社，2003.

[11] 薛荣久．国际贸易［M］．北京：对外经济贸易大学出版社，2008.

[12] 唐宜红，张锡嘏．国际贸易［M］．北京：对外经济贸易大学出版社，2008.

[13] 冷柏军，张玮．国际贸易理论与实务［M］．北京：中国人民大学出版社，2012.

[14] 克鲁格曼，奥伯斯法尔德，梅利兹．国际经济学：理论与政策（上册：国际贸易）［M］．全球版·第9版．北京：清华大学出版社，2016.

[15] 贾建华．新编国际贸易理论与实务［M］．3版．北京：对外经济贸易大学出版社，2012.

[16] 赵曙东．国际经济学［M］．北京：中国人民大学出版社，2010.

[17] 陈宪，张鸿．国际贸易——理论、政策、案例［M］．上海：上海财经大学出版社，2008.

[18] 蔡玉彬．国际贸易理论与实务［M］．北京：高等教育出版社，2006.